# z'BÄRG
## IM OBERSIMMENTAL

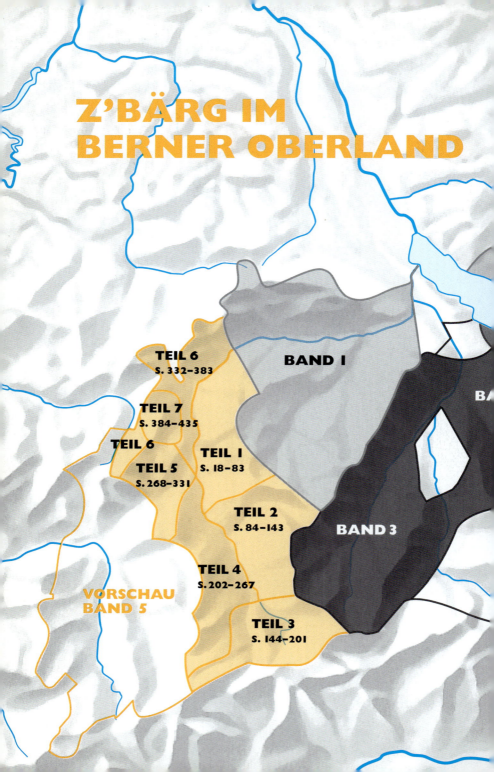

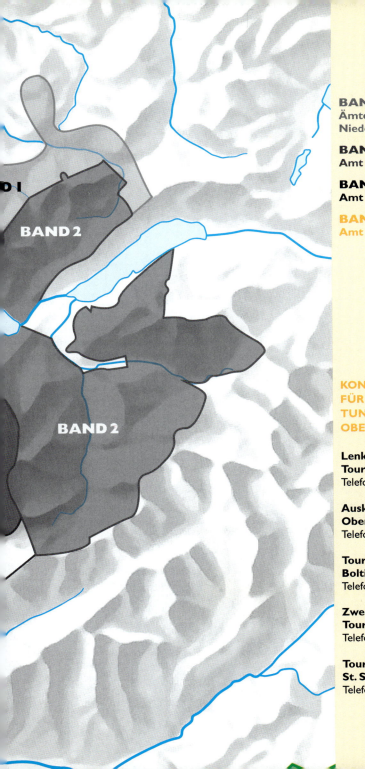

**BAND 1**
Ämter Signau, Thun und
Niedersimmental, 2002

**BAND 2**
Amt Interlaken, 2003

**BAND 3**
Amt Frutigen, 2004

**BAND 4**
Amt Obersimmental, 2005

**KONTAKTADRESSEN
FÜR ÜBERNACH-
TUNGEN BAND 4 –
OBERSIMMENTAL**

**Lenk-Simmental
Tourismus AG (LST)**
Telefon 033 736 35 35

**Auskunftsdienst LST
Oberwil**
Telefon 033 783 10 90

**Tourismusbüro LST
Boltigen-Jaunpass**
Telefon 033 773 69 19

**Zweisimmen
Tourismus**
Telefon 033 722 11 33

**Tourismusbüro LST
St. Stephan**
Telefon 033 729 80 46

ISBN 3-909532-20-9

| | |
|---|---|
| © 2005 | Autorenteam und Verlag |
| | Das Werk einschliesslich aller seiner Teile, ist urheberrechtlich geschützt. Jede Verwertung ausserhalb der engen Grenzen des Urheberrechtsgesetzes ist ohne Zustimmung des Verlages unzulässig und strafbar. |
| **Herausgeber** | Volkswirtschaftskammer Berner Oberland |
| **Verlag, Gestaltung, Realisation** | Weber AG, Werbeagentur und Verlag, Gwattstrasse 125, CH-3645 Gwatt/Thun |
| **Erstauflage** | 6000 Ex., Juni 2005 |
| **Titelbild** | Blick nach S über Würtnere auf die Lavey-Hütte, dahinter der Metschberg sowie Plaine Morte und Gletscherhorn. |
| **Karten** | Reproduziert mit Bewilligung von swisstopo (BM052187) |
| **Hauptsponsoren** | – Lenk-Simmental Tourismus AG<br>– SMP Schweizerische Milchproduzenten<br>– Schweizerische Vereinigung zur Förderung der AOC und IGP<br>– LOBAG Landwirtschaftliche Organisation Bern und angrenzende Gebiete<br>– Alpverein Simmental<br>– Pro Simmental |

Die nicht ganz einwandfreie Wiedergabequalität weniger Bilder ist die Folge des Scannens von Papierabzügen, die uns mangels eigener Aufnahmen dankenswerterweise von Bewirtschaftern und Eigentümern zur Verfügung gestellt wurden (die meisten Bilder sind Scans ab Diapositiven von Beat Straubhaar).

# z'BÄRG
# IM OBERSIMMENTAL

**Wege zum Alpkäse BAND 4**

Ernst Roth (Text)
Beat Straubhaar (Fotos)

117 Käsealpen des Amtes Obersimmental

Ein Wanderbegleiter für
Alp- und Käseliebhaber

# INHALT

| | |
|---|---|
| Vorwort von Christian von Känel, alt Präsident der CASALP | 7 |
| Blick in den Talabschluss über der Lenk | 8 |
| Perle Obersimmental | 10 |
| Datenbank – Konzept | 12 |
| Beschreibung Alpen und Sennten | 14 |
| Boltigen und Zweisimmen rechte Seite | 18 |
| St. Stephan und Lenk rechte Seite | 84 |
| Der Talabschluss, Siebenbrunnen und Iffigen | 144 |
| Lenk und St. Stephan linke Seite | 202 |
| Zweisimmen (und teilweise Boltigen) linke Seite | 268 |
| Boltigen Sonnseite (ohne Alpkäserei Jaunpass) | 332 |
| Alpen und Sennten zur Alpkäserei Jaunpass | 384 |
| Glossar und Abkürzungen | 436 |
| Literatur | 439 |
| Tabellen: Nummern und Namen | 440 |
| Tabelle 1: nach Alpnamen | 440 |
| Tabelle 2: nach Senntennamen | 443 |
| Tabelle 3: nach Zulassungsnummern | 446 |

Folgende Doppelseite: Johann Georg Volmar (1769–1831): Blick vom Talboden südlich des Dorfes Lenk nach SE mit dem Alpenkranz vom Wildstrubel bis zum Rohrbachstein (Aquarell über Bleistift, um 1810; Original in der ROTH-Stiftung, Burgdorf)

# BOHNENBODEN

## Das Feuchtgebiet ist ein Dotterblumenfeld, schöne Aussicht, glückliche Tiere

Blick über Hütte und Schattstall nach NW auf die Grenzkrete zu Freiburg: von links Widdergalm, Schafarnisch (davor Grunholz), Schibe und den sonnseitigen Alpen von Oberwil.

Hans Krebs, der Allmendvogt mit freundlich skeptischem Blick.

**Gemeinde/Amtsbezirk**
Boltigen/Obersimmental

**Rechtsform/Eigentümer**
Korporationsalp der Seygemeinde Simmenegg, Boltigen, welche die Alp auch bewirtschaftet; Kontaktperson ist der Bergvogt Hans Krebs-Bühler, Längacker, 3766 Boltigen.

**Landeskarten**
1226 Boltigen 1:25000
253 Gantrisch 1:50000

**Koordinaten Referenzpunkt**
Bohnenboden, 598500/163700, 1384 m

**Lage der Alp**
Die Alp liegt an der E Gemeindegrenze auf 1220–1550 m, oberhalb des Fürsteiniwaldes und ist vorwiegend nach NW orientiert. Die gleichmässige Flanke wird durch einen pyramidenförmigen Hügel unterbrochen, der ausgesprochen weidgängig, aber auf grösseren Flächen mit Borstgras befallen ist. In Mulden trifft man undurchlässige Tonschichten, trittempfindliche Partien und sau-

ergräsige Bestände. Allgemein ist jedoch Bohnenboden relativ gutgräsig und vor allem tiefgründig. Trotz der hilben Lage ist aber der Vegetationsbeginn verhältnismässig spät.

### Wege zur Alp
Mit dem PW von Boltigen über die Simme und auf der Güterstrasse bis zur Alp; oder mit der Bahn bis Boltigen (818 m) und auf teilweise unmarkierten Wegen zur Alp (keine Wanderbuchempfehlung).

### Touristisches
Die Alp liegt am Anstieg zu einem der schönsten Aussichtspunkte des Simmentals, dem Niderhorn (2078 m), wobei der Bergwanderweg an der Alp vorbei zieht. Die touristische Infrastruktur ist nur punktuell vorhanden: Auf Scheidwegen liegen eine alte Militärunterkunft (welche als «Party-Betrieb» geführt wird), ein Ferienhaus (das durch Gruppen und Schulen gemietet werden kann) und ein Berghaus. Zudem grenzt die Alp ans Gebiet Rossberg mit Sommer- und Wintersporteinrichtungen inkl. Bergrestaurant (vgl. Alp Vorholzallmend, Gde. Oberwil, Band 1; Wanderbuch 3094, Routen 26e und 27).

### Infrastruktur
Bohnenboden bildet das einstaflige Senntum 505/S 2211; dazu Parallelstafel für Jungvieh. Die Alp ist mit einer Güterstrasse von Boltigen her über Aegerti und Scheidwegen erschlossen. Energieversorgung durch Dieselaggregat und Akkumulatoren. Wasserversorgung aus genügend trockensicheren Quellen.

### Bestossung
51 Stösse, 115 Tage (Anfang Juni bis Ende September): 58 Normalstösse

### Weideflächen
Total 55 ha: 51 ha Weideland, 1 ha Waldweide, 2 ha Streueland, 1 ha Heueinschlag

### Besonderes zur Alp
Die Alp enthält etwa 150 a Feuchtgebiete, eine wunderschöne Sumpfdotterblumenwiese.

Susanne Mosimann hat gerne leuchtende Blumen um die Hütte...

...und auch Kita möchte etwas Aufmerksamkeit – ist's recht so?

# Bohnenboden
## SENNTUM 505 / S 2211

### Besatz
29 Kühe, 26 Rinder, 21 Kälber, 6 Ziegen, 15 Schweine

### Personen

| Funktion | Person | Telefon |
|---|---|---|
| Allmend-vogt | Hans Krebs-Bühler<br>Längacker, 3766 Boltigen | 033 773 62 31 |
| Hirt | Adrian Guggisberg<br>Kleingschneit,<br>3096 Oberbalm | 079 635 48 61 |
| Käserin | Susanne Mosimann<br>Ey, 3615 Heimenschwand | 079 631 69 24 |

### Telefon auf der Alp  033 783 20 16

### Gebäude
Alter Mischholzbau auf Bruchsteinmauersockel, läges Satteldach, Eternitschiefer, älteste Graffiti 1816, dreiräumiger, eher enger Wohnteil nach NNW mit Zugangslaube über Eck, dahinter dreilägeriger Querstall, hinten angebaut Schweinestall, seitlich ehemaliges Ställchen. Schattstall von 1962 wenig unterhalb, mehrere Doppelquerställe. Schlossberg: älterer Holzbau.

Blick von W an die Hüttenfront.

Die ruhende Herde vor der Panoramafortsetzung von Bild 1 (S. 22) nach rechts mit Blick ins Bunschental und aufs Stockhorn rechts der Bildmitte.

Das Milchgaden, die Ziegenmilch wird im Wasserbad gekühlt.

### Käserei
Halboffene Küche, offene Feuergrube, 500 l und 300 l Kessi an Holzturner, mobiles Rührwerk, traditionelle Schwarpresse, Zementboden, Holz- und Hartplattenwände.

### Käselager
Keller unter der Stube in der W-Ecke, Mauerwerk, Holzdecke, Naturboden, gutes, schön feuchtes Klima, Bankung für 150 Laibe.

### Produkte und Vermarktung
2700 kg Berner Alp- & Hobelkäse AOC in 365 Laiben à 6–12 kg; kaum Passantenverkauf, hauptsächlich an private Stammkunden. Es werden Oberländer Alpschweine gemästet und auf verschiedenen Wegen vermarktet.

### Besonderes zur Verarbeitung
Die Abendmilch wird im Kessi mit Kühlschlange gelagert, die Käselaibe werden einzeln ausgezogen.

### Besonderes zum Senntum
Einfache Einrichtung und schöne Aussicht, gute Lage und keine Steine kennzeichnen die Alp.

Adrian Guggisberg posiert mit dem Rind Gulda; die Sonne beleuchtet jetzt den Käferwald…

Vier Käselaibe liegen kunstvoll unter der einfachen Schwarpresse.

Strahlen bei der Käsepflege, das gibt den Laiben ihren goldenen Glanz, denkt sich wohl Susanne Mosimann.

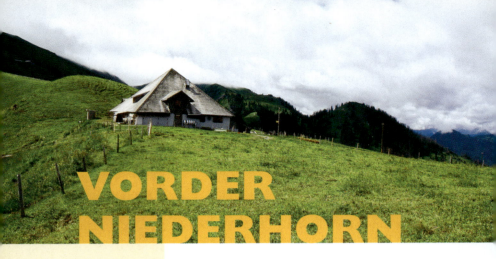

# VORDER NIEDERHORN

**Eine der schönsten Alpen mit verantwortungsbewussten Eigentümern und Hirten.**

Blick von N auf die Hütten Vorder Niederhorn und Hinter Niederhorn.

Gemsfarbene Ziege in Nahaufnahme – von Ferne oft wirklich zum Verwechseln.

### Gemeinde/Amtsbezirk
Boltigen/Obersimmental

### Rechtsform/Eigentümer
Erbengemeinschaft Dr. Hans Ueltschi in Boltigen, Kontaktperson Elisabeth Ueltschi, Wolfmatte, 3766 Boltigen.

### Landeskarten
1226 Boltigen 1:25000
253 Gantrisch 1:50000

### Koordinaten Referenzpunkt
Vorder Niderhornalp, 598650/162750, 1709 m

### Lage der Alp
Vorder Niederhorn, auf 1580–1860 m, zählt mit Hinter Niederhorn zu den schönsten und grössten Privatalpen des Simmentals; die beiden Teile seit langem getrennt bewirtschaftet. Die Alp liegt auf der Krete an der E Grenze von Boltigen gegen Vorholzallmend (Gde. Oberwil), weist vorwiegend gleichmässige W-Lage auf und reicht mit ihrer Weidefläche teilweise in die Gemeinde Oberwil. Dieses Gebiet ist zum Teil rutschgefährdet und im oberen Areal mit Waldweide und Tanngrotzen durchsetzt. Mit Aus-

nahme einiger borstgräsiger Flächen gute Grasnarbe, weshalb Niederhornalp vorwiegend und mit gutem Erfolg mit Kühen bestossen wird. (Nutzung mit Galtvieh zur Zeit des Alpkatasters von 1966 war Folge der Betriebsumstellung!).

### Wege zur Alp
Mit dem PW von Boltigen über die Simme und via Ägerti auf der Güterstrasse bis zur Alp; oder mit der Bahn bis Oberwil (836 m) oder Boltigen (818 m) und von dort auf Bergwanderwegen Richtung Niderhorn (Wanderbuch 3094, Route 27).

### Touristisches
Die Alp liegt am Aufstieg zum (Simmentaler) Niderhorn, diesem einzigartigen Aussichtspunkt, mit seiner etwas steilen, aber grossartigen Westflanke. Touristische Infrastruktur nur punktuell vorhanden: Auf Scheidwegen alte Militärunterkunft (als «Party-Betrieb»), Ferienhaus (durch Gruppen und Schulen zu mieten), Berghaus. Höhenwandermöglichkeiten talein und talaus, mit Abstiegen zu den Bahnstationen (Wanderbuch 3094, Route 27).

### Infrastruktur
Die Alp bildet das einstaflige Senntum 537/S 2219; Galtvieh-Parallelstafel. Sie ist von Boltigen her mit Güterstrasse bis Chäli und Ht. Niederhorn erschlossen. Stromversorgung durch Dieselaggregat und Akkus. Die Wasserversorgung ist gut; einzig der abgelegene Stafel «Kählen» muss mit Zisternenwasser versorgt werden.

### Bestossung
63 Stösse, 85 Tage (Mitte Juni bis Anfang September): 53 Normalstösse

### Weideflächen
Total 78 ha: 51 ha Weideland, 18 ha Waldweide, 9 ha übrige Fläche

### Besonderes zur Alp
Die Eigentümerin schaut sehr gut zur Alp und ist angenehme, flexible Partnerin für die einsatzfreudigen und geschickten Älpler der «Hirtschaft»! Sie besitzt weitere Simmentaler Alpen, bewirtschaftet sie vorzüglich und setzt sich überhaupt sehr stark für die Alpwirtschaft ein.

Elisabeth Ueltschi schneidet im schönen alten Talkeller von einem Superlaib ab.

Auf dem Presstisch liegt das Järb für den nächsten Alpkäse bereit.

# Vorder Niederhorn
## SENNTUM 537/S 2219

Die imposante Spitzhütte von SE.

Das schöne Zügelgeläute und die blanken Milchkannen auf der Frontseite stolz präsentiert.

Hans Roschi hebt nun einen Käselaib aus dem Kessi…

### Besatz
22 Kühe, 43 Rinder, 16 Kälber, 2 Ziegen; hauptsächlich eigenes Vieh der Bewirtschafter.

### Personen

| Funktion | Person | Telefon |
| --- | --- | --- |
| Bewirtschafter | Hans Roschi-Buchs Breiti, 3765 Oberwil | 033 783 17 31 |
| | Hans Roschi-Annen Röschenbühl, 3765 Oberwil | 033 783 21 36 |
| Käser | Hans und Jolanda Roschi-Buchs | |
| Zusenn | Josef Rzasa aus Polen | |

**Telefon auf der Alp**  033 773 61 82

### Gebäude
Geräumiger Massivbau, Wände verputzt und getüncht, Wandpfeiler, im Ebenen, nicht unterkellert; Spitzhütte, Eternitschiefer, Gaden mit Querfirst nach N (Bauinschrift: «BL GBK u. PK 1893»); gute Unterkunft mit einigen Räumen, dreilägeriger Querstall, d.h. der Wohnteil liegt längs der Läger, viele schöne Graffiti, ältestes 1847; daneben Schattstall von 1959, verschalter Rieg, Doppel-

längsstall; 200 m NW gute Spitzhütte, Fleckenblock, Eternitschiefer, zwei Doppelställe.

### Käserei
Geschlossene Küche, offene Grube, Hutte, 250 l Kessi, Holzturner, mobiles Rührwerk, Hebel-Spindel-Presse, Plättliboden, Holz-/Hartplattenwände, Mauer getüncht.

### Käselager
Kellerlein im ehemaligen Schweinestall, Holzwände und Mauer, etwas trocken, genügend Bankung, Abtransport in guten Keller von Frau Elisabeth Ueltschi in Boltigen.

### Produkte und Vermarktung
720 kg Berner Alp- & Hobelkäse AOC in 80 Laiben à 7–11 kg; 120 kg Alpraclette, 10 kg Ziegenfrischkäse (50 % Kuhmilch); Verkauf an Passanten, private Stammkunden; gelegentlich Stand bei Bäckerei Mann, Oberwil.

### Besonderes zur Verarbeitung
Gekäst wird ab Anfang Juli für zwei Monate. Im Juni geht die Milch an die Sammelstelle Boltigen. Die Abendmilch wird in Gebsen gelagert und teilweise abgerahmt.

### Besonderes zum Senntum
Schön gelegen mit bester Aussicht; gute Zufahrt und ringwärchig! Als Vorsass wird Eggweide genutzt. Bis 1999 haben Roschis auf dem eigenen Stierenläger gealpt.

…legt und stungget ihn fest in das Järb…

…und zieht die Schraube an.

Dutzende von Älplern haben sich in über 150 Jahren in den geduldigen Holzwänden verewigt.

# BODENALP

**In diesem Boden lebt und arbeitet man einen ganzen Sommer lang ganz für sich.**

Hütte und Schattstall von der Strasse herab nach E; der Borkenkäfer hat schlimme Farbflecken gesetzt.

Jürg Siegenthaler, der Bergvogt, ist stolz auf seine Alp, und froh, dass sie zuverlässig bewirtschaftet wird.

### Gemeinde/Amtsbezirk
Boltigen/Obersimmental

### Rechtsform/Eigentümer
Korporationsalp der Seygemeinde Boltigen mit 22 Besetzern; Kontaktperson ist der Bergvogt Jürg Siegenthaler, Jeuchhalten, 3766 Boltigen.

### Landeskarten
1226 Boltigen 1:25000
253 Gantrisch 1:50000

### Koordinaten Referenzpunkt
Bode, 598250/161900, 1437 m

### Lage der Alp
Die Alp umfasst das E Einzugsgebiet von Scheidwegen, zählt zu den schönsten, ringstgängigen Alpen in der Gemeinde und liegt auf 1400–1650 m. Sie bildet eine ausgesprochene nach W orientierte Mulde. Der obere Teil des SW-Hanges, genannt Schlossberg ist verglichen zu den übrigen Partien etwas steiler und wurde deshalb für Maischen ausgezäunt. Der tiefgründige Boden stellenweise mit undurchlässigen Tonschichten; Folge: Vernäs-

sung und Trittempfindlichkeit. Grasnarbe recht gut, vereinzelt etwas hart. Keine felsigen und fälligen Gebiete.

### Wege zur Alp
Mit dem PW von Boltigen über die Simme und via Ägerti auf der Güterstrasse bis zum Stafel; oder mit der Bahn bis Boltigen (818 m) und auf dem Bergwanderweg Richtung Niderhorn bis an den Rand der Alp (keine Wanderbuchempfehlung).

### Touristisches
Die Alp liegt neben dem Anstieg zum Aussichtspunkt des Obersimmentals, dem Niderhorn (2078 m). Touristische Infrastruktur: Auf Scheidwegen alte Militärunterkunft (als «Party-Betrieb» geführt), Ferienhaus (durch Gruppen und Schulen zu mieten) und Berghaus. (Wanderbuch 3094, Routen 26e und 27).
Je am letzten September-Samstag findet für Ansprecher und Bekannte ein Chästeilet statt, verbunden mit einem Dorfet und Käseverkauf!

### Infrastruktur
Die Alp bildet das einstaflige Senntum 504/S 2210. Sie ist mit Güterstrasse und -weg von Boltigen über Scheidwegen gut erschlossen. Energieversorgung durch Dieselaggregat und Akkus. Die Wasserversorgung durch die auf der eigenen Weide entspringenden Quellen ist trockensicher und gut auf einige Weidebrunnen verteilt.

### Bestossung
78 Stösse, 120 Tage (Anfang Juni bis Anfang Oktober): 93 Normalstösse

### Weideflächen
Total 99 ha: 91 ha Weideland, 2 ha Waldweide, 6 ha Streueland

So ein Boden ist meist etwas nass – die bärtige Glockenblume, Campanula barbata, zeigt sauer an.

Walter Bieri hilft seinem Bruder auf der Alp, z. B. wenn's ums Bschütten geht – die Spuren sind auf Bild 1 unübersehbar.

### Besonderes zur Alp
Ende 1950er Jahre wurde diese Alp von der Boltig-Allmend Scheidwegen ausgezäunt. Früher wurde hier ein Werkmann beschäftigt, der vor allem die Zäune zu stellen und in Stand zu halten hatte. Heute ist er ersetzt durch eine Arbeitspflicht der Besetzer und Ansprecher. Schön gelegen mit Ruhe/Gemütlichkeit der Einstafligkeit.

# Boden
## SENNTUM 504/S 2210

Die Hüttenfront von 1952, alles ordentlich und schön: Holz, Zügelgeläute, Milchkessel – und Blumen.

Kari und Marlies fassen den Käsebruch mit dem Tuch…

…und Kari hebt ihn dann allein aus dem Kessi – gut und gerne bis zu 25 kg!

### Besatz
37 Kühe, 54 Rinder, 13 Kälber, 13 Ziegen; das Vieh gehört den Alpansprechern.

### Personen

| Funktion | Person | Telefon |
|---|---|---|
| Bewirtschafter | Gebr. Karl und Walter Bieri<br>Hafen, 3764 Weissenburgberg | |
| Käser | Karl Bieri-Schläppi<br>Hafen, 3764 Weissenburgberg | 033 783 21 59 |
| Zusennerin | Marlies Bieri-Schläppi | |

Familie Bieri alpt seit 32 Sommern auf Boden. Die Kinder Adrian, Corina, Andrea, Fabienne, Erich helfen mit.

**Telefon auf der Alp** 033 773 61 78

### Gebäude
Zweckmässiger Fleckenblock, datiert «…1952», auf Hausteinsockel, Keller unter Wohnteil, läges Satteldach mit Gerschilden, Eternitschiefer, mehrere Gaden im DG; vierräumiger Wohnteil, zwei Doppelquerställe, grosser asphaltierter Vorplatz; daneben älterer Schattstall, Fleckenblock, läges Satteldach, Eternitschiefer, sehr breit,

drei Doppelquerställe; Schlossberg: guter Jungviehstall von 1939, Anbau von 1989, Doppellängsstall für Rinder.

### Käserei
Halbgeschlossene Küche, offene Grube, Hutte, 600 l Kessi, beschnitzter Holzturner, mobiles Rührwerk, 2 Schwarpressen, Zementboden, Holz- und Plättliwände.

### Käselager
Zwei Keller unter Wohnteil: NW-Ecke: Holz- & Betondecke, Naturboden, eher warm, Bankung für 190 Laibe; mitts: Betondecke, eher kühl, Bankung für 210 Laibe.

### Produkte und Vermarktung
5500 kg Berner Alp- & Hobelkäse AOC in 500 Laiben à 8–15 kg; 200 kg Ziegenfrischkäse mit 25 % Kuhmilch; Verkauf an private Stammkunden und Passanten; via Frau Elisabeth Ueltschi, Boltigen (alpt hier Kühe), auch bei Ph. Rochat, Hôtel de Ville, Crissier; Ziegenkäse bei: Walter und Berty Luchs, Handlung, Dorf, 3766 Boltigen; Fam. Lörtscher, Oeystrasse 550, 3758 Latterbach.

### Besonderes zur Verarbeitung
Die Abendmilch wird in Gebsen im Wasserbad gelagert, teilweise abgerahmt; Käselaibe stets einzeln ausgezogen.

### Besonderes zum Senntum
Auszeichnungen: BAKM 2000: 4. Schnittkäse; 2003: 4. Hobelkäse; OLMA 2004: 4. Hartkäse

Währenddessen brüht Marlies die Thermosflaschen aus, in denen dann die Bakterienkultur für die Käsebereitung gebrütet wird.

Fototermin ist schon was anderes als harte Arbeit: Fabienne, Andrea, Corina und Adrian Bieri strahlen um die Wette, es fehlt Erich.

Ordentlich und schön aufgereiht auch die Alpkäselaibe in der Bankung im Keller.

# GSÄSS

**Tiefgelegene, fruchtbare Alp, durch Unterzäunung und Umtrieb stets frisches Futter.**

Blick etwa von der Strasse aus nach N auf die ganze Alp; dahinter die Krete von Horn.

Der gelbe Enzian, Gentiana lutea, zeigt fruchtbare Weiden an, ist aber, wenigstens in dieser Form, nicht sehr beliebt.

### Gemeinde/Amtsbezirk
Boltigen/Obersimmental

### Rechtsform/Eigentümer
Privatalp von Familie Eschler, Weissenbach, Boltigen; Kontaktperson Traugott Perreten-Eschler, Wyermattenstrasse 26, 3776 Oeschseite.

### Landeskarten
1226 Boltigen 1:25000
253 Gantrisch 1:50000

### Koordinaten Referenzpunkt
Gsäss, 596600/161050, 1300 m

### Lage der Alp
Alpli zwischen Hornalp und Brandvorsass, unweit der S Gemeindegrenze auf 1280–1380 m. Stellenweise ist das Terrain ziemlich steil, aber trotzdem weidgängig. Mit Ausnahme einiger Klappertopfpartien herrscht eine gute Grasnarbe. Gsäss hatte den Charakter eines Wintergutes; hat aber heute nur noch einen kleinen Heueinschlag; mit dem Heu werden, wie für ein Wintergut üblich, bis in den Dezember hinein Rinder gefüttert.

### Wege zur Alp
Mit dem PW von Grubenwald her auf der Schindelweg-Güterstrasse bis an den Rand des Stafels; oder mit der Bahn bis Weissenbach (842 m) und auf steilen, unmarkierten Wegen durch die Wälder auf die Alp.

### Touristisches
Die Alp liegt zwar etwas abseits des Aufstiegs von Boltigen zum (Simmentaler) Niderhorn (2077 m), diesem einzigartigen Aussichtspunkt, mit seiner etwas steilen, aber grossartigen Westflanke, aber doch in diesem Gebiet, wo auch Höhenwanderrouten liegen, mit regelmässigen Abstiegen zu den Stationen der Simmentalbahn (Wanderbuch 3094, Route 27; sowie markierte Bikerrouten nach Boltigen und Gestelen).

### Infrastruktur
Die Alp bildet das einstaflige Senntum 538/S 2462. Sie ist mit der Schindelweg-Güterstrasse von Grubenwald her und mit einem Jeepweg bis zum Stafel erschlossen. Stromversorgung mit Dieselaggregat und Akkumulator. Wasserversorgung aus eigenen, guten, etwas warmen Quellen.

### Bestossung
12 Stösse, 130 Tage (Mitte Mai bis Ende September): 15 Normalstösse

### Weideflächen
Total 12 ha Weideland und Heueinschlag

### Besonderes zur Alp
Gsäss ist heute in die LN umgeteilt mit entsprechend höheren Beiträgen. Die tiefliegende, frühe «Alp» erlaubt sehr lange gemütliche Bestossung ohne Stafelzügeln und ohne Schneeeinbrüche; man hat immer wieder frisches Gras durch Umtriebsweide.

Aufmerksam und geschwind nascht das Kalb etwas aus dem Plastikbecken von Alma.

Während Traugott in einem andern Plastikbecken das Melkgeschirr sauber macht.

# Gsäss
## SENNTUM 538 / S 2462

Blick von NE über die Alp; auf der Krete Brand und rechts darunter Hofstetten; hinten mitts Wistätthorn, Gifferspitz, Rinderberg und der Rücken zum Pt. 1752 über Sparenmoos.

Alma Perreten pflegt ihre schönen Alpkäselaibe; ob sie manchmal dazu jutzet?

Im Firstständer des Schattstalles steht: «BL IV MB ZM HM 1868».

### Besatz
12 Kühe, 7 Kälber; die Rinder werden auf den Saanenländeralpen Eggli und Kälberhöhni gesömmert.

### Personen

| Funktion | Person | Telefon |
|---|---|---|
| Bewirtschafter | Traugott Perreten-Eschler Wyermattenstrasse 26, 3776 Oeschseite | 033 722 29 87 |
| Käserin | Alma Perreten-Eschler, 3776 Oeschseite | |

### Telefon auf der Alp  079 371 67 75

### Gebäude
Sehr guter Holzmischbau von Ende 1930er Jahre, Satteldach mit Gerschilden, Eternitschiefer, dreiräumiger, zeitgemässer Wohnteil nach SW, frontale Zugangslaube, Doppelquerstall, guter Mistplatz und rechte Vorplätze; Schattstall 300 m S: alter, interessanter Holzbau (Bauinschrift gekerbt am Firstständer: «BL IV MB ZM HM 1868»), sehr gekonnt gestaltet mit Block und Ständer, flach und tief, Kantholz und Hälblingen, Bruchsteinsockel getüncht, läges Satteldach mit Eternitschiefer, Doppelquerstall für Jungvieh (steht auf einer früher zugepachteten Parzelle, die dann gekauft werden konnte).

## Käserei
Geschlossene Küche, offene Grube, Hutte, 250 l Kessi, Holzturner, mobiles Rührwerk, Schwarpresse, Holzboden, Holzwände.

## Käselager
Keller unter dem Milchgaden in der NW-Ecke, Holzdecke, Naturboden, etwas feucht, Bankung für 70 Laibe.

## Produkte und Vermarktung
600 kg Berner Alp- & Hobelkäse in 54 Laiben à 7–15 kg; Verkauf an Stammkunden und Ferienleute im Talbetrieb (früher Hauptabnehmer Amstutz, Sigriswil).

## Besonderes zur Verarbeitung
Es wird nur während der ersten 4 Wochen gekäst. Während der übrigen Zeit wird die Milch an die Sammelstelle in Zweisimmen abgeliefert und verkauft. Die Abendmilch wird in zwei Gebsen sowie in Kannen im Brunnen gelagert, die Gebsen abgerahmt.

## Besonderes zum Senntum
Auffallende Ähnlichkeit von Alpgebäuden der Umgebung: Moosfang (Gerber), Horn (der Hilterfinger), Gsäss und Oberer Schindelweg; eventuell gleicher Unterländer Zimmermann?

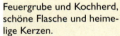

Feuergrube und Kochherd, schöne Flasche und heimelige Kerzen.

Allerlei Gerät im Milchgaden ...

...und dasselbe aus der andern Richtung.

# ALTLÄGER

**Romantisch zwischen Blöcken und Tannen, versteckt in einer Mulde, ein «Heidihaus.»**

Stall, Hütte und Zufahrt von W an einem trüben Tag gesehen.

Die ist wirklich vulgär und gemein, diese Kratzdistel, Cirsium vulgare, aber typisch hier mit dem Geröll.

### Gemeinde/Amtsbezirk
Boltigen/Obersimmental

### Rechtsform/Eigentümer
Seit 1989 Privatalp von Fritz und Jacqueline Durand-Stierli, Vollach, 3703 Aeschi.

### Landeskarten
1226 Boltigen 1:25000
253 Gantrisch 1:50000

### Koordinaten Referenzpunkt
Altläger, 598100/160750, 1750 m

### Lage der Alp
Im SE Gemeindezipfel liegt Altläger auf der Krete zwischen Buntschleren und den am W-Hang gelegenen Alpen von Zweisimmen auf 1650–1870 m. Der Boden gehört der Kalkregion an, ist teilweise leicht versteint, allgemein gutgräsig. Oberhalb des Stafels ist die Weidegängigkeit gut, hingegen wird der unterste Zipfel nicht immer genügend geatzt.

### Wege zur Alp
Mit dem PW von Boltigen über die Simme und via Ägerti auf der Güterstrasse bis zum Stafel; oder mit der Bahn bis Boltigen (818 m) und von dort auf dem Bergwanderweg Richtung Niderhorn (keine Wanderbuchempfehlung).

### Touristisches
Die Alp liegt in der Nähe des Aufstiegs von Boltigen zum (Simmentaler) Niderhorn (2078 m), diesem einzigartigen Aussichtspunkt, mit seiner etwas steilen, aber grossartigen Westflanke. In der Gegend liegen auch Höhenwandermöglichkeiten talein und talaus, mit regelmässigen Abstiegen zu den Stationen der Simmentalbahn (Wanderbuch 3094, Route 27).

### Infrastruktur
Die Alp bildet das einstaflige Senntum 514/S 2213. Der frühere Unterstafel Fang ist als Weide in die LN umgeteilt. Die Alp ist von Boltigen her mit einer Güterstrasse erschlossen mit Kiesweg zum Stafel. Stromversorgung mit Dieselaggregat und Akkumulator. Die eigene Quellwasserversorgung ist gut und trockensicher.

### Bestossung
26 Stösse, 75 Tage (Ende Juni bis Anfang September): 19 Normalstösse

### Weideflächen
Total 23 ha: 21 ha Weideland, 2 ha Waldweide

### Besonderes zur Alp
Vorteile der Privatalp: keiner redet einem drein; die Alp ist «zwischen den Steinen melkig»; die Zufahrt ist recht, die Lage idyllisch-romantisch.

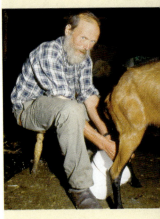

Eine solche Gelegenheit lässt sich der Fotograf nicht entgehen.

Fritz Durand nimmt sich ebenfalls die Mühe, in die Kamera zu schauen.

# Altläger
## SENNTUM 514/S 2213

*Die niedliche Gebäudegruppe von S.*

*Ein Blick hinter den «Büffel» (Hoger) auf die, wenn auch versteckt, geschmückte Hüttenfront.*

*Jacqueline Durand misst der Milch die Temperatur zum Einlaben.*

### Besatz
20 Kühe, 3 Rinder, 13 Kälber, 1 Ziege, 10 Schweine; hauptsächlich Vieh der Eigentümer; Kuh Schwalbe, 16-jährig, kommt immer noch mit! Vier Jersey-Tiere bewähren sich auf der Alp. Statterbub hat eigene Ziege bei sich.

### Personen

| Funktion | Person | Telefon |
|---|---|---|
| Bewirtschafter | Fritz und Jacqueline Durand-Stierli Vollach, 3703 Aeschi | 033 654 70 47 |
| Käserin | Jacqueline Durand-Stierli | |
| Käser | Fritz jun. Durand Vollach, 3703 Aeschi | 033 654 70 47 |

Statter ist 2004 Edi Buchschacher aus Emdthal. Fritz sen. Durand geht seit 1949 hier zalp, zuerst mit seinem Onkel.

### Telefon auf der Alp  079 346 80 53

### Gebäude
Älterer Blockbau, Kantholz, das hinterste Läger Rundholz, läges Satteldach; enger, dreiräumiger Wohnteil nach SW (erst später vorgebaut), kauert an halbhohem «Büf-

fel», zwei Doppelquerställe; Zustall auf Felsriegel im Firstständer datiert «1824»: Fleckenblock, läges Schindelsatteldach, Doppelstall für Schweine, Jung- und Kleinvieh. Die Baugeschichte scheint schon früh in Etappen verlaufen zu sein, sehr unklar, einige Graffiti.

### Käserei
Geschlossene Küche, halboffene Grube mit Kamin, 300 l Kessi an Holzturner mit tordiertem Haken, mobiles Rührwerk, Schwarpresse, Zementboden, Novilonwände.

### Käselager
Gaden neben Küche, Holz, gutes Klima, Bankung für 120 Laibe. Abtransport nach Bedarf in Talbetriebskeller oder zum Nachbarn auf Buntschleren (vgl. S.42ff).

### Produkte und Vermarktung
1400 kg Berner Alp- & Hobelkäse AOC in 130 Laiben à 7–13 kg; Hauptabnehmer: Chr. Eicher Söhne & Cie, 3672 Oberdiessbach; kaum Passanten, aber Verkauf an private Stammkunden.

### Besonderes zur Verarbeitung
Abendmilch im Kessi mit Kühlschlange, abgerahmt.

### Besonderes zum Senntum
Der Stafel liegt wunderhübsch «eingetan», versteckt in einer Mulde, umgeben von Felsblöcken und Tannen, ein «Heidihaus».

Fritz Durand junior zerschneidet die Dickete zu Bruch ...

... und überzieht das Ganze, damit auch der untere Teil der Gallerte feingeschnitten werden kann.

Hier ist das Resultat der sorgfältigen Zusammenarbeit von Mutter und Sohn, beleuchtet von einer Propancampinglampe.

# BUNTSCHLEREN

## Komplexe Verhältnisse mit Chäli und Bödeli – aber der Blacken wird man langsam Herr!

Bödeli von N und hinten rechts Mittler Bunschleren (vgl. die ähnliche Situation auf Boden, S. 30).

Die Ziegen kauen weiter wieder, auch wenn sie der Fotograf interessiert.

### Gemeinde/Amtsbezirk
Boltigen/Obersimmental

### Rechtsform/Eigentümer
Privatalp von Erwin Mani, zur Obern, 3764 Weissenburg

### Landeskarten
1226 Boltigen 1:25000
253 Gantrisch 1:50000

### Koordinaten Referenzpunkt
Vorder Bultschnere, 598375/160675, 1710 m

### Lage der Alp
Mittler Buntschleren (Käneli/Chäli): zwischen Vorder- (=Bödeli) und Hinter-Buntschleren, ein Tälchen auf 1690–1850 m. NE- und NW-Lage, erstere recht steil, der übrige wellige, hügelige Hang weidgängig. Germer verrät «linde, milchige» Grasnarbe; unterschiedlicher Vegetationsbeginn sorgt für stets junges Futter. Bödeli: vorderste der 3 Alpen im Talkessel, auf 1660–1800 m. Verglichen mit den oberen ist der Talboden breiter, fast eben, aber W des Stafels vernässt; das Übrige (nach Alpkataster 1966 mit Blacken so stark durchsetzt, dass grosser Teil

unfruchtbar sei) ist durch unermüdlichen Einsatz viel ertragreicher. Auch Seitenflanken mit Germer befallen, obschon gute Grasnarbe im Vordergrund. W-Hang teilweise felsig und nicht sehr weidgängig.

### Wege zur Alp
Mit PW von Boltigen über die Simme und via Ägerti auf Güterstrasse zum Stafel; oder mit Bahn bis Boltigen und von dort auf dem Bergwanderweg Richtung Niederhorn zum Alpkomplex (keine Wanderbuchempfehlung).

### Touristisches
Die Alp liegt am Weg von Boltigen zum Niderhorn, dem feinen Aussichtspunkt, mit steiler, aber grossartiger Westflanke. In der Gegend liegen Höhenwandermöglichkeiten talein und talaus, mit regelmässigen Abstiegen zu den Bahnstationen (Wanderbuch 3094, Route 27).

### Infrastruktur
Die Alp bildet zusammen mit Bödeli das zweistaflige Senntum 507/S 2257. Sie ist von Boltigen her mit einer Güterstrasse erschlossen. Stormversorgung durch Dieselaggregat und Akku. Die Versorgung beider Stafel mit dauernd etwa 4-grädigem Wasser ist ausgesprochen gut.

### Bestossung
Bödeli: 21 Tage (Anfang Juni bis Anfang Juli)
Käneli/Chäli: 75 Tage (Anfang Juli bis Mitte September)
Gesamte Alpzeit: 96 Tage: 31 Normalstösse

### Weideflächen
Total 64 ha: 52 ha Weideland, 8 ha Waldweide, 1 ha Wildheu, 3 ha Streueland

### Besonderes zur Alp
Die beiden Alpen gehören dem gleichen Eigentümer und bilden eine Einheit; entsprechend gelten die Zahlen für beide Alpen zusammen. Anfangs alles Vieh im Bödeli; zur Hauptzeit Kühe im Käneli, Rinder im Bödeli. Zum Schluss weiden Kühe ins Bödeli hinunter, Rinder putzen hintennach. Auf der Alp ist alles natürlicherweise ruhiger als im Tal; man richtet sich mehr nach den Gegebenheiten; man wohnt und käst die ganze Zeit in Bunschleren; landschaftlich ist es eng und feucht.

Prinz möchte auch gerne etwas erhalten, oder fragt er etwa: Was darf es sein?

Milchgeschirr zum Trocknen aufgeschichtet im gut durchlüfteten Milchgaden.

# Bunschleren

## SENNTUM 507 / S 2257

Hütte und Stall Mittler Bunschleren von E …

… es lohnt sich, besonders bei diesem trüben Licht, den Eingangsbereich unter die Lupe zu nehmen.

Kathrin Rufer macht Geisskäse, auch hier will die Temperatur exakt beachtet sein.

### Besatz
21 Kühe, 13 Rinder, 9 Kälber, 2 Ziegen; es werden hauptsächlich die eigenen Tiere gesömmert.

### Personen

| Funktion | Person | Telefon |
|---|---|---|
| Bewirtsch. und Käser | Erwin Mani zur Obern, 3764 Weissenburg | 033 783 28 10 |
| Zusennerin | Kathrin Rufer, zur Obern, 3764 Weissenburg | |

Kathrin Rufer ist die Lebenspartnerin von Erwin Mani.

**Telefon auf der Alp**  033 773 61 80

### Gebäude

Mittler Buntschleren (BI: «…1764…»): Bruchsteinsockel, Fleckenblock, vierräumiger Wohnteil nach N (von anderem Hüttenplatz hierher? früher frontaler Eingang?), seitliche Zugangslaube (MG mit geschmiedetem Fenstergitter), Doppelquerstall; W Melkstall: Kantholzblock, sehr läges Satteldach, Eternitschiefer, Doppellängsstall; am Waldrand Schattstall von 1800: schwerer Kantholzblock vor stehender Felsplatte, läges Schindelsatteldach, Jochbogentür (ehem. Pferdestall), früher separate Futtertennstüre. Bödeli: Fleckenblock im Ebenen, nicht unterkellert, läges Satteldach, Eternitschiefer, Wohnteil nach N: MG und KG, Küche, Stube und Kälberstall, zwei Gaden im DG, dreilägeriger Querstall.

### Käserei
Geschlossene Küche, offene Grube, Hutte, 300 l Kessi, Holzturner, mobiles Rührwerk, Schwarpresse, Plättliboden, Holzwände.

### Käselager
Keller über ganze Front («Milchlatten»: Milch anderer Sennten verkäst?), Holzdecke, Naturboden, sehr gutes Klima, Bankung für 120 Laibe. Käse von Nachbar D. im Bödeli.

### Produkte und Vermarktung
1300 kg Berner Alp- & Hobelkäse AOC in 110 Laiben à 9–14 kg; Hauptabnehmer: Chr. Eicher Söhne & Cie, 3672 Oberdiessbach; 70 kg Ziegenfrischkäse (33% Kuhmilch), 90 kg Ziger; Verkauf an private Stammkunden; Alpprodukte angeboten: H. von Allmen, Chäs-Gruebi, 3823 Wengen; P. Glauser, Käse, Eggenweg 2A, 3123 Belp; H. Künzi, Käserei, Oberdorfstr. 7, 3662 Seftigen; Berghaus Schallenberg/Gabelspitz, 3537 Eggiwil.

### Besonderes zur Verarbeitung
Abendmilch in Gebsen im Milchgaden, kaum abgerahmt; Schotte zum Teil an Nachbar Durand; anfangs Sommer bis zu 80 l Milch zugedickt; anfangs und Ende Sommer Milch an Sammelstelle Boltigen abgegeben.

Erwin Mani mit der Harfe am grossen Kessi für den Alpkäse.

Und hier wird der Alpkäse vom Vortag ins Salzbad gelegt und mit Salz bestreut.

Von der Lueglen nach NNW das ganze Buntschlerental: Hinter Bultschnere, Chäli, Mittler Bunschleren, Bödeli (Hütte verdeckt) und ein Teil der vorgängig beschriebenen Alpen.

# LUEGLEN

**Wunderbare Aussicht eben – aber Wind und angsteinflössenden Gewittern ausgesetzt.**

Hier luegt der Fotograf mal von unten nach oben, von der Strasse nach N.

Unter reizvollem, blank gefegtem Tannengeäst die ältesten Graffiti an der Türwand: 1833 und I ST 1848.

### Gemeinde/Amtsbezirk
Boltigen/Obersimmental

### Rechtsform/Eigentümer
Privatalp der Familie Mani in Diemtigbergli; Kontaktperson Eva Mani-Gurtner, Diemtigbergli, 3754 Diemtigen.

### Landeskarten
1226 Boltigen 1:25000
253 Gantrisch 1:50000

### Koordinaten Referenzpunkt
Luegle, 598800/159300, 1910 m

### Lage der Alp
Die am S-Hang des Niederhornes auf 1870–2030 m gelegene Alp befindet sich ausschliesslich oberhalb der Waldgrenze, ist ausgesprochen sonnig, aber windexponiert. Trotz der mässig steilen S-Flanke im W Areal ist Lueglen weidgängig, und die Grasnarbe kann als sehr melkig bezeichnet werden. Bei Wetterumschlag finden die Tiere praktisch nur im Alpstall genügend Schutz, denn sowohl nach W, wie nach E ist das Gelände offen.

### Wege zur Alp
Mit dem PW auf der Strasse vom Simmental (Grubenwald) oder vom Diemtigtal her auf die Passhöhe (bewilligungspflichtig ab Meienberg resp. Zwischenflüh); mit der Bahn bis Zweisimmen (941 m) und über Grubenwald auf Wanderwegen in einigen Varianten auf die Alp; oder mit Bahn und Postauto über Oey-Diemtigen bis Zwischenflüh (1100 m) und auf Wanderwegen über Meniggrund auf die Alp (Wanderbuch 3094, Routen 22, 26e).

### Touristisches
Lueglen liegt am Kreuzungspunkt verschiedener attraktiver Wanderrouten mit folgenden Stichworten: Pass, Niderhorn, Urscher, Gestelen, Seebergsee, Mänigen, und Höhenwanderungen talein und talaus (Wanderbuch 3094, Route 27 mit Varianten; 3097, Route 9).

### Infrastruktur
Die Alp bildet das einstaflige Senntum 515/S 2312. Sie liegt an der Grubenwald-Hofstetten-Gestelen-Strasse (auch Lueglenstrasse genannt) vom Simmental ins Diemtigtal, mit Stichstrasse zum Stafel. Stromversorgung mit Dieselaggregat und Akku. In normalen Jahren besteht kein Wassermangel, besonders mit der neuen Wasserfassung vom Herbst 2003; Trockenperioden können aber immer noch zu Wasserknappheit führen.

### Bestossung
30 Stösse, 70 Tage (Mitte Juni bis Anfang September): 21 Normalstösse

### Weideflächen
Total 28 ha Weideland

### Besonderes zur Alp
Vor- und Nachweide für Rinder ist Tschuggenalp (vgl. dort), für Kühe und Kälber die Ansmatte, beides Gde. Diemtigen,. Die Alp ist sehr gutgräsig und melkig, die Milch gut zu verkäsen, was nicht überall der Fall ist.

Ueli Meyes, Lehrling bei W. Küng, kommt in strammer Haltung vom Zaunen zurück.

Die schön gefügte Zugangstreppe.

# Lueglen
## SENNTUM 515 / S 2312

Die Hüttenfront von E, alles ordentlich aufgeräumt.

Blick ins Milchgaden – sehr ordentlich und sauber.

Weg- und Standortweiser, und auf dem Dach der Blitzableiter.

### Besatz
18 Kühe, 18 Rinder, 15 Kälber, 1 Stier; es wird hauptsächlich eigenes Vieh gesömmert.

### Personen

| Funktion | Person | Telefon |
|---|---|---|
| Bewirtschafter und Käser | Walter Küng-Schlüchter Ansmatte, 3753 Oey | 033 681 25 17 |
| Zusenn | Beat Mani, Diemtigbergli, 3754 Diemtigen | |

Beat Mani, aus der Eigentümerfamilie, hat 40 Sommer auf Lueglen gekäst; käst noch auf Vorweide Tschuggen.

### Telefon auf der Alp  079 262 82 37

### Gebäude
Interessanter Holzmischbau, Blitzschutzanlage, Bruchsteinsockel, Vollwalm und Schleppdach, Eternitschiefer; dreiräumiger Wohnteil an ursprünglicher Stirnseite nach S, frontale Zugangslaube und Steintreppe, Graffiti an Türwand, ältestes 1833, dreilägeriger Querstall, nach W vorgebautes Längsläger, Hütte dadurch breiter als lang! Daneben Jungviehschattstall, Holzmischbau, 1925, Satteldach, Eternitschiefer, wetterseits teilweise verrandet.

### Käserei
Offene Küche, offene Grube, 220 l Kessi, Holzturner, mobiles Rührwerk, Spindelpresse, Beton-/Holzboden, Holzwände.

### Käselager
Keller unter Hütte in SE-Ecke, Holzdecke, Naturboden, gutes, feuchtes, kühles Klima, Bankung für 70 Laibe.

### Produkte und Vermarktung
700 kg Berner Alp- & Hobelkäse AOC in 70 Laiben à 8–12 kg; 100 kg Alpmutschli; Verkauf an private Stammkunden, etwas an Passanten; Alpkäse wird angeboten durch Kurt und Susanne Zysset-Bürki, Aelpli Milchprodukte und Lebensmittel, Diemtigtalstrasse 32, 3753 Oey.

### Besonderes zur Verarbeitung
Gekäst wird ab Anfang Juli (Ausrüstung von Tschuggen). Vorher geht die Milch an die Sammelstelle Zwischenflüh und wird verkauft. Die Abendmilch wird in Gebsen und Kannen im Milchgaden gelagert und abgerahmt.

### Besonderes zum Senntum
Zügelweg Tschuggen – Meniggrund – Gestelen – Lueglen ca. 15 km. Wunderbare Aussicht, aber zu allen Lüften und angsteinflössenden Gewittern ausgesetzt (trotzdem wurde seit 40 Jahren nie ein Tier erschlagen!).

Walter Küng wendet den jungen Alpkäse und spannt ihn wieder ins Järb ein.

Beat Mani, früher selbst hier jahrelang erfolgreicher Käser, bringt den gestrigen Laib ins Salzbad.

Das Vieh ruht unter der Nebeldecke.

# MEIENBERG

**Bundesrat Minger habe auch auf der Familienalp von von Känels übernachtet.**

Blick vom Chumi nach N in das griechische Theater von Meienberg, hinten begrenzt durch den Bunschleregrat.

Erna schaut nicht nur in die Kamera, sondern auch zu ihrer Familie im Guggernäll.

**Gemeinde/Amtsbezirk**
Zweisimmen/Obersimmental

**Rechtsform/Eigentümer**
Privatalp hälftig von HR von Känel (Kontaktperson) und Roland von Känel (Adressen vgl. Senntum); hälftig von Niklaus von Känel, Hinderi Gasse 7, 3770 Mannried.

**Landeskarten**
1226 Boltigen 1:25000
253 Gantrisch 1:50000

**Koordinaten Referenzpunkt**
Meienberg, 598200/159050, 1781 m

**Lage der Alp**
Ausgesprochene Mulde N des Mannriedbaches auf 1700–1920 m, nach S orientiert, an Niederwürfi grenzend, weicher, wenig trittempfindlicher Boden, ausgezeichnetes, sehr melkiges Futter; windgeschützt, kaum fällige Stellen, ringgängig, recht grosse gedüngte Flächen, enorm vermehrter Ertrag. Vorweide Inners Guggernäll (Gde. Lenk, 601800/146750) erwähnt, weil Senntennummer von dort: N Seitenbach am SW-Hang Schatthorn, 1440–2080 m;

Alpkorporation/Privatansprache: 60 ha Weideland, 22 ha ehem. Wildheugebiet; intensive Heugewinnung beim Stafel. Schöne, trockene, gutgräsige frühe Vorweide, vereinzelt hartgräsig, Grotzen.

### Wege zur Alp
Mit PW von Grubenwald zur Alp; mit Bahn bis Zweisimmen und über Grubenwald; oder über Oey-Diemtigen mit Postauto bis Zwischenflüh und auf Wanderwegen, oder bis Schwenden/Grimmialp (1163 m) und auf Bergwanderwegen zur Alp (Wanderbuch 3094, Routen 22, 26e). Guggernäll: Mit PW von Lenk auf Guetebrunnestrasse zur Alp; mit Bahn bis Lenk (1066 m) und auf steilem Wanderweg (Schatthornweg) zur Alp.

### Touristisches
Abwechslungsreiche Flanke über Grubenwald von Strasse Simmental – Diemtigtal (ab Meienberg bewilligungspflichtig) durchzogen; Schwerpunkte Gestelen, Mänigen, Seeberg, Stierenberg. Bergwanderwege über Höhen und Flanken (Wanderbuch 3094, Routen 22, 26e, 27; 3097, Routen 9; Bikeroute Nr. 16 führt über diese Alp).

### Infrastruktur
Meienberg und Guggernäll bilden Senntum 3508/S 2383. Unt. Meienberg durch N. von Känel bewirtschaftet. Durch Strasse Grubenwald – Diemtigtal erschlossen, Guggernäll von Lenk mit Güterstrasse. Energieversorgung: Benzinmotor, Solarzellen. Eigene Quellen, 2000 optimale Fassung, neue Leitungen, 3000 l Reservoir.

### Bestossung
64 Stösse, 75 Tage (Mitte Juni bis Ende August): 48 Normalstösse

### Weideflächen
Total 59 ha: 56 Weideland, 1 Wildheu, 2 Heueinschlag

### Besonderes zur Alp
Arena Meienberg macht Alp übersichtlich, lieblich, hilb, geschützt. HR möchte nirgends sonst z'Alp. Beispielalp im Buch: D. Schmutz et al.: AOC, une identité retrouvée.

Chunscht und Heisswasserboiler repräsentieren alte und neue Zeit.

Emil von Känel hat sich 1978 von Turrian in Château d'Oex ein Kessi machen lassen.

# Meienberg
## SENNTUM 3508 / S 2383

Meienberg von E, wieder einmal flatternde Käsewindeln.

Die markante Vierschildhütte von Guggernäll von S in der Mittagssonne.

Roland von Känel macht Mutschli im Guggernäll.

### Besatz
28 Kühe, 5 Rinder, 20 Kälber, 6 Ziegen, 10 Schweine; das Vieh gehört den Eigentümern und Bewirtschaftern.

### Personen

| Funktion | Person | Telefon |
|---|---|---|
| Bewirtschafter und Käser | Hansruedi und Renate von Känel, Mittlere Aegertenstr. 24 3775 Lenk | 033 733 29 59 |
| | Roland von Känel Aegertenstrasse 6 3775 Lenk | 033 733 39 81 |
| Zusennerin | Erna von Känel-Perren Aegertenstrasse 6, 3775 Lenk | 033 733 11 39 |

HR und Renate von Känel käsen auf Meienberg, R. von Känel auf Guggernäll; Mutter Erna hilft im Guggernäll.

**Telefon auf der Alp**  079 421 75 01

### Gebäude
Meienberg: vierräumiger Wohnteil Querfirst-Ständerbau, Bruchsteinsockel, BI: «…1860», Laube; massiver Doppellängsstall als T-Balken, Satteldächer, Gerschilde, Eternitschiefer. Kälberstall: Fleckenblock, Satteldach, Eter-

nitschiefer. Guggernäll: Vierschildhütte, Eternitschiefer, Kantholzblock, Sockel auch und Bruchstein, dreiräumiger Wohnteil nach SE, Eingangslaube, Doppeltreppe; zwei Doppellängsställe und fünftes Läger.

### Käserei
Meienberg: geschlossene Küche, offene Grube, Hutte, 300 l und 50 l Kessi, Holzturner, mobiles Rührwerk, Schwar-Spindel-Presse, Zementboden, Bruchsteinmauern, Holzwände; holzbeheizter Boiler (auch Dusche). Guggernäll: riesige geschlossene Küche, ummantelte Grube, Rohr/Hutte, 500 l und 300 l Kessi, mobiles Rührwerk, pneumatische Presse, Plättliboden, Holzwände.

### Käselager
Meienberg: Keller in S-Ecke, Bruchsteinmauern, Holzdecke, Naturboden, sehr gutes, kühles Klima, Bankung für 160 Laibe. Guggernäll: Käse sofort in Talkeller.

### Produkte und Vermarktung
2500 kg Berner Alp- & Hobelkäse AOC in 220 Laiben à 8–14 kg; 200 kg Alpraclette, 350 kg Ziegenfrischkäse mit 50 % Kuhmilch, 50 kg Alpbutter; Verkauf an Passanten und private Stammkunden (vom Mittwochmärit in Thun, Weihnachtsmärit in Langnau im Emmental); Molkerei Zweisimmen Hauptabnehmer Ziegenkäse.

### Besonderes zur Verarbeitung
Die Abendmilch wird in Gebsen gelagert und abgerahmt.

Hansruedi von Känel macht Alpkäse im Meienberg.

Renate von Känel strahlt mit ihren Blumen um die Wette zwischen den Käsetüchern.

Hinter ihr hängt diese ganze lange Reihe von Zügeltreicheln.

# HOHMADBERG

**Die sehr trocken gelegene Alp wurde durch gezielte Düngung stark verbessert.**

Blick von E über die Hütten; Mittelgrund links Hundsrügg bis Jaunpass und rechts Bäder und Horn; hinten Dent de Ruth, Wandfluh, Sattelspitzen, Gastlosen und die Alpen der rechten Jauntalseite (FR).

Die reiche Magerweideflora.

### Gemeinde/Amtsbezirk
Zweisimmen/Obersimmental

### Rechtsform/Eigentümer
Alpkorporation Hohmadberg, 4 Alpansprecher; Kontaktperson Bergvogt HP Imobersteg, Steinere, 3770 Mannried.

### Landeskarten
1226 Boltigen 1:25000
253 Gantrisch 1:50000

### Koordinaten Referenzpunkt
Homad, 597650/158650, 1749 m

### Lage der Alp
Hohmad liegt auf 1570–1904 m an der nach SW abfallenden Krete zwischen Mannried- und Bruchgraben mit S- und W-Lage, Gebäude exponiert auf Krete. Der eher flachgründige, trockene Boden ergibt dank guter Düngung gute Grasnarbe und sehr schöne Erträge. Unterste Alpteile steil, für Milchkühe ungeeignet, ideal für Galtvieh. Der Bruchgraben hat viel überführt; deshalb wurde die Nachbaralp Ahorni durch den Staat aufgeforstet.

### Wege zur Alp
Mit dem PW vom Simmental über Grubenwald oder vom Diemtigtal zur Alp (bewilligungspflichtig ab Zwischenflüh); mit der Bahn bis Zweisimmen (941 m) und über Grubenwald; oder über Oey-Diemtigen mit Postauto bis Zwischenflüh (1100 m) und über Wanderwege auf die Alp (Wanderbuch 3094, Routen 22, 26e).

### Touristisches
Die abwechslungsreiche Flanke über Grubenwald ist von der Fahrstrasse vom Simmental ins Diemtigtal durchzogen mit den nahen Schwerpunkten Gestelen, Mänigen, Seeberg und Stierenberg (Alpen teils Diemtigen, teils Zweisimmen). Bergwanderwege führen über Höhen (Niederhorn) und Flanken (Urscher) talaus und talein (Wanderbuch 3094, Routen 22, 26e, 27; 3097, Routen 9).

### Infrastruktur
Von den zwei einstafligen Sennten käst nur 5909/S 2521 für den Markt; das Senntum von Imobersteg liefert Bio-Knospen-Milch an die Sammelstelle Zweisimmen. Die Alp ist durch die Lueglenstrasse und eine geschotterte Stichstrasse erschlossen. Energieversorgung durch Benzinaggregat, Akku, Gaslicht. Mit der Wasserfassung im Ahorni von 1962 gibt es überall genügend gutes Wasser.

### Bestossung
49 Stösse, 90 Tage (Anfang Juni bis Anfang September): 44 Normalstösse

### Weideflächen
Total 46 ha: 40 ha Weideland, 5 ha Waldweide, 1 ha Heueinschlag

### Besonderes zur Alp
Die benachbarte Kreligsweid war früher «Schneeweide»; heute wird sie als Rinderweide genutzt. Meist läuft das Galtvieh den Kühen hintennach, es wird nicht mehr eingestallt. Die Gebäude sind im Baurecht der Alpanteiler. Anlässlich des Stallanbaus, etwa 1990, wurden 50 Kuhrechte im Grundbuch eingetragen. Homad ist blitzexponiert; schon mehrfach hat es in Gebäude eingeschlagen (glücklicherweise ohne Brandauslösung) und wurden Tiere erschlagen.

Karl Eggen junior bei der Käsepflege.

Vater Karl Eggen schneidet den Besuchern ein Versucherli vom Hobelkäse.

# Hohmaad

## SENNTUM 5909 / S 2521

Erbs Hütte, wo Eggens wirtschaften, von vorne, von S.

Dass Feuer knistert, das Rührwerk summt, der Käsebruch wird langsam richtig.

Martina glüsslet aus dem Fenster.

### Besatz

18 Kühe, 14 Rinder, 14 Kälber, 3 Mutterkühe, 1 Stier, 6 Ziegen, 3 Schweine; Mutterkühe je mit Kalb bei Fuss. Vieh (ausser Mutterkühen) gehört dem Bewirtschafter. Rinder laufen auf Krähligsweid, eine separate Pacht.

### Personen

| Funktion | Person | Telefon |
|---|---|---|
| Pächter und Käser | Karl und Martha Eggen-Krähenbühl Hinderi Gasse 38, 3770 Mannried | 033 722 14 03 |

Familie Eggen bewirtschaftet diese Alp seit 1929. Die Kinder Karl, Christian und Martina helfen mit. Käsepflege durch Martha sowie Karl Vater und Sohn.

### Telefon auf der Alp 079 381 90 03

### Gebäude

Familie Eggen alpt in der Hütte von Ueli und Annerös Erb-Hinni, Adlemsried, Boltigen: Holzmischbau, einfache geschnitzte BI: «(Schnörkel) BL . MvK . 1908 . ZM . GB (Schnörkel)», dreiräumiger Wohnteil nach SW, Zugangslaube über Eck, verputzter Bruchsteinsockel mit Keller und Ställchen, Schopfanbau nach SE, Satteldach, Eternitschiefer, Gaden im DG mit Aussentreppe und oberem Läubli (sehr selten an Alpgebäuden!), zwei Doppelquerställe (der hintere auf etwas höherem Niveau, später angebaut).

### Käserei
Geschlossene Küche, halbgeschlossene Grube (Rauchproblem), 2001 Kessi, Holzturner, mobiles Rührwerk, Schwarpresse, Inlaidboden, Holz- und Hartplattenwände.

### Käselager
Keller in der S-Ecke unter der Stube, Naturboden, Holzdecke, gutes, etwas warmes Klima, Bankung für 100 Laibe, Abtransport in den Talbetrieb nach Bedarf.

### Produkte und Vermarktung
1000 kg Berner Alp- & Hobelkäse AOC in 140 Laiben à 6–10 kg; 100 kg Ziegenfrischkäse mit 60 % Kuhmilch; Eggens führen einen Bio-Knospen-Betrieb seit 1995. Wegen der Strasse kaum mehr Passantenverkauf; Vermarktung an private Stammkunden ab Talbetrieb.

### Besonderes zur Verarbeitung
Die Abendmilch wird in Kannen im Brunnen und in Gebsen gekühlt gelagert und abgerahmt.

### Besonderes zum Senntum
Seit 1981 haben Eggens auch die Anteile der Familien Erb, Gfeller und Sumi gepachtet.

Martha Eggen misst dem Ziegenkäse die Temperatur…

…und dann der Sirte für die Bakterienkultur.

Christian hält der Mutter das Käsetuch zum Auszug.

# MUNTIGBERG

**Ein ganzer Talkessel, drei Alpen, aus einer Hand bewirtschaftet – das hat Zukunft.**

Blick von der Lueglenstrasse nach SE über die ganze Alp: vorne Unteres Muntigli, links Oberes Muntigli, hinten ein Jungviehstall, dahinter Seehorn-Fromattgrat und Chumigalm.

Zügeltreicheln und Blumen schmücken die Hütte im Oberen Muntigli.

### Gemeinde/Amtsbezirk
Zweisimmen/Obersimmental

### Rechtsform/Eigentümer
Ob. Muntigberg: Alpgenossenschaft Muntigberg mit 4 Ansprechern; Bergvogt ist Emil von Känel-Gfeller, Oberriedstr. 21, 3775 Lenk. Unt. Muntigberg: Marinette Schletti-Müller, 3098 Schliern; Unt. Niederwürfi: Christian von Känel, 3775 Lenk.

### Landeskarten
1246 Zweisimmen 1:25000
263 Wildstrubel 1:50000

### Koordinaten Referenzpunkt
Ob. Muntigli, 599350/157950, 1730 m

### Lage der Alp
Ob. Muntigberg: W-Hang Muntiggalm, 1650–2080 m, mit Stierenberg oberstes Einzugsgebiet Mariedbach. Oberste Weideteile abgelegen, trocken, vereinzelt sehr steil (Lawinenniedergänge, Vergandung gross), fallgefährlich; sonst sehr gutgräsig. S-, W- und N-Lage in ausgesprochener Alpmulde; am Bach Sumpfstellen. Unt. Niederwürfi, ehe-

mals Voralp, heute Unterstafel; S-Hang rechtsseitig Mariedbach, 1500–1680 m, weidgängig; vernässter Weidboden unter Stafel, Grasqualität sonst umso besser; Milchvieh früher nur auf Niederwürfi. Unt. Muntigberg (seit 2004 gleiche Bewirtschafter) Parallelstafel, linksseitig Mariedbach, 1530–1790 m, gleichmässige NW-Flanke, weidgängig; Grasqualität ausgezeichnet; Wildheugebiete an Felsen des Chumiberges grenzend; Lawinen unterworfen (Alpgebäude zweimal verschoben!)

### Wege zur Alp
Mit PW im Simmental bis Mannried (1034 m) oder von Grubenwald in die Gegend von Meienberg (1750 m); oder mit Bahn bis Zweisimmen (941 m); von dort auf Bergwanderwegen zur Alp (Route nach Seeberg/Stierenberg; Wanderbuch 3094, Routen 22, 26e).

### Touristisches
Flanke über Grubenwald und Mannried sehr reichhaltig; Fahrstrasse Simmental – Diemtigtal (ab Meienberg bewilligungspflichtig); Schwerpunkte Gestelen, Mänigen, Stierenseeberg; Naturbiotope (Schilfhänge). Bergwanderwege Muntiggalm, Chumi, Urscher, Fromattgrat (Wanderbuch 3094, Routen 22, 26e, 27; 3097, Routen 9).

### Infrastruktur
Alpkomplex bildet zweistafliges Senntum 5917/S 2251. Ab Mannried bis Grabenweide Güterstrasse; Güterweg an Alprand; zu den Stafeln Jeepwege. Energieversorgung durch Dieselgenerator und Solarzellen. Alle Teile gute bis ausgezeichnete Wasserversorgung aus alpeigenen Quellen, Unt. Niederwürfi mit Widderanlage; nur oberste Alpteile notdürftig Quell- und Bachwasser (Schafe).

### Bestossung
Unt. Niederwürfi: 22 Tage (Anfang bis Ende Juni)
Ob. Muntigli: 70 Tage (Ende Juni bis Anfang September)
Unt. Niederwürfi: 25 Tage (Anfang bis Ende September)
Gesamte Alpzeit: 28 Stösse, 117 Tage: 32 Normalstösse

### Weideflächen
Total 70 ha: 59 ha Weide, 1 ha Waldweide, 8 ha Wildheu, 2 ha Streu; alle Zahlen nur Ob.Muntigberg!

Tochter Marianne von Känel, Hotelsekretärin, hilft dem Vater auf der Alp.

Mitten in der Gebäudegruppe ein Felskopf mit Muttechölm, eine der Kleinarten von Thymus serpyllum…

# Muntigberg
## SENNTUM 5917/S 2251

Zwei der drei Hütten im Oberen Muntigli von SE, hinten die Lueglenstrasse und Hohmad.

Auf der Unteren Niederwürfi war es neblig, als Christian die Kühe herausliess.

Christian von Känel macht gegen Herbst zu vor allem Butter, die er hier gemödelet einpackt.

### Besatz
27 Kühe, 42 Rinder, 25 Kälber, 3 Ziegen, 42 Schafe; Vieh der Bewirtschafter (nur 14 Rinder Schlettis, Alp Chumi). Schafe von Privaten aus Raum Fahrni/Thun.

### Personen

| Funktion | Person | Telefon |
|---|---|---|
| Bewirtsch. und Käser | Emil + Christian von Känel Oberriedstrasse 21, 3775 Lenk | 033 733 31 39 |
| Zusennerin | Rosmarie von Känel Oberrriedstrasse 21, 3775 Lenk | 033 733 20 87 |

Emil, Pächter auf Ob. Muntigli, käst 27 Jahre hier, Kinder helfen gelegentlich. Christian käst auf Niederwürfi. Beat Schletti, Zweisimmen, Pächter auf Unt. Muntigli.

### Telefon auf der Alp  078 698 33 00

### Gebäude
Ob. Muntigli von 1909: Vierräumiger Wohnteil, frontale Eingangslaube, Holzmischbau, MG angebaut, Sockel und Doppelquerstall Bruchsteinmauern getüncht, Satteldächer, Eternitschiefer, Gaden im DG; von andern Hütten Ställe genutzt: eine von 1775. Niederwürfi (598450/158100): Bruchsteinsockel, HG Ständerbau, bergseitig Bruchstein-

mauer, dreiräumiger Wohnteil als Querfirst (Graffiti 1846 ff), W Zugangslaube, quergeteilter Doppellängsstall als T-Balken, Walmdächer, Eternitschiefer, im OG zwei Gaden (diverse Elemente machen sie vornehm, vgl. www.alporama.ch). Unt. Muntigli: Holzbau, 1945, Abwurf, dreilägeriger Querstall, Wohnteil einfach, darunter Stall.

### Käserei
Beide gleich ausgerüstet: Geschlossene Küche, offene Grube, Hutte, 420 l Kessi, Schiene, mobiles Rührwerk, Schwarpresse, Kunststoffparkett, Holz- und Plastikwände.

### Käselager
Ob. Muntigli Keller unter MG in SE-Ecke: Ziegelsteinboden, Holzdecke, sehr gutes Klima, Bankung für 100 Laibe, Abtransport nach Bedarf in gute und grosse Keller der Talbetriebe. Niederwürfi keine Keller mehr.

### Produkte und Vermarktung
2300 kg Berner Alp- & Hobelkäse AOC in 250 Laiben à 7–10 kg; Hauptabnehmer: Lenk Milch AG, 3775 Lenk; 70 kg Alpraclette und Alpmutschli, 20 kg Alpbutter; private Stammkunden; Alpkäse durch: Chr. Aeschlimann, Käserei Oberei, 3618 Süderen; Mittwochmärit Thun.

### Besonderes zur Verarbeitung
Abendmilch im Kessi mit Kühlschlange gelagert (zeitweise Gebsen), abgerahmt. Schotte an Vieh vertränkt. Herbstmilch Niederwürfi zentrifugiert, Rahm verbuttert.

Emil von Känel nimmt einem jungen Alpkäse den Span ab, zur Erhöhung der Stabilität.

Und so schön liegen sie dann im Keller.

Auf dem Oberen Muntigli warf das Zügelgeläute mächtige Schatten an die Hüttenwand.

# CHUMIBERG

**Wunderschöne Aussicht mit Stimmungsvollen Sonnenuntergängen.**

Von der Lueglenstrasse luegt man nach SE auf Vorder Chumi, Chumigalm, eine Spitze der Spillgerten und Brunni- sowie Ganthore.

Das ist dieses ungeliebte, giftige Alpen-Greiskraut (früher Kreuzkraut), Senecio alpinus.

### Gemeinde/Amtsbezirk
Zweisimmen/Obersimmental

### Rechtsform/Eigentümer
Alpkorporation Chumiberg; Bergvogt ist Beat Schletti-Braun, Oberriedstr. 8, 3770 Zweisimmen.

### Landeskarten
1246 Zweisimmen 1:25000
263 Wildstrubel 1:50000

### Koordinaten Referenzpunkt
Vorder Chumi, 598500/157300, 1780 m

### Lage der Alp
Durch markante Krete vom Chumigalm auf 1690–2140 m in zwei Teile getrennt, Vd. Chumi ausgesprochene Mulde, W-Exposition; Ht. Chumi grösstenteils SW-Lage. Der zügige Weidegang auf Ht. Chumi grenzt an Stierenseeberg und Fromattgrat; Vd. Chumi durch Felspartien und Wälder begrenzt; mit wenigen Ausnahmen gute Grasnarbe; Vd. Chumi melkigeres, weniger hartes Futter. Alpteile nicht getrennt, freier Weidegang. Obere Regionen steil, Lawinen ausgesetzt, teilweise vergandet.

Bei Wetterumschlag wenig geschützt, stark Westwind ausgesetzt. Problem Alpenkreuzkraut, intensiv bekämpft!

### Wege zur Alp
Mit PW von Zweisimmen Güterstrasse bis Milchchäle (1618 m); mit Bahn bis Zweisimmen (941 m); Bergwanderweg Richtung «Gubi» zur Alp (Route zum Ausflugsziel Stierenseeberg; Wanderbuch 3094, Route 22).

### Touristisches
Schöne, reichhaltige Flanke ob Grubenwald – Zweisimmen zur Fromatt; Bergwanderweg über die Alp am Chumigalm vorbei Übergang Gubi nach Stierenberg, Seeberg, Gestelen, Mänigen (Diemtigen und Zweisimmen); die Alp selbst aber abgeschieden und ruhig. Bergwanderwege führen über Höhen und an Flanken talaus (Flankenweg ins Muntigli nun ausgebaut) und talein (Wanderbuch 3094, Routen 22, 26e, 27; 3097, Routen 9).

### Infrastruktur
Von fünf einstafligen Sennten käsen 5913/S 2026 und 5930/S 2253 mit Zulassungsnummer. Chumiberg hat Zügelweg gemeinsam mit Alpen unterhalb und Güterstrasse von Mannried oder Oberried bis Milchchäle, dann Güterweg zu den Stafeln. Energieversorgung: Dieselgeneratoren und Akkus. Eigene Quellen für Stafel- und Weidebrunnen.

### Bestossung
117 Stösse, 70 Tage (Ende Juni bis Anfang September): 81 Normalstösse

### Weideflächen
Total 149 ha: 123 ha Weideland, 7 ha Waldweide (17 ha Wildheu, 2 ha Streueland schon 1965 ohne Bedeutung)

### Besonderes zur Alp
Seyung 116¼ Kuhrechte; auf Chumigalm alljährlich ca. 40 Schafe gesömmert. Zur Arrondierung Parzellen aus angrenzenden «Gammerschalmädern» hinzugekauft. Hier oben ist man für sich allein; Aussicht ist sehr speziell, und besonders auf Bergrücken Hinter Chumi geniesst man ein einmaliges Panorama, mit je nach Wolken stimmungsvollen Sonnenuntergängen.

Die festlichen Zügelglocken sind meist Auszeichnungen oder Geschenke zu bestimmten Anlässen.

Das Melkgeschirr ist eher ein werktägliches Zubehör zur Alpwirtschaft.

# Hinter Chumiberg

## SENNTUM 5913 / S 2026

Hinter Chumi von E im Morgengrauen; der Nebel drückt nicht nur über den Jaunpass.

Cumulo-Nimbus, Gewitterwolke oder Himmelsblumenkohl: Wolkenbilder geben hier oben unerhörte Stimmungen ab.

Treichel- und Blumenschmuck erhellt düstere Tage.

### Besatz
14 Kühe, 5 Rinder, 10 Kälber, 1 Jungstier; Schlettis halten reine, behornte Simmentaler! Die immer fleissige 16jährige «Ursina» verdient ein Denkmal.

### Personen

| Funktion | Person | Telefon |
|---|---|---|
| Hüttenbesitzer | Gottfried Werren, 3604 Thun<br>Hansruedi Janzi, 3770 Mannried | |
| Pächter | Markus Schletti-Gfeller<br>Lusfluh-Weg 3,<br>3771 Blankenburg | 033 722 39 02 |
| Käserin | Elisabeth Schletti-Gfeller | |

Schlettis alpen das 5. Jahr hier. Kinder Matthias und Nadja helfen in den Ferien. E. Schletti käst in Ferien (neben Spitex-Arbeit). Bei Schönwetter Heuen im Tal.

### Telefon auf der Alp  079 646 31 82

### Gebäude
Drei Gebäude in Privatbesitz (teils 18. Jh.), zwei Hütten (Wohnteil und Doppelquerställe); Schlettis (598650/ 156450): Holzmischbau, wetterseits schindelverrandet,

bergseits sowie Wand zw. Doppelquerställen (vor Anbau bergseitige Aussenwand) Bruchsteinmauern, niedriger Bruchsteinsockel, läges Satteldach, Eternitschiefer, dreiräumiger Wohnteil nach W, frontale Zugangslaube und -treppen, Küchentür Segmentbogen, Graffiti (ältestes 1935), Gaden im DG; Schatthaus 1925, Doppellängsstall, angebautes Läger, steiles Satteldach, Eternitschiefer.

### Käserei
Geschlossene Küche, offene Grube, Hutte, 1701 Kessi, Holzturner, stets von Hand gerührt, Schwarpresse, Inlaidboden, Plastik- und Chromstahlwände.

### Käselager
Keller in SW-Ecke unter Stube, Mauern, Zementboden, Holzdecke, gutes, kühles Klima, Bankung für 70 Laibe.

### Produkte und Vermarktung
280 kg Berner Alp- & Hobelkäse AOC in 34 Laiben à 6–10 kg; 20 kg Mutschli/Frischkäse; Verkauf an Passanten, private Stammkunden und an Restaurant Hüsy, H.-J. Glatz-Ueltschi, Lenkstrasse, 3771 Blankenburg.

### Besonderes zur Verarbeitung
Gekäst wird etwa drei Wochen; sonst wird die Milch an die Sammelstelle Zweisimmen geliefert. Abendmilch in Kannen gekühlt und in Gebsen gelagert und abgerahmt.

Die 16jährige Ursina ist immer noch fleissig und ergiebig, sie verdient dieses Denkmal.

Markus Schletti kümmert sich ums Melken...

...für Elisabeth Schletti ist das Käsen ein Hobby, das Abwechslung bringt.

# Vorder Chumi

## SENNTUM 5930 / S 2253

Schlettis Hütte von SE, hinten Tschannen Hanses Hütte, wo für Eigenbedarf gekäst wird.

Ursula Schletti präsentiert im würdigen Rahmen ihres Käsekellers eine Auswahl ihrer Alpprodukte.

Beat Schletti wäscht das Melkgeschirr …

### Besatz
16 Kühe, 14 Rinder, 15 Kälber

### Personen

| Funktion | Person | Telefon |
|---|---|---|
| Bewirtschafter | Beat und Ursula Schletti<br>Oberriedstrasse 8,<br>3770 Zweisimmen | 033 722 11 53 |
| Käserin | Ursula Schletti-Braun | |

Ursula Schletti käst das 11. Jahr hier; neben «Indoorarbeit» geht sie gerne ins Heu. Sohn Mike ist Zimmermann, installiert vieles selbst (Käsebankung, Presstisch usw.).

### Telefon auf der Alp  033 722 34 05

### Gebäude
Die Alpgebäude auf Vorder-Chumi Privatbesitz; Holzbauten (teils 18. Jh.), drei mit üblichen Wohnteilen und Doppelquerställen; Schlettis sehr gut, BI «…1926», Fleckenblock, bergseits Bruchsteinmauer, Bruchsteinsockel (Kälberstall, Keller), Satteldach, Wellblech (von Fivian und Lothar abgedeckt), dreiräumiger Wohnteil nach NW, frontale Zugangslaube und -treppe, Gaden im DG, Dop-

pelquerstall, breiter Schwemmkanal, dient auch Küchen- und Käsereiabwässern, angebautes Zusatzläger; ein Gebäude Schatthaus von 1916.

### Käserei
Kleine, halboffene Küche, offene Grube, grosse Hutte, 220 l Kessi (nicht sehr praktische Form), mobiles Rührwerk seit 2003, Haslipresse, Novilonboden, Holzwände.

### Käselager
Keller in W-Ecke unter Stube, seitlicher Eingang von SW, Kiesboden, schön kühles, etwas trockenes Klima, Bankung für 90 Laibe, Abtransport im Herbst.

### Produkte und Vermarktung
800 kg Berner Alp- & Hobelkäse AOC in 80 Laiben à 7–14 kg; 120 kg Alpmutschli, 40 kg Frischkäse; Verkauf an private Stammkunden; Alpkäse wird angeboten durch: A. Linder Frischprodukte, 3098 Schliern; Molkerei Wasserfallen, 3250 Lyss; Milchprodukte Wagner, 3626 Hünibach; Mutschli bei Molkerei 3770 Zweisimmen.

### Besonderes zur Verarbeitung
Gekäst wird bis etwa Mitte August; danach wird die Milch an die Sammelstelle Zweisimmen geliefert und verkauft. Die Abendmilch wird in Kannen (im Brunnen gekühlt) und in Gebsen gelagert und abgerahmt. Die überschüssige Milch wird zentrifugiert und verbuttert.

Die 6 Löcher in diesem Brett dienen der Regulierung der Haslipresse.

Mit Hingabe wird durch Schlettis Sohn Mike und seine Turnkameraden und Freunde alle Jahre zum Nationalfeiertag ein Kreuz in den Chumigalm gemäht, von Hand dort oben!

Die Sonne erscheint und drückt den Nebel aus dem Gelände; Blick nach N auf die Gantrischkette und die vorgelagerten Oberwiler Alpen.

# MÄDLI

**In dieses selbst erarbeitete Paradies kommen auch die Enkel gerne und helfen mit.**

Blick ins Simmental nach NW über das Mädli mit seinem Solarpanel hinweg ans Homad.

Schneckenvermehrung ist sicher nicht von allen erwünscht.

### Gemeinde/Amtsbezirk
Zweisimmen/Obersimmental

### Rechtsform/Eigentümer
Seit 1979 Privatalp von Edwin und Therese Griessen-Romang, Chumistrasse 7, 3770 Zweisimmen.

### Landeskarten
1246 Zweisimmen 1:25000
263 Wildstrubel 1:50000

### Koordinaten Referenzpunkt
Mädli, 598100/156575, 1715 m

### Lage der Alp
Mädli liegt zwischen Milchkähle und Chumialp auf 1580–1800 m auf einer leichten Krete, die nach W abfällt. Mit Ausnahme einiger Sumpfstellen ist hier das Futter gut. Durch intensive Pflege und Bewirtschaftung wurde die seinerzeitige Alpdauer von 70 auf heute 110 Tage verlängert! Das im Alpkataster bei der Alp aufgeführte «Gschwend» ist heute der Heimbetrieb (Talbetrieb, Ganzjahresbetrieb) der Familie Griessen.

### Wege zur Alp
Mit dem PW von Zweisimmen auf der Güterstrasse bis zum Stafel; oder mit der Bahn bis Zweisimmen (941 m) und auf dem Bergwanderweg Richtung «Gubi» auf die Alp (es ist eine der Routen zum bekannten Ausflugsziel Seeberg/Stierenberg (Wanderbuch 3094, Routen 22).

### Touristisches
Die lebhaft gestaltete Flanke, die sich oberhalb Grubenwald – Mannried – Zweisimmen zur Fromatt hinzieht, ist sehr schön und reichhaltig; der Bergwanderweg am Chumi vorbei über das Gubi (1987 m) nach Stierenberg und den weiteren touristischen Schwerpunkten Gestelen, Mänigen, Seeberg (vgl. diese Alpen in den Gden. Diemtigen und Zweisimmen im Band 1) führt über diese Alp; der Stafel selbst ist abgeschieden und ruhig. Weitere Bergwanderwege führen über Höhen und an Flanken talaus und talein (Wanderbuch 3094, Routen 22, 26e, 27; 3097, Routen 9).

### Infrastruktur
Die Alp bildet das einstaflige Senntum Mädli, 5914/S 2250. Sie ist mit der Güterstrasse erschlossen, welche von Mannried bis zum Chumi führt. Energieversorgung durch Benzinmotor und grosse Solarpanels. Die Alp hat immer genügend gutes Wasser.

### Bestossung
24 Stösse, 110 Tage (Anfang Juni bis Mitte September): 26 Normalstösse

### Weideflächen
Total 31 ha: 26 ha Weideland, 1 ha Streueland, 4 ha Heueinschlag

### Besonderes zur Alp
Die Abendsonne scheint lange an diese Alpseite; überhaupt geniesst man eine wunderschöne Aussicht nach vielen Seiten.

Der Wanderwegweiser weist den Weg zum einen Sohn und damit auch zurück in Band I der Buchreihe (auch Gemeinde Zweisimmen).

Der andere Sohn André, ausgebildeter Landmaschinenmechaniker und Landwirt, wohnt und hilft auf der Alp.

# Mädli

## SENNTUM 5914/S 2250

Die Hütte von SW.

Martin und Gabi mit deren Zwillingszicklein.

Während der längsten Zeit hängt das Kessi ungebraucht am Turner.

### Besatz
12 Kühe, 10 Rinder, 9 Kälber, 5 Ziegen, 5 Schweine; es wird das eigene Vieh gesömmert.

### Personen

| Funktion | Person | Telefon |
|---|---|---|
| Bewirt-schafter | Edwin Griessen-Romang<br>Chumistrasse 7, 3770 Zweisimmen | 033 722 20 45 |
| Käserin | Therese Griessen-Romang | |
| Zusenn | André Griessen daselbst | |

Edwin ist seit 1955 und Therese seit 1967 auf dieser Alp. Die Enkelkinder Martin (hilft gerne hier!) und Gabi sind während der ganzen Ferien auf der Alp.

**Telefon auf der Alp**  033 722 22 77

### Gebäude
Gut erhaltener Holzmischbau von 1924, Bruchsteinsockel mit Kälberstall, Satteldach mit Gerschild, Eternitschiefer, üblicher, dreiräumiger Wohnteil nach W, frontale Zugangslaube und -treppe, dahinter Doppelquerstall, 2001 mit Betonrückwand ausgebaut; gleich daneben ein kleiner, 1948 hierher gezügelter Jungviehstall und etwas

N Jungviehschattstall von 1944, beide etwa gleich, als Doppellängsstall mit Satteldächern gestaltet.

## Käserei
Geschlossene Küche, offene Feuergrube, 270 l Kessi an Holzturner, mobiles Rührwerk, Hebel-Spindel-Presse, Novilonboden, Holzwände.

## Käselager
Keller in NW-Ecke unter MG, Naturboden, Holzdecke, etwas feuchtes Klima, Bankung für 80 Laibe.

## Produkte und Vermarktung
320 kg Berner Alp- & Hobelkäse AOC in 50 Laiben à 6–7 kg; 45 kg Alpmutschli, 70 kg Alpraclette, 180 kg Ziegenkäse (mit 33 % Kuhmilch); Verkauf an Passanten und private Stammkunden.

## Besonderes zur Verarbeitung
Alpkäse wird nur etwa während eines Monats gemacht. In der restlichen Zeit wird die Milch an die Sammelstelle in Zweisimmen abgeliefert und verkauft. Die Abendmilch wird in Gebsen in einem Wassertrog im Milchgaden gelagert und abgerahmt, der Rahm verbuttert.

## Besonderes zum Senntum
Auf der schön gelegenen Privatalp ist man selber Herr und Meister – ein Paradies, das man mit manchem Schweisstropfen erarbeitet hat; hier hat man seine Ruhe.

Therese Griessen nimmt die Mutschli aus der Form...

...und Edwin Griessen zeigt einen ihrer Alpkäse.

Dass Kühe im Stall beim Blitzlicht erschrecken, sieht man nur neben der Kamera vorbei.

# MILCHKEHLE & ALLMEND

*Eine Art Kanzel direkt über dem Dorf – man ist gar nicht so richtig zalp!*

Vom Mädli herab nach NW präsentiert sich Milchkähle breit, behäbig, vielgestaltig.

Ein Freiberger (!) geniesst offensichtlich die Alpweide.

### Gemeinde/Amtsbezirk
Zweisimmen/Obersimmental

### Rechtsform/Eigentümer
Genossenschaftsalp der Bäuertgemeinde Mannried; Kontaktperson ist der Bäuertvogt, Niklaus Müller-Gobeli, Äussere Gasse 18, 3770 Zweisimmen; zur Bewirtschaftung ist die Alp verpachtet an die Milchkähle-Heimkuhweide-Genossenschaft in Zweisimmen.

### Landeskarten
1246 Zweisimmen 1:25000
263 Wildstrubel 1:50000

### Koordinaten Referenzpunkt
Milch-Chäle, 597850/156700, 1618 m

### Lage der Alp
Der Unterstafel «Allmend» (596350/157000) grenzt auf 960–1280 m direkt an das Kulturland von Mannried, relativ steile W-Flanke, aber durchwegs trocken. Bodenqualität soweit gut, es herrscht eine gute Grasnarbe vor. Für bessere Weidegängigkeit sind im oberen Areal zwei kleine Galtviehweiden ausgeschieden. Milchkehle als

Oberstafel auf 1450–1700 m auch am W-Hang von Chumigalm, verschiedene steile Partien. Ausser dem untersten, abgelegenen Weidezipfel ist die Weidezügigkeit eher besser als Allmend, die Grasqualität ausser wenigen nassen Stellen melkiger. Milchkehle ist stark dem Westwind ausgesetzt, Allmend windgeschützt und deshalb mit frühzeitigem Vegetationsbeginn.

### Wege zur Alp
Mit PW von Zweisimmen-Mannried auf der Strasse zum Oberstafel; oder mit Bahn bis Zweisimmen (941 m) und auf Bergwanderweg Richtung «Gubi» zur Alp (eine Route zum Ausflugsziel Seeberg/Stierenberg (Wanderbuch 3094, Route 22).

### Touristisches
Sehr reichhaltige Flanke über Grubenwald – Mannried – Zweisimmen bis Fromatt; Bergwanderweg über Gubi nach Stierenberg und weiteren Schwerpunkten Gestelen, Mänigen, Seeberg (vgl. diese Alpen, Gden. Diemtigen und Zweisimmen, Band 1) führt über diese Alp; weitere Höhen- und Flanken-Bergwanderwege talaus und talein (Wanderbuch 3094, Routen 22, 26e, 27; 3097, Routen 9).

### Infrastruktur
Die Alp bildet das zweistaflige Senntum 5916/S 2084. Beide Stafel sind durch eine Güterstrasse ab der Simmentalstrasse bei Mannried erschlossen. Energieversorgung durch Dieselaggregat. Beide Stafel ordentliche Wasserversorgung aus trockensicheren Quellen.

### Bestossung
Heimkuhweide: 21 Tage (Ende Mai bis Ende Juni)
Milchkähle: 75 Tage (Ende Juni bis Anfang September)
Heimkuhweide: 28 Tage (Anfang bis Ende September)
Gesamte Alpzeit: 35 Stösse, 124 Tage: 43 Normalstösse

### Weideflächen
Total 38 ha: 35 ha Weide, 2 ha Waldweide, 1 ha Streue

### Besonderes zur Alp
Die Alp ist sehr gut erschlossen, liegt nicht zu steil, Bewirtschaftung angenehm, Verhältnis zu den Bauern gut.

Ein junger Alpkäseleib schwimmt in der gesättigten Salzlösung.

Ruhig, flach und schön liegen die Alpkäse in der Bankung im kühlen Keller.

# Milchkähle
## SENNTUM 5916 / S 2084

Die Hüttenfront Milchkähle von NW; Nebel verhängen den Wald, Wolken zeitweise die Sonne.

Die Allmendhütte von SW; Gerschilde weichen den rigiden Eindruck der Satteldächer etwas auf; die Wolken drohen immer noch dunkel im Hintergrund.

Therese Aeschlimann brüht sorgfältig den Thermoskrug; sie weiss von zuhause, wie wichtig die Kulturenbereitung für den Alpkäse ist.

### Besatz
26 Kühe, 20 Rinder, 4 Kälber, 1 Pferd; dieses Jahr ausnahmsweise keine Schweine.

### Personen

| Funktion | Person | Telefon |
| --- | --- | --- |
| Bergschreiber | Reinhold Müller<br>Hinderi Gasse 22,<br>3770 Mannried | 033 722 32 17 |
| Käser und Sennen | Christian Vorburger und Therese Aeschlimann<br>Rietstrasse 3<br>9430 St.Margrethen | 071 740 09 18 |

### Telefon auf der Alp  079 231 92 23

### Gebäude
Milchkehle: Holzmischbau, massiver Sockel, T-Grundriss: Doppellängsstall, Vollwalm, Heubühnenlukarne; vierräumiger Wohnteil (Querfirst, Ständerbau), Satteldach, Eternitschiefer, darunter Keller, frontale Zugangslaube, Holzschopf; Schweinestall; unterhalb Jungviehstall: Holzmischbau, Doppellängsstall, Satteldach, Eternitschiefer. Allmend: T-Grundriss, Doppellängsstall, Vollwalm, vierräumiger Wohnteil Querfirst, Satteldach,

Eternitschiefer, Holzmischbau, Bruchsteinsockel, Anbau für Kälber; oberhalb zwei Jungviehställe.

### Käserei
Beide: geschlossene Küche, offene Grube, 420 l Kessi, Holzturner, mobiles Rührwerk, Hebel-Spindel-Presse, Plättliboden und -wände; USt. enger, Holzboden und -wände.

### Käselager
Keller: OSt: zwei Räume, Mauern, Beton-/Holzdecke, Kiesboden, Klima gut und kühl, Bankung für 170 Laibe; USt.: ähnlich, einfach, eng, Naturboden, Klima wärmer.

### Produkte und Vermarktung
2950 kg Berner Alp- & Hobelkäse AOC in 284 Laiben à 7–12 kg; Hauptabnehmer: Molkerei, 3778 Schönried; Alpkäse durch Besetzer an private Stammkunden vermarktet, auch angeboten durch: Erich und Yvonne Haldi-Wiedmer, Gütschihalten, 3792 Saanen; Kurt Wyler-Müller, Käser, Scheidgasse, 3703 Aeschi, und Lotto Schützengesellschaft Zweisimmen. Auszeichnung: BAKM 2001: 7. Rang Schnittkäse.

### Besonderes zur Verarbeitung
Abendmilch in Gebsen im Milchgaden, abgerahmt, Rahm für Besetzer verbuttert. Käse einzeln ausgezogen. Schotte an Nachbar Griessen zur Schweinefütterung.

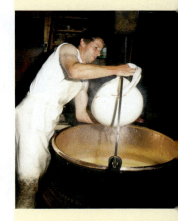

Christian Vorburger hebt den Käse aus dem Kessi und lässt etwas Schotte abtropfen…

…während Therese den vorhergehenden Laib ins Järb knetet.

Die Guschti geniessen diesen angenehmen Tag um den Schattstall herum.

# FROMATT

**Breiter, läger Rücken vor den wilden Spillgerten – Kultur- und Naturlandschaft.**

Blick vom oberen Stand (Hinderes Fromattli) nach NW über den Fromattrücken; in den drei Vierschildhütten wird gekäst; vorne links die Fromatthütte des SAC.

Man staunt, wie das Vieh an diesen Steilhängen mit vier gleich langen Beinen zurecht kommt.

### Gemeinde/Amtsbezirk
Zweisimmen/Obersimmental

### Rechtsform/Eigentümer
Alpkorporation Frohmatt, Blankenburg, 8 Alpansprecher, einer ist Bäuert Betelried; Kontaktperson: Alpvogt Walter Schläppi, Betelriedgasse 4, 3771 Blankenburg.

### Landeskarten
1246 Zweisimmen 1:25000
263 Wildstrubel 1:50000

### Koordinaten Referenzpunkt
Fromatt, 599200/155150, 1855 m

### Lage der Alp
Die ausgedehnte Fromatt erstreckt sich auf 1600–2240 m von «Gmeine Weid» bis Spillgerten und Fromattgrat (von da her Lawinen, Vergandung), Gemeindegrenze zu Diemtigen und St. Stephan. Fromatt ist grösste Alp und Fromattgrat mit 2060 m höchster Stafel der Gemeinde. Hauptflächenanteil bestes Weideland auf breitem Rücken wie Fromatt-Läger, Schwand und Grat ungefährdet (Trockenterrasse). Ausser Sumpfstellen, namentlich auf

Hauptstafel, gute melkige Grasnarbe, besonders oberste Flanken am Fromattgrat, mit Schwand den ganzen Sommer für 42 Stück Galtvieh. Stellen auf Schwand neigen zu Riedgras und Binsen oder aber Borstgras. Am N-Hang von Spillgerten beträchtliche Flächen mit Alpenrosen, Stauden, Geröll. Wegen ausgesprochener W-Lage, offenem Gelände und Höhenlage sehr windexponiert. Jungvieh vor Gratzeit etwa 14 Tage in Schwandhütte.

### Wege zur Alp
Mit PW von Strasse Zweisimmen – Lenk in Betelried links; auf Güterstrasse bis «Gmeini Weid»; mit Bahn bis Zweisimmen und auf Wanderwegen über Betelried oder entlang der Flanke im Wald, teils auf Bergwanderwegen, auf die Alp (Wanderbuch 3094, Route 22a).

### Touristisches
Fantastischer Rundblick mit Fromattgrat und Spillgerten, Senntum 5903 mit kommentiertem Käsen. Naturschutzgebiet «Spillgerten» (Murmeltiere, Kreuzottern, artenreiche Alpenflora, Klingelloch, Schrund von 80 m Tiefe). Ab SAC-Hütte Fromatt Routen und Klettereien. Höhenwanderung zu Seebergsee und Stierenberg (Bergrestaurant), Flankenwanderung Fermel – Albristalpen – Hahnenmoospass (Wanderbuch 3094, Route 22, 26e, 27).

### Infrastruktur
Alp bildet drei einstaflige Sennten 5902/S 2082, 5903/S 2083, 5904/S 2029. Seit 2001 Güterstrasse/Güterweg, Alp selbst mit landwirtschaftlichem Fahrzeug gut befahrbar. Energieversorgung durch Dieselaggregate und Solarzellen. Wasserversorgung inkl. Grathütte trockensicher (nach 1949 Quellen neu gefasst); Ht. Fromattli-Scheidegg Zisternenwasser. Im Jahr 1993 SAV-Urkunde für gute Bewirtschaftung.

### Bestossung
108 Stösse, 75 Tage (Ende Juni bis Anfang September): 81 Normalstösse

### Weideflächen
Total 258 ha: 198 ha Weideland, 11 ha Waldweide, 45 ha Wildheu (nicht mehr eingebracht), 4 ha Streueland.

Überall stösst man auf die Hinweis- und Grenzschilder zum äusserst reichhaltigen Naturschutzgebiet Spillgerten.

Nochmals das «Basislager» Fromatthütte SAC für Exkursionen ins eindrückliche Naturschutz- und Klettergebiet.

# Frohmatt

## SENNTUM 5902 / S 2082

Über Rohrbachs Hütte hinweg sieht man in die bei solchem Licht besonders drohend düstere Flanke der Vorderen Spillgerten.

Lydia hilft ihrem Mann Arnold Rohrbach beim Ausziehen der feinen Fromattkäse.

Fröhlich schaut sie dann zum Fotografen hinunter.

### Besatz
13 Kühe, 10 Rinder, 8 Kälber; hauptsächlich eigenes Vieh.

### Personen

| Funktion | Person | Telefon |
|---|---|---|
| Bewirtschafter | Arnold und Lydia Rohrbach-Buchs Betelriedgasse 17, 3771 Blankenburg | |
| Käser | Arnold Rohrbach-Buchs und Familie | 033 722 25 20 |
| Zusenn und Heuer | Markus Rohrbach Betelriedgasse 17 3771 Blankenburg | 079 666 97 85 |

**Telefon auf der Alp** 033 722 32 82

### Gebäude
(599400/155200, 1855): Fast quadratische Vierschildhütte, Schindeldach (Freiburger-Stil) von 1910, Bruchsteinfundament (kleiner Keller), HG so unterteilt (von SW: ²/₅ Wohnteil Fleckenblock, teils schindelverrandet, gedrittelt (von NW nach SE): Milchgaden und Gädeli/Remise, Küche sowie Stube, dahinter dreilägeriger Querstall (³/₅ der Fläche) nach NE, Ständerbau.

### Käserei
Halboffene Küche, offene Grube, 180 l Kessi an Hälechetti, Holzturner, mobiles Rührwerk seit 2003(!), Schwarpresse, Holzboden, Holzwände.

### Käselager
Keller in SW-Ecke der Hütte, sehr niedrig, Naturboden, sehr schön feuchtes, gutes Klima, Bankung für 75 Laibe.

### Produkte und Vermarktung
750 kg Berner Alp- & Hobelkäse AOC in 60 Laiben à 10–16 kg; 30 kg Alpmutschli; Verkauf an SAC-Hüttengäste, private Stammkunden, wenige Passanten; angeboten von Tritt-Käse, Samuel Spörri, Buckstr., 8820 Wädenswil; Edgar Rüegg-Jud, Käsereien, Walderstr. 8340 Hinwil, resp. Binzikerstr. 8627 Grüningen.

### Besonderes zur Verarbeitung
Abendmilch in Kannen/Brunnen und Gebsen, abgerahmt.

### Besonderes zum Senntum
Familie Rohrbach erreichte an BAKM folgende Ränge: 1999 7. Schnittkäse; 2000 Goldmedaille Schnittkäse; 2001: 6. Hobelkäse; 2003: 2. Schnittkäse. Zeitungsreportagen wegen Auszeichnungen und dem blinden Sohn Urs als selbständiger Käser, der noch ab und zu melkt und Fromatt zum «Bergerlebnis für Sehbehinderte» werden liess («Berner Oberländer» Sept. 2000, «Obersimmentaler» Juli 2001, «Schweizer Bauer» Nov. 2002).

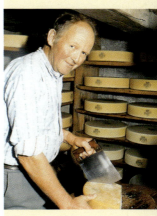

Arnold hebt einen Püntel Alpkäse aus dem Kessi.

Und hier schneidet er dann für die Besucher ein Stück aus dem vollreifen heraus.

Die Hinteren Spillgerten in ihrer ganzen imposanten Grösse und Schroffheit.

# Frohmattläger
## SENNTUM 5903 / S 2083

Schläppis Hütte vor Fromattgrat und «Pfad» mit dem Tannenanflug.

Mit etwas mehr Distanz vor dem Kessel der Hinteren Fromatt.

Hanni Schläppi giesst die frische Morgenmilch durch die Volle ins Kessi.

### Besatz
17 Kühe, 13 Rinder, 8 Kälber, 1 Stier, 2 Schweine; nur reine Simmentaler aus eigener Nachzucht und Natursprung (z. B. Miss Simmental 2002 «Calanda»); vor 11 Jahren schwerer Unfall mit 4jährigem Zuchtstier.

### Personen

| Funktion | Person | Telefon |
|---|---|---|
| Bewirtschafter | W. Schläppi-Siegfried<br>Betelriedgasse 4, 3771 Blankenburg | 033 722 22 62 |
| Käser | Walter und Hanni Schläppi-Siegfried | |
| Käser | Albert Schläppi<br>Betelriedgasse 2, 3771 Blankenburg | 033 722 21 45 |

Hauptsächlich käst Vater A. Schläppi immer sehr exakt.

### Telefon auf der Alp  079 340 87 14

### Gebäude
(599600/155200): «Eines der besten Alpgebäude hier» (Alpkataster 1965!): Holz im Januar 1925 mit Pferden heraufgeschleift. Gutes Bruchsteinfundament, Fleckenblock, teils schindelverrandet, Vollwalm, Eternitschiefer, Räume Typ «Fromatt» (Senntum 5902), Gaden im DG.

### Käserei
Geschlossene Küche, offene Grube, Hutte, 300 l Kessi, Holzturner, mobiles Rührwerk, Schwarpresse, Holzboden und -wände.

### Käselager
Abgeteuftes Käsegaden hinter MG, Holz und Mauern, Kiesboden, gutes Klima, Bankung für 125 Laibe, Abtransport nach Bedarf.

### Produkte und Vermarktung
1600 kg Berner Alp- & Hobelkäse AOC in 150 Laiben à 8–14 kg; Trockenfleisch, Trockenwürste; Bio-Knospenbetrieb seit 1995. Verkauf an Passanten, SAC-Hüttengäste, Besucher der kommentierten Besichtigung Käsen (z.B. Luxemburger Schüler, Ferienlager Saanenmöser), private Stammkunden, Samstagsmärit Thun (September–Mai, Hanni Schläppi). Fleischwaren (eigene Metzg, Auftragsmetzger) bis Amerika, Japan, Afrika verschickt!

### Besonderes zur Verarbeitung
Abendmilch im Kessi mit Kühlschlange, nicht abgerahmt.

### Besonderes zum Senntum
Der raue, hohe, wildromantische Fromattgrat und davor Hinderes Fromattli mit reicher und schöner Alpenflora.

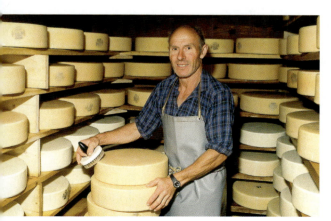

Vater Albert Schläppi, der langjährige und exakte Alpkäser beim Vorkäsen ...

... und beim Spanen mit dem feinen Höbeli.

Walter Schläppi pflegt die Alpkäse im Kellergaden sorgfältig.

# Frohmatt

## SENNTUM 5904 / S 2029

Feuzes Hütte ist die vorderste auf der Kante, hier von NW, natürlich mit den Spillgerten.

Unter dem Vordach Holz am Trockenen und das repräsentative Zügelgeläute.

Wunderschön für die Hühner, dieser eingestreute Stallgang – mit den ordentlich aufgereihten Kuhfüdli.

### Besatz
16 Kühe, 16 Rinder, 7 Kälber, 6 Ziegen, 5 Schweine, 12 Hühner; hauptsächlich eigenes Vieh.

### Personen

| Funktion | Person | Telefon |
|---|---|---|
| Bewirtsch. und Käser | Robert und Anni Feuz-Ludi Furestrasse 2, 3771 Blankenburg | 033 722 28 91 |

Anni käst seit 2001 und ist jeweils 10 Wochen nonstop auf der Alp. Derweil macht Sohn Martin Heuernte, und Tochter Isabelle besorgt Wäsche. Während Sommerferien für ca. 14 Tage Statterin oder Statter auf der Alp.

### Telefon auf der Alp  079 568 84 01

### Gebäude
(599150/155150): Sehr alte, renovierte Vierschildhütte nach hier gängigem Schema in Flecken- und Rundholzblock, zwei Stuben, Gaden im DG (vgl. Senntum 5902).

### Käserei
Geschlossene Küche (renoviert 1996), ummantelte Grube, Rohr und Hutte, 470 l Kessi (1811) und 300 l Kessi (1845, Liebi/Thun) an Schiene, mobiles Rührwerk, Hebel-Spindel-Presse, Plättliboden, Hartplattenwände.

### Käselager
Keller unter der Stube, Mauern, Holzdecke, Steinplattenboden, sehr gutes, anfangs Sommer etwas kühlfeuchtes Klima, Bankung für 110 Laibe.

### Produkte und Vermarktung
1000 kg Berner Alp- & Hobelkäse AOC in 116 Laiben à 8–11 kg; Hauptabnehmer: Molkerei Gstaad, Gsteigstrasse, 3780 Gstaad; Alpmutschli, Alpraclette, 15 kg Ziegenfrisch- und -weichkäse mit 50% Kuhmilch; Verkauf an Passanten und private Stammkunden. Molkerei Gstaad übernimmt für die Migros, der man bis 2002 direkt verkauft hatte; auf Anfrage wird Alpkäse auch zugeschickt!

### Besonderes zur Verarbeitung
Die Abendmilch wird im Kessi mit Kühlschlange gelagert und in Gebsen, die abgerahmt werden. Stets Einzelauszug. Früher hatte man des Nachbars Milch auch noch verkäst, was z.B. 2003 total 1500 kg mit 183 Laiben ergeben hatte.

### Besonderes zum Senntum
Die Alp ist rau, bietet aber eine schöne Rundsicht; diese Hütte hat die allerschönste Lage (vorn auf der Kante!). Der Weidepflege wird hier grosse Bedeutung beigemessen, und man sieht es der Alp auch an. Robert Feuz hat noch die Nachbarweide dazugepachtet.

Anni Feuz überwacht das Rührwerk und hat einen Augenblick Zeit für den Fotografen, während Robert auf der Suche nach seinen Ziegen ist …

… Später taucht er in den Keller und trennt für die Besucher schöne Stücke heraus …

… diese haben nämlich unterdessen gegen die Hinderi Fromatt entdeckt, wohin sich die Tiere verlaufen haben: sie sitzen auf einem Grasband fest und meckern jämmerlich.

# ST. STEPHAN UND LENK RECHTE SEITE

**1** Mutzenfluh (88–91)
**2** Bluttlig (92–95)
  **A** Am undere Bluttlig
  **B** Am obere Bluttlig
**3** Fermelberg (96–103)
  **A** Vordere Bärg
  **B** Hintere Bärg
**4** Ober-Albrist (104–107)
**5** Unter-Albrist (108–115)
  **A** Unterstafel
  **B** Eggmäder
**6** Weissenberg (116–125)
**7** Seewlen (126–133)
  **A** Untere Seewle
  **B** Obere Seewle
**8** Guggernäll, Vorweide (50–53)
  zu Meienberg
**9** Lavey (134–137)
**10** Bühlberg (138–143)

**NÄCHSTE DOPPELSEITE:**
Feuerstelle und Markierung am Bergweg zum Schatthorn über dem Wyssenberg. Zwischen Wolken hindurch beleuchtet die Sonne den Unterstafel «Am undere Albrist» (Bildmitte).
Unter der Spillgerte die Hütte «Am obere Albrist».
Aufnahmestandort: 600 750/148 630, 1740 müM

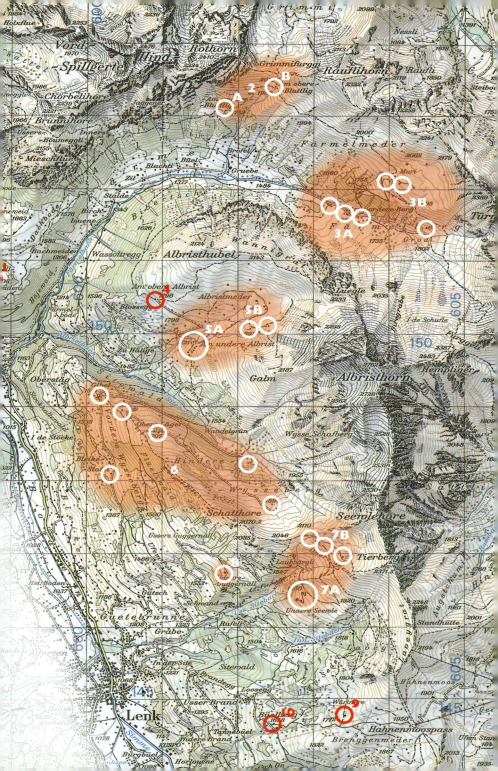

# MUTZENFLUH

**Ein ehemaliges Wintergut, als Alp geführt und mit Anpassungen in Schwung gehalten.**

Blick von E über Alp und Stafel; hinten von links: Nessleren, Parwengen, Gandlauenen (+ -grat), Rinderberg; dahinter Wildenegg und Hundsrügg, sowie einige «Dents» an der Grenze zum Freiburgerland.

Die schön gefügte Steintreppe, Zugang zur Hütte.

### Gemeinde/Amtsbezirk
St. Stephan/Obersimmental

### Rechtsform/Eigentümer
Privatalp von Martin Zahler-Gobeli, Birchlauenen, Fermel, 3773 Matten

### Landeskarten
1246 Zweisimmen 1:25000
263 Wildstrubel 1:50000

### Koordinaten Referenzpunkt
Gfellweideni, 598750/150750, 1570 m

### Lage der Alp
Am SW Ausläufer von Dachboden auf 1520–1610 m gelegenes Areal. Ausgesprochen schönes, fruchtbares Gelände mit einer ebenso guten Grasnarbe. Bei Wetterumschlag ziemlich windexponiert.

### Wege zur Alp
Mit PW oder Bahn auf der Strecke Zweisimmen – Lenk bis St. Stephan (996 m, Richtung Dachboden) oder Matten (1023 m, Richtung Fermeltal und Abzweigung vor

der Galeriebrücke links); mit dem PW auf den Güterstrassen bis zum Stafel oder zu Fuss von den Bahnstationen aus teilweise auf Wander- und Bergwanderwegen zur Alp (Wanderbuch 3094, Routen 20 und 21).

### Touristisches
Direkt über den Steilwaldungen (Mutzefluewald, Höje Wald) oberhalb Matten idyllisch, noch teilweise von Wald umgeben, am Rand des Dachbodens, dem Anstieg in das Spillgertengebiet. Ausgedehnte Wanderungen ins Fermeltal usw. Unweit liegt die Ausflugsbeiz Gfellhüttli (Wanderbuch 3094, Routen 20, 21, 22).

### Infrastruktur
Die Alp bildet das einstaflige Senntum 5619/S 2375. Sie ist mit der Güterstrasse Gfell/Dachboden und einem Güterweg als Stichstrasse gut erschlossen. Energieversorgung durch das Netz der BKW. Wasserbezug von Heueggliversorgung, aber auch eigene Quellen in der Ausweide Inners Heueggli (man sieht von der Alp aus nur das Äussere in der Sichel, 1966 m, zwischen Gandhore und Brunnihore).

### Bestossung
Voretzer: 10 Tage (Mitte bis Ende Mai)
Mutzenfluh: 85 Tage (Mitte Juni bis Mitte September)
Gesamte Alpzeit: 16 Stösse, 95 Tage: 15 Normalstösse

### Weideflächen
Total 10 ha: 9 ha Weideland, 1 ha Heueinschlag

### Besonderes zur Alp
Das blitzschlaggefährdete Gebäude mit Blitzschutz zu allen Lüften, aber sehr gut im Zentrum des Geländes. Alp ist eher «trockengefährdet». Kartoffel- und Gemüsegarten. Stube erwärmt sich auch winters, weil den ganzen Tag die Sonne hereinscheinen kann.

Walter Zahler wäscht sorgfältig das Melkgeschirr.

Micha Zahler am Brunnen mit dem Nidletuttel.

# Mutzenfluh

## SENNTUM 5619/S 2375

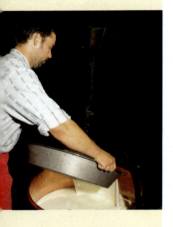

Die Hütte von Norden; man sieht gut die hohe Heubühne und den schönen hölzernen Brunnentrog.

Das Zügelgeläute hängt geschützt und repräsentativ.

HP Zahler schüttet die Gebsen mit der Abendmilch ins Kessi; diese kräftige Feinarbeit sieht man nicht mehr so häufig.

### Besatz
16 Kühe, 3 Kälber, 1 Stier; reine Simmentaler; Vieh der Bewirtschafter; Teil Milchvieh auf Fermelberg und Albrist, Jungvieh auf Fermelallmend gesömmert.

### Personen

| Funktion | Person | Telefon |
| --- | --- | --- |
| Bewirtschafter | Martin Zahler-Gobeli<br>Birchlauenen, 3773 Fermel | 033 722 19 64 |
| Käser | Hanspeter Zahler<br>Eyli, 3773 Matten | 033 722 00 72 |
| Hirt | Walter Zahler<br>Stalden, 3773 Fermel | 033 722 30 39 |

Hektor Bergmann, Zusenn und Salzer, früher Mitbesitzer, hat bis 2002 hier gekäst. Statterbuben 2004: Roland Zahler (Hanspeters Bruder), Micha Zahler (Martins Sohn)

### Telefon auf der Alp  033 722 31 37

### Gebäude
Sennhütte (BI: «…1738»), urspr. dreiräumiger Wohnteil nach W (Seiteneingang), Bruchsteinsockel (Ställchen und Keller), Fleckenblock z.T. verschalt, Holzschopf und

Milchkammer angebaut, dreilägeriger Querstall, Doppelläger 1917 angebaut und das dritte Läger 2004, Steinplattenvorplatz und -treppe, läges Satteldach, Schipfen. Winter 2004/05 Veränderungen und Modernisierung.

### Käserei
Halboffene kleine Küche, offene Feuergrube, 180 l Kessi an Holzturner, ausschliesslich von Hand gerührt, Schwarpresse, Holzboden, Hartplatten- und Holzwände.

### Käselager
Keller unter Küche an W-Seite, Steinplattenboden, Holzdecke, gutes Klima, Karussellbankung für 50 Laibe; der 2. Keller in der SW-Ecke wird nicht mehr benutzt.

### Produkte und Vermarktung
200 kg Berner Alpkäse in 15 Laiben à 10–13 kg; es wird für den Eigenbedarf und private Stammkunden gekäst.

### Besonderes zur Verarbeitung
Seit 2003 nur am Schluss der Alpzeit, etwa vierzehn Tage für Eigenbedarf gekäst. Die übrige Zeit wird Milch an Sammelstelle St. Stephan abgegeben und verkauft. Abendmilch in Gebsen gelagert und kaum abgerahmt.

Nun hat sie die Temperatur und er kann das Lab dazu giessen.

Die Harfe liegt schon bereit, während die Milch ausdickt.

Hektor Bergmann, immer noch mit Leib und Seele dabei, wenn es um die Alpkäse geht, rechts die Karusellbankung.

# BLUTTLIG

**Extreme Alp: riesig, hoch, rau – aber schön gelegen an Rauflihorn und Grimmifurggi.**

Blick quer über die Alp zwischen dem undere und obere Bluttlig nach NW aufs Rothorn mit seiner charakteristischen Bänderung.

Mitten im Bild zwei Kletterer am Einstieg zu einer der vielen Routen.

**Gemeinde/Amtsbezirk**
St. Stephan/Obersimmental

**Rechtsform/Eigentümer**
Privatalp von Hans Mürner-Kohler, Zihl, Fermel, 3773 Matten

**Landeskarten**
1246 Zweisimmen 1:25000
263 Wildstrubel 1:50000

**Koordinaten Referenzpunkt**
Am obere Bluttlig, 602500/153400, 1983 m

**Lage der Alp**
Am Übergang vom Fermel ins Diemtigtal auf 1700–2320 m gelegen mit ziemlich steiler SW-Flanke, die bis zum Rauflihorn ansteigt. Nach W weit offenes Gelände, daher wetteranfällig. Der Oberstafel, immerhin 1983 m hoch, bleibt mitunter während Tagen mit Schnee bedeckt. Im Grossen und Ganzen weidgängig und mit ganz wenigen Ausnahmen ausgesprochen gutgräsige Alp.

### Wege zur Alp
Mit PW oder Bahn über Zweisimmen Richtung Lenk bis Matten; mit dem PW auf der Fermeltalstrasse bis Büel; zu Fuss auf dem Bergwanderweg Grimmifurggi zur Alp (Wanderbuch 3094, Route 20).

### Touristisches
Bluttlig liegt am Grimmifurggi (2023 m), dem Übergang auf die Grimmialp im hintersten Diemtigtal. Als Flankenwanderungen kann man die Alp auf mehreren Bergwanderwegen queren (Wanderbuch 3094, Routen 19, 20, 21).

### Infrastruktur
Die Alp bildet das zweistaflige Senntum 5606/S 2516. Von der Fermeltalstrasse in Büel aus nur noch Zügelweg für beide Stafel, Saum- und Fussweg zum Unterstafel; für den Oberstafel fährt man auf der Güterstrasse Fermel bis an den Vordern Berg, von da Jeepweg bis Muri und in 20 Minuten auf einem Flankenfussweg zum Stafel. Energieversorgung durch Benzinmotor und Solarpanel. Quellwasserversorgung von Grimmialp her (Gde. Diemtigen); auf dem OSt. zusätzlich Zisternenwasser als Reserve.

### Bestossung
Undere Bluttlig: 21 Tage (Mitte Juni bis Anfang Juli)
Obere Bluttlig: 60 Tage (Anfang Juli bis Anfang September)
Undere Bluttlig: 14 Tage (Anfang bis Ende September)
Gesamte Alpzeit: 52 Stösse, 95 Tage: 49 Normalstösse

### Weideflächen
Total 90 ha: 80 ha Weide, 4 ha Waldweide, 6 ha Wildheu

### Besonderes zur Alp
Bluttlig ist für 65 Rindersweidrechte geseyt. Der Name kommt vom Dialektwort «blutt», was hier baumlos bedeutet; die Alp ist auch rau und in den Randzeiten oft sehr kühl; die für eine Privatalp riesigen Ausmasse führen zu enormer Zaunpflicht, vor allem auch, weil man über grosse Strecken keine Nachbarn hat, mit denen man sie teilen könnte. Der Unterstafel ist recht romantisch und man ist sehr für sich allein. Zusammen mit dem Talbetrieb unterhält man nicht weniger als 12 Firsten!

Die Käseräfe stehen bereit, die Alp ist nicht so gut erschlossen.

Das Käsereigerät hängt in der frischen Luft.

# Bluttlig
## SENNTUM 5606 / S 2516

### Besatz
16 Kühe, 14 Mutterkühe (12 mit Kalb bei Fuss), 41 Rinder, 17 Kälber, 9 Ziegen, 1 Ziegenbock, 4 Zwergziegen; ein Drittel des Viehs der Bewirtschafter. Mutterkühe und Rinder ohne Einstallung, Rest halbtags eingestallt.

### Personen

| Funktion | Person | Telefon |
| --- | --- | --- |
| Bewirtschafter | Hans Mürner-Kohler<br>Zihl, Fermel, 3773 Matten | 033 722 20 28 |
| Käser | Hanspeter Mürner<br>Zihl, Fermel, 3773 Matten | 033 722 20 28 |

HP Mürner ist Zimmermann, so dass man an den Hütten vieles selber machen kann.

### Telefon auf der Alp  079 283 86 14

### Gebäude
USt. (601800/153050): Holzmischbau von 1917, bergseits und Sockel Bruchsteinmauern, Abwurf, Dachstuhl offen, ohne Frontwand, Laubenverschalung, Schindelsatteldach, dreiräumiger Wohnteil nach SW, seitlicher Eingang, Laube früher mit Treppe, Doppelquerstall. OSt.: grosser Holzmischbau teils verschalt, bergseits Bruchsteinmauer, steiles

Am undere Bluttlig: Blick über Hütte und Ställe nach W an Mieschfluh, Inneres Heueggli, Brunni- und Chörbelihore, Jaggener und die Flanke der Spillgerten.

Beim Besuch Am obere Bluttlig hingen die Nebel herab und zeigten die rauere Seite dieser Alp.

Hanspeter Mürner, der Alpkäser in seinem Reich.

Satteldach, Gerschild, Eternitschiefer, dreiräumiger Wohnteil, Gaden im DG, Doppelquerstall, Kuhstall hinter, Ziegenstall über Heubühne! Stalltüren Jochbogen! Jungviehattstall: Doppellängsstall und Zustall, läges Schindelsatteldach. Unterhalb neuer Stall: verschalter Rieg, bergseits Beton, Pultdach, Eternitschiefer, Doppelquerstall; W Pultdachstall: Rieg, abgesetzter Abwurf; Stafelgrenze Pultdachstall von 1920, Steinboden, für Jungvieh.

### Käserei
USt.: offenes Chucheli, offene Grube, Hutte, 120 l Kessi, Holzturner, von Hand gerührt, Schwarpresse, Holz- und Naturboden. OSt. ähnlich: grössere halboffene Küche, 60 l Kessi, Holzboden, Holzwände.

### Käselager
Keller nur USt. im Bruchsteinsockel, Holzdecke, Naturboden, gutes Klima, wenig Platz, Abtransport nach Bedarf.

### Produkte und Vermarktung
200 kg Berner Alpkäse in 20 Laiben à 9–11 kg; 70 kg Alpmutschli, 80 kg Alpraclette, 170 kg Ziegenfrischkäse (50% Kuhmilch); wenig Verkauf an Bekannte und private Stammkunden; an Passanten Ziegenkäse und Mutschli.

### Besonderes zur Verarbeitung
Abendmilch in Kannen im Brunnen gekühlt, kaum abgerahmt. Alpkäse nur im USt., im OSt. nur Alpraclette + Ziegenkäse.

Vater Hans Mürner prüft eines seiner Mutschli.

Der «Chunscht», zu deutsch Kochherd, im besonderen Licht des Fotografen.

Gleiche Blickrichtung wie Bild 1 S. 94, Schattstall mit dem besonderen Abwurf etwas näher; hinten links Gifferspitz und über dem Dachboden wieder die Nessleren; vorne machen sich Leute und Jungvieh für die Züglete bereit.

# FERMELBERG

**Raue Alp, vielen Schweizern als weitläufiger Gefechtsschiessplatz nur zu bekannt.**

Der Fermelberg von «Gruebe» nach SE, links über dem Wald eine Muri-Hütte vor dem Türmlihorn, rechts das Grod (der Name sagt es) am Fuss des Gsürs, davor über dem Wald «Am vordere Berg.»

Kunstvoll aufgetischter Steinmann im Fermelbach.

**Gemeinde/Amtsbezirk**
St. Stephan/Obersimmental

**Rechtsform/Eigentümer**
Korporationsalp der Fermelberg-Alpkorporation, 45 Alpansprecher; Präs. Markus Gobeli (Senntum 5614), Kassier Johann Schläppi, Unterfluh, 3772 St. Stephan.

**Landeskarten**
1247 Adelboden 1:25000
263 Wildstrubel 1:50000

**Koordinaten Referenzpunkt**
Am vordere Berg, 603600/151650, 1651 m

**Lage der Alp**
Ausgedehnte Alp auf 1510–2200 m, hinterster Abschnitt des Fermeltales, mit Ausnahme des Talausganges von schroffen Felswänden abgeriegelt; Unterstafel in der Talsohle nur leicht bis mässig geneigt, Terrain wird aber hangwärts schnell steiler, mit Lawinenmaterial und Geröll durchsetzt, aber sonst gutgräsig und windgeschützt. Oberstafel hauptsächlich an der rechten Talseite, also W- und SW-Hang, ausgesprochen weidgängig trotz Steilhän-

gen, futterwüchsig (Ausnahme Grod), wenig Lawinen ausgesetzt, aber über Waldgrenze; Milchkrautweide. Offenes Gelände nach W und Höhenlage über 2000 m haben raues Klima zur Folge. Muriboden nicht selten während der Bestossung tagelang mit Schnee bedeckt.

### Wege zur Alp
Mit PW oder Bahn über Zweisimmen Richtung Lenk bis Matten; mit dem PW auf Fermeltal- und Güterstrasse zum Unterstafel; zu Fuss auf Wanderweg (abseits der Asphaltstrasse) zum Unterstafel; auf den Bergwanderwegen Furggeli oder Grimmifurggi durch die Alp zu den Oberstafeln (Wanderbuch 3094, Routen 19 und 20).

### Touristisches
Fermelberg liegt am Übergang Furggeli (2387 m) ins Adelbodental und ist Anmarschweg zu Bergtouren, besonders Gsür und Albristhorn. Nur ein einziger Bergwanderweg (Wanderbuch 3094, Routen 19, 20, 21).

### Infrastruktur
Von den 10 Sennten fabrizieren drei mit Nummer: 5610/S 2373, 5611/S 2374, 5614/S 2197. Mit Fermeltalstrasse zum Unterstafel erschlossen; von dort Jeepwege, sonst Viehtrieb- und Fusswege. Energieversorgung durch Dieselaggregate und Solarzellen. Gute Wasserversorgung mit trockensicherer Quelle, im «Rügge Tälti» gefasst; zementierte Stafelbrunnen und Tränkestellen in der Ausweide.

### Bestossung
Vordere Bärg: 28 Tage (Mitte Juni bis Mitte Juli)
Hindere Bärg: 49 Tage (Mitte Juli bis Anfang September)
Vordere Bärg: 14 Tage (Anfang bis Mitte September)
Gesamte Alpzeit: 200 Stösse, 91 Tage: 182 Normalstösse

### Weideflächen
Total 400 ha: 340 ha Weideland, 20 ha Waldweide, 40 ha Wildheu

### Besonderes zur Alp
Die Alp ist für 207 ½ Rindersweide geseyt. Kaum Heugewinnung; Gebäude in Privatbesitz. Schöne Alp, steinig, dreckt nicht, keine Sumpfstellen, damit gutgräsig, ergibt guten Käse.

Ein Fliegenpilz, offenbar für Schnecken nicht giftig.

Das Fermelläger als Ausgangspunkt für Flanken- oder Passwanderungen nach allen Seiten, sauber aufgezeigt durch die BWW.

# Muri
## SENNTUM 5610/S 2373

Oberstafelhütte Muri von Bergmanns, hinten der alte massive Stall, vorne der neue Wohnteil als imposanter Rundholzblock, hell und wohlproportioniert: rechts die eine Schlucht zum Untergeschoss.

Samuel Bergmann pflegt seine Alpkäse mit Inbrunst.

Sohn Kilian führt den Stier Wenzel am langen Zügel vor.

### Besatz
38 Kühe, 9 Kälber, 1 Stier, 11 Ziegen; 22 eigene Tiere sind Braunvieh! Kühe ab Mitte Sept.–Mitte Okt. wieder im OSt., möglichst geweidet, Heu zugefüttert; Rinder dito Ende Sept. bis 2. Januar; grosser Teil des Winterfutters wird in Fermelmedern nebenan gewonnen.

### Personen

| Funktion | Person | Telefon |
| --- | --- | --- |
| Bewirtschafter | Samuel Bergmann-Seematter Schlegelsgut, 3773 Fermel | |
| Käser | Samuel Bergmann | 033 722 23 73 |
| Zusennerin | Ulrike Heid, Isny D | |

Kinder Tobias, Andreina und Stefy in Ferien Statter; Franz und Kilian wohnen hier, arbeiten im Tal, helfen abends.

### Telefon auf der Alp  079 745 14 32

### Gebäude
USt. (603300/151750): dreiräumiger Wohnteil nach W (verschalte Lauben) und UG Fleckenblock, Doppelstall als T-First, dahinter Kälberverschlag, Abwurf, läge Schindelsatteldächer. Muri (604125/152100): zweiräumiger

Wohnteil nach SW mächtiger Rundholzblock von 2000, Betonsockel (Kälberstall + Keller, durch «Schluchten» zugänglich), Betonplatte, zwei Doppelquerställe Bruchsteinmauern, Satteldach, Gerschilde, Schindeln, betonierte Vorplätze; Holzschopf Rundholzblock-Eigenbau. Hütte mind. 300 jährig, massiv, Feuerhaus + MG zw. Ställen, Dachlatten mit Holznägeln, Schindeln mit geschmiedeten Nägeln!

### Käserei
Nur OSt.: Geschlossene Küche, ummantelte Grube, 600 l Kessi, schwerer Rundholzturner, mobiles Rührwerk, zwei Schwarpressen, Steinplattenboden, Rundholzwände!

### Käselager
Keller im OSt.: Beton in W-Ecke unter Küche, Naturboden, sehr feucht = sehr gut, man kann auch Käse hier überwintern, ohne dass sie Schaden nehmen, Bankung für 400 Laibe im einen und 100 Laibe im 2. Keller.

### Produkte und Vermarktung
4500 kg Berner Alp- & Hobelkäse in 480 Laiben à 5–13 kg; 60 kg reiner Ziegenweichkäse; wenig Passanten, Verkauf an private Stammkunden und Hotels im Lötschental.

### Besonderes zur Verarbeitung
Seit 1981 nur abends gekäst! Morgenmilch im Kessi mit Kühlschlange, nicht abgerahmt. Bis 6 Laibe einzeln ausgezogen. Bodenständige Handarbeit, Tradition hoch gehalten.

Ulrike Heid frühmorgens im Stall beim Melken.

Bergmanns ist ein grosses Senntum, es gibt jedes Mal ein paar Laibe Alpkäse.

Bei diesem trüben Wetter stehen die in der Schweiz recht seltenen Pfauen-Ziegen etwas gelangweilt herum.

# Fermelberg
## SENNTUM 5611 / S 2374

Die beiden Oberstafelgebäude von Gobelis mit Pultdächern in den Hang des Grod gebaut – die beste Lawinensicherung.

Der moderne Wohnteil der zentralen Hütte von 1983 mit der Bauinschrift im Fermelläger / Am vordere Berg, zentral beim Parkplatz.

Die saubere Markierung eines Berner Alpkäses AOC.

### Besatz
22 Kühe, 4 Rinder, 8 Kälber, 4 Schweine; die Tiere stammen von drei Besetzern.

### Personen

| Funktion | Person | Telefon |
|---|---|---|
| Bewirtschafter | Hansjörg Gobeli Blachty, 3773 Fermel | 033 722 13 93 |
| Käserin | Erna Gobeli-Rieder | 033 722 13 93 |
| Käser und Bewirtsch. | Daniel und Hanna Gobeli-Hosmann Schlegelsgut, 3773 Fermel | 033 722 31 17 |

Erna macht im OSt. Alpkäse, unterstützt vom 12-jährigen Sohn Adrian; D. und H. im USt. anfangs Alpkäse, im Herbst Mutschli + Raclette; Tochter Andrea hilft.

### Telefon auf der Alp  079 704 79 48

### Gebäude
Am vordere Berg (603600/151650; BI: 1983…): zweiräumiger Wohnteil nach NW Fleckenblock, Betonsockel und Betonplatte mit Ställen und Keller, im DG zwei Gaden, nach Quergang mit Infrastruktur drei Läger alter Querstall gemauert und bergseits Doppelquerstall als Ständeranbau.

Grod (604500/151500): auf drei Niveaus in Hang gebaut, verschalter Rieg, Bruchsteinfundament, Pultdach, Eternitschiefer, unten dreilägeriger Querstall, mitts Gädeli und Heuraum, oben (bergseitig) Feuerhaus, Schopf, MG, dahinter betonierter Schweinekoben, Steinplattenvorplatz.

### Käserei
USt.: geschlossene Küche, ummantelte Grube, 330 l Kessi an Schiene, mobiles Rührwerk, neue Schwarpresse, Plättliboden, Holzwände. OSt.: offene Küche, offene Grube, Hutte, 330 l Kessi, Holzturner, mobiles Rührwerk, Schwarpresse, Holzboden, Mauern, Holzwände.

### Käselager
Keller USt.: N-Seite unter Küche, alles Beton, Kiesboden, gutes, eher feuchtes Klima, Bankung für 180 Laibe.

### Produkte und Vermarktung
2000 kg Berner Alp- & Hobelkäse AOC in 210 Laiben à 6–12 kg; Alpmutschli; Verkauf an viele Passanten und Feriengäste sowie weitere private Stammkunden.

### Besonderes zur Verarbeitung
Abendmilch zur Hauptzeit im Kessi mit Kühlschlange gelagert, nicht abgerahmt; letzte vier Wochen in Kannen im Trog gekühlt, teilweise abgerahmt. Im Herbst im USt. nur Raclette und Mutschli, zuletzt noch alle zwei Tage. Besetzerparteien melken selber, aber Milch zusammen verkäst, für Raclette auch aus Heimbetrieben.

Hanna Gobeli prüft Grösse und Regelmässigkeit des Kornes – auch bei der Mutschliherstellung geht es exakt zu und her.

Nun kann der Käse ausgezogen werden, Hanna auch bei dieser schweren Arbeit lächelnd.

Mutter Erna pflegt die Alpkäse, die sie im Oberstafel während des Sommers hergestellt hat.

# Fermelberg
## SENNTUM 5614/S 2197

Herbst(wetter), ein einsames Kalb beisst vor der Unterstafelhütte die letzten Stengel ab.

Die vier oberen Muri-Hütten: vorne rechts Gobelis, Mitte hinten der imposante Bau von Bergmanns; in den beiden Hütten links und vorne wird nicht gekäst.

Trockenlagerung von Melkeimern, alles bereit zum nächsten Melken.

### Besatz
23 Kühe, 8 Kälber, 1 Stier, 5 Schweine; es wird hauptsächlich eigenes Vieh der Bewirtschafter gesömmert, und das ist Braunvieh.

### Personen

| Funktion | Person | Telefon |
| --- | --- | --- |
| Bewirtschafter | Markus Gobeli Fermel, 3773 Matten | 033 722 28 24 |
| Käser | Kurt Neukomm, 2732 Saules | |
| Zusennerin | Marianne Gobeli, Fermel, 3773 Matten | |

Hüttenbesitzer: Bewirtschafter und 2 Miteigentümer. Marianne Gobeli, die Schwester von Markus, ist im Winter in Saisonstellen tätig.

### Telefon auf der Alp   079 439 81 50

### Gebäude
USt. (603200/151750): Fleckenblock von 1911 über 2½ Geschosse, Satteldach, Schindeln, dreiräumiger Wohnteil nach W, Zugangslaube über Eck, verschalt, Doppelquerstall und Holzschopf; Schweine-Iglu und Auslauf. OSt. (604000/152100): Holzmischbau (1947 nach Blitzschlag-

brand 1943), Bruchsteinsockel (Kälberstall und Keller), bergseitig und Schweinestall massiv, läges Schindelsatteldach, dreiräumiger Wohnteil nach W, frontale, verschalte Zugangslaube und -treppe, zwei Doppelquerställe, ein Läger für Schweine usw., Steinplattenplatz.

### Käserei
OSt.: geschlossene Küche, offene Grube, Hutte, 500 l und 260 l Kessi (+ Heisswasserkessi 120 l), Holzturner, mobiles Rührwerk, Schwarpresse, Holzboden, Holzwände. USt.: ähnlich, halboffene Küche, 2 Schwarpressen.

### Käselager
OSt.: Keller im Sockel NW-Ecke unter MG, Steinplattenboden, Holzdecke, gutes Klima, Bankung für 120 Laibe. USt.: Keller im hölzernen UG NW-Ecke unter MG, Steinplattenboden, etwas feuchtes Klima, Bankung für 90 Laibe.

### Produkte und Vermarktung
1900 kg Berner Alp- & Hobelkäse AOC in 200 Laiben à 7–13 kg; Verkauf an Passanten, Grossverteiler.

### Besonderes zur Verarbeitung
Die Abendmilch wird im Kessi mit Kühlschlange gelagert und kaum abgerahmt.

### Besonderes zum Senntum
Kurt N. braucht die Abwechslung sommers auf dieser schönen Alp, liebt Umgang mit Tieren und Natur hier oben.

Kurt Neukomm bei der Käsepflege im Oberstafel …

… Marianne Gobeli bei der Milchgeschirrwäsche …

… und hier Markus Gobeli bei der Käsepflege im Unterstafel, dessen Keller ganz ähnlich organisiert ist wie der oben.

# OBER-ALBRIST

**Eine der Hütten, die ganz am Rand ihrer Alp stehen, wohl als Folge einer Aufteilung.**

Der Blick vom Wyssenberg hinüber zur «Äusseren Hütte»; hinten Mieschfluh, Brunni- und Chörbelihore, Hindere Spillgerte, und über den Pass von 2099 m gucken die Vordere Spillgerte.

Kunstvolle Verbauungen: im Winter gegen Lawinen, im Sommer für Blumenkistchen.

### Gemeinde/Amtsbezirk
St. Stephan/Obersimmental

### Rechtsform/Eigentümer
Korporation Ober-Albrist, 17 Ansprecher; Kontaktperson Vogt: Kurt Gobeli-Buchs, Obersteg, 3773 Matten.

### Landeskarten
1246 Zweisimmen 1:25000
263 Wildstrubel 1:50000

### Koordinaten Referenzpunkt
Huttezun, 600900/150500, 1796 m

### Lage der Alp
An der W Abdachung des Albristhubels auf 1660–2130 m, vorwiegend SSW-Exposition. Gegen W weit offen, ohne Waldschutz, daher wetteranfällig. Saubere, mässig geneigte Weide ohne Waldweide. Keine Lawinen- und Vergandungsgefahr, aber härtergräsig als Unter-Albrist und bedeutend weniger weidgängig; speziell oberstes Weidegebiet von Albristhubel (330 m höher gelegen!) in der Regel ungenügend geatzt. Zwischen den Albristalpen die Albristmäder (Alpkataster 1969, Nr. 793-11): Flanke am

S-Hang von Wannengrat und Albristhubel, 110 ha, 10 ha nasses Streueland, auf 1700–2230 m, dem Albristbach entlang mässig geneigt, Maschineneinsatz möglich. Hangwärts zunehmend steil aber sauber, früher mit steuerbaren Gräben bewässert. Kleine, schmale Parzellen; über 30 Heuschober in unteren Lagen verteilt; mangelhafte Wegverhältnisse. Heute durch den Bau der Güterstrasse nach Obersteg – Zu Hälige bessere Erschliessung. 1969 noch ziemlich intensive Nutzung. Die etwa 100 Parzellen von Albristmäder und «Underem Berg» wurden sukzessive abgegeben, getauscht, zusammengelegt; viele Heuschober heute Ferienhütten, «Hobby-Heuer», die das Heu den Bauern verkaufen.

### Wege zur Alp
Mit PW oder Bahn auf der Strecke Zweisimmen – Lenk bis Matten (1023 m); mit PW auf der bewilligungspflichtigen Güterstrasse bis zum Stafel; oder auf Bergwanderwegen zur Alp (Wanderbuch 3094, Route 19a).

### Touristisches
Gegend beherrscht vom Albristhorn (2762 m) sowie Albristhubel und Lueglen, mit grosser Rundsicht, nur von S her auf nicht markierten Fusswegen zu erklimmen. Auf die Albristalpen führen Bergwanderwege von Matten, Fermeltal oder Lenk durch die grossen «Wälder»; auch Flankenwanderungen. Verpflegungsmöglichkeit in der Alphütte (Wanderbuch 3094, Routen 19a und b).

### Infrastruktur
Von den zwei Sennten der einstafligen Alp käst 5601/S 2248 mit Zulassungsnummer. Erschliessung durch Albrist-Güterstrasse von Matten zum Hauptstafel. Energieversorgung durch Dieselaggregat und Solarzellen. Sehr gute Wasserversorgung mit eigenen Quellen; Leitungslänge aber 600–700 m; Weidebrunnen im oberen Areal.

### Bestossung
78 Stösse, 90 Tage (Anfang Juni bis Anfang September): 70 Normalstösse

### Weideflächen
Total 83 ha: 82 ha Weideland, 1 ha Streueland

Tobias Wolfelsperger bereitet Holz in zukommender «Reinheit».

Auf dem Tisch stehen verlockend die Produkte des Hauses: Ziger, Tirggeli und Brätzeli, sowie ein braves Stück Alpkäse.

# Oberalbrist

## SENNTUM 5601/S 2248

Die Hütte von S, ein imposanter, breiter Bau aus dem Hang heraus, immer wieder angepasst und ausgebaut; die fensterlose Front im Untergeschoss beherbergt den Kuhstall.

Im Innern blank und schön, alte Sachen zur Wirkung gebracht; die Treppe führt in den Stall hinunter.

Elisabeth Gobeli bringt einen wunderschön patinierten Zigerstock aus dem Kamin.

### Besatz
32 Kühe, 11 Rinder, 15 Kälber, 7 Schweine

### Personen

| Funktion | Person | Telefon |
|---|---|---|
| Bewirtschafter | Kurt und Elisabeth Gobeli-Buchs Obersteg, 3773 Matten | |
| Käser | Kurt Gobeli-Buchs | 033 722 25 64 |
| Zusenn | Tobias Wolfelsperger, Salem/Bodensee | |

Kurt Gobeli käst seit 40 Jahren hier. Tobias W. schätzt hochgehaltene Tradition: alles hölzern, Raumorganisation, Zügelgeläute und Rahmlöffel aufgehängt.

### Telefon auf der Alp  033 722 23 90

### Gebäude
Äussere Sennhütte, auf Alpgrenze zu Unter-Albrist (neu vermessen): grosser, verstärkter Fleckenblock, Betonbodenplatte, Krüppelwalm, Eternitschiefer, ganzes UG = zwei Doppelquerställe mit Treppenaufgang in fünfräumigen Wohnteil = ganzes HG, ebenerdiger Eingang von hinten, im DG gut ausgebaute Gaden; BI: «CBM BAV VND ZIMMERMEISTER 1854».

## Käserei
Offene riesige Küche, offene Grube, Haslibergtyp (in Mauer eingelassen mit Ausbuchtung nach aussen), gemauerter Kamin (Ventilator wegen Rauchproblemen), 400 l Kessi, Holzturner, mobiles Rührwerk, Schwarpresse, Holzboden, Holzwände.

## Käselager
Keller hinter Hütte, halb im Boden, Betonkniewand, Holzwände, Zementboden, warm (Rückwand Feuergrube), Bankung für 120 Laibe, nach Bedarf in Talbetrieb.

## Produkte und Vermarktung
3000 kg Berner Alp- & Hobelkäse AOC in 250 Laiben à 10–15 kg; Hauptabnehmer Molkerei, 3780 Gstaad (für Migros Aare); 160 kg Ziger (zur Hauptsache geräuchert); wenig Passanten, Verkauf an private Stammkunden; Ziger an René Gygax-Knubel, Lebensmittel, Dorfstrasse, 3773 Matten; Bäckerei-Konditorei Ernst Kläy, Lenkstrasse, 3772 St. Stephan; Chäs-Spycher, Hans Zbären, Bühlbergstr. 18, 3775 Lenk.

## Besonderes zur Verarbeitung
Abendmilch im Kessi mit Kühlschlange gelagert, wenig abgerahmt. Käse stets einzeln ausgezogen. Fast täglich grosser Teil der Schotte verzigert.

## Besonderes zum Senntum
Sehr gutgräsig, sehr wenig steinig. Gebäude in Privatbesitz.

Kurt Gobeli schöpft den Ziger aus dem schäumenden, dampfenden Kessi …

… und legt den Fang sorgfältig in bereitliegendes Tuch und Form zum Abtropfen.

Die farbigen Betten, hier ein «Unterdreher» nicht ein Unterschieber.

# UNTER-ALBRIST

## Auf dem Unterstafel drei «Walserhütten», viele Jahre lang ganzjährig bewohnt!

Vom Unterstafel nach NE in den Oberstafel und die unendlichen Albristmäder mit ihren Fimeln und dem Mäh-Schachbrettmuster vom 5. August 2004.

Ernst Stalder, der Bergvogt, schaut etwas skeptisch in die Land(wirt)schaft.

### Gemeinde/Amtsbezirk
St. Stephan/Obersimmental

### Rechtsform/Eigentümer
Korporation Unter-Albrist, 26 Alpansprecher; Bergvogt Ernst Stalder, zur Sennerei, 3773 Matten.

### Landeskarten
1246 Zweisimmen 1:25000
263 Wildstrubel 1:50000

### Koordinaten Referenzpunkt
Am undere Albrist, 601350/149750, 1726 m

### Lage der Alp
W-Abdachung des Albristhornes auf 1700–2300 m, SW-Lage im USt.- und NW-Lage im OSt. N Albristbach 20 ha Weide- und Streueland; Unterstafel steil; SW-Hang eher harte Grasnarbe. Oberstafel ausgesprochene Mulde, lawinengefährdete Steilhänge. Sehr grosse Vergandungsgefahr, aber ausgesprochen gutgräsig. Bei Wetterumschlag wildes, raues Klima und vergleichsweise schattig, langsame Aperung bei Schneewetter.

### Wege zur Alp
Mit PW oder Bahn auf der Strecke Zweisimmen – Lenk bis Matten (1023 m); mit PW auf der bewilligungspflichtigen Güterstrasse bis zum USt.; oder auf Bergwanderwegen in die Alp (Wanderbuch 3094, Route 19a).

### Touristisches
Vgl. dazu die Ausführungen bei der vorhergehenden Alp Ober-Albrist, S. 105

### Infrastruktur
Die Alp bildet die drei zweistafligen Sennten 5602/S 2477, 5603/S 2476, 5604/S 2330. Sie ist von Matten mit Güterstrasse bis an den Rand und mit Stichstrasse zum Unterstafel erschlossen; Oberstafel Eggmäder nur auf Jeep- und Fussweg erreichbar. Energieversorgung durch Dieselaggregate. Gute Wasserversorgungen, Fassungen und relativ kurze Zuleitungen in beiden Stafeln saniert. Weidebrunnen in der Ausweide installiert.

### Bestossung
Unterstafel: 37 Tage (Mitte Juni bis Ende Juli)
Eggmäder: 34 Tage (Ende Juli bis Ende August)
Unterstafel: 14 Tage (Ende August bis Anfang September)
Gesamte Alpzeit: 115 Stösse, 85 Tage: 97 Normalstösse

### Weideflächen
Total 185 ha: 158 ha Weideland, 4 ha Waldweide, 17 ha Wildheu, 6 ha Streueland

### Besonderes zur Alp
Auf dem separat verpachteten Schafberg der Korporation Unter-Albrist werden 110 Schafe gesömmert. Im Alpkataster 1969 Plan für gemeinsame Bewirtschaftung beider Albristalpen. Albristmäder vgl. Ober-Albrist. Ställe und Stallteile gehören der Korporation. Wohnteile privat. Bestossungszeiten flexibler gehandhabt als früher. USt.: am Bach drei «Walserhütten», während Jahren ganzjährig bewohnt; teils aufschlussreiche, teils unleserliche BI: «IM 16 (Herz mit «HD») 63 IAR» (und besonderes Holzschloss); oder «BM…HTBDT…1…»; oder «MPB WCSC ZM CHSW 1.49». Weitere Hütte, Nr. 73: im Firstständer «BMCT (Z)MHT 1773». (Wer mehr lesen kann, ist gebeten, sich beim Textautor zu melden!)

Sonnenglänzend die Dächer des Hüttendorfes im Unterstafel, vorne die drei Walserhütten, wohl alle aus dem 17. Jh.

Benjamin und Ueli Stalder üben sich in der Berglandwirtschaft mit Traktor und Seilbahn.

# Unteralbrist

## SENNTUM 5602 / S 2477

Perrens Eggmäder-Hütte von SW; hier sind mutze Satteldächer Mode: in diesen Extremstandorten darf der raue Wind nicht angreifen können!

Platschvoll ist das Kessi mitten im Feuerhaus von Perrens.

Corinne hat ein Hämpfeli Katze gefasst – es gibt wohl weniges, was weicher ist!

### Besatz
22 Kühe, 5 Mutterkühe mit je einem Kalb bei Fuss, 5 Rinder, 17 Kälber, 7 Schweine

### Personen

| Funktion | Person | Telefon |
|---|---|---|
| Bewirtschafter | Andreas Perren-Zahler Halten, 3773 Matten | 033 722 40 17 |
| Käserin | Heidi Perren-Zahler | |

Die Kinder Corinne und Stefan (ein begeisterter Jungschwinger) helfen auf der Alp mit.

### Telefon auf der Alp  079 549 30 37

### Gebäude
Unterstafel (601325/149750): Fleckenblock (BI: «...1817»), bergseits Bruchsteinmauer, teils gemauerter Sockel, läges Schindelsatteldach, dreiräumiger Wohnteil nach NW, frontale Zugangslaube, Doppelquerstall. Eggmäder (602400/150100): verschalter Rieg, Trockensteinfundament, läges Schindelsatteldach, dreiräumiger Wohnteil nach W, (früher Doppelhütte!), darüber einfache Gastere, Kälberställchen in Wohnteil gebaut, Doppelquerstall; dazu halbes Läger im Schattstall zwischen den Hütten benutzt

(Doppellängsstall, Satteldach, Schindeln). Die beiden obersten Sennten haben auch gemeinsamen Rinderstall, mit Pultdach in den Berg gebaut.

### Käserei
Beidenorts: offene Küche, offene Grube, 270 l Kessi, Holzturner, mobiles Rührwerk, Schwarzpresse, Holzboden, Holzwände.

### Käselager
Keller im USt.: Naturboden, Holzdecke, gutes, eher trockenes Klima, Bankung für 100 Laibe.

### Produkte und Vermarktung
1600 kg Berner Alp- & Hobelkäse AOC in 170 Laiben à 6–12 kg; Verkauf an private Stammkunden, wenig Passanten; Alpkäse auch angeboten durch René Gygax-Knubel, Lebensmittel, Dorfstrasse, 3773 Matten.

### Besonderes zur Verarbeitung
Abendmilch: Kessilagerung, Kühlschlange, abgerahmt.

### Besonderes zum Senntum
Steile und wilde Alp mit fälligen Stellen, aber zwischen Steinen sehr gutes Gras. Seit 5 Jahren: junge Lehrerinnen 4 Wochen Alpschule für alle Sennten. Zügelgeläute hängt in der grossen, hohen Küche. Corinne möchte einmal weiterfahren! Hans Haueter, der berühmte Postbote zu Pferd auf Obrist Morgeten (vgl. Band 1) war bis 1969 auf Albrist zalp.

Heidi Perren spant den gestrigen Alpkäse...

...und Andreas trägt ihn dann hinüber ins Fahrzeug zum Unterstafel, denn hier oben auf 1940 m gibt es keine Keller.

Mit dem Finger wird an der Dickete gezogen und die Festigkeit geprüft; die Bruchherstellung zwei Zentimeter unter dem Rand erfordert viel Gefühl...

# Unteralbrist

## SENNTUM 5603 / S 2476

Gobelis Eggmäder-Hütte links mit eigenartiger Dachform und der gemeinsam mit Perrens benutzte Stall rechts.

Gobelis Hütte im Vorderen Berg mit dem angebauten Stall von S.

David Lanz bläst mit selbstentwickelter Technik ins Feuer, damit das Zeugs endlich kocht.

### Besatz
27 Kühe, 15 Rinder, 24 Kälber, 1 Ziege, 9 Schweine; ein Viertel ist eigenes Vieh des Bewirtschafters.

### Personen

| Funktion | Person | Telefon |
|---|---|---|
| Bewirtschafter und Käser | Matthias und Magdalena Gobeli-Raaflaub Steinmatte, 3773 Matten | 033 722 00 07 |

Ferienstatter 2004 David Lanz, Lenk, will Bauer werden.

### Telefon auf der Alp   079 354 24 68

### Gebäude

USt. (601400/149850): breiter Fleckenblock, Holzunterbau, läges Schindelsatteldach, aus älterer Hütte neu erstellt, vierräumiger Wohnteil neu rangiert: zu drei Räumen (nach NW, frontale Zugangslaube) Hälfte des Doppelquerstalles mit seitlichem Eingang und Feuerhaus geschlagen, Gaden im DG ausgebaut, Terrasse angefügt; längerer Doppelstall und Zwischengang (Nasszelle) mit T-First angebaut. Oberhalb ähnliche Hütte als Rinderstall und Altenteil. Eggmäder (602350/150150): Blockbau, wenig behauenes Kantholz, DG verschalter Rieg, 1943 von USt. heraufgezügelt, Bruchsteinsockel (Kälberstall), Steinplattenplätze und -treppen; 1980 Grundriss verändert: ehem. Querstall zum vierräumigen Wohnteil geschlagen, Feuerhaus um «Wohnecke» vergrössert, Küche separat, MG wird Holzschopf; in Pultdachanbau Schweine und Kälber. Kühe in ¾ des Schattstalles zwischen den Hütten (vgl. Senntum 5602) und angebautes Läger für Jungvieh.

### Käserei
USt: halbgeschlossene Küche, ummantelte Grube, 380 l Kessi an Schiene, neue Schwarpresse, Plättliboden, Wände Holz und massiv. OSt: offene Küche, offene Grube, grosse Hutte, 380 l Kessi, Holzturner, mobiles Rührwerk, Schwarpresse, Holzboden, Holzwände.

### Käselager
Keller im USt. W-Ecke unter Stube, gutes, eher feuchtes Klima, Bankung für 70 Laibe, Abtransport nach Bedarf.

### Produkte und Vermarktung
2200 kg Berner Alp- & Hobelkäse AOC in 170 Laiben à 8–15 kg; Hauptabnehmer Molkerei, 3780 Gstaad (für Migros Aare); 60 kg Ziegenfrischkäse (50% Kuhmilch); Verkauf an private Stammkunden, wenig Passanten.

### Besonderes zur Verarbeitung
Abendmilch im Kessi mit Kühlschlange, abgerahmt. Auf Anraten des Schwagers (Käser) Wasserzugabe bei Fabrikation. Früher Eggmäder gemolken, im USt. verkäst. BAKM: 2001: 5. Schnittkäse; 2002: 2. Schnittkäse; 2003: 3. Schnittkäse.

Magdalena Gobeli schäkert mit einer aufmerksamen Kuh, die es gerne duldet.

Matthias Gobeli trägt den gestrigen Alpkäse in den Keller im Unterstafel.

Gobelis Kessi in der lichten, sauberen Käseküche ist heute nicht ganz so voll wie das von Perrens.

# Unteralbrist
## SENNTUM 5604/S 2330

Stalders «Schallfluh Stafel» ist, breit und behäbig, zum Schutz gegen Lawinen in den Hang gebaut.

Zweireihig ist Stalders Zügelgeläut, auch breit und behäbig.

Ernst Stalder spant den gestrigen Käse …

### Besatz
19 Kühe, 12 Rinder, 6 Kälber, 1 Stier, 2 Ziegen, 6 Schweine, 25 Hühner(!); ca. ¾ eigenes Vieh, reine Simmentaler!

### Personen

| Funktion | Person | Telefon |
|---|---|---|
| Hütten-besitzer | Ernst und Esther Stalder-Mettler | 033 722 15 75 |
| Käser | Ernst Stalder-Mettler zur Sennerei, 3773 Matten | |

Ernst Stalder käst den 35. Sommer hier. Die Kinder Benjamin, Tamara, Sara und Ueli helfen kräftig mit.

**Telefon auf der Alp** 033 722 15 59

### Gebäude
Unterstafel: Fleckenblock inkl. UG mit Ställchen und Keller, breites, läges Schindelsatteldach, dreiräumiger Wohnteil nach W, frontale Zugangslaube (teils eingemacht) und -treppe, seitlich angebauter Schweinestall massiv, zwei Doppelquerställe. «Schallfluh Stafel 1985» (602150/150100; mit Hilfe von Coop und Berghilfe): in den Hang gebaut, Bergwand und Bodenplatte Beton, Rest verschalter Rieg («zurückgebunden»), Pultdach mit

Schindeln, kleiner dreiräumiger Wohnteil nach S, Gaden im DG, langer Doppelstall, untenher angebaut drei kurze Doppelquerställe für Tiere und Material; Schweinestall unter Betonterrasse.

### Käserei
Beidenorts: halboffene Küche, offene Grube mit Hutte, 330 l Kessi an Holzturner, mobiles Rührwerk, Schwarpresse, Zementboden, Hartplattenwände.

### Käselager
Keller im USt.: hölzern in SW-Ecke unter der Stube, Naturboden, anständiges Klima, Bankung für 100 Laibe.

### Produkte und Vermarktung
1300 kg Berner Alp- & Hobelkäse AOC in 115 Laiben à 8–14 kg; Hauptabnehmer Molkerei, 3780 Gstaad (für Migros Aare); 300 kg Alpgreyerzer in 13 Laiben à 20–25 kg; 40 kg Alpraclette, 45 kg Ziegenfrischkäse (50% Kuhmilch); Verkauf an private Stammkunden, wenig Passanten; Alpprodukte angeboten durch: Restaurant Rossberg, 3765 Oberwil; Hotel Engel, Wesenplatz 6, 8416 Flaach; die Alpeier speziell im Restaurant Kreuz, Lenkstrasse, 3773 Matten.

### Besonderes zur Verarbeitung
Abendmilch: Kessilagerung, Kühlschlange, abgerahmt.

… und Esther Stalder misst dem Ziegenkäse die Temperatur.

Tamara und Sara trauen den Besuchern nicht so ganz.

Hingegen die Schweine haben gar keine Bedenken, ganz im Gegenteil; hinten die «Äussere Hütte» und dahinter die Weite von Gandlauenen (+ -grat; weiteres vgl. S. 88).

# WEISSENBERG

**Weitverzweigte Alp, unterschiedliche Standorte, verschiedene Kraftorte.**

Vom Oberen Läger nach E; im Bild vor allem Weissen-Schafberg/Albristhorn; vorne die mächtige Hütte (Senntum 3541), in der auch Bergvogt Reinhold Bowee sein Vieh stallt, dessen Milch im Senntum 3543 verkäst wird.

Die Fabrikationskontrolle wird sauber geführt.

### Gemeinde/Amtsbezirk
Lenk/Obersimmental

### Rechtsform/Eigentümer
Alpkorporation Weissenberg, Lenk-St.Stephan; Kontaktperson 2. Bergvogt Reinhold Bowee, Gutenbrunnenstrasse 142, 3775 Lenk.

### Landeskarten
1246 Zweisimmen 1:25000
263 Wildstrubel 1:50000

### Koordinaten Referenzpunkt
Obers Läger, 600950/148700, 1707 m

### Lage der Alp
Ausgedehnte Alp auf 1360–2200 m, von sonnigem SW-Hang (Vorder-Weissenberg) über NE-Hang des Schatthorns (Hinter Weissenberg) bis zum Albrist. USt. durchwegs trocken, stellenweise hartgräsig, oberste Randgebiete Bleikistafel unweidzügig, ungenügend geatzt. Hinterweissenberg als OSt. nach NW orientiertes Alptal, Hauptweidefläche am langen, teilweise steilen NE-Hang. Einzelne Partien trittempfindlich, aber im Allgemeinen mit später Lage gut-

gräsig und weidzügig. Dürrenschwand in der unteren Mulde, durch Waldgürtel vom übrigen Parallelstafel Ht. Weissenberg getrennt. Dieser WSW-Hang stark mit Lawinenschutt und Geröll überführt, übrige Alp mit Ausnahme von Alpenerlen und Waldweide ohne Elementarschäden.

### Wege zur Alp
Mit PW oder Bahn auf Strecke Zweisimmen–Lenk bis Matten (1023 m) oder Lenk (1068 m); mit PW bis Bleikenstafel, dann auf bewilligungspflichtiger Güterstrasse bis zum Stafel; zu Fuss: Matten–Obersteg–Gibel oder Lenk–Gutenbrunnen auf Wander- und Bergwanderwegen zur Alp (keine Wanderbuchempfehlungen).

### Touristisches
Seewlenhorn und Albristhorn beherrschen das Bild; die Wege dorthin meist an der Alp vorbei; riesiger Kessel, mit Albrist-Alpen ein Doppelkessel; schöne Biketour, keine Restaurationsmöglichkeiten (nur Ober-Albrist, vgl. S. 105; Wanderbuch 3094, Routen 17 und 19).

### Infrastruktur
Von den 11 Sennten haben fünf eine Zulassungsnummer; davon haben im Sommer 2004 3528/S 2254, 3529/S 2450, 3539/S 2190, 3543/S 2467 gekäst; zwei zweistafilg, zwei einstafilg mit Hütten an Stafelgrenze (Senntum 3540/S 2191 käste nicht). Alp bis Oberstafel von Lenk mit Güterstrasse erschlossen. Energieversorgung teils BKW-Netz, teils Benzinmotoren und Dieselaggregate sowie Solarzellen. In beiden Stafeln hat die Alp gemeinsame Wasserversorgung mit genügendem Quellwasserzufluss.

### Bestossung
Vd. Wysseberg: 30 Tage (Mitte Juni bis Mitte Juli)
Ht. Wysseberg: 42 Tage (Mitte Juli bis Ende August)
Vd. Wysseberg: 18 Tage (Ende Aug. bis Mitte September)
Gesamte Alpzeit: 221 Stösse, 90 Tage: 198 Normalstösse

### Weideflächen
Total 360 ha: 280 ha Weideland, 20 ha Waldweide

### Besonderes zur Alp
Weissenberg ist die grösste Alp der Gemeinde. 60 ha Wildheugebiete schon 1969 «weitgehend ungenutzt.»

Oskar Zürcher schaut eher skeptisch aus dem gemeinsamen Stall mit Reinhold Bowee (wegen Wetter, Landwirtschaftspolitik oder Kamera?).

Diese Mäder und Gebäude am Galm gehören nur im untersten Teil zu Weissenberg.

# Weissenberg
## SENNTUM 3528/ S 2254

Die hintersten Hütten am Hindere Wysseberg und der Güterweg von der Krete Obere Seewle – Schatthorn (Pt 2046) herab.

Zügelgeläute inside, in diesem hohen Raum hat es gut Platz.

Jacqueline Ebner pflegt ihre Alpkäse – frisch gepflegt nach einem warmen Molkebad.

**Besatz**
24 Kühe, 6 Kälber, 9 Schweine

**Personen**

| Funktion | Person | Telefon |
|---|---|---|
| Hütten-besitzer | Arnold Marmet<br>Staldengässli 2b, 3775 Lenk<br>Manfred Marmet-Bächler<br>Metschstrasse 1, Brand, 3775 Lenk | 033 733 11 37<br>033 733 27 54 |
| Käserin | Corina Bauert, 8816 Hirzel | |
| Zusennerin | Jacqueline Ebner, 8910 Affoltern a. A. | |

**Telefon auf der Alp** 033 733 23 06

**Gebäude**
Gibel (600150/149150): Fleckenblock, teils auch UG (Ställe und Keller), Satteldach, Profilblech, dreiräumiger Wohnteil nach SW, frontbreite Eingangslaube und -treppe unter frontbreiter Bühnislaube, teils Milchraum, niedere, geschlossene Küche, Doppelquerstall, Steinplattenvorplätze. Oberstafel (602450/147700): sehr ähnlich USt., aber mächtiger, Wohnteil nach NW, hoher, offener Dachstuhl, Gaden asymmetrisch.

### Käserei
OSt: offene, sehr hohe Küche, ummantelte Grube, 350 l Kessi an Holzturner, mobiles Rührwerk, Schwarpresse, Holzboden, Holzwände. USt: geschlossene Küche, sonst alles gleich, weil die Einrichtung gezügelt wird.

### Käselager
OSt: Keller im hölzernen Sockel in der N-Ecke, Holzboden, eher trockenes Klima, Bankung für 60 Laibe. USt: Keller im gemauerten Sockel, Naturboden, Holzdecke, gutes, richtig feuchtes Klima, Bankung für 120 Laibe, Abtransport nach Bedarf.

### Produkte und Vermarktung
2300 kg Berner Alp- & Hobelkäse AOC in 230 Laiben à 7–13 kg; Hauptabnehmer Molkerei, 3780 Gstaad; wenig Verkauf an Passanten, aber an private Stammkunden; Reinhard Zbären geht mit dem Alpkäse auf viele Märkte.

### Besonderes zur Verarbeitung
Während der ersten 10 Tage wird die überschüssige Milch an die Lenk Milch AG verkauft. Abendmilch im Kessi mit Kühlschlange gelagert und kaum abgerahmt.

### Besonderes zum Senntum
Das Senntum ist zweistaflig, man zügelt und käst beidenorts. Die hohe Küche im OSt. ist etwas ungemütlich, die Käsekeller sind unpraktisch.

Corina Bauert wendet die jungen Alpkäse, legt sie trocken und greift nach rechts…

… denn bei dieser Gelegenheit wird die Kaseinmarke obligatorisch auf die Järbseite aufgebracht.

Eine Wandbankung, eine Karussellbankung und die Pflegeutensilien.

# Weissenberg
## SENNTUM 3529/ S 2450

Die Dürrenschwandhütte hinten unten im engen Tal – so dürr kommt es einem bei diesem Wetter gar nicht vor.

Wenn es ihnen passt, kommen die Ziegen schön brav in Einerkolonne daher.

Sabine Lempen hilft den Eltern z. B. beim Ausmisten von Stall und Vorplatz.

### Besatz
13 Kühe, 14 Rinder, 15 Kälber, 1 Stier, 5 Ziegen, 2 Schweine

### Personen

| Funktion | Person | Telefon |
|---|---|---|
| Hüttenbe-sitzer und Käser | Ferdinand und Eliane Lempen-Biedermann Innere Bleikenstrasse 25, 3775 Lenk | 033 733 23 85 |

Gelegentlich hilft auch die Tochter Sabine, die eine Innendekorationsnäherinnenlehre absolviert.

### Gebäude
Dürrenschwand (602150/148250, 1685): Fleckenblock inkl. Sockel mit Keller, Schweinestall und echtem WC, läges Satteldach, Eternitschiefer, dreiräumiger Wohnteil nach NW, Gaden im DG, dahinter zwei Doppelquerställe. Bauinschrift (eingekerbte Antiqua): «BL HZ v MM (Kanne+Becher) 1871 (Blumenvase)» [Hans Zeller und Magdalena Marggi].

### Käserei
Geschlossene Küche, offene Grube, 120 l Kessi an Holzturner, stets von Hand gerührt, Plastikformen und Gewichtssteine, Inlaidboden, Holzwände.

### Käselager
Kellerchen in der W-Ecke unter dem Milchgaden, im Holzsockel, Rückwand massiv, Naturboden, gutes, eher warmes Klima, Bankung für 30 Laibe, Abtransport nach Bedarf in den Talbetrieb.

### Produkte und Vermarktung
400 kg Berner Alpkäse AOC in 80 Laiben à 3–8 kg Verkauf an Passanten, Vermarktung an private Stammkunden und in der Verwandtschaft.

### Besonderes zur Verarbeitung
Die Abendmilch wird in Gebsen gelagert und wenig abgerahmt. Im Sommer 2004 wurde nur für den Eigenbedarf gekäst, und die Restmilch, auch Ziegenmilch, an die Kälber vertränkt.

### Besonderes zum Senntum
Man ist den ganzen Sommer im Dürrenschwand und hat den Grossteil des Wyssenschafberges in Pacht. Der Stier, der den 1. Preis beim Kantonalen Schwingfest in St. Stephan bildete, stammt aus diesem Betrieb, und auch die Milka-Kuh stand hier!

Ferdinand Lempen ist sehr geübt im Geissenmelken.

Das Blitzlicht muss an diesem Tag die Treicheln erleuchten.

Und dann wird als Höhepunkt der mächtige Stier präsentiert resp. präsentiert sich, routiniert.

# Weissenberg
## SENNTUM 3539/ S 2190

Christelers Gibelhütte von W; hinten ein Erosionsansatz am Galm (Am Undere Albrist).

In Reih und Glied die prächtigen Alpkäselaibe von Vreni Christeler.

Arnold Christeler leert die Morgenmilch durch den Filter in den Tank für die Lenk Milch AG.

### Besatz
20 Kühe, 11 Kälber, 1 Stier, 4 Schweine; das Vieh gehört den beiden Hüttenbesitzern zu zwei Dritteln und zu einem Drittel.

### Personen

| Funktion | Person | Telefon |
| --- | --- | --- |
| Bewirtsch. und Hüttenbesitzer | Arnold Christeler-Meyer<br>Innere Bleikenstrasse 4, 3775 Lenk<br>Anton Hählen<br>Gutenbrunnenstrasse 34, 3775 Lenk | 033 733 13 49<br><br>033 733 17 67 |
| Käserin | Vreni Christeler-Meyer<br>Innere Bleikenstrasse 4, 3775 Lenk | 033 733 13 49 |

### Telefon auf der Alp  033 733 13 24

### Gebäude
Gibel (600450/148950, 1635): Fleckenblock inkl. hoher Sockel mit Ställen und Keller, läges Schindelsatteldach, vierräumiger Wohnteil nach NW mit breiter frontaler Zugangslaube und -treppe, im DG Gaden, dahinter dreilägeriger Querstall und Holzschopf.

### Käserei
Geschlossene Küche, ummantelte Grube mit Boilerheizschlange, 230 l Kessi an Holzturner, mobiles Rührwerk, pneumatische Presse, Holzboden, Holzwände.

### Käselager
Keller im hölzernen Sockel, Rückwand massiv, Holzboden, gutes Klima, Bankung für 95 Laibe.

### Produkte und Vermarktung
800 kg Berner Alp- & Hobelkäse AOC in 90 Laiben à 6–12 kg; Vermarktung an private Stammkunden ab Hof und eine therapeutische Wohngemeinschaft im Jura; der Alpkäse wird auch angeboten in einem Quartierladen in Bern.

### Besonderes zur Verarbeitung
Abendmilch im Kessi mit Kühlschlange gelagert, abgerahmt. Es wird während etwa 7 Wochen gekäst. In der übrigen Zeit wird die Milch an die Lenk Milch AG verkauft.

### Besonderes zum Senntum
Man ist den ganzen Sommer in der gleichen Hütte, am Zaun zwischen den beiden Stafeln, man muss Tiere nur durch entsprechende Türe auslassen. Die Hütte ist ein Kraftort, wie es sie auf Weissenberg zahlreich gibt (vgl. Literatur: Pier Hänni: Magisches Berner Oberland).

Anton Hählen hätschelt noch ein bisschen ein Kalb beim Tränken.

Järbe und Brecher fein säuberlich an der Wand – während der käsefreien Zeit.

Kälberkropf, Chaerophyllum hirsutum mit Zikadenschaum und Frühlingsscheckenfalter, Hamearis lucina.

# Weissenberg
## SENNTUM 3543/ S 2467

Obers Läger mit Blick nach N gegen den Vorderen Berg «Am Underen Albrist.»

Susanne Gronmayer zieht bei den jüngsten Alpkäsen die Schraube an.

Manfred Klopfenstein ist hier der Bewirtschafter.

### Besatz
11 Kühe; Reinhold Bowee hält in der benachbarten Hütte 10 Kühe, 5 Rinder und 5 Kälber.

### Personen

| Funktion | Person | Telefon |
| --- | --- | --- |
| Bewirtschafter | Manfred Klopfenstein<br>Gutenbrunnenstrasse 121, 3775 Lenk | 033 733 17 85 |
| Sennerin und Käserin | Susanne Gronmayer<br>Nürtingen/Stuttgart D | |

Die Hütte gehört mehreren Anteilern.

### Gebäude
Bleikestafel (600300/148000, 1423): Fleckenblock, wie die andern auch, inkl. UG mit Ställen und Keller, datiert 1907, läges Schindelsatteldach, ein Doppelquerstall; nur dieser genutzt, der Wohnteil (nach E) vermietet. Obers Läger (600950/148675, 1707): Fleckenblock inkl. Sockel, läges Schindelsatteldach, vierräumiger Wohnteil nach N mit frontaler Zugangslaube und zwei Treppen, DG ohne Gaden, gleiche Organisation wie USt., aber zwei Doppelquerställe.

### Käserei
OSt.: Geschlossene Küche, ummantelte Grube, 250 l Kessi an Schiene, mobiles Rührwerk, Hebel-Spindel-Presse, Zementboden, Hartplatten- und Holzwände.

### Käselager
Keller im hölzernen Sockel, teils massiv, Holzdecke, Natur- und Kiesboden, gutes Klima, aber etwas trocken, weshalb befeuchtet wird, Bankung für 110 Laibe, Abtransport nach Bedarf.

### Produkte und Vermarktung
1500 kg Berner Alp- & Hobelkäse AOC in 140 Laiben à 6–14 kg; Vermarktung an private Stammkunden.

### Besonderes zur Verarbeitung
Hier wird erst seit 1989 wieder gekäst und zwar nur während der 6 Wochen im Oberstafel. Die Abendmilch wird im Kessi mit Kühlschlange gelagert und abgerahmt. Im OSt. wird auch die Milch des benachbarten Melksenntums 3541 von Reinhold Bowee (2. Bergvogt) verkäst (OSt. 601300/148500, 1736; USt. 600300/148100, 1430). Die Milch aus dem USt. wird an die Lenk Milch AG verkauft.

### Besonderes zum Senntum
Die Hüttenfront ist dekoriert mit vielen «Gedenktäfelchen» von hier einquartiert gewesenen Militäreinheiten, was «noch ein recht lukratives Geschäft gewesen» sei.

Der Besuch aus Deutschland, selber erfahrener Älpler, legt Holz nach, denn heisses Wasser ist bekanntlich unentbehrlich beim Käsen.

Unterdessen schöpft Susanne die Schotte aus dem Kessi.

Farnwedel (Dryopterix filix-mas) sind immer wieder faszinierend, von fern oder nah, auch mit Käfer.

# SEEWLEN

**Raum, Wildnis, Ruhe, Rauheit und Aussicht, Stimmungen, wilde Tiere und Tradition.**

Undere und Obere Seewlen vom Bühlberg aus nach NNE; hinten das kahle Albristhorn und der doch recht grünbewachsene Tierberg.

Die Bäche von dieser wetterausgesetzten, steilen Seite her überschwemmen immer wieder; deshalb wurden sie verbaut oder aufgeforstet.

### Gemeinde/Amtsbezirk
Lenk/Obersimmental

### Rechtsform/Eigentümer
Alpkorporation Seewlen, Lenk, mit 14 Alpansprechern; Kontaktperson ist der Bergvogt, Albert Buchs, Gutenbrunnenstrasse 136, 3775 Lenk.

### Landeskarten
1247 Adelboden 1:25000
263 Wildstrubel 1:50000

### Koordinaten Referenzpunkt
Undere Seewle, 602850/146500, 1850 m

### Lage der Alp
Die Alp liegt auf 1700–2300 m am SW Muldenhang des markanten Seewlenhorns. Der Unterstafel weist eine gleichmässige SW-Flanke auf, ist weidgängig, soweit gedüngt gutgräsig, aber im oberen Teil stark mit Borst (Fax) durchsetzt. Der Oberstafel ist der höchstgelegene Stafel der Gemeinde, liegen doch die Gebäude auf rund 2100 m. Die späte Ausaperung und das trittempfindliche Läger sind Charaktereigenschaften nebst einer guten Grasnarbe

mit Romeyen, Muttnern, Adelgras u.a.m. sowie leichter Vergandung im Steilhang. Ausserdem ist Oberseewlen wetteranfällig und sehr wild.

### Wege zur Alp
Mit dem PW oder mit der Bahn bis an die Lenk. Mit dem PW auf bewilligungspflichtiger Güterstrasse bis Laubbärgli (1847 m); zu Fuss auf Bergwanderwegen Richtung Tierberg auf den Oberstafel, auf unmarkierten Wegen zum Unterstafel (Wanderbuch 3094, Route 17a).

### Touristisches
Seewlenhorn und Albristhorn beherrschen das Bild; die Wege dort hinauf führen zum Teil über die Alp; ein doppelter Kessel, aber klein im Vergleich zum benachbarten Weissenberg! Beliebter Paraglide-Start. Restaurant nur nach 1½ h Wanderung am Bühlberg (Wanderbuch 3094, Routen 17 und 19).

### Infrastruktur
Die Alp bildet die drei zweistafligen Sennten 3523/S 2233, 3524/S 2234, 3544/S 2238. Sie ist von Lenk/Gutenbrunnen her bis Laubbärgli (1847 m) mit einer Güterstrasse erschlossen, von dort geschotterter Güterweg bis zum Unterstafel; zum Oberstafel nur Jeep- und Saumwege. Energieversorgung durch Dieselaggregate und Solarzellen. Beide Stafel mit genügend Wasser versorgt aus einer tockensicheren Quelle etwa 300 m unterhalb des Grates!

### Bestossung
Undere Seewle: 35 Tage (Ende Juni bis Ende Juli)
Obere Seewle: 35 Tage (Ende Juli bis Anfang September)
Undere Seewle: 14 Tage (Anfang bis Mitte September)
Gesamte Alpzeit: 100 Stösse, 84 Tage: 84 Normalstösse

### Weideflächen
Total 142 ha Weideland

### Besonderes zur Alp
Seewlenalp ist für insgesamt 109½ Kuhrechte geseyt.

Treyen im morgendlichen Streiflicht, fast wie ostasiatische Reisterrassen; hinten die Plaine morte.

Kleinteilige Fenster und echte Fällläden sind das Kennzeichen dieser Hütte (Senntum 3544).

# Seewlen
## SENNTUM 3523/S 2233

Rieders Hütte Undere Seewlen von W, von der Grossen Hütte aus gesehen.

Und auf Obere Seewlen mit der einzigartigen Aussicht, die alle von dort oben haben: schwarz das Schnidehorn, weiss das Wildhorn, davor der Hohberg und die grossen linksseitigen Lenker Alpen.

Rieders machen eben nicht nur Alpkäse, sondern auf dem Talbetrieb auch die bekannten, feinen Bauernhofglacen.

### Besatz
20 Kühe, 9 Kälber, 2 Schweine

### Personen

| Funktion | Person | Telefon |
|---|---|---|
| Bewirtschafter | Gottfried Rieder-Tritten<br>Grabenstrasse 6, 3775 Lenk | 033 733 42 18 |
| Käserin | Friederike Hedderich<br>D-34621 Frielendorf bei Kassel | |
| Sennen | Klaus und Friederike Hedderich<br>D-34621 Frielendorf bei Kassel | |

### Gebäude
Underi Seewle (602850/146350): Holzmischbau, UG teils massive Seitenwände mit Ställchen und Keller, Satteldach, Profilblech, dreiräumiger Wohnteil nach SW mit breiter, frontaler Zugangslaube und -treppe, Gaden im verschalten DG, dahinter Doppelquerstall mit kleineren Anbauten. Oberi Seewle (603100/147150): Fleckenblock inkl. Sockel mit Ställchen, läges Satteldach, Profilblech, DG mit Gaden und z.T. die Wände zusätzlich verschalt, dreiräumiger Wohnteil nach SW mit eingemachter frontaler Zugangslaube und -treppe, dahinter zwei Doppelquerställe.

## Käserei
USt: geschlossene Küche, ummantelte Grube, 400 l Kessi an Schiene, mobiles Rührwerk, Hebel-Spindel-Presse, Holzboden, Holzwände. OSt: ähnlich organisiert, aber das gleiche Kessi an Holzturner, Novilonboden.

## Käselager
USt: Keller in W-Ecke unter Milchgaden, nur Rückwand massiv, Steinplattenboden, gutes Klima, regulierbare Feuchte, Bankung für 100 Laibe, Abtransport nach Bedarf, weil Keller im OSt. zu kühl für die Lagerung.

## Produkte und Vermarktung
1500 kg Berner Alp- & Hobelkäse AOC in 170 Laiben à 6–11 kg; Hauptabnehmer Molkerei, 3780 Gstaad (für Migros Aare); 150 kg Alpbutter, 450 kg Alpraclette; keine Passanten, Verkauf an private Stammkunden und Gastronomie. Familie Rieder betreibt mit vielen Restaurants im Berner Oberland das bekannte Geschäft mit «Glacé von der Rieder Farm», mit dem sie im Agro-Preis der Emmental Versicherung 2003 den 1. Preis errungen hat (vgl. Reportage im Berner Oberländer vom 14 04 03).

## Besonderes zur Verarbeitung
Die Abendmilch wird in Gebsen gelagert und abgerahmt. Selten wird von hier Milch für die Glaceherstellung abdisponiert, meist holt man diese von den eigenen Kühen, die auf Weissenberg gesömmert werden (Alp S. 116ff).

Friederike Hedderich überzieht die Dickete am Anfang des Käseprozesses.

Klaus Hedderich bringt die Identifikation mit Schablonen auf.

Dann versenkt er die gestrigen Laibe im Salzbad, auf dass sie fest und stark werden.

# Seewlen

## SENNTUM 3524/S 2234

Die Grosse Hütte, wie der Name sagt, 45 Kühe von 7 Anteilern sömmern hier auf 5 Lägern.

Stefan Klopfenstein hilft hier Alfred Leutwyler beim Käseauszug.

Mike Banz schmüselet mit einem Kalb, auch das darf ein rechter Statterbub zwischen der Arbeit.

### Besatz

45 Kühe, 12 Rinder, 15 Kälber, 4 Ziegen, 17 Schweine; in der «Grossen Hütte» wird Vieh von 7 Anteilern gesömmert, alles Simmentaler Reinzucht.

### Personen

| Funktion | Person | Telefon |
|---|---|---|
| Bewirtschafter | sind die 8 Hüttenbesitzer, 3775 Lenk Kontaktperson vgl. Eigentümer der Alp. | |
| Käser | HU. Klopfenstein Gutenbrunnenstrasse 128, 3775 Lenk | 033 733 13 70 |
| Zusenn | Stefan Klopfenstein | daselbst |

### Telefon auf der Alp  079 289 79 88

### Gebäude

USt. (602750/146400): sehr breiter Fleckenblock, Betonsockel (Ställe und Keller), Betonplatte, läges Satteldach, Gerschilde, Eternitschiefer, vierräumiger Wohnteil nach SW, Zugangslaube und -treppe Beton, zwei grosse Gaden im OG, drei Doppelquerställe, sehr grosszügig, guter Vorplatz. OSt. (603025/147200): sehr ähnlich wie USt., datiert 1978, Sockel teils Zementsteine, Holzmischbau, ein Gerschild, Bedeckung Aluplatten.

### Käserei
USt: geschlossene Küche, ummantelte Grube, 670 l Kessi an Schiene, Hebel-Spindel-Presse und Schwarpresse, Zementboden, Holzwände. OSt: ähnliche Einrichtung.

### Käselager
USt: Keller in W-Ecke unter Milchgaden, Beton, Kiesboden, gutes, eher kühles Klima, Bankung für 250 Laibe. OSt: Keller ähnlich, kleiner, gutes Klima, Bankung für 50 Laibe, Abtransport in Talbetriebe laufend.

### Produkte und Vermarktung
4800 kg Berner Alp- & Hobelkäse AOC in 470 Laiben à 8–12 kg; Hauptabnehmer Molkerei, 3780 Gstaad (für Migros Aare); 100 kg Ziegenfrischkäse (50% Kuhmilch); Passantenverkauf im OSt. und an private Stammkunden; ebenfalls bei Lenk Milch AG, Aegertenstr. 2, 3775 Lenk.

### Besonderes zur Verarbeitung
Abendmilch im Kessi mit Kühlschlange gelagert, abgerahmt; Rahm zeitweise an Lenk Milch AG verkauft; wenn Kessi voll, werden die 6 Laibe gesamthaft ausgezogen und vorgepresst, sonst Einzelauszug. Schotte wird zentrifugiert, bevor sie an die Schweine verfüttert wird.

### Besonderes zum Senntum
Auf dieser Alp hat man seine Ruhe und genügend Raum. Auf dem sehr hoch gelegenen Oberstafel muss man mit schnellen Wetterumschlägen und Schnee rechnen.

Alfred schlägt das Järb um den frischen Alpkäse.

Während Vreni Banz ein Käsetuch zurecht macht für den nächsten Laib.

Nun streift das Morgenlicht die grossen, glänzenden Treicheln.

# Seewlen
## SENNTUM 3544/S 2238

### Besatz
15 Kühe, 12 Rinder, 11 Kälber, 4 Ziegen

### Personen

| Funktion | Person | Telefon |
|---|---|---|
| Hüttenbesitzer | Paul Tritten-Gfeller<br>Steinmatte, 3773 Matten | 033 733 16 00 |
| Käser und Senn | Rolf Tritten<br>Steinmatte, 3773 Matten | 033 733 16 00 |
| Zusennerin | Barbara Allenbach<br>Flüehlistrasse 7, 3775 Lenk | |

Tochter Renate, Dentalhygienikerin, produziert in den Ferien eine Woche Alpraclette und drei Wochen Alpkäse.

Undere Seewlen von Trittens, gesehen von SSE, und dahinter in der Sonne das Schatthorn.

Rechts die obere Hütte von Trittens nach NW über die Obere Seewlen hinweg auf die Linie Gyrshubel – Spillgerten und ganz hinten links über den Hütten der Grenzgrat zum Freiburgerland.

Barbara Allenbach ernsthaft bei der Käsepflege und doch mit einem Lächeln für den Fotografen.

### Telefon auf der Alp   079 543 43 81

### Gebäude
USt. (602850/146500): Fleckenblock, exakt gefügter Bruchsteinsockel mit Ställen, läges Satteldach, Profilblech, dreiräumiger Wohnteil nach SW, frontale Zugangslaube und -treppe, Gaden im DG (Falltüre), dreilägeriger Querstall. OSt. (603350/146950): Sockel seitlich Bruchsteinmauern, Front Fleckenblock wie das ganze Gebäude, läges

Satteldach, Gerschild, Profilblech (seit Hagel 2003), dreiräumiger Wohnteil nach SSW, Zugangslaube über Eck, frontale Treppe, Gaden im DG, dreilägeriger Stall, bergseits Bruchsteinmauern; Dachrafen gegen Schneedruck abgestützt, guter Terrassenvorplatz.

### Käserei
Nur im OSt. gekäst: Geschlossene Küche, ummantelte Grube, Rohr und Hutte, 160 l Kessi, Holzturner, mobiles Rührwerk, Schwarzpresse, Holzboden, Holzwände.

### Käselager
Keller im OSt. in W-Ecke, Holzwände und Mauern, Holzdecke, Kiesboden, Klima zu kühl, nur wenig regulierbar, Bankung für 40 Laibe, Abtransport nach Bedarf.

### Produkte und Vermarktung
350 kg Berner Alpkäse AOC in 45 Laiben à 5–9 kg; 20 kg Ziegenfrischkäse (50% Kuhmilch); Verkauf an private Stammkunden, (hier logierende Jäger, deren Kollegen, Schulkollegen). Kaum Passantenverkauf.

### Besonderes zur Verarbeitung
Abendmilch in Gebsen und abgerahmt.

### Besonderes zum Senntum
Fenster kleinteilig, Fällläden. Im OSt. geniesst man Wildnis und Ruhe, allerhand Tiere, einmalige Lage, einzigartige Aussicht und Stimmungen bei wechselnder Beleuchtung.

Rolf Tritten melkt seine Geissen.

Milch- und Melkgeschirr im Milchgaden zum Trocknen.

Nochmals: hier war es früh, die Kühe trotten zur Hütte, die noch im Schatten steht; Horizontlinie: Wildstrubel (davor der Metschberg), Plaine morte und Weisshorn, Rohrbachstein, Mittaghorn; davor der wilde Kessel mit dem Ursprung der Simme.

# LAVEY

**Vielgestaltige, aufwendige Alp; das Skigebiet Adelboden – Lenk dänk, entschädigt.**

«Uf em Sedel» mit Blick nach S über die Alp hinweg auf Wildstrubel, Plaine morte und Gletscherhorn; viele Tannen und Masten im Gelände, und auch Riedland.

Weit oben laufen Kühe und Rinder und finden dort Gutes zu fressen.

**Gemeinde/Amtsbezirk**
Lenk/Obersimmental

**Rechtsform/Eigentümer**
Privatalp der Erbengemeinschaft Schmid, Frutigen, 5 Ansprecher; Kontaktperson: Werner Reichen, Rinderwaldstr. 18, 3725 Achseten.

**Landeskarten**
1267 Gemmi 1:25000
263 Wildstrubel 1:50000

**Koordinaten Referenzpunkt**
Würtnere, 603400/144775, 1837 m

**Lage der Alp**
Am Hahnenmoospass auf 1760–1980 m, W-Exposition. Sehr unterschiedliche Bodenqualität; vom Torf- und Tonboden über trockene Braunerde bis zu Gipsunterlage (Gryden) im N Alpteil. Rund 10–15% der Weidefläche sind durchnässt mit einer schlechten Grasnarbe, im oberen Areal ist die Alp jedoch sehr gutgräsig. Vereinzelte Elementarschäden unterhalb des Laveygrates.

### Wege zur Alp
Mit PW oder Bahn und Ortsbus über Lenk bis Bühlberg (Parkplatz, 1658 m); von dort, von der Lenk oder einer Haltestelle unterwegs zu Fuss auf Wander- und Bergwanderwegen zur Alp (Wanderbuch 3094, Route 17a).

### Touristisches
Der Laveygrat – Anmarschroute zu Seewlen- und Albristhorn – droht über der Alp; das Regenboldshorn lockt von Ferne, und Ortsbus sowie Metschbahnen erleichtern zeitweise den Aufstieg (Achtung unsicherer Sommerfahrplan!); via Hahnenmoos (Modellfliegermekka) gelangt man ins Adelbodengebiet; viele Restaurationsmöglichkeiten, wie Restaurant Bühlberg und Hahnenmoospassrestaurant. Im weissen Gipsgestein Dolinen, in denen Murmeltiere wohnen (Wanderbuch 3094, Routen 17; 3097, Routen 12, 18).

### Infrastruktur
Die Alp bildet das einstaflige Senntum 3514/S 2494. Bis Bühlberg öffentliche Strasse, von dort Zügelweg/Jeepweg gemeinsam mit den Mädern und dem Hahnenmoosbergli. Energieversorgung durch das Netz der BKW. Genügend eigenes Wasser aus gut gefasster Quelle.

### Bestossung
37 Stösse, 77 Tage (Mitte Juni bis Anfang September): 28 Normalstösse

### Weideflächen
Total 43 ha: 36 ha Weide, 5 ha Waldweide, 2 ha Streue

### Besonderes zur Alp
Die Sey beträgt 43 Rechte; hingegen mussten weite Gebiete im N Teil zur Aufforstung abgetreten werden (Erosionsschäden und Überschwemmungen Inner Sitenbach); andererseits wurden in Stafelnähe verschiedene ungeseyte Heumäder (Laveygrat, 792-20) dazu erworben; dort wird noch heute in bedeutendem Mass Heu gewonnen. Die Alpexposition bietet sehr langen Abendsonnenschein. Brüsch und Droseln sind kaum im Zaum zu halten und verursachen viel Arbeit. Es hat viele Masten im Gelände – von der praktischen Stromzufuhr und von den «ergiebigen» Skiliften.

Arnica montana, eine Kultpflanze sozusagen (seit Johanna Spyris Heidi), und schon lange vorher sehr wirksam.

Murmeltierhöhlen sind bei den Älplern nicht sehr beliebt – verständlich.

# Lavey
## SENNTUM 3514/S 2494

Die Lavey-Hütte von S mit Felsbrocken, toten Baumstümpfen und Stromleitungen; dahinter die bekannten Gipfel (Albrist, Seewlehorn, Tierberg).

Der Schattstall Uf em Sedel für Jungvieh, sehr gut zurechtgemacht; rechts hinten das helle Vierschilddach von Guggernäll.

Werner Reichen, rechts, und Eduard Wyssen nehmen zusammen den Käse aus dem Kessi.

### Besatz
21 Kühe, 14 Rinder, 19 Kälber, 6 Schweine; hauptsächlich Vieh der Eigentümerfamilien.

### Personen

| Funktion | Person | Telefon |
| --- | --- | --- |
| Bewirtschafter und Käser | Werner Reichen-Schmid Rinderwaldstrasse 18 3725 Achseten | 033 673 34 72 |
| Zusenn | Eduard Wyssen Linter, 3724 Ried | 033 671 32 88 |

Werner Reichen käst den 5. Sommer hier. Eduard Wyssen besorgt auch noch die Rinder «Ufem Sedel».

**Telefon auf der Alp** 033 733 12 18

### Gebäude
Eigentümer Fritz Schmid, Frutigen, und Werner Reichen-Schmid, Achseten: anderthalbgeschossiger Fleckenblock, Betonsockel (diverse Räume), Betonbodenplatte, EG eternitverrandet, läges Satteldach, Gerschilde, Eternitschiefer, vierräumiger Wohnteil, OG Massenlager, breite Laube über Eck, frontale Zugangstreppe (durch Skiclub), zwei Doppelquerställe, verbindender Schopf N-

Seite, Schweinestallanbau. Sedel (603250/145325): Stallteil verschalter Rieg, Umbau 1984, Vierschilddach, Profilblech, für Rinder; Wohnteil Eigentum der Alpansprecher.

### Käserei
Geschlossene Küche, ummantelte Grube, 250 l Kessi, Holzturner, mobiles Rührwerk, Schwarpresse, Inlaidboden, Plättliwände.

### Käselager
Keller in SW-Ecke unter Stube, Beton, Ziegelsteinboden, kaltes, feuchtes Klima, mit Elektroofen aufgebessert, Bankung für 120 Laibe, Abtransport im Herbst.

### Produkte und Vermarktung
900 kg Berner Alp- & Hobelkäse AOC in 125 Laiben à 5–10 kg; Verkauf private Stammkunden, kaum Passanten.

### Besonderes zur Verarbeitung
Abendmilch im Kessi mit Kühlschlange, kaum abgerahmt.

### Besonderes zum Senntum
Die Hütte ist seit über 30 Jahren im Winter an den Skiclub Herzogenbuchsee vermietet, der sie teilweise selbst ausgebaut hat. Bauinschrift in gekerbter, geschwärzter Antiqua: «Gebaut durch Gbr. Fritz u. Ant. Schmid u. ihre Frauen L. geb. Schmid u. S. geb. Greber im Jahr 1952. Karl Klossner Zimmermstr.» Darüber ein Spruch.

Eduard Wyssen packt ihn auf der Presse ein.

Werner Reichen putzt unterdessen die Käselaibe im Keller.

Eine Hütte von 1952, viele Glocken und Treicheln von weiss nicht wann.

# BÜHLBERG

**Die Talgüter liegen nahe, das Bergrestaurant bringt Betrieb, Bekanntheit und Umsatz.**

Drei wichtige Gebäude auf Bühlberg: vorne Melksenntum Kuhnen, dahinter Alpkäserei, auf der Kante Bergrestaurant; hinten zerklüftete Seite Flöschhorn bis Wistätthorn.

Kein sportlicher Siegerpokal, sondern effektive Milchkühlung – wenn genügend kaltes Wasser da.

### Gemeinde/Amtsbezirk
Lenk/Obersimmental

### Rechtsform/Eigentümer
Alpkorporation Bühlberg; Bergvogt Peter Allenbach, Flüehlistr. 7, 3775 Lenk

### Landeskarten
1266 Lenk 1:25000
263 Wildstrubel 1:50000

### Koordinaten Referenzpunkt
Büelberg, 602500/144600, 1661 m

### Lage der Alp
Am WSW-Hang des Hahnenmoospasses auf 1600–1820 m, wellig, mässig bis stark geneigt. Frühe, sonnige Lage, aber im N Teil ausgedehnte Waldweidepartien mit nassem, teilweise versumpftem Boden. Im oberen Areal hat es allzu grosse Borstgraskomplexe, die von den Stafeln abgelegen und nur ungenügend geatzt sind. Soweit regelmässig gedüngt wird, trifft man eine rechte Grasnarbe an. Bezüglich Weidgängigkeit, Grasnarbe und Bodenqualität weist die Alp grosse Gegensätze auf.

### Wege zur Alp
Mit dem PW oder mit Bahn und Ortsbus über Lenk bis Bühlberg (1658 m, Restaurant und Parkplatz, direkt unter der Hütte); von der Lenk oder einer Haltestelle unterwegs zu Fuss auf Wander- und Bergwanderwegen auf und in die Alp (Wanderbuch 3094, Route 17).

### Touristisches
Das Regenboldshorn lockt und Ortsbus sowie Metschbahnen erleichtern zeitweise den Aufstieg (Achtung unsicherer Sommerfahrplan!); via Hahnenmoos gelangt man ins Adelboden; beliebter Skiberg; viele Restaurationsmöglichkeiten im ganzen Gebiet, wie das Restaurant Bühlberg selbst und das Hahnenmoospassrestaurant (Wanderbuch 3094, Route 17; 3097, Routen 12, 18).

### Infrastruktur
Von den vier einstafligen Sennten dieser Alp käst das Senntum 3506, S 2189 mit einer Nummer für den Markt und verarbeitet die Milch von einem weiteren Alpanteiler aus der Nachbar-Hütte mit. Die Alp ist bis zum Restaurant Bühlberg, also auch bis zur Hütte, mit einer öffentlichen Strasse erschlossen; von dort intern nur noch Jeepwege. Energieversorgung durch das Netz der BKW. Gemeinsame Wasserversorgung zusammen mit dem Restaurant mit UV-Entkeimungsanlage.

### Bestossung
73 Stösse, 95 Tage (Anfang Juni bis Mitte September): 69 Normalstösse

### Weideflächen
Total 89 ha: 56 ha Weideland, 21 ha Waldweide, 12 ha Streueland

### Besonderes zur Alp
Seyung von 67³/₄ Rechten. Nach Alpkataster 1969 5 Sennten bewirtschaftet. Streue schon 1969 nur noch zum kleinsten Teil eingebracht. Gebäude in Privatbesitz und weidetechnisch unglücklich alle im untersten Teil platziert. Die Alp ist sehr gutgräsig und hat ein grosses Läger. Durch die Unterzäunung in drei Umtriebs-Schläge konnten die Wirtschaftlichkeit verbessert und die Alpzeit verlängert werden, der Mehraufwand lohnt sich also.

Klauenschneiden resp. Klauenputzen ist Mode; immer wieder gibt es Verletzungen und Entzündungen auf der Weide.

Senta interessiert das gar nicht, die Abfälle sind wohl zu unappetitlich.

# Bühlberg
## SENNTUM 3506 / S 2189

Die imposante Front der neuen Alpkäserei mit dem auffällig vergitterten Holzkrummen.

Die Front ist gut proportioniert, schön ausgestaltet, fein verziert und 1992 datiert.

Im Milchgaden ist alles sauber und ordentlich an seinem trockenen Plätzli.

### Besatz
16 Kühe, 8 Rinder, 5 Kälber, 1 Ziege; hauptsächlich Vieh des Pächters und des Hüttenbesitzers.

### Personen

| Funktion | Person | Telefon |
|---|---|---|
| Bewirtschafter und Hüttenbesitzer | Martin Rieder Gutenbrunnenstrasse 90, 3775 Lenk | 033 733 14 28 |
| Pächter und Käser | Niklaus und Ramona Gfeller Bühlbergstrasse 63, 3775 Lenk | 033 733 39 16 |

Gfellers Kinder Angela, Dominik und Kevin helfen wacker mit.

### Telefon auf der Alp   033 733 40 58

### Gebäude
Sockel mit Räumen, Bodenplatte, frontale Eingangslaube und Treppe aus Beton, anderthalbgeschossiger Kantholzblock von 1992, Satteldach, Gerschild, Eternitschiefer, dreiräumiger Wohnteil nach SW, grosse Gaden im OG, breiter als Zwischengang (Treppe ins OG, Nasszelle) und dreilägeriger Querstall mit Ziegenstall.

### Käserei
Geschlossene Küche, ummantelte Grube, gehämmertes 290 l Kessi an Schiene, mobiles Rührwerk, Hebel-Spindel-Presse im Milchgaden, Plättliboden, Hartplattenwände.

### Käselager
Keller in der S-Ecke des Betonsockels unter der Stube, Kiesboden, gutes Klima (hingegen haben die Käse im 2003 stark geschwitzt), Bankung für 70 Laibe, Abtransport auf der Strasse nach Bedarf.

### Vermarktung
1000 kg Berner Alp- & Hobelkäse AOC in 105 Laiben à 6–14 kg; Hauptabnehmer Lenk Milch AG, Aegertenstrasse 2, 3775 Lenk; Verkauf an Passanten und private Stammkunden.

### Besonderes zur Verarbeitung
Gekäst wird von Anfang Juni bis 20. Juli. Abendmilch (auch Zulieferanten) im Kessi mit Kühlschlange, wenig abgerahmt. Alpkäse von Milch des Nachbarn durch diesen zurückgenommen. Überschussmilch und ab 20. Juli die ganze Milch an Lenk Milch AG geliefert und verkauft.

### Besonderes zum Senntum
Hier wird erst seit 2003 wieder gekäst. Vorher käste Vater Ernst Gfeller in der alten Hütte weiter vorn. Nachdem er 2002 in den Ruhestand getreten war, wurde die Senntennummer in die neue Hütte herüber genommen.

Niklaus Gfeller hantiert im recht angefüllten und guten Käsekeller.

Ende Juli ruht das Kessi schon wieder zugedeckt in seiner Ecke.

Ramona Gfeller mit den Kindern Angela, Dominik und Kevin, die der Sache unterschiedlich trauen.

# Bühlberg
## MELKSENNTUM ZU 3506

Hütte von Kuhnen und Schläppi nach SW mit Brunnstube vor der Rückfront; hinten links Rohrbachstein, die Pyramide des Wetzsteinhorns sowie Schnidehorn und Wildhorn über dem Hohberg.

Auch diese Front von 1934 ist schön gestaltet und dekoriert mit Zügelgeläute …

… und Blumen; die Kälbermaulkörbe sind doch mit Hornveilchen gefüllt viel schöner …

### Besatz
11 Kühe, 5 Rinder, 6 Kälber, 1 Stier; es wird nur Vieh der beiden Bewirtschafter und Hüttenbesitzer gesömmert.

### Personen

| Funktion | Person | Telefon |
| --- | --- | --- |
| Bewirtschafter | Werner und Hanni Kuhnen-Siegfried Brand, Bühlbergstrasse 107, 3775 Lenk | |
| Hüttenbesitzer | Walter Schläppi Halten, 3775 Lenk | 033 733 47 04 |
| Bewirtsch. und Hüttenbesitzer | Thomas Kuhnen Brand, Bühlbergstrasse 107 3775 Lenk | 033 733 12 09 |

Werner Kuhnen ist den 26. Sommer hier, vorher alpte er 26 Jahre im «Gummeli» (792-46, hinter dem Betelberg).

### Gebäude
Ursprünglich nur Schattstall (Doppelquerstall, heute mit diversen kleinen Anbauten) als Fleckenblock mit lägem Satteldach; etwa 1934 wurde auf einem Sockel mit Seitenmauern und hölzerner Front als Fleckenblock im EG (teils schindelverrandet) ein vierräumiger Wohnteil mit DG aus verschaltem Rieg mit einer Gastere vorgebaut,

Zugangslaube über Eck (NW-Seite eingemacht) und frontale Zugangstreppe.

### Käserei
Die eingerichtete Käserei in der eigenen Hütte ist nicht mehr in Funktion.

### Käselager
Die Käse werden bei Gfellers (Senntum 3506) gelagert.

### Produkte und Vermarktung
Die zurückgenommenen Alpkäse werden an private Stammkunden verkauft; sie werden auch angeboten durch: Restaurant Bühlberg, Hans Rytz, Bühlbergstr. 179, 3775 Lenk, und Lenk Milch AG, Aegertenstr. 2, 3775 Lenk.

### Besonderes zur Verarbeitung
Die Milch wird immer sofort nach dem Melken an Gfellers geliefert. Der Alpkäse von der eigenen Milch wird zurückgenommen. Wenn nicht mehr gekäst wird, geht auch diese Milch an die Lenk Milch AG.

### Besonderes zum Senntum
Schon der «Talbetrieb» von Kuhnens liegt auf 1500 m! Damit ist man mit der gut erschlossenen Alp nahe am Talbetrieb. Obschon nahe am Touristenstrom und mit vielen interessierten Besuchern in Hof und Stall (Feriengäste usw.), ist man für sich, und es ist recht romantisch.

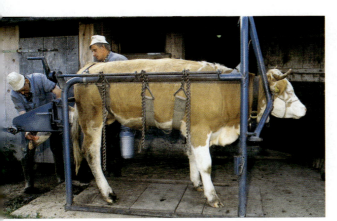

Werner Kuhnen verlädt die Milch, um sie in die untere Hütte zu führen.

Hanni Kuhnen kann nun hinter das Milch- und Melkgeschirr gehen.

Vater Werner und Sohn Thomas klaunen (nicht klauen!) ein Rind, das im Stand fixiert ist (Detail vgl. S. 139).

# TALABSCHLUSS, SIEBENBRUNNEN UND IFFIGEN

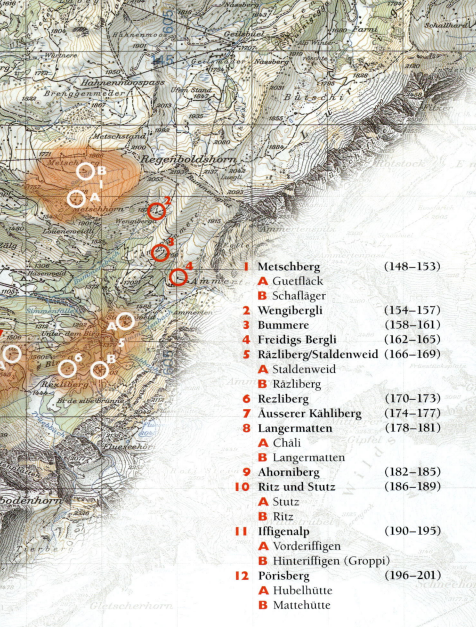

| | | |
|---|---|---|
| **1** | Metschberg | (148–153) |
| **A** | Guetfläck | |
| **B** | Schafläger | |
| **2** | Wengibergli | (154–157) |
| **3** | Bummere | (158–161) |
| **4** | Freidigs Bergli | (162–165) |
| **5** | Räzliberg/Staldenweid | (166–169) |
| **A** | Staldenweid | |
| **B** | Räzliberg | |
| **6** | Rezliberg | (170–173) |
| **7** | Äusserer Kähliberg | (174–177) |
| **8** | Langermatten | (178–181) |
| **A** | Chäli | |
| **B** | Langermatten | |
| **9** | Ahorniberg | (182–185) |
| **10** | Ritz und Stutz | (186–189) |
| **A** | Stutz | |
| **B** | Ritz | |
| **11** | Iffigenalp | (190–195) |
| **A** | Vorderiffigen | |
| **B** | Hinteriffigen (Groppi) | |
| **12** | Pörisberg | (196–201) |
| **A** | Hubelhütte | |
| **B** | Mattehütte | |

**NÄCHSTE DOPPELSEITE:**
Der imposante Talabschluss an der Lenk mit dem majestätischen Wildstrubel und der Pleine Morte. Am linken Bildrand der Metschberg, darüber der Ammertenspitz.
Aufnahmestandort: 600 350/143 200, 1200 müM

# METSCHBERG

«Metsch» gibt es viele, aber der ist auf dem neuesten «Stand», dank guter Kooperation.

**Gemeinde/Amtsbezirk**
Lenk/Obersimmental

**Rechtsform/Eigentümer**
Alpkorporation Metschberg; Bergvogt Beat Schläppi, Chalet Gessenay, 3792 Saanen.

**Landeskarten**
1267 Gemmi 1:25000
263 Wildstrubel 1:50000

**Koordinaten Referenzpunkt**
Metschberg, 603750/143400, 1896 m

**Lage der Alp**
S Hahnenmoospass auf 1640–2100 m, mässig bis stark geneigt, weite, gegen W offene Mulde zwischen Metschstand und Metschhorn sowie sanft nach W abfallende Krete vom Metschstand, deshalb wetteranfällig. Nebst einigen Sumpf- und Borstgrasstellen gutgräsig und ausser obersten Randgebieten weidgängig. Keine Vergandungsgefahr, einzig am NW-Hang steile Partien mit Erlen. Sennten über die Alp verteilt.

Blick vom Metschhorn nach NW; vorne Guetfläck: Hütte, Schattstall, Skilifttalstation; darüber Rüttiweid und rechts Schafläger und Bergstation der ersetzten Anlage.

Im Obersimmental findet man auf vielen Alpen bunte Hühner.

### Wege zur Alp
Mit PW oder Bahn und Ortsbus über Lenk bis Bühlberg (Parkplatz, 1658 m) oder Haltestelle unterwegs; oder mit Metschbahn hoch (1966 m, Achtung unsicherer Sommerfahrplan!) und zu Fuss von verschiedenen Punkten auf Wanderwegen zur Alp (Wanderbuch 3094, Route 17).

### Touristisches
Das Regenboldshorn lockt, Metschbahnen erleichtern zeitweise den Aufstieg (Achtung Sommerfahrplan!); via Hahnenmoos gelangt man ins Adelbodengebiet (Wanderbuch 3094, Route 17; 3097, Routen 12, 18); viele Restaurationsmöglichkeiten, auch im Winter (Standhütte Metsch, Snow Beach Lodge Metsch). Ebenso attraktiv und mit dem Adelbodengebiet zusammengehängt ist das Metschgebiet durch die neue Sechserbahn im Winter (www.adelboden-lenk.ch, www.lenkbergbahnen.ch; Adelboden – Lenk …dänk!). Schneebar (auch «Oetzibar») winters lebhaft frequentiert – einmalige Lage, gute Infrastruktur, gepflegtes Sortiment, super Bedienung!

### Infrastruktur
Ursprünglich sieben einstaflige Sennten; davon fünf besetzt, davon käsen 3515/S 2231 und 3535/S 2235 für den Markt. Öffentliche Strasse bis Bühlberg; von dort der untere Teil der Alp mit geschottertem Güterweg erschlossen; innerhalb der Alp Jeepwege u.ä. Energieversorgung durch das Netz der BKW, ausser einer Hütte. Jedes Senntum hat genügend eigenes Quellwasser. Auch Metschstand heute im Zusammenhang mit Bahn und Restaurant mit gutem Wasser versorgt.

### Bestossung
103 Stösse, 85 Tage (Mitte Juni bis Anfang September): 87 Normalstösse

### Weideflächen
Total 152 ha: 139 ha Weideland, 10 ha Waldweide, 3 ha Streueland

### Besonderes zur Alp
Alp ist für 93½ Kuhrechte geseyt, die sechstgrösste, von den schönsten der Gemeinde. Gebäude in Privatbesitz.

Bereits aus dem Schatten heraus gesehen; über der Kante zum Regenboldshorn der Wildstrubel im letzten, warmen, roten Abendlicht.

Der faszinierende Purpurenzian, Gentiana purpurea, öffnet Ende Juli eben seine Blüten.

# Metsch Guetfläck

## SENNTUM 3515 / S 2231

Guetfläck von SW mit links dem Schafläger und oben der Standhütte Metsch.

Marianne wickelt einen jungen Alpkäse.

Schürze und Käsetücher hängen zum Trocknen in der Sonne, die langsam um die Ecke kommt.

### Besatz
8 Kühe, 9 Rinder, 15 Kälber

### Personen

| Funktion | Person | Telefon |
|---|---|---|
| Bewirtsch. und Hüttenbesitzer | H. und E. Buchs-Tschabold Oberriedstrasse 57, 3775 Lenk | 033 733 17 31 |
| | H. und V. Trachsel-Matti Metschstrasse 5, 3775 Lenk | 033 733 21 76 |
| Käserin und Sennerin | Marianne Müller Wylerstrasse 57, 3014 Bern | 031 819 44 51 |

### Telefon auf der Alp  033 733 22 43

### Gebäude
(603650/142975): Fleckenblock und bergseits Bruchsteinmauer verputzt, auf Sockel (Fleckenblock und Bruchsteinmauer) mit Kälberstall, Keller und Remise, so dass 3-geschossiger Aspekt entsteht, steiles Satteldach, Schindeln, mehrräumiger Wohnteil nach WNW: in der Front zwei Stuben, dahinter Küche mit seitlichem Eingang, Nasszelle und «Treppenraum» zum OG mit grossem Gaden, seitliche Zugangslaube, aber Treppe über Eck, Doppelquerstall, nach beiden Seiten breiter (aber keine T-First), abgetrennte Remise.

### Käserei
Geschlossene Küche, ummantelte Grube, 300 l Kessi an Schiene, mobiles Rührwerk, Schwarpresse (Spezialmodell), Plättliboden, Plättliwände.

### Käselager
Keller in der N-Ecke, Mauern, Zementboden, Holzdecke, gutes Klima, eher etwas «abendwarm», aber nachts mit Fliegentüre kühlbar, Bankung für 120 Laibe.

### Produkte und Vermarktung
1000 kg Berner Alp- & Hobelkäse AOC in 120 Laiben à 5–8 kg; Alpmutschli (z.T. mit Kräutern), 60 kg Alpraclette; Verkauf an private Stammkunden und am Buremärit Lenk.

### Besonderes zur Verarbeitung
Die Abendmilch wird im Kessi mit Kühlschlange gelagert und abgerahmt, der Rahm zum Eigengebrauch verbuttert. Die Milch vom Senntum Hans Zeller (früher Rieben) in der vorderen Hütte wurde 2004 hier verkäst, der Alpkäse durch den Lieferanten zurückgenommen und selbst vermarktet.

### Besonderes zum Senntum
Lage und Sicht rechtfertigen Namen «Guetfläck», Hütte sehr gut eingerichtet, ihre Grösse ideal für eine Person. Die Hütte wird seit Jahren winters vermietet; das Geld wird sukzessive für Erneuerungen eingesetzt, welche die Rendite verbessern!

Nun ist der Käse wieder verpackt und Marianne stolz auf ihr Werk.

Sauber wird Buch geführt über die Milchanteile der beiden Hüttenbesitzer und Besetzer.

Vom Metschhorn hat der Fotograf den Winkel weit aufgetan und erfasst über Wengibergli und Bummere hinweg Fitzer, Ammertenspitz, Ammertengrat und über dem Ammertentäli Teile des Strubels.

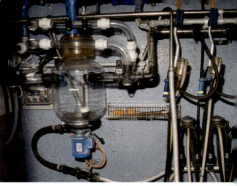

# Metsch Schafläger

## SENNTUM 3535 / S 2235

Die grosszügige Schafläger-Hütte von 1993 mit L-Grundriss von SW; dahinter im Sommer 2004 noch die alte Skiliftanlage zum Stand.

Die Rohrmelkanlage passt gut zur übrigen guten und modernen Hütteneinrichtung.

Wasserbetriebenes Kühl- und Rührwerk.

### Besatz
40 Kühe, 15 Kälber; alles Vieh gehört den beiden Brüdern Schläppi, wie die Hütte.

### Personen

| Funktion | Person | Telefon |
|---|---|---|
| Bewirt-schafter | Ernst und Jakob Schläppi Metschstrasse 11, 3775 Lenk | 033 733 19 07 |
| Käser | Jakob Schläppi Metschberg, 3775 Lenk | 033 733 14 56 |
| Zusenn | Bogdan Borek aus Polen | |

### Telefon auf der Alp   033 733 14 56

### Gebäude
Fleckenblock; Sockel (Keller und Einstellraum für Winterausrüstung), Bodenplatte, frontale Zugangslaube sind Beton, läges Satteldach, Profilblech, grosser zweiräumiger Wohnteil nach SW, Zwischengang (Rohrmelkanlage, Dampfkessel, Nasszelle), im OG zwei Gaden, dreilägeriger Querstall, nach SE unter Querfirst verlängert, also L-Grundriss, guter Vorplatz; Hütte nach Brand 1992 im 1993 erbaut. Die Baugeschichte ist ausführlich in geschwärzter Fraktur eingekerbt. Der frühere Schweinestall

daneben (verschalter Rieg mit Satteldach) wird heute als Kälberstall mit Tränkeautomat benutzt.

### Käserei
Grosse geschlossene Käserei mit Kochecke, eingebautes 1100 l Kessi, holzbeheizter Dampfkessel, mobiles Rührwerk, 3 Spindelpressen, Boden mit säurebeständigem Novilon, ebenso die Wände (über Beton und Holz).

### Käselager
Grosser Keller im Betonsockel in der S-Ecke unter der Stube, Naturboden, vernünftige Temperatur, muss aber entfeuchtet werden, Bankung für 400 Laibe.

### Produkte und Vermarktung
4000 kg Berner Alp- & Hobelkäse AOC in 400 Laiben à 8–14 kg; Hauptabnehmer Molkerei Amstutz AG, 3655 Sigriswil; Verkauf an private Stammkunden sowie in der Oetzibar im Stafel selbst an der Piste (vgl. Touristisches).

### Besonderes zur Verarbeitung
Die Abendmilch wird im Kessi mit eingebauter Kessikühlung gelagert und abgerahmt. Die 4–6 Laibe werden gesamthaft ausgezogen und vorgepresst.

### Besonderes zum Senntum
E. und J. Schläppi führen getrennte Betriebe, auch auf der Alp. Sie hat eine dicke Humusschicht, ist sehr fruchtbar, und damit hat es immer genügend Gras.

Jakob Schläppi macht das Käsetuch für den Auszug bereit.

Bogdan Borek verpackt kunstgerecht die frischen Käselaibe.

Die jüngsten liegen im Salzbad zur Rindenbildung, die älteren sind sehr ordentlich in der Bankung verstaut.

# WENGIBERGLI

**Zügeln mit Tieren ist anstrengend und beglückend, wie Sommer-Abgeschiedenheit.**

Blick nach S über die Wengibergli-Hütte auf den Absturz des Ammertengrates, Gletscherhorn und Laufbodenhorn über dem Trüebbachfall und dem Anstieg zur Langermatte.

Gegensicht auf Front, Zügelgeläute und den einfachen Anbaustall.

### Gemeinde/Amtsbezirk
Lenk/Obersimmental

### Rechtsform/Eigentümer
Privatalp von Albin Siegfried-Schmid, Schanzenstr. 22, 3775 Lenk (Kontaktperson), und Hulda Wyssen-Siegfried, Rinderwaldstr. 16, 3725 Achseten.

### Landeskarten
1267 Gemmi 1:25000
263 Wildstrubel 1:50000

### Koordinaten Referenzpunkt
Wengibergli, 604750/142800, 1875 m

### Lage der Alp
Am sonnigen S-Hang des Regenboldshorns auf 1770–2110 m in ausgesprochener Kalkregion. Welliges, muldiges, steiles Terrain, vorwiegend gute Grasnarbe. Vereinzelt kleine, nasse Stellen, speziell in Mulden. Wetteranfällig, starker Lawinenniedergang Winter und Frühjahr. Trotzdem relativ saubere Weidefläche. Sey beträgt 30 Rechte, aber seit 1965 ist der sehr steile S-Hang mit 8 ha und Schattstall verpachtet; dieses Gustibergli seit

langem durch Metsch Schafläger genutzt; die 6 Alprechte bei Christian Schläppi, Metschstr. 8, 3775 Lenk.

### Wege zur Alp
Mit PW oder Bahn und Ortsbus über Lenk bis Oberried, Restaurant (Parkplatz, 1105 m), zu Fuss auf Bergwanderweg Richtung Regenboldshorn auf die Alp; oder mit Ortsbus auf Bühlberg oder Metschbahn bis Metsch (Achtung Sommerfahrplan) und als Flankenwanderung über Metschhorn zur Alp (Wanderbuch 3094, teils Route 17).

### Touristisches
Auf dem Weg zum Ursprung der Simme mit vielfältigen «Wasserspielen» gibt es manches zu entdecken. Das Regenboldshorn lockt, Metschbahnen erleichtern den Aufstieg (Achtung Sommerfahrplan); via Metschstand und Hahnenmoos gelangt man ins Adelbodengebiet, via Rezliberg (Restaurant) ins Iffigental und auf den Rawilpass (Wanderbuch 3094, Routen 15, 17, 18; 3097, Routen 12, 18).

### Infrastruktur
Die Alp bildet das einstaflige Senntum Wengibergli 3527/S 2387. Jeepweg von Oberried über Nessli oder Pommern, für das Vieh nur zur Alpabfahrt benutzt. Alpauffahrt über Bühlberg – Hahnenmoospass – Chumichäle – Wallislegi auf die Alp (rechte Leistung für Mensch und Tier!). Normale Versorgung im Sommer durch Traglasten auf Menschenrücken! Energieversorgung durch Dieselaggregat. Im Stafel hat es immer genügend gutes Wasser, in den oberen Partien eher mangelhaft.

### Bestossung
30 Stösse in 82 Tagen (Mitte Juni bis Mitte September): 24 Normalstösse

### Weideflächen
Total 33 ha: 27 ha Weideland, 2 ha Waldweide, 4 ha Wildheu

### Besonderes zur Alp
Gottfried Siegfried hatte das Wengibergli wohl in den 1880er Jahren den Wallisern abgekauft (vgl. Flurnamen Walliswenge, Wallislegi und ähnliche im Lenkerkessel).

Martha Siegfried-Buchs, Herrin über ein ganz spezielles Reich.

Zigerstöcke in der milden Räuki; rechts der Turner.

# Wengibergli
## SENNTUM 3527/S 2387

Blick nach SW: über Dachfirst, Oberlaubhorn und Langermatten das Gebiet des Rawilpasses hinter dem Iffigental.

Das Zügeln mit dem Vieh spielt eine grosse Rolle, ist der Stolz der Älpler und in diesem steilen Gebiet Anstrengung und Gefahr.

Monika Siegfried mit dem Kalb Calanda.

### Besatz
17 Kühe, 6 Rinder, 17 Kälber, 2 Ziegen; alles Vieh gehört der Bewirtschafterfamilie.

### Personen

| Funktion | Person | Telefon |
|---|---|---|
| Bewirt-schafter | Peter Wyssen-Siegfried<br>Rinderwaldstrasse 16, 3725 Achseten<br>Albin Siegfried-Schmid<br>Schanzenstrasse 22, Grubi, 3775 Lenk | 033 673 32 14<br><br>033 733 17 33 |
| Käserin | Martha Siegfried-Buchs<br>Schanzenstrasse 22, Grubi, 3775 Lenk | 033 733 13 85 |
| Zusenn | Ueli Scheidegger<br>Rainstrasse 130, 5046 Walde | 062 726 15 44 |

**Telefon auf der Alp** 079 650 25 14

### Gebäude
Alter, guter Fleckenblock auf teils hölzernem Sockel mit Ställen und Keller, läges Schindelsatteldach, vierräumiger Wohnteil mit zwei Stuben nach SW und seitlichem Eingang (von SE) in die Küche, Schopf nach NW, Doppelquerstall darunter, Doppelquerstall dahinter, länger als der

Wohnteil breit, bergseits Bruchsteinmauer, Kälberstall und Remise vor Wohnteil angebaut mit Pultdach.

### Käserei
Offene Küche, offene Grube, 160 l Kessi an Holzturner, ausschliesslich von Hand gerührt, Schwarzpresse, Holzboden, Holzwände.

### Käselager
Keller in W-Ecke des Sockels unter Schopf, Bruchsteinmauer, Naturboden, Holzdecke, gutes Klima, aber fehlende Zirkulation, dadurch etwas feucht, Bankung für 50 Laibe.

### Produkte und Vermarktung
400 kg Berner Alp- & Hobelkäse AOC in 40 Laiben à 8–11 kg; 20 kg ganz zarter, geräucherter Ziger; Verkauf an Passanten und private Stammkunden.

### Besonderes zur Verarbeitung
Die Abendmilch wird in Gebsen im Milchgaden gelagert und zur Hälfte abgerahmt; überschüssige Milch wird den Kälbern vertränkt.

### Besonderes zum Senntum
Zügleten mit den Tieren sind, wie fast überall, frühlings und herbsts tiefgehende Erlebnisse. Während des Sommers ist man den Flühen nahe, hat ganz besondere Aussicht aus der Mulde heraus, hat seine Ruhe, und es kommen nur Leute vorbei, die wirklich hierher wollen.

Heidi und Albin Siegfried-Schmid schauen im Talbetrieb über die Laube heraus.

Adrian Siegfried, Statter im Sommer 2004, mit seiner Lieblingskuh Hyazinthe.

Ueli Scheidegger pflegt im engen Keller die frischen Käselaibe.

# BUMMERE

**Mit dem Vieh ist es von Achseten weit; von der Lenk her hat der Eigentümer gestrassnet.**

Blick über die Bummere-Hütte nach E auf die «Folle» am Ammertengrat; zur gepflegten Weide trägt der Eigentümer wesentlich bei!

Dunkle Treicheln und leuchtende Blumen – der Stolz von Älplerin und Älpler.

### Gemeinde/Amtsbezirk
Lenk/Obersimmental

### Rechtsform/Eigentümer
Privatalp Erbengemeinschaft Flückiger und Rieder, Lenk, sowie Kilian und Adolf Wyssen, Matten/St. Stephan; Kontaktperson Christian Rieder, Staldengässli 4, 3775 Lenk.

### Landeskarten
1267 Gemmi 1:25000
263 Wildstrubel 1:50000

### Koordinaten Referenzpunkt
Am Bummere, 604800/142275, 1766 m

### Lage der Alp
Alp am welligen SW-Hang von Regenboldshorn und Pommerngrat auf 1580–2150 m. Teilweise stark kupiert und geneigt bis steil, ziemlich wetteranfällig. Speziell die oberen Jungviehstafel Gemmi und Stand auf über 1900 m rau und streng, die untersten Partien des Hauptstafels aber gut gelegen und weidgängig. Ausser einzelnen Borstgrasflächen auf markanter Krete gutgräsig, aber stark «Sueggischnee» und Lawinen ausgesetzt.

### Wege zur Alp
Mit PW oder Bahn und Ortsbus über Lenk bis Oberried, Restaurant (Parkplatz), auf Bergwanderweg Richtung Regenboldshorn über Staldenweid – Eggenzaun – Nessli auf die Alp (Wanderbuch 3094, Routenvariante 17).

### Touristisches
In Richtung Ursprung der Simme mit zahlreichen «Wasserspielen» ist manches zu entdecken. Regenboldshorn lockt, Metschbahnen erleichtern Aufstieg (Achtung Sommerfahrplan); via Metschstand und Hahnenmoos ins Adelbodengebiet, via Rezliberg ins Iffigental und auf den Rawilpass (vgl. auch Nachbaralpen; Wanderbuch 3094, Routen 15, 17, 18; 3097, Routen 12, 18).

### Infrastruktur
Bummere bildet das einstaflige Senntum Pommern 3517/S 2386. Zufahrt über Oberried, ab 1100 m kurzer geschotterter Weg und dann Jeepweg durch Eigentümer in Eigenregie und auf eigene Kosten erstellt. Vieh von Achseten bis Geils mit Lkw. Marsch in 1½ Stunden über Chumi und Wallislegi zur Alp (vgl. Wengibergli). Energieversorgung durch Dieselaggregate und Solarzellen. Wasserversorgung durch gute eigene Quellen, einzig in obersten Partien gelegentlich knapp.

### Bestossung
74 Stösse in 77 Tagen (Ende Juni bis Anfang September): 56 Normalstösse

### Weideflächen
Total 111 ha: 92 ha Weideland, 3 ha Waldweide, 12 ha Wildheu, 4 ha Heueinschlag

### Besonderes zur Alp
Die Alp wurde 1922 um CHF 100'000.– gekauft, schon damals sehr guter Berg! Eigentümer legen selbst Hand an bei Weidepflege und Strassenbau. Wildheugebiete schon 1969 weitgehend ungenutzt. Früher zwei Sennten, wurden 1968 zusammengelegt. Nutzung durch Unterzäunung wesentlich verbessert; genügend Wasser und Holz. Den Bergen nahe sieht man doch weit; rauschende Wasser, gegen Herbst stiller. Nur zielstrebige Gäste hierher. 2005 wohl auch Mutterkühe der Eigentümer auf der Alp.

Fritz Wyssen – geblendet in die Sonne oder skeptisch in die Zukunft blickend?

Satomi Otake – die war doch schon auf einer andern Alp – vgl. Band 2, S. 63.

# Pommern
## SENNTUM 3517/S 2386

Die mächtige und prächtige Bummern-Hütte von der Sonnseite, aus dem Anstieg der Besucher.

Tochter Nelly hilft Mutter Flandrina beim Käseauszug.

So kann der Käsebruch etwas abtropfen...

### Besatz
33 Kühe, 31 Rinder, 25 Kälber, 1 Stier, 11 Schweine; nur ein kleiner Teil ist Vieh der Bewirtschafter.

### Personen

| Funktion | Person | Telefon |
|---|---|---|
| Bewirtschafter | Fritz Wyssen-Meyer Rinderwaldstrasse 23, 3725 Achseten | 033 673 23 31 |
| Käserin | Flandrina Wyssen-Meyer | |
| Zusennerin | Satomi Otake, Berlin/D und Yamanashi/Jp | |

Fritz und Flandrina Wyssen käsen 42. resp. 27. Sommer hier. Statterbub 2004 Simon Meister, Adelboden. Kinder Nelly, Florian, Eva Wyssen helfen bei Bedarf kräftig mit.

### Telefon auf der Alp  079 425 38 60

### Gebäude
Hauptstafel: Dreiräumiger Wohnteil nach S, Fleckenblock inkl. UG ausser Käsekeller, läges Schindelsatteldach, Gerschild, etwa 1990, frontale Zugangstreppe, Laube über Eck, zwei Doppelquerställe, verschalter Rieg 1944, Schwemmkanäle 2000, Schopfanbau, gute Vorplätze. Hubel/Egg:

Altes Gebäude, Doppelquerställe genutzt. Stand (mit Abwurf) und Gemmi Schattställe: Fleckenblöcke, Satteldächer, Eternitschiefer, Doppelställe; ähnlicher Stall von oberhalb wurde 1995 zum Hauptstafel geschleppt!

**Käserei**
Geschlossene Küche, offene Grube, Hutte, 400 l + 180 l Kessi, Holzturner, mobiles Rührwerk, Greyerzerpresse, Holzboiler, Novilonboden, Wände Hartplatten + Holz.

**Käselager**
Keller in SW-Ecke, Bruchsteinmauern, Verbundsteinboden, Holzdecke, Klima gut, feucht, beschränkte Zirkulation, Bankung für 140 Laibe, Abtransport nach Bedarf.

**Produkte und Vermarktung**
1400 kg Berner Alp- & Hobelkäse AOC in 200 Laiben à 4–11 kg; 30 kg Alpbutter, 30 kg Alpmutschli, 10 kg Ziger (frisch und geräuchert); Reg. AKM 1998: 2. Rang Hobelkäse und Wanderpreis; Produkte aufgeteilt; Verkauf an Passanten und private Stammkunden; auch durch: Lenk Milch AG, Aegertenstr. 2, Lenk; Restaurants in Adelboden: Alpenblick, Dorfstr. 9, und Hahnenmoospass.

**Besonderes zur Verarbeitung**
Abendmilch teils in Gebsen, teils im Kessi mit Kühlschlange gelagert, abgerahmt. Stets einzeln ausgezogen.

… und nun liegt er gut eingepackt im Järb, und die ausgepresste Schotte wird für die Schweine im Kessel aufgefangen.

Altes und neues Gerät im Milchgaden sauber verstaut.

Flandrina ist stolz auf ihre Käse und pflegt sie sorgfältig.

# FREIDIGS BERGLI

**Die wunderbar abgelegene Alp ist auch für einen Forstingenieur gerade richtig.**

Aus dem Ammertentäli geht der Blick über die romantische Alp nach W an die Wallritze mit Flöschhorn rechts und Wistätthorn dahinter.

Einer der neckischen Fimel im untern Teil der Alp.

### Gemeinde/Lenk/Obersimmental
Lenk/Obersimmental

### Rechtsform/Eigentümer
Privatalp von Werner Freidig-Waber, Untere Bühlstr. 10, 3775 Lenk.

### Landeskarten
1267 Gemmi 1:25000
263 Wildstrubel 1:50000

### Koordinaten Referenzpunkt
Ammertenbergli, 605000/141900, 1654 m

### Lage der Alp
Die Alp im Ammertentäli am Fuss des Pommerberges auf 1500–1750 m hat viele Namen, ausgesprochene S-Exposition. Allgemein welliges, kupiertes Terrain, Steilhänge und gelegene Komplexe. Durch bewaldete Bachläufe aufgelockertes, geschütztes Gebiet, mit Ausnahme von Schattenpartien gutgräsig, vereinzelt borstgräsig und hart. Nach Alpkataster 1969: «Ammerten ist für 10, Ammertenbergli für 16 und Nessliweide für 4 Rindersweidrechte geseyt.» Inkl. Nessliweide drei Parallelstafel.

### Wege zur Alp
Mit dem PW oder mit Bahn und Ortsbus über Lenk bis Oberried, Restaurant Simmenfälle (Parkplatz, 1105 m), zu Fuss auf Bergwanderweg Richtung Regenboldshorn über Staldenweide – Eggenzaun auf die Alp (Wanderbuch 3094, teilweise Routenvariante 17).

### Touristisches
In Richtung Ursprung der Simme mit zahlreichen «Wasserspielen» vielfältigster Art gibt es manches zu entdecken. Das Regenboldshorn lockt, und die Metschbahnen erleichtern zeitweise den Aufstieg (Achtung Sommerfahrplan!); via Metschstand und Hahnenmoos sowie über den Ammertenpass und die Engstligenalp gelangt man ins Adelbodengebiet, via Rezliberg (Restaurant) – Langermatten ins Iffigental und auf den Rawilpass (Wanderbuch 3094, Routen 15, 17, 18; 3097, Routen 12, 18).

### Infrastruktur
Die Alp bildet das einstaflige Senntum Wältenbergli 3536/S 2389. Zufahrt über Oberried bis Restaurant Simmenfälle; von dort gemeinsamer steiler Zügelweg und Jeepweg mit der höher gelegenen Pommernalp sowie Jeepstichweg. Energieversorgung durch Dieselaggregat. Genügend Stafelwasser, und im oberen Weideteil von Ammertenbergli wurde zudem in der letzten Zeit ein guter Brunnen erstellt.

### Bestossung
26 Stösse in 85 Tagen (Mitte Juni bis Mitte September): 22 Normalstösse

### Weideflächen
Total 33 ha: 22 ha Weideland, 2 ha Waldweide, 4 ha Wildheu (schon 1969 «weitgehend ungenutzt»), 5 ha Heueinschlag

### Besonderes zur Alp
Die Alp liegt wunderbar abseits in romantischer Landschaft, ist klein, für eine Person gut zu machen. Die Bauersleute sind sehr angenehme Partner. Zupacht und gemeinsame Bewirtschaftung kleinerer unterer Weiden.

So schön kitten können nur Wespen und Hornissen, gerade schlüpft eine ins Nest.

Feldbovist – in diesem Stadium ist er essbar, und ist es noch nicht lustig, darauf zu treten!

# Wältenbergli

## SENNTUM 3536/S 2389

Die feine Alphütte von SW vor den gfürchigen Äugi und Ammertenspitz.

Nils Beintmann pflegt die Käse im Keller.

Ein glückliches Alpschwein vor dem wilden Ammertentäli.

### Besatz
9 Kühe, 7 Rinder, 8 Kälber, 2 Schweine; eigenes Vieh der Bewirtschafter/Pächter.

### Personen

| Funktion | Person | Telefon |
|---|---|---|
| Pächter | Paul Aegerter-Klopfenstein<br>Gutenbrunnenstrasse 113,<br>3775 Lenk | 033 733 19 41 |
| Senn und Käser | Nils Beintmann<br>Rauschenwasser 79, Eddigehausen D | |

Familie Aegerter pachtet die Alp seit 1962. Nils Beintmann hat zuhause einen Forstberatungsbetrieb und ist den 4. Sommer hier, vorher vier Jahre auf Weissenberg.

### Telefon auf der Alp  079 716 59 91

### Gebäude
Hauptstafel: guter, geräumiger Fleckenblock von 1935 auf Sockel aus Bruchsteinmauer und Holzfront mit Ziegenstall und Keller, läges Schindelsatteldach mit Gerschilden, dreiräumiger Wohnteil nach S, frontale Zugangslaube und -treppe, Doppelquerstall bergseits tw. Ständerbau. Nessli (eigentlich separate Alp): guter Holz-

bau, Doppelstall für Jungvieh genutzt. Nessliweide: älterer Schattstall, zu Freilaufstall umgebaut. Zwei neckische Heufimel unterhalb in Mulde: Rundholzblöcke, läge Dächer, teils neu gedeckt.

### Käserei
Geschlossene Küche, offene Grube mit Hutte, 160 l Kessi an Holzturner, mobiles Rührwerk, Schwarpresse, Novilonboden, Wände aus Hartplatten und Holz.

### Käselager
Keller in SE-Ecke unter Stube, sehr exakte Bruchsteinmauer, Kiesboden, Holzdecke, gutes Klima, muss befeuchtet werden, wird so gekühlt, Bankung für 85 Laibe.

### Produkte und Vermarktung
650 kg Berner Alp- & Hobelkäse AOC in 77 Laiben à 6–10 kg; Hauptabnehmer Lenk Milch AG, Aegertenstrasse 2, 3775 Lenk; 50 kg Alpraclette, 20 kg Ziger frisch, mit Kräutern oder geräuchert; durch die Lage keine Passanten, Verkauf an private Stammkunden.

### Besonderes zur Verarbeitung
Die Abendmilch wird in Kannen im Brunnen gekühlt gelagert, zeitweise auch in Gebsen, und abgerahmt.

Nils wendet gekonnt den jungen Alpkäse – er macht es ja auch schon ein paar Jahre.

Käsekessi, Heisswasserkessi und Thermometer, alles hängt mittags bereit für den nächsten Tag.

Wie auch das Milch- und Melkgeschirr gewaschen ist und an der Sonne «sterilisiert» wird.

# RÄZLIBERG/ STALDEWEID

**«Bi de sibe Brünne» springt die Simme geheimnisvoll aus der Wand.**

Am Eingang zum Ammertental liegt einladend die Staldenweide mit der neuen Hütte.

Das also sind die sieben Brünnen, kraft- und geheimnisvolle Quelle der Simme.

**Gemeinde/Amtsbezirk**
Lenk/Obersimmental

**Rechtsform/Eigentümer**
Privatalp der Familie Hans Allemann, 3775 Lenk.

**Landeskarten**
1267 Gemmi 1:25000
263 Wildstrubel 1:50000

**Koordinaten Referenzpunkt**
Rezlibergli (Bergrestaurant), 603975/140600, 1405 m

**Lage der Alp**
Ausgedehntes Alpgebiet am N Fusse des Laufbodenhornes auf 1370–1500 m. Staldenweide ist Auftriebsstafel/Vorweide N des Ammertenbaches, nach S orientiert, hangwärts steil. Räzlibergweide und Räzliberg ausgesprochen weidgängig, hangwärts vom Schafberg her Lawinen unterworfen, aber mit Ausnahme von Schattenpartien grösstenteils gutgräsig. Fluhschafberg oberhalb markanter Felswände, grösstenteils felsig, steinig, rau, bestens geeignet als Schafalp.

## Wege zur Alp
Mit PW oder Bahn und Ortsbus über Lenk bis Oberried, Restaurant (Parkplatz, 1105 m), zu Fuss auf Bergwanderweg Richtung Regenboldshorn zur Staldenweide oder vorher rechts zum Oberstafel und Bergrestuarant Siebenbrunnen (Wanderbuch 3094, Route 18 oder Variante von 17; 3097, Route 12); unmarkierte, raue Variante von Oberried direkt ins Alpgelände von Chäli und Räzli.

## Touristisches
Im grossen Talkessel an der Lenk gibt es Monumentales, Beängstigendes, Abwechslungsreiches und Eindrückliches zu sehen: Simmenfälle, Siebenbrunnen, Flueseeli als Quellen der Simme; Rezligletscher(-Seeli), Rawilpass und die Plaine morte; sowie interessante Alpbetriebe (Wanderbuch 3094, Route 18; 3097, Route 12).
Bergrestaurants und Alpbeizli laden unterwegs zur Erfrischung, z. B. Räzliberg «Restaurant Siebenbrunnen».

## Infrastruktur
Die Alp bildet das Senntum 3532/S 2388. Die mit den angrenzenden Alpen gemeinsame Zufahrt zu den einzelnen Stafeln ist ab Oberried ein Jeepweg und teilweise steiler Zügelweg. Energieversorgung durch ein Kleinkraftwerk mit Zuleitung zur Staldenweide. Genügend Quellwasser auf allen Stafeln.

## Bestossung
Staldenweide: 21 Tage (Anfang bis Ende Mai)
Rätzlibergläger: 14 Tage (Anfang bis Mitte Juni)
Staldenweide: 30 Tage (Mitte Juni bis Mitte Juli)
Rätzliberg: 60 Tage (Mitte Juli bis Anfang September)
Staldenweide: 30 Tage (Anfang Sept.–Anfang Oktober)
Gesamte Alpzeit: 31 Stösse, 155 Tage: 48 Normalstösse

## Weideflächen
Total 67 ha: 58 ha Weideland, 2 ha Waldweide, 7 ha Wildheu

Die Zentrifuge ist zerlegt und gewaschen, das Zusammensetzen ist etwas anderes!

## Besonderes zur Alp
Der Flühschafberg mit seiner Sey von 6 3/8 Rechten wird mit 80 angenommenen Schafen bestossen. Staldenweide ist heute in die LN eingeteilt.

Kälbertränkeeimer – eine tiergerechte Art der Milchveredelung.

# Äusserer Retzliberg

## SENNTUM 3532/ S 2388

Über den Rezliberg-Hütten (links Bergrestaurant) Ammertenspitz, hinter den Tannen Bummerngrat und Regenboldshorn sowie rechts der Anstieg zum Ammertenhorn, wo der Laubbach herkommt.

Weidendes Vieh vor der Staldenweide-Hütte, 2002 nach einem Brand neu gebaut.

Rätzliberg-Hütte von W mit dem Ammertenhorn.

### Besatz
16 Kühe, 8 Rinder, 8 Kälber; Vieh der Bewirtschafter.

### Personen

| Funktion | Person | Telefon |
|---|---|---|
| Bewirtsch. und Käser | Hans Allemann<br>Oberriedstrasse 23, 3775 Lenk | 033 733 12 86 |
| Wirtin | Verena Allemann, Oberriedstrasse 23 | |
| Zusenn | Beat Allemann | |

Die Kinder Renate, Veterinärstudentin, Beat, Landmaschinenmech., Silvan, kaufm. Lehrling, helfen nach Bedarf.

### Gebäude
Restaurant Siebenbrunnen: EG Mauerwerk getüncht (Gaststube, Küche), OG Holzmischbau (Wohnräume, Massenlager), frontale Treppe, seitliche Laube, DG Fleckenblock, Satteldach, Eternitschiefer. Alphütte: Bruchsteinsockel, Wohnteil Fleckenblock, längs den Ställen, frontale Treppe, mächtige seitliche Laube, Feuerhaus und MG genutzt, DG Rundholzblock/Ständer, zwei gr. Gaden, Doppellängsstall, Kälberläger angebaut, mächtiges Satteldach, Profilblech. Staldenweide (604300/141300; BI: 2002): Betonsockel und -bodenplatte (Remise, Keller),

Doppellängsstall bergseits Kniemauer, verschalter Rieg, Backsteinwand zum Wohnteil nach WSW (Querfirst, Kantholzblock, teils massiv), frontale Zugangslaube und -treppe Beton, läges Satteldach, Eternitschiefer.

### Käserei
Retzliberg: Separater, geschlossener Käsereiraum, 500 l Kessi auf Füssen, mobiles Rührwerk, Heisswasserkessel im MG (vom Kraftwerk gespeist), Hebel-Spindel-Presse, Plättliboden, Plättliwände. Staldenweide: Ähnlich, aber holzbeheizter Dampfkessel, fahrbare Rubinpresse (Metallbalken, Spindel, Wanne), Boden und Wände Plättli.

### Käselager
Keller in Staldenweide in S-Ecke unter Stube, alles Beton, recht gutes, regulierbares Klima, Bankung für 200 Laibe, die jungen Käse auf Siebtablaren.

### Produkte und Vermarktung
2500 kg Berner Alp- & Hobelkäse AOC in 250 Laiben à 8–12 kg; Hauptabnehmer Molkerei, 3780 Gstaad; 100 kg Alpmutschli, 35 kg Alpraclette (Bratkäse); Bio-Knospen-Betrieb seit 1998; Angebot der Produkte im eigenen Restaurant «Siebenbrunnen» auf Rezliberg. Verkauf an private Stammkunden vor allem im Sommer.

### Besonderes zur Verarbeitung
Abendmilch im Kessi (eingebaute Kühlung), abgerahmt. Rahm auch fürs Restaurant. Käse einzeln ausgezogen.

Hans Allemann prüft aufmerksam die Temperatur des Käsebruchs …

… und ebenso exakt das Abheben des Käsespanes.

Ein schön geschriebener Spruch an der Wand des Bergrestaurants – beherzigenswert.

# REZLIBERG

**Sonderbar geschlossene Geländekammer: eine «Hochebene» mit Kanada-Charakter.**

Blick über den Rezliberg mit den drei Hütten ob der Birgfluh nach SE auf den Felsriegel zwischen Ammertenhorn und Fluehöri, dahinter versteckt das geheimnisvolle Flueseeli.

Kamin und Ammertenspitz rauchen um die Wette – Holz hat's genug.

### Gemeinde/Amtsbezirk
Lenk/Obersimmental

### Rechtsform/Eigentümer
Alpkorporation Räzliberg, Lenk, 5 Alpansprecher; Kontaktperson: W. Bringold, Oberriedstr. 97, 3775 Lenk.

### Landeskarten
1267 Gemmi 1:25000
263 Wildstrubel 1:50000

### Koordinaten Referenzpunkt
Rezliberg, 603550/140650, 1450 m

### Lage der Alp
Alp am N-Hang des Laufbodenhorns auf 1400–1540 m, vorwiegend NE-Exposition. Grösster Flächenanteil auf kleiner Talebene mit Moorboden; den Hängen entlang trocken und relativ gutgräsig. Ebene: zumeist hartes, teilweise saures Futter. Allzu grosser Waldweideanteil und ringsum von Wald umgeben. Im inneren Teil stark den Lawinen ausgesetzt. Die Sey für Räzliberg beträgt 28 Rechte. Infolge eines Bergsturzes vor über 150 Jahren sollen 6 Kuhrechte eingegangen sein.

## Wege zur Alp
Mit PW oder Bahn und Ortsbus über Lenk bis Oberried, Restaurant (Parkplatz, 1105 m), zu Fuss auf Bergwanderweg Richtung Regenboldshorn, nach Simmenfällen rechts zur Alp (Wanderbuch 3094, Route 18 oder Variante von 17; 3097, Route 12); eine unmarkierte, raue Variante führt von Oberried direkt ins Alpgelände Chäli und Räzli.

## Touristisches
Im grossen Talkessel an der Lenk gibt es Monumentales, Beängstigendes, Abwechslungsreiches und Eindrückliches zu erwandern: Simmenfälle, Siebenbrunnen, Flueseeli, Rezligletscher(-Seeli), Rawilpass (Räzliberg reicht über unproduktives Gebiet bis dorthin!) und die überwältigende Plaine morte; sowie viele interessante Alpbetriebe (Wanderbuch 3094, Route 18; 3097, Route 12). Bergrestaurants und Alpbeizli laden unterwegs zur Erfrischung ein, z. B. äusserer Räzliberg «Restaurant Siebenbrunnen» der Familie Allemann.

## Infrastruktur
Von mehreren Sennten dieser Alp käst das Senntum 3520/S 2515 mit Zulassungsnummer für den Markt. Zufahrt über Oberried bis Restaurant Simmenfälle; von dort mit vielen Alpen gemeinsamer teilweise steiler Zügelweg und Jeepweg zum Stafel. Energieversorgung durch Dieselaggregat und Solarzellen. Geregelte Wasserversorgung; dem Bach entlang hat es für das Vieh immer genügend Wasser.

## Bestossung
30 Stösse in 85 Tagen (Mitte Juni bis Anfang September): 25 Normalstösse

## Weideflächen
Total 66 ha: 45 ha Weideland, 10 ha Waldweide, 8 ha Wildheu, 3 ha Streueland

## Besonderes zur Alp
Den Gebäuden nach zu schliessen, ursprünglich wohl vier Sennten. Die Gebäude sind in Privatbesitz, teilweise nicht alpwirtschaftlich genutzt und deshalb vermietet.

Über den Zaun wird gegenseitig begutachtet; vorne zwei Mischlingskälber.

Glocken- und blumengeschmückte Eingangspartie.

# Innerer Rezliberg
## SENNTUM 3520/S 2515

Bringolds Hütte von S, überall Holz, stehend, verbaut, zum Verbrennen, ein Brunnentrog.

Alles ist platzsparend eingerichtet: die ummantelte Feuergrube mit Kessi im Mittelpunkt.

Doris Bringold beim Streuerechen, unterstützt von Tochter Michelle. Dominic im Wagen schläft friedlich.

### Besatz
10 Kühe, 21 Rinder, 16 Kälber; hauptsächlich eigenes Vieh des Bewirtschafters. Jungvieh teils des Eigentümers der Nachbarhütte, einige Rinder sind fremd.

### Personen

| Funktion | Person | Telefon |
|---|---|---|
| Hütten-besitzer | Walter und Doris Bringold-Rindlisbacher Oberriedstrasse 97, 3775 Lenk | 033 733 41 35 |
| Käserin | Doris Bringold | |

Im Tal wird Heu und auf der Alp Streue eingebracht. Kinder David und Michelle helfen, Dominic noch klein.

**Telefon auf der Alp**  079 759 30 52

### Gebäude
Sockel Holz und getünchter Beton, unter Küche und MG Betonbodenplatte, Fleckenblock, läges Schindelsatteldach, dreiräumiger Wohnteil nach S, frontale Zugangslaube und -treppe, Doppelquerstall, Scherm, befestigter Vorplatz. Unterhalb liegen Hütten von H. Schletti-Dubler, 3775 Lenk, und E. Perren-Moor, 3772 St. Stephan; gute Zusammenarbeit, in Hütten stets Vieh eingestallt.

### Käserei
Neue geschlossene Küche, ummantelte Grube, 200 l Kessi an Schiene, mobiles Rührwerk, Hebel-Spindel-Presse mit Chromstahltisch, Eigenfabrikat des Schwagers, platzsparend in Ecke eingepasst; Zementboden, Wände aus Chromstahlplatten und Holz.

### Käselager
Keller in SE-Ecke unter Küche und MG, Mauern sozusagen am Fels, Kiesboden, gutes, etwas feuchtes und träges Klima (vom Fels her), Bankung für 100 Laibe.

### Produkte und Vermarktung
500 kg Berner Alpkäse AOC in 64 Laiben à 5–8 kg; 35 kg Alpraclette (sogenannter Bratkäse); Verkauf an private Stammkunden im Talbetrieb und bei den Schwiegereltern Alfred Rindlisbacher, Dorf, 3434 Obergoldbach.

### Besonderes zur Verarbeitung
Gekäst wird bis Ende Juli, dann Milch an die 6 Kälber vertränkt («Fresser», die für Wintermast vorbereitet werden, vorerst mit Schotte und Futtermehl). Abendmilch im Kessi mit Kühlschlange gelagert, abgerahmt.

### Besonderes zum Senntum
Trotz Lage im Wald wetterexponiert, für die Höhe sehr rau, kaum Aussicht, spät Sonne (Kühe müssen immer weiter geholt werden). «Kanadisches» Gelände, besonders wenn Kühe durch Bach waten bis Bauch im Wasser!

Nochmals Doris, diesmal bei der Käsepflege mit allerhand Utensilien.

Sohn David unterstützt hier Vater Walter beim Holzspalten, für die Alpkäseherstellung unerlässlich!

So präsentiert sich der Blick von der Laube aus Richtung Siebenbrunnen mit dem Fluhseehöri.

# ÄUSSERER KÄHLIBERG

**Ein wildes Gelände – Zügelweg und Zufahrt machen einen grossen Umweg.**

Blick von E auf äussere Chälihütte und Schattstall; dahinter die Flühe am Langerhore, rechts Pt. 1832, links der Anstieg zum Oberlaubhorn.

Detail aus der blanken gezierten Front der äusseren Chälihütte.

### Gemeinde/Amtsbezirk
Lenk/Obersimmental

### Rechtsform/Eigentümer
Privatalp von Kurt Tritten, rue du Clos de Payerne, 1267 Vich, resp. Maurengässli 37, 3775 Lenk.

### Landeskarten
1266 Lenk 1:25000
263 Wildstrubel 1:50000

### Koordinaten Referenzpunkt
Im Chäli, 602475/140950, 1480 m

### Lage der Alp
Welliges, muldiges Alpgebiet E Oberlaubhorn auf 1390–1570 m, mit NNE-Exposition. Zufolge zweier markanter Kreten und Mulden unübersichtliches Terrain. Im Hauptstafel nur mässig geneigt, weidgängig und gutgräsig. Allzu grosse Flächen sind mit lichten Lärchenbeständen durchsetzt, was die Grasnarbe ungünstig beeinflusst. Soweit Hilfsdünger angewendet, ausgesprochen kleereich. Hangwärts und im untersten Weidezipfel schattig und steil. Alpbeschreibung gilt für die ganze Alp. Der

ganze Kähliberg war nach Alpkataster von 1969 für 48 Kuhrechte geseyt. Mittlerweilen wurde die Alp geteilt: Kurt Tritten ist Eigentümer des Äusseren Chälis mit 16 Rechten; nur dieser Alpteil wird hier erfasst.

### Wege zur Alp
Mit PW oder mit Bahn und Ortsbus über Lenk bis Oberried, Restaurant (Parkplatz, 1105 m), zu Fuss auf Bergwanderweg Richtung Regenboldshorn, nach Simmenfällen rechts gegen Räzliberg und zur Alp (Wanderbuch 3094, Route 18 oder Variante von 17; 3097, Route 12); eine unmarkierte, raue Variante führt von Oberried direkt ins Alpgelände.

### Touristisches
Im grossen Talkessel an der Lenk gibt es Monumentales, Beängstigendes, Abwechslungsreiches und Eindrückliches zu sehen und zu erwandern: Simmenfälle, Siebenbrunnen, Flueseeli, Rezligletscher(-Seeli), Rawilpass und die überwältigende Plaine morte; sowie viele interessante Alpbetriebe. Bergrestaurants und Alpbeizli laden unterwegs zur Erfrischung ein (z.B. «Siebenbrunnen» auf Retzliberg oder Langermatten; Wanderbuch 3094, Routen 15–18; 3097, Routen 11 und 12).

### Infrastruktur
Die Alp bildet das einstaflige Senntum Äusseres Chäli 3513/S 2385. Die Alp ist mit einem Jeepweg vom Retzliberg her erschlossen, der auch zum Zügeln benutzt wird; der ursprüngliche Zügel- und Saumweg direkt von Oberried herauf wird nicht mehr benutzt. Energieversorgung durch Dieselaggregat und Akkumulatoren. 1990 wurde das Wasser neu gefasst und 2003 zudem unten im Loch eine neue Quelle; mit einer Pumpanlage wird das Wasser heraufgepumpt. Trotzdem ist es bei Trockenheit noch knapp.

### Bestossung
18 Stösse in 90 Tagen (Mitte Juni bis Mitte September: 16 Normalstösse

### Weideflächen
Total 15 ha Weideland.

Helen Zbären beim Melken resp. Anrüsten.

Wird hier Jogurt gemacht oder Nidle gekühlt oder was?

# Äusseres Chäli

## SENNTUM 3513/ S 2385

Das leichte Räuchlein über der Hütte verrät, dass der Käsebruch gewärmt, gebrüht wird.

Nun ist er reif, und das Ehepaar Zbären bereitet den Auszug vor.

Kurz vorher hat Helen, nun umgezogen für die Käseküche, Bruch für ein Mutschli herausgefischt.

### Besatz
17 Kühe, 5 Kälber

### Personen

| Funktion | Person | Telefon |
|---|---|---|
| Bewirtschafter | BG Reinhard und Roland Zbären Äussere Bleikenstrasse 8, 3775 Lenk | |
| Senn | Alfred Zbären-Klopfenstein Gutenbrunnenstrasse 132, 3775 Lenk | |
| Käserin | Helen Zbären-Klopfenstein | 033 733 24 16 |

Helen Zbären käst hier den 5. Sommer.

**Telefon auf der Alp** 079 409 85 16

### Gebäude
Neubau 1991: Betonsockel (diverse Räume), Betonbodenplatte, verschalter Rieg, läges Schindelsatteldach, zweiräumiger Wohnteil, frontale Zugangslaube und -treppe, DG kl. Gaden, Doppelquerstall, bergseits gr. Holzschopf. BI: «...1991...». Dezentral drei gut erhaltene Schattställe: Steimaadhütte nur für Jungvieh; Ginggenbergli: Fleckenblock, niedrig, läges Schindelsatteldach, heute Schweinestall; oberhalb des Stafels das Gleiche.

### Käserei
Geschlossene Küche, rechteckig ummantelte Grube mit Heizschlange für Boiler, 300 l Kessi an Schiene, mobiles Rührwerk, Schwarpresse, Plättliboden, Hartplattenwände.

### Käselager
Keller in der NE-Ecke unter der Stube, alles Beton, Kiesboden, gutes Klima, Bankung für 110 Laibe, Abtransport in den Talbetrieb nach Bedarf.

### Produkte und Vermarktung
1700 kg Berner Alp- & Hobelkäse AOC in 160 Laiben à 8–14 kg; 100 kg Alpmutschli (= Tumeli); kaum Passantenverkauf, aber private Stammkunden, besonders auch über das Angebot an folgenden Märkten: Wochenmärkte in Ins und Aarberg, Bauernmarkt und Älplerfest an der Lenk, Weihnachtsmarkt in Lützelflüh (im Emmental!); der Käse wird auch angeboten im Restaurant Tenne, Gebrüder Klopfenstein, Bühlbergstr. 15, 3775 Lenk.

### Besonderes zur Verarbeitung
Die Abendmilch wird im Kessi mit Kühlschlange gelagert und teilweise abgerahmt.

### Besonderes zum Senntum
Das Schindelmachen beherrschen mehrere Familienmitglieder; es ist neben dem Alpen und Käsen eine Art Passion bei Zbärens.

Stolz hält Helen den Bruchpüntel hoch, damit er etwas abtropfen kann.

Zwei Laibe hat es gegeben, die jetzt im Järb zum Pressen bereitliegen.

Fertige Laibe im Keller, sorgfältig gepflegt von Alfred Zbären.

# LANGERMATTEN

**Auf dieser Hochebene hat sich Lenker Geschichte abgespielt: Frauenpower.**

Nach E sieht man über die hingeduckte Langermattenhütte von links: Regenboldshorn, Ammertenspitz, Ammertenhorn, Wildstrubel und den schattigen Anstieg zum Laufbodenhorn.

Zwei Biker nähern sich vor der Kulisse des Laufbodenhorns dem «Erfrischungsraum»…

### Gemeinde/Amtsbezirk
Lenk/Obersimmental

### Rechtsform/Eigentümer
Privatalp von Ueli Tritten, Oberriedstr. 12, 3775 Lenk.

### Landeskarten
1266 Lenk 1:25000
263 Wildstrubel 1:50000

### Koordinaten Referenzpunkt
Langermatte, 601950/140300, 1856 m

### Lage der Alp
Langermatten: Sattellage zwischen Pöschenried und Oberried auf 1790–1900 m S des Oberlaubhornes. Sehr weidgängig, trocken; rund $^4/_5$ der Fläche eben bis mässig geneigt, gutgräsig. Über der Waldgrenze, windexponiert. Chäli (602800/140850): Teil von Käliberg, vgl. S. 174.

### Wege zur Alp
Langermatte: mit PW von Lenk gegen Iffigenalp oder mit Bahn bis Lenk und zu Fuss oder mit Iffigenalp-Postauto bis Haltestelle Iffigfall; auf Bergwanderweg über Ritz zur

Alp (Wanderbuch 3094, Route 18 resp. 3097, Route 12); Chäli: mit PW oder Ortsbus bis Oberried; auf Bergwander- oder unmarkierten Wegen über andere Alpen aufs Chäli (vgl. Alp Kähliberg, S. 174 f).

### Touristisches
Im grossen Talkessel von Lenk viel Eindrückliches zu erwandern: Naturschutzgebiet Gelten-Iffigen, Simmenfälle, Siebenbrunnen, Flueseeli, Rezligletscher, Rawilpass, Plaine morte (Wanderbuch 3094, Routen 15–18; 3097, Routen 11 und 12). Langermatten (Austragungsort der Wiberschlacht = Legende): Beizli (Getränke, eigene Produkte), Übernachtungen mit «kleinem Znacht und Frühstück» vgl. Bergbeizliführer und www.alpverein.ch (unter Simmentaler-Ferien); Bikeroute.

### Infrastruktur
Zusammen mit Teil von Kähliberg (vgl. S. 174 f) das zweistaflige Senntum Chäli-Langermatten, 3511/S 2384. Langermatten: von Iffigenstrasse Jeepweg bis Ritz; von dort Zügel- und Saumweg; Chäli: Jeepweg von Oberried und Retzliberg her, auch zum Zügeln benutzt. Energieversorgung: Langermatten Dieselaggregat; Chäli Kleinstkraftwerk. Genügend Wasser aus guten Quellen.

### Bestossung
Chäli: 30 Tage (Ende Mai bis Ende Juni)
Langermatte: 70 Tagen (Ende Juni – Anfang September)
Chäli: 40 Tage (Anfang September bis Mitte Oktober)
Gesamte Alpzeit: 42 Stösse, 140 Tage: 59 Normalstösse

### Weideflächen
Total 64 ha: 41 ha Weideland, 18 ha Waldweide, 5 ha Heueinschlag. Langermatte allein nach Alpkataster (1969): 28 ha Weide, 3 ha Waldweide, 5 ha Heueinschlag, total 36 ha.

### Besonderes zur Alp
Geschichtliche Entwicklung und frühere Eigentumsverhältnisse vgl. www.alporama.ch (nach Alpkataster 1969). Auf Langermatten lebt man draussen, ist für sich, hat sehr viel Sonne – wie ein Ferienplätzli – nicht wie im Chäli!

... der so sauber angeschrieben und fein geschmückt ist.

Nicht nur Kühe lieben das steifhaarige Milchkraut, Leontodon hispidus, auch eine Schwebfliege (auch Mistbiene genannt) besucht es.

# Chäli-Langermatten
## SENNTUM 3511 / S 2384

Die Chälihütte von E vor dem Anstieg zum Oberlaubhorn.

Mitten im Nachmittag stehen die Milchkühe etwas gelangweilt herum, Siesta, oder: wann geschieht endlich wieder mal was?

Ueli Tritten mit der Stute Priska und ihrem Fohlen Bavario.

### Besatz
30 Kühe, 6 Mutterkühe, 22 Rinder, 1 Stier; eigenes Vieh der Eigentümer; Mutterkühe mit Kalb bei Fuss.

### Personen

| Funktion | Person | Telefon |
|---|---|---|
| Bewirtschafter und Käser | Ueli und Hedi Tritten<br>Oberriedstrasse 12, 3775 Lenk | 033 733 35 18 |

Kinder Stefan, Kathrin und Marco helfen auf der Alp.

**Telefon auf der Alp**  079 582 09 68

### Gebäude
Chäli : massiver Sockel, Fleckenblock, T-Grundriss, läges Schindelsatteldach, dreiräumiger Wohnteil nach E, frontale Zugangslaube und -treppe, Doppelquerstall; als T-First neu langer Doppellängsstall, verschalter Rieg, steiles Schindelsatteldach, betonierte Vorplätze, Schwemmkanal, Rohrmelkanlage. Langermatten: T-Grundriss, massives Fundament, Fleckenblock, teils bretterverschalt, steiles Schindelsatteldach, im DG Gaden und kleines Massenlager, vierräumiger Wohnteil als Querfirst nach E, angebautes Milch- und Käsegaden, langer Doppellängsstall.

### Käserei
Langermatten: seit 10 Jahren sehr sauber eingerichtet: separater Käsereiraum (ehem. Kälberstall), holzbeheizter Dampfkessel, 750 l Kessi auf Füssen («… Zug 1910», durch Bruder Ruedi Tritten vermittelt), mobiles Rührwerk, hydraulische Presse (Metalltisch, grosser Metallkranz, Plastikplatten), Zementboden, Hartplattenwände. Chäli: ähnliche Einrichtung, aber Plättliboden.

### Käselager
Langermatten: Gaden hinter MG, Aussenmauer/Holzwände, Kiesboden, etwas warm, gut feucht zu halten, Bankung für 100 Laibe. Chäli: Keller unter Wohnteil, Holzdecke, Naturboden, gutes Klima, für 300 Laibe.

### Produkte und Vermarktung
6500 kg Berner Alp- & Hobelkäse AOC in 650 Laiben à 9–11 kg; Hauptabnehmer Molkerei Amstutz AG, 3655 Sigriswil; 20 kg Alpbutter, 40 kg Alpmutschli; einiges an Gäste im Langermatten-Beizli verkauft, auch an Passanten und private Stammkunden; Alpkäse angeboten von Kronag Frischprodukte AG, Geissacher 7, 6222 Gunzwil.

### Besonderes zur Verarbeitung
Abendmilch im Kessi mit eingebauter Kühlung, wenig abgerahmt; Alpkäse einzeln ausgezogen; Schotte zentrifugiert, mit Jauche ausgebracht. Vor Erneuerung Langermatten Milch per Pipeline aufs Chäli und dort verkäst, was grosse hygienische Sorgfalt der Bewirtschafter erfordert!

Hedi Tritten pflegt im Käsegaden seine Alpkäse.

Derweil steht das grosse Kessi mit dem andern Gerät bereit für neue Taten.

Die Kinder Kathrin, Marco und Stefan Tritten, Helferli auf der Alp und im Tal, hier gesprenkelt vom Laubschatten.

# AHORNIBERG

**Diese warme Seite ist sehr früh – und 2004 macht der Borkenkäfer grosse Probleme.**

Blick über Ahorni hinweg nach NW; über der Hütte das Flöschhorn mit seinen Flühen.

Der rote Holunder, Sambucus racemosa, stinkt zwar unangenehm, zeichnet aber wunderbar.

### Gemeinde/Amtsbezirk
Lenk/Obersimmental

### Rechtsform/Eigentümer
Privatalp der Vettern Arnold und Martin Zeller, Lenk, HU Zeller, Fahrni, Marianna Albisser-Zeller, Gossau; Kontaktperson A. Zeller, Gutenbrunnenstr. 95, 3775 Lenk.

### Landeskarten
1266 Lenk 1:25000
263 Wildstrubel 1:50000

### Koordinaten Referenzpunkt
Ahorni, 600600/141200, 1520 m

### Lage der Alp
Am WNW-Hang des Oberlaubhorns auf 1390–1760 m, ringsum von Wald natürlich begrenzt. Flächenermittlung und Alpzeit zusammen mit unterhalb angrenzender Vorweide Langersite/Färriche. Allgemein fruchtbarer, trockener, stellenweise sehr steiler Boden mit relativ guter Grasnarbe; den Waldungen entlang viele Schattenpflanzen. Mit Ausnahme der obersten Weidezipfel weidgängig. Im inneren Alpteil starkes Lawinengebiet.

### Wege zur Alp
Mit PW von der Lenk Richtung Iffigenalp oder mit Bahn bis Lenk und zu Fuss oder mit Iffigenalp-Postauto bis Haltestelle Färiche; auf unmarkierten Wegen über Vorweide zur Alp (keine Wanderbuchempfehlung).

### Touristisches
Im grossen Talkessel an der Lenk gibt es viel Eindrückliches zu erwandern: Naturschutzgebiet Gelten-Iffigen, Simmenfälle, Siebenbrunnen, Flueseeli, Rezligletscher (-Seeli), Rawilpass, Plaine morte, interessante Alpbetriebe. Restaurations- und Übernachtungsmöglichkeiten in der Umgebung, z.B. Langermatten (S. 178f; Wanderbuch 3094, Routen 15, 16, 18; 3097, Route 12).

### Infrastruktur
Mit Vorweide zweistafliges Senntum 3501/S 2228. Güterstrasse von Oberriedstrasse über Oberriedweid und ab 1400 m geschotterter Güterweg bis zum Stafel; der mangelhafte, steile Viehtrieb- und Saumweg von Färiche, wird kaum mehr gebraucht. Energieversorgung durch Benzinmotor und Akkus. Wasserversorgung: Hauptstafel nicht trockensicher; «Wetterboden» prekär.

### Bestossung
Weide: 20 Tage (Anfang bis Ende Juni)
Ahorni: 65 Tage (Ende Juni bis Ende August)
Weide: 25 Tage (Ende August bis Ende September)
Gesamte Alpzeit: 28 Stösse, 110 Tage: 30 Normalstösse

### Weideflächen
Total 41 ha: 34 ha Weideland, 2 ha Waldweide, 5 ha Wildheu

### Besonderes zur Alp
Das nach Alpkataster 1969 zur Alp gehörige «Winterguet» (600500/141450) gehört nicht zur Alp. Sie ist für 42 Rechte Kurzzeit geseyt, nunmehr während Langzeit bestossen. Sommerzug nach unterhalb liegender Vorweide. Sonnseitige, warme, sehr frühe Alp, aber sehr gutes Gras, wenig Lische; momentan Riesenproblem Käferholz – Weidepflege kommt deswegen leider zu kurz!

Arnold Zeller zeigt die Zutraulichkeit einer seiner Simmentaler Kühe.

Hälechetti, schön tordierte Ringe, heute kaum mehr im Gebrauch.

# Ahorni

## SENNTUM 350I / S 2228

Aus dem Schatten heraus nach N über die Lenk talauswärts; der Waldsaum markiert die «Lengi Egge», welche dem Dorf den Namen gab.

Robert Zeller besorgt Mist- und Bschüttiausfuhr, hier mit seinem Bruder Arnold.

Elsbeth Zeller bäckt Brot auf der Alp, im Holzherd nicht ganz ohne!

### Besatz
16 Kühe, 2 Mutterkühe (Hinterwälder, Martin Zellers, je mit Kalb bei Fuss), 8 Rinder, 10 Kälber; übrige Tiere vom Bewirtschafter und dessen Bruder Robert Zeller.

### Personen

| Funktion | Person | Telefon |
|---|---|---|
| Bewirtschafter | Arnold und Elsbeth Zeller Gutenbrunnenstrasse 95, 3775 Lenk | 033 733 24 10 |
| Käser | Adrian Zeller Gutenbrunnen, 3775 Lenk | 079 445 04 86 |

Adrian ist Leiter Snowboardschule Lenk; Robert Zeller, besorgt Mistführen auf der Alp; Anteiler HU Zeller, Fahrni, verkäst seine Milchmenge selbst hier oben.

### Telefon auf der Alp   033 733 20 84

### Gebäude
Getünchter Bruchsteinsockel (diverse Räume), Fleckenblock von 1838, läges Schindelsatteldach, grosser dreiräumiger Wohnteil nach WNW, frontale Zugangslaube und -treppe, Doppelquerstall, teils gedeckter Zugang über Jauchekasten. Wetterboden Schattstall: NE oberhalb

Alpgebäude von 1922, verschalter Rieg, Doppelstall, Fundament neu unterstellt. Weide/Scheuer: S Alpgebäude Schattstall, 1914, dreilägerig, Holzmischbau sehr solid.

## Käserei
Ahorni: Geschlossene Küche, offene Grube mit Hutte, 250 l und 150 l Kessi, Holzturner, mobiles Rührwerk, Schwarpresse, Holzboden, Wände aus Holz und Plastik.

## Käselager
Keller in W-Ecke unter Stube, Mauern, Kies- und Plattenboden, Holzdecke, angenehm kühles, etwas trockenes Klima, muss befeuchtet werden, Bankung für 120 Laibe.

## Produkte und Vermarktung
1200 kg Berner Alp- & Hobelkäse AOC in 105 Laiben à 8–14 kg; Hauptabnehmer Lenk Milch AG, 3775 Lenk; wenig Verkauf an Passanten und private Kunden, selten auch an Kunden der Ski- und Snowboardschule.

## Besonderes zur Verarbeitung
Abendmilch in Gebsen und Kannen gekühlt, teils abgerahmt.

Adrian Zeller ist nicht nur Skilehrer und Käsevermarkter, sondern auch Käser, auch das mit grossem Engagement.

Das Milchgeschirr im Milchgaden – Trockenlagerung ist das Beste.

Adrian bei der Käsepflege im Keller; Mitte September ist er gut angefüllt.

# RITZ UND STUTZ

**Sehr vielgestaltig mit zwei grundverschiedenen Stafeln.**

Blick nach SSW über die Ritzhütten hinweg auf Rothorn und Mittaghorn, dazwischen mit dem Seilbahnmasten der Einschnitt des Rawilpasses.

Rolf schöppelet ein Kalb; das Gitzi möchte vielleicht auch etwas?

### Gemeinde/Amtsbezirk
Lenk/Obersimmental

### Rechtsform/Eigentümer
Privatalp der Gebrüder Otmar und Jürg Rieben, Seestrasse 4, 3775 Lenk (Kontaktpersonen), sowie von Walter Rieben, Moos, 3772 St. Stephan.

### Landeskarten
1266 Lenk 1:25000
263 Wildstrubel 1:50000

### Koordinaten Referenzpunkt
Ritz, 601250/139850, 1734 m

### Lage der Alp
Stutz (599650/142700) am sonnigen SE-Hang von Pöschenried auf 1330–1620 m. Oberer Teil steil, wellig, tiefgründig, mit Ausnahme unterster nasser Zipfel trocken, fruchtbar, gutgräsig. Ritz, 1430–1910 m, W-Hang von Langermatten, Stafel eine Terrasse, in Ausweide teils steil, hartgräsig. Läger und untere Teile gutgräsig, mild, mit Unkraut durchsetzt. Ritzdole (unterer Teil) viel Waldweide, W-Exposition mitten in grossem Wald.

### Wege zur Alp
Mit PW von der Lenk Richtung Iffigenalp oder mit Bahn bis Lenk und zu Fuss oder mit Iffigenalp-Postauto bis an eine Haltestelle von Pöschenried; auf Wanderwegen zu beiden Stafeln (Wanderbuch 3094, Route 18).

### Touristisches
Im grossen Talkessel Lenk im und um das Naturschutzgebiet Gelten-Iffigen viel Eindrückliches: Iffigental – Iffigenalp – Iffighorn, Mittaghorn, Wildhorn, Rawilpass, Plaine morte; Simmenfälle, Siebenbrünnen, Flueseeli, Rezligletscher, Alpbetriebe (Wanderbuch 3094, Routen 15–18; 3097, Routen 11 und 12). Restaurationsbetriebe (z.B. Ritz), Übernachtungen (Langermatten, vgl. S. 178).

### Infrastruktur
Ritz bildet das zweistaflige Senntum 3521/S 2452; Parallelstafel für Galtvieh. Beide Stafel von der Iffigenstrasse mit Güterwegen bis zu den Stafeln erschlossen; innerhalb der Alp Erschliessung verbessert. Stromversorgung: Dieselaggregat und Solarzellen. Quellwasser auf beiden Stafeln genügend, teils gepumpt, Leitungssystem gut.

### Bestossung
Stutz: 23 Tage (Anfang bis Ende Juni)
Ritz: 72 Tage (Ende Juni bis Anfang September)
Stutz: 21 Tage (Anfang bis Ende September)
Gesamte Alpzeit: 61 Stösse, 116 Tage: 70 Normalstösse

### Weideflächen
Total 95 ha: 79 ha Weideland, 9 ha Waldweide, 5 ha Wildheu, 2 ha Streueland

### Besonderes zur Alp
Die Alp ist mannigfaltig unterteilt und wird mit positivem Ergebnis sehr flexibel beweidet. Auf Stutz wird jede Kuh nach dem Melken individuell auf die Weide geschickt! Familie Bühler ist im Rahmen von «Projekt Alp» tätig und beschäftigt regelmässig Jugendliche auf der Alp. Zeitweise helfen die älteren Kinder der Familie und/oder Angestellte auf der Alp mit. Beidenorts schöne Bergwelt, unvergleichliche Abendstimmungen; Ritz obenauf, sehr schön gelegen, eindrückliche Aussicht aus dem engen Tal nach allen Seiten.

Annemarie Bühler beim Melken – sie strahlt fast immer.

Über die Stutzweiden mit fleissigem Milchvieh geht der Blick in die schattigen Seiten von Mittaghorn und Wallisberg, davor Hohberg und der sonnige Pöris.

# Ritzberg
## SENNTUM 3521/S 2452

Die Ritzhütte von N im guten Licht, dahinter Anstieg zum Laufbodenhorn, Weisshorn und Rothorn.

Die mächtige Stutzhütte im Morgenlicht von S, mit ihrer hohen Heubühne ein typisches Wintergut; dasselbe fleissige Vieh.

Auch Christine Walter ist fleissig; es gilt das Kessi zu waschen, wenn das Käsen gelaufen ist.

### Besatz
54 Kühe, 13 Rinder, 8 Kälber, 3 Ziegen, ¼ des Viehs gehört den Pächtern; Ritzdole 2 Ammenkühe und 3 Kälber.

### Personen

| Funktion | Person | Telefon |
|---|---|---|
| Pächter | Hans-Rudolf und Annemarie Bühler Oeyli, 3763 Därstetten | |
| Käser | Hans-Rudolf Bühler | 033 783 14 70 |
| Zusennerin | Christine Walter Friberig, 3764 Weissenburg | 033 783 01 61 |

2004 ist Rolf Güdel Statterbub.

**Telefon auf der Alp**  079 652 64 06

### Gebäude
Stutz: Bruchstein-/Betonsockel, Fleckenblock, Eternitschiefersatteldach, dreiräumiger Wohnteil nach ESE (MG-Anbau), frontale Zugangslaube und -treppe, OG mit Gaden und Heubühne, zwei Doppelquerställe; Jungviehschattställe. Ritz: 1788, Bruchsteinsockel, Fleckenblock, läges, mutzes Eternitschiefersatteldach, zwei Gaden; dreiräumiger Wohnteil nach N, frontale Eingangslaube, zwei

Doppelquerställe, Kälberstall, Rohrmelkanlage, betonierter Vorplatz; diverse weitere Ställe benutzt.

**Käserei**
Stutz: geschlossene Küche, offene Grube, Hutte, 750 l Kessi, Holzturner, mobiles Rührwerk, Rahmenpresse, Plättliboden, Wände: Hartplatten, Holz. Ritz: geschlossene Küche, Dampfkessel, 1300 l Kessi eingebaut, gleiches Rührwerk, 2 Greyerzerpressen, Boden und Wände gleich.

**Käselager**
Beidenorts Keller unter Wohnteil, Mauern, Zementboden, Holzdecke, mit im Ritz gutem, im Stutz trockenem, aber regulierbarem Klima und je Bankung für 100 Laibe.

**Produkte und Vermarktung**
5500 kg Berner Alp- & Hobelkäse AOC in 500 Laiben à 8–14 kg; Hauptabnehmer Molkerei Amstutz AG, Sigriswil, Chr. Eicher Söhne & Cie, Oberdiessbach; 100 kg Alpbutter, 120 kg Halbziegenkäse; Verkauf: Passanten, private Stammkunden, Selbstbedienung an Strasse Därstetten; Landi, 3763 Därstetten. Vorderste Ränge an regionalen, nationalen und internationalen Wettbewerben (www.alporama.ch).

**Besonderes zur Verarbeitung**
Abendmilch: Stutz: Gebsen, gekühlte Kannen im MG, abgerahmt; Ritz: Kessi, eingebaute Kühlung, wenig abgerahmt; Käselaibe einzeln ausgezogen.

Zuerst schüttet Hans-Rudolf Bühler die Abendmilch aus den Gebsen ins Kessi.

Annemarie tischt die frischen Käselaibe zum Pressen aufeinander.

Hans-Rudolf pflegt sie dann im Keller.

# IFFIGENALP

**Berühmt, stotzig, steinig, seit Römerzeiten als Anstieg zum Rawilpass begangen.**

Das eindrückliche Ensemble von der alten Hütte aus nach NNW links die neue Hütte und rechts das Hotel, immer noch im Morgenlicht.

Adhoc-Wegweiser, aber die Route zum Wildhorn ist sauber ablesbar.

### Gemeinde/Amtsbezirk
Lenk/Obersimmental

### Rechtsform/Eigentümer
Iffigenalpgenossenschaft, Biglen (seit 1923), welche die Alp auch bewirtschaftet; Kontaktperson: Präs. Beat Schüpbach, Baldistal, 3507 Biglen.

### Landeskarten
1266 Lenk 1:25000
263 Wildstrubel 1:50000

### Koordinaten Referenzpunkt
Iffigenalp, 600150/138700, 1584 m

### Lage der Alp
Am Fuss des Rawilpasses auf 1520–2700 m nach NE verlaufendes Bergtal, im W bis ans Wildhorn; Vorderiffigen schöner Talboden, weidgängigste Partien; hangwärts nach Wallisdole und am ganzen N-Hang grössere Flächen mit Geröll und Schutt, speziell im Groppi; SE-Hang Waldweidegebiete Richtung Hohberg. Mit Ausnahme des Talausgangs durch Felsgürtel abgeriegelt; Stafel «Stiereniffigen», über 2000 m, mit romantischem Bergsee und

sehr kurzer Vegetationszeit. Oberste Weideflächen bis Wildhornhütte, dort nur mit Schafen geatzt. Iffigen ist eine der bestgräsigen Alpen im Amtsbezirk.

### Wege zur Alp
Mit PW bis Lenk oder auf Iffigenstrasse (temporärer Einbahnverkehr!) zum Hotel Iffigenalp oder mit Bahn bis Lenk und mit Iffigenpostauto oder zu Fuss ab Lenk oder einer Haltestelle auf Wanderwegen zur Alp (Wanderbuch 3094, Routenvarianten 15a und 16; 3097, Route 12).

### Touristisches
Grossraum Gelten-Iffigen, reichhaltiges, monumentales Naturschutzgebiet (vgl. Nachbaralpen); Rund- und Passwege führen um und über die Alp; erwähnenswert Rawilroute, Tour Wildstrubel und Tour Wildhorn; Ferienzentrum (Hotel und Restaurant; Wanderbuch 3094, Routen 5, 15 und 16, 3097, Routen 11 und 12).

### Infrastruktur
Zwei einstaflige Sennten 3534/S 2518 und 3546/S 2390. Vorder-Stafel mit öffentlicher Strasse erschlossen; innerhalb Verbindungen verschiedenen Ausbaus. Weisshorntransportseilbahn Richtung Rawilpass. Energieversorgung: Netz der BKW auf Vorderiffigen, Kleinkraftwerk auf Hinteriffigen. Überall genügend Quellwasser.

### Bestossung
170 Stösse in 77 Tagen (Ende Juni bis Anfang September): 130 Normalstösse

### Weideflächen
Total 435 ha: 380 ha Weideland, 30 ha Waldweide, 24 ha Wildheu, 1 ha Streueland (ohne Rawilpassweide).

### Besonderes zur Alp
Interessante Verhältnisse nach Alpkataster 1969 mit Voralp Neuenrad und öfterem Viehwechsel von Vd. nach Ht. Iffigen vgl. www.alporama.ch. Gebäude gehören der Alpgenossenschaft, teils vermietet. Heute zwei Sennten parallel geführt. Sehr melkig, durch Weidunterteilung und Nachatzung mit vielen Rindern immer junges Gras. Lage in den Flühen sehr speziell, besonders bei Gewittern und Steinschlag. Sehr viele Touristen.

Gemsfarbene mit eindringlichem Blick.

Im Groppi tritt das Vieh zum Morgenmelken an; dahinter im SW die Gipfel der Schnidehorngruppe.

# Vorderiffigen
## SENNTUM 3534/S 2518

Die mächtige Hütte Vorderiffigen aus den Jahren 1950/51 von E, prall beschienen.

Willi Schwarz beim Vorkäsen mit der Harfe.

Dann muss die Gallerte noch überzogen werden mit den beiden Schrüfen.

### Besatz
15 Kühe, 165 Rinder, 8 Kälber, 1 Stier, 4 Ziegen, 2 Stuten, mit Fohlen bei Fuss, 2 Schweine; Grossteil Rinder aus Biglen und Umgebung, Rest grossteils des Sennen.

### Personen

| Funktion | Person | Telefon |
| --- | --- | --- |
| Senn und Käser | Willi Schwarz-Kunz Ried, 3766 Boltigen | 033 722 40 89 |
| Zusenn | Michael Teuscher Hohlenweg, 3766 Boltigen | 079 288 70 59 |

Willi Schwarz geht seit seiner Jugend hier zalp, 3. Generation Schwarz für Iffigenalpgenossenschaft. Praktikant aus Polen (2. Jahr). Andreas Schwarz und Michi Kunz sind Ferienstatter.

**Telefon auf der Alp**  033 733 13 53

### Gebäude
Breiter, zweigeschossiger Fleckenblock (BI: «1950 1951…»), hoher Hausteinsockel (diverse Räume), Eternitschiefersatteldach, fünfräumiger Wohnteil nach NE, Zugangslaube über Eck, frontale Treppe, OG zwei Gaden, drei Doppelquerställe, gute Vorplätze. Kleinere Hütte

(heraufgezügelt): Fleckenblock, Satteldach, Doppelquerstall genutzt (Wohnteil und Heubühne Massenlager des Hotels, UG Nottreppe und Infrastruktur). Jungvieh-Schattställe: Unt. Wallisdole, Ob. Wallisdole, die hinten erneuert.

### Käserei
Geschlossene Küche, viereckig ummauerte Grube, 2201 Kessi an Schiene, mobiles Rührwerk, Hebel-Spindel-Presse, Zementboden, verputzte Mauer, Holzwände.

### Käselager
Keller im Sockel in N-Ecke unter MG, Gitterboden, Holzdecke, gutes, «vornehmes» Klima, anfangs etwas kühl, Bankung für 70 Laibe, Mutschli und Ziegenkäse.

### Produkte und Vermarktung
600 kg Berner Alp- & Hobelkäse AOC in 55 Laiben à 10–12 kg; 100 kg Alpbutter aus Milchrahm, 200 kg Alpmutschli, 200 kg Ziegenfrisch- bis -weichkäse mit 67% Kuhmilch; Verkauf an Passanten, Touristen, Gäste des Hotels, aber auch ans Hotel selbst und sein Restaurant.

### Besonderes zur Verarbeitung
Anfangs und gegen Ende wird Milch an Lenk Milch AG verkauft. Abendmilch in Kannen im Brunnen gekühlt, in Gebsen und im Kessi gelagert, abgerahmt. Milch, die im Kessi nicht Platz hat, wird zentrifugiert, Rahm verbuttert.

Unterdessen wäscht Michael Teuscher das Melkgeschirr.

Während das Rührwerk seinen Dienst tut, kann sich Willi Schwarz im Keller der Käsepflege widmen.

Dann ist es Zeit, auch das Jungvieh in den Stall zu treiben.

# Hinteriffigen
## SENNTUM 3546/S2390

Die Groppihütte ist an einen grossen Felskopf gebaut, der die Lawinen abweisen soll; Blick von W.

Und hier der Gegenblick: die Front der Groppihütte mit den üblichen Belebungen und dem massiven Kälberstallanbau links.

Statterbub Benjamin Brost widmet sich den Geissen.

### Besatz
12 Kühe, 115 Rinder, 8 Kälber, 1 Stier, 11 Ziegen, 70 Schafe, 2 Schweine; Grossteil Rinder fremdes Vieh, vom Rest ist Grossteil des Sennen. Schafe an See und Iffighorn.

### Personen

| Funktion | Person | Telefon |
| --- | --- | --- |
| Sennen | Rudolf und Margrit Jordi-Bieri Reutenen Schlatt, 3532 Zäziwil | |
| Käser | Rudolf Jordi | 031 711 23 27 |

Jordis waren nur im Sommer 2004 hier; mit Pflegekind Benjamin Brost, Suhr. In den Ferien ist Sohn Martin Jordi Ziegenkäser. Margrit ist für Heimbetrieb zuständig (nur am Wochenende hier); Alperfahrung fehlt! Sommer 2005 neu: Sandra Teuscher und Samuel Fahrni, Gaselstrasse 93, 3144 Gasel. Pio Mottarelli, 4144 Arlesheim, erfahrener Rinderhirt, besorgt auch Schafe.

**Telefon auf der Alp neu:** 079 406 55 63

### Gebäude
Groppi (598950/137850): verputzter Bruchsteinsockel (Ställchen und Keller), Ständerbau, an Felsblöcke angelehnt und Blockschütt-Abwurf, läges, mutzes Satteldach,

Eternitschiefer, dreiräumiger Wohnteil nach NE, Gaden im DG, zwei massive Doppelquerställe, Ziegenstall, massiver Kälberstallanbau. Egge: Rinderschattstall; Stiereniffigen: ältere Hütte mit Rinderställen.

### Käserei
Geschlossene Küche, offene Grube mit Hutte, 200 l Kessi an Schiene, mobiles Rührwerk, Spindel-Schwar-Presse, Novilonboden, Holzwände.

### Käselager
Keller in N-Ecke des Sockels, Kiesboden, Holzdecke, schön feuchtes Klima, Bankung für 80 Laibe, Mutschli, Abtransport nach Bedarf.

### Produkte und Vermarktung
1000 kg Berner Alp- & Hobelkäse in 100 Laiben à 8–12 kg; 200 kg Alpmutschli, 40 kg Ziegenfrisch- bis -weichkäse mit Zugabe von Kuhmilch; Verkauf an Passanten und im Beizli mit Produkten auch aus Talbetrieb.

### Besonderes zur Verarbeitung
Die Abendmilch wird in Gebsen im Milchgaden und in einer Kanne im Brunnen gelagert und abgerahmt.

### Besonderes zum Senntum
Immense Zaunstrecken; Rinder auf Egge vom Groppi aus besorgt; weite Alp, nebenaus, Blumen, Natur, Stille; trotzdem kommen Leute vorbei.

Rudolf Jordi nimmt grad den Käse heraus…

…während Margrit bei der Kulturherstellung die Temperatur kontrolliert.

Blick durchs Iffigenalptal hinauf nach SW, links Schnidehorn, mitts Niesenhorn und rechts die Felswände des Iffighorns.

# PÖRISBERG

**Wer am Hohberg wandert, kann an einem Tag Sommer, Frühling und Winter erleben.**

Vom Ahorni nach SW steht das Wildhorn über dem Pöris, flankiert von Schnidehorn und Hahnenschritthorn, dazwischen der abwechslungsreiche Hohberg.

Den Besuchern war als Merkzeichen diese Bernerfahne genannt worden!

### Gemeinde/Amtsbezirk
Lenk/Obersimmental

### Rechtsform/Eigentümer
Korporationsalp der Alpkorporation Pörisberg Lenk; Kontaktperson ist der Präsident Martin Zurbrügg-Schläppi, Oberriedstrasse 37, 3775 Lenk

### Landeskarten
1266 Lenk 1:25000
263 Wildstrubel 1:50000

### Koordinaten Referenzpunkt
Ufem Pörtli, 598850/139600, 1728 m

### Lage der Alp
Die Alp liegt zwischen dem markanten Hohberg und dem Pörisgrat auf 1510–2200 m in einer nach NE orientierten Alpmulde mit Sonn- und Schattseite. Die obersten Weidegebiete überdecken den unteren Teil des Hohberges. Im untersten Areal und dem Pörisbach entlang sind rund 1/3 der Gesamtfläche stark vernässt, während die ESE-Flanke teilweise mit einer harten Grasnarbe bedeckt ist. Der obere Teil und der mit Kalkfelsen und -steinen durch-

setzte Hohberg sind sehr gutgräsig. Verschiedene Felsgürtel mussten als fällig ausgezäunt werden, und allzu weite Flächen sind mit Waldweide durchsetzt.

### Wege zur Alp
Mit dem PW von Lenk auf der Pöschenriedstrasse Richtung Iffigenalp (Achtung: temporärer Einbahnverkehr!) oder mit der Bahn bis Lenk und mit dem Iffigen-Postauto bis Iffigfall, und auf einem Bergwanderweg zur Alp (Wanderbuch 3094, Routenvariante 15a).

### Touristisches
Der Grossraum Gelten-Iffigen, ist ein fantastisch reichhaltiges Naturschutzgebiet ganz hinten im Simmental, und Pöris an dessen Rand in einem vor dem Iffigtal parallel liegenden Tälchen; viele Rund- und Themenwege von diversen Ausgangspunkten führen um die Alp herum (vgl. auch bei den Nachbaralpen; Wanderbuch 3094, Routen 5, 15 und 16, 3097, Routen 11 und 12).

### Infrastruktur
Pöris bildet die zwei einstafligen Sennten 3518/S 2541 und 3519/S 2232. Die Alp ist von der Iffigenstrasse herauf über etwa 2 km mit einem holprigen Güterweg bis zu den Stafeln erschlossen. Energieversorgung durch Dieselaggregate und Solarzellen. Jede Hütte hat eine eigene Wasserversorgung.

### Bestossung
96 Stösse in 70 Tagen (Ende Juni bis Anfang September: 67 Normalstösse

### Weideflächen
Total 250 ha: 152 ha Weideland, 90 ha Waldweide, 8 ha Wildheu

### Besonderes zur Alp
Pörisberg ist für 108 1/2 Kuhrechte geseyt und ist die siebentgrösste Alp der Gemeinde. Im Alpkataster von 1969 wurden interessante Vorschläge zu einer rationelleren Bewirtschaftung gemacht. Die insgesamt 7 dezentralisierten Gebäude sind in Privatbesitz. Früher standen am Hohberg zwei weitere Gebäude, also wohl mehr Sennten.

Der Putter weiss noch nichts davon, wann er im Kochtopf landen wird...

Wieder einmal ein blank geputztes Zügelgeläute.

# Pöris Hubelhütte

## SENNTUM 3518/S 3541

Blick über die Hubelhütte mit dem neu aufgestellten Stall nach NE; links eben noch das Dach der Mattehütte; im Hintergrund die Kette vom Albristhorn zu Hahnenmoos und Metschstand.

Gegenblick: die Hüttenfront im Gegenlicht.

Otto Zeller rüstet das Melkgeschirr für das Abendmelken.

### Besatz

21 Kühe, 4 Mutterkühe, 10 Rinder, 6 Kälber, 5 Ziegen, Ziegenbock, Zwergziege, Esel, 5 Schweine; Tiere von Hüttenbesitzern + Pächtern. 3 Mutterkühe Kalb bei Fuss.

### Personen

| Funktion | Person | Telefon |
|---|---|---|
| Pächter | Otto und Ursula Zeller-Zurbrügg Seefluhstrasse 23, 3775 Pöschenried | |
| Käserin | Ursula Zeller-Zurbrügg | 033 733 25 88 |

Hüttenbesitzer sind: Walter Kunz, Peter Zeller, Olga Bratschi und Florus Bratschi, alle Lenk.

### Telefon auf der Alp  079 335 96 58

### Gebäude

Hubelhütte: Robustziegelsteinsockel, Holzmischbau, T-Grundriss, läges Schipfensatteldach, dreiräumiger Wohnteil nach E (Fällladen), frontale Zugangslaube und -treppe, Doppelquerstall, langer T-Stallanbau verschalter Rieg, aus 1940er Jahren. Daneben Schattstall (soeben von Pöschenried heraufgezügelt, neu untermauert, besonders bergseitig), Fleckenblock mit Gymen, Doppelquerstall, grosse Heubühne, Schweinestallanbau.

### Käserei
Geschlossene Küche, offene Grube, 280 l Kessi, Holzturner, mobiles Rührwerk, Haslipresse, Gummi-Noppenboden, Wände aus Hartplatten und Holz.

### Käselager
Keller im Sockel, SE-Ecke, unter Stube, Naturboden, Holzdecke, gutes Klima, etwas feucht, Bankung für 70 Laibe, Abtransport und Verteilung nach Bedarf.

### Produkte und Vermarktung
1500 kg Berner Alp- & Hobelkäse AOC in 150 Laiben à 8–10 kg; 200 kg Alpmutschli (Tumeli) und Alpraclette, 50 kg Ziegenfrisch- bis -weichkäse (50% Kuhmilch); Passantenverkauf und an private Stammkunden; auch angeboten auf Campingplatz der Gebrüder Zurbrügg, Hasenweide, 3775 Lenk.

### Besonderes zur Verarbeitung
Abendmilch in Gebsen und in Kannen gekühlt gelagert, halb abgerahmt. Erst seit 2003 wird alle Milch verkäst.

### Besonderes zum Senntum
Naher Talbetrieb praktisch; reiche Natur; am Hohberg in Tageswanderung Sommer, Frühling und Winter erlebbar; Wildschweine auf Durchzug; durch Murmeltiere gewarnt Luchs gesehen! U. Zeller geschichtsinteressiert: Hütte unterhalb ist Wallisertyp (Lenk lange wallisorientiert: Flurnamen; Zollhäuser Pöschenried und Simmenfälle).

Ursula Zeller hantiert am Presstisch mit den drei heutigen Alpkäsen.

Hier schwimmen sie im Salzbad, dessen Gehalt mit diesem Densimeter ständig kontrolliert wird.

Die Gebsen warten indessen auf die Abendmilch …

# Pöris Mattehütte
## SENNTUM 3519/S 2232

Gleicher Blick wie Bild 1 S. 198, nur eben hier die Mattehütte selbst.

Milchgaden.

Der 36. Tag 2004 ist vorbereitet, auch diese Käse werden unverwechselbar angeschrieben werden.

### Besatz
19 Kühe, 20 Rinder, 9 Kälber, Stier, 4 Ziegen, 3 Pferde, 6 Schweine, eigene Tiere; Kleintiere zu Freude und Nutzen.

### Personen

| Funktion | Person | Telefon |
|---|---|---|
| Bewirtschafter | Martin Zurbrügg-Schläppi Oberriedstrasse 37, 3775 Lenk | 033 733 26 91 |
| Senner- und Käserinnen | Nelly und Katrin Zurbrügg Oberriedstrasse 37, 3775 Lenk | |

Hüttenbesitzer: Bewirtschafter, Peter Schläppi, Rosa Schläppi, alle Lenk. Zwillingsschwestern Katrin und Nelly käsen abwechselnd, jeweils die andere macht restliche Arbeiten, hilft den Eltern heuen. Stellvertreter: die Eltern.

### Telefon auf der Alp  079 461 42 60

### Gebäude
Mattenhütte (598900/139800): hoher Zementsteinsockel (Keller, Ställchen), Fleckenblock, läges, mutzes Schipfensatteldach (mit OG nach Föhnsturm 1982 neu), dreiräumiger Wohnteil nach E, OG Gaden, frontale Zugangslaube und -treppe, Stall mit grossem und kleinem Läger (wovon heute Bad und WC abgetrennt), zweiter,

niedrigerer Doppelquerstall, teils hartplattenverkleidet, auch vom Föhn zerlegt, 1983 durch den Anbau eines Schattstalls aus der Nähe verlängert, Grundriss zu abgestuftem L erweitert. Schweine 2004 in Grossiglu.

### Käserei
Geschlossene Küche, viereckig eingemachte Grube, 320 l Kessi an Schiene, mobiles Rührwerk, pneumatische Presse, Boden Zement und Plättli, Hartplattenwände.

### Käselager
Keller im Sockel, SE-Ecke, Kiesboden, Holzdecke, trockenes Klima (auch bewässert), Bankung für 130 Laibe.

### Produkte und Vermarktung
1500 kg Berner Alp- & Hobelkäse AOC in 160 Laiben à 7–11 kg; 100 kg Alpmutschli, 90 kg Ziegenkäse (33 % Kuhmilch, auf Bestellung rein); Verkauf: wenig Passanten, private Stammkunden, Bauernmarkt, Älplerfest Lenk; durch Lenk Milch AG, Aegertenstr. 2, 3775 Lenk.

### Besonderes zur Verarbeitung
Abendmilch in Gebsen und im Kessi mit Kühlschlange gelagert, Gebsen abgerahmt.

### Besonderes zum Senntum
Schöne Aussicht auf Naturschutzgebiet Gelten-Iffigen und Pörisgrat hinter einem sind eindrücklich; und doch nicht von Leuten überlaufen; Hütte auf gäbigem Bödeli.

Katrin Zurbrügg wendet und gürtet den frischen Alpkäse.

Nelly Zurbrügg pflegt derweil die Käse von den Tagen 1–34 im Keller (Tag 35 im Salzbad!).

Die Zwillingsschwestern Zurbrügg mit den zwei Haflingerstuten Cindy und Chayenne.

# LENK UND ST. STEPHAN LINKE SEITE

1. **Stiegelberg** (206–213)
   - **A** Unterstafel
   - **B** Oberstafel
2. **Ritzliberg** (214–217)
3. **Betelberg** (218–227)
   - **A** Steinstoss
   - **B** Golderne
   - **C** Alimahütte
   - **D** Loch

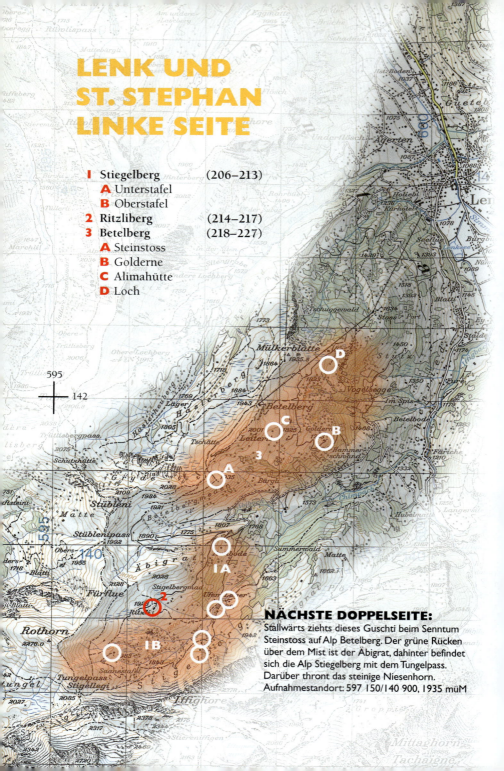

**NÄCHSTE DOPPELSEITE:**
Stallwärts ziehts dieses Guschti beim Senntum Steinstoss auf Alp Betelberg. Der grüne Rücken über dem Mist ist der Äbigrat, dahinter befindet sich die Alp Stiegelberg mit dem Tungelpass. Darüber thront das steinige Niesenhorn.
Aufnahmestandort: 597 150/140 900, 1935 müM

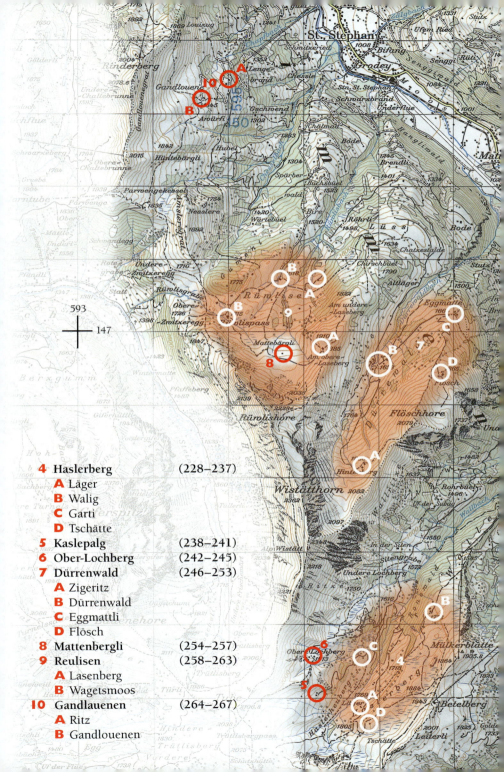

**4 Haslerberg** (228–237)
- **A** Läger
- **B** Walig
- **C** Garti
- **D** Tschätte

**5 Kaslepalg** (238–241)

**6 Ober-Lochberg** (242–245)

**7 Dürrenwald** (246–253)
- **A** Zigeritz
- **B** Dürrenwald
- **C** Eggmattli
- **D** Flösch

**8 Mattenbergli** (254–257)

**9 Reulisen** (258–263)
- **A** Lasenberg
- **B** Wagetsmoos

**10 Gandlauenen** (264–267)
- **A** Ritz
- **B** Gandlouenen

# STIEGELBERG

**In diese einfache und eindrückliche Berglandschaft zieht man sich gerne zurück.**

Der eindrückliche Blick von den Horemedern nach E auf Steibode und Härzeberg.

Eine auf den Alpbetrieben recht gebräuchliche Blumenvase – und auch nicht mehr gefährlich …

### Gemeinde/Amtsbezirk
Lenk/Obersimmental

### Rechtsform/Eigentümer
Alpkorporation Stiegelberg, welche die Alp auch bewirtschaftet; Bergvogt Hans Trachsel, Eystr. 1, 3775 Lenk.

### Landeskarten
1266 Lenk 1:25000
263 Wildstrubel 1:50000

### Koordinaten Referenzpunkt
Lägermedi, 597150/139100, 1704 m

### Lage der Alp
Ausgedehnte Alp am NW-Hang des Iffighorns auf 1650–2160 m, OSt. nach E orientierte Alpmulde; im USt. über SE-Hang bis Äbigrat sehr stark mit Waldweide durchsetzt; stafelnahe Läger mit «Chilen» und Alpenkreuzkraut durchsetzt, obere Regionen unter Iffighorn Vergandungsgefahr. Oberhalb Horemeder, oberster abgelegener Stafel auf 2000 m, mit Alpenrosen durchsetzte hartgräsige Flanke. Grössere Flächen jedoch mit kräuterreicher Grasnarbe.

### Wege zur Alp
Mit PW oder Bahn bis Lenk; mit PW bis Lenkerhof/Talstation, mit Betelbergbahn bis Leiterli, auf Bergwanderwegen zur Alp; oder über Pöschenried auf bewilligungspflichtiger Güterstrasse zu den Stafeln oder mit Iffigenalp-Postauto bis Haltstelle Färiche und auf unmarkierten Wegen zur Alp (Wanderbuch 3094, Routenvarianten 5 und 16; 3097, Routenvarianten 11).

### Touristisches
Über Stigellegi führt ein Weg via Stierentungel und Chüetungel ins Lauenental; über viele Rücken und Kreten führen schönste Bergwanderwege, z.B. von Gondelbahn Betelberg her, über Hengstensprung zur Wildhornhütte oder am See vorbei ins Iffigen zum Hotel Iffigenalp (S. 190; vgl. auch Ritzli, S. 215).

### Infrastruktur
Von vier zweistafligen Stiegelberg-Sennten käsen drei mit Zulassungsnummer für den Markt: 3526/S 2535, 3533/S 2042, 3550/S 2533; Parallelstafel für Jungvieh. Alp mit Güterstrasse über Äbi bis USt. erschlossen, zu OSt. notdürftiger Jeepweg, resp. in die Horemeder Fussweg, höchstens für Einachser. Stromversorgung durch Dieselgenerator und für Rührwerk und Beleuchtung Sonnenkollektoren. Alle Stafelgebäude haben eigene, teils mangelhafte Wasserversorgung.

### Bestossung
USt.: 20 Tage (Ende Juni bis Mitte Juli)
OSt.: 40 Tage (Mitte Juli bis Ende August)
USt.: 20 Tage (Ende August bis Mitte September)
Gesamte Alpzeit: 108 Stösse, 80 Tage: 86 Normalstösse

### Weideflächen
Total 208 ha: 177 ha Weideland, 12 ha Waldweide, 11 ha Wildheu, 8 ha Strueland

### Besonderes zur Alp
Die Alp ist rau, eher schattig und zum Teil stark trittempfindlich. Wildheuplanggen kaum mehr genutzt. Besatz in 48steln gerechnet! Das Bergreglement datiert aus den 1880er Jahren, aber vom Regierungsrat nie sanktioniert.

Sorgfältig trägt Hans Trachsel seine kostbaren und geschätzten Alpkäse in den Keller.

Eine elegante Dachrandgestaltung und ein währschafter Steinplattenboden geben dieser Hütte ein gewisses Cachet (Freidigs USt.).

# Stiegelberg
## SENNTUM 3526/S 2535

Steibode, der recht einfache Oberstafel von Freidigs auf 1800 m von W.

Ufem Läger, der Unterstafel von Freidigs, ist etwas komfortabler ausgestattet, wie es sich vielerorts ergibt; zu beachten: das asymmetrische Dach.

Das Kessi ist nach Käseauszug und Schweinefütterung nicht mehr voll.

### Besatz
22 Kühe, 13 Rinder, 9 Kälber, 3 Schweine

### Personen

| Funktion | Person | Telefon |
|---|---|---|
| Bewirtschafter und Käser | Arnold und Isabelle Freidig-Schläppi Pöschenriedstrasse 48, 3775 Lenk | |
| Hüttenbesitzer | Arnold Freidig-Schläppi Walter Freidig-Zimmerli Aegertenstrasse 47, 3775 Lenk | 033 733 24 13 033 733 12 96 |

Arnold Freidig alpt den 37. Sommer hier.

### Gebäude
USt. Lägermedi (597300/139250): Leicht auszementierter Trockenmauersockel, Holzmischbau, sehr läges Schipfensatteldach, First nicht in der Mitte, weil ganze NE-Seite um Milchgadenbreite angebaut; dreiräumiger Wohnteil nach SE, frontale Zugangslaube und -treppe, zwei Doppelquerställe, über NE hinterer Tür Dach lukarnenartig gehoben, dahinter Holzschopf, Steinplattenvorplatz. OSt. Steibode (597000/138700): UG verschalter Rieg mit Mauerecke, EG Kantholzblock, DG Ständerbau, läges Schipfensatteldach, dreiräumiger Wohnteil nach

NE, frontale Laube (ohne Zugang), davor Anbau, Anhängerdach, Doppelquerstall, Holzschopf mit Pultdach.

### Käserei
In beiden Stafeln ähnlich: offene Küche, offene Grube, 250 l Kessi, Holzturner, mobiles Rührwerk, Schwarpresse, im OSt. Holzboden, im USt. Betonboden, Holzwände.

### Käselager
Keller im USt. in S-Ecke: Bruchsteinsockel unter Stube: Naturboden, Holzdecke, gutes Klima, Bankung für 130 Laibe.

### Produkte und Vermarktung
1300 kg Berner Alp- & Hobelkäse AOC in 150 Laiben à 6–13 kg; Hauptabnehmer: Molkerei, 3780 Gstaad; Verkauf durch Ansprecher (Aufteilung nach Milchrechnung) an private Stammkunden.

### Besonderes zur Verarbeitung
Abendmilch in Gebsen gekühlt gelagert, kaum abgerahmt.

### Besonderes zum Senntum
Die nahen Berge sind eindrücklich, Arnold Freidig ist sommers wie winters viel dort anzutreffen. Die Zufahrt ist heute gut.

Arnold Freidig konzentriert an der Arbeit am jungen Käse auf der Presse.

Wenn er im Keller die fertigen Alpkäselaibe zeigt, ist er schon entspannter.

Blitzblankes Gerät im Milchgaden.

# Stiegelberg
## SENNTUM 3533/S 2042

### Besatz
30 Kühe, 4 Rinder, 9 Kälber, 6 Schweine

### Personen

| Funktion | Person | Telefon |
| --- | --- | --- |
| Hütten-besitzer | BG Reinhold und Niklaus Trachsel, Ey, 3775 Lenk | 033 733 27 25<br>079 277 28 12 |
| Käser | Hans und Hulda Trachsel, Eystrasse 1, 3775 Lenk | 033 733 12 74 |

Hans alpt den 37. und Hulda den 34. Sommer hier. Reinhold und Klaus Trachsel (Cousins) bilden BG für den Berg

### Telefon auf der Alp  033 733 12 93

### Gebäude
USt. Rufiboden (597250/139950): Fleckenblock inkl. UG (nur z.T. Bruchstein), läges Schindelsatteldach, dreiräumiger Wohnteil nach SE, frontale Zugangslaube, zwei Doppelquerställe, einer NE als Querfirst und Rieg angebaut, Betonsockel. OSt. (595800/138550) Horemeder: Fleckenblock, Satteldach, Eternitschiefer, UG Ställchen und Keller, dreiräumiger Wohnteil nach SE, frontale Zugangslaube, Doppelquerstall, verlängert wie USt; Schweinestall von 2003, verschalter Rieg, teils verrandet.

Trachsels Horemeder von SE in prominenter Lage an der Sonnseite.

Rufiboden von N mit Blick in die Flühe des Hohberges.

Hans Trachsel stellt seinen feinen und regelmässigen Bruch her, der zu einem exzellenten Hobelkäse führt.

## Käserei
Küche USt. offen OSt. geschlossen, sonst gleich: offene Grube, Hutte, 340 l Kessi, Holzturner, mobiles Rührwerk, Schwarpresse, Boden Gummi resp. Plättli, Holzwände.

## Käselager
Keller USt. S-Ecke: warm, Naturboden, Bankung für 50 Laibe; Abtransport nach Bedarf; Keller OSt. E-Ecke unter MG: Holzwände, hinten Mauer, Naturboden, Holzdecke, rechtes Klima, Bankung für 90 Laibe.

## Produkte und Vermarktung
2400 kg Berner Alp- & Hobelkäse AOC in 250 Laiben à 7–13 kg; Hauptabnehmer Molkerei Amstutz AG, 3655 Sigriswil; 30 kg Alpbutter, 15 kg Ziger geräuchert; kaum Direktverkauf, weil keine Passanten.

## Besonderes zur Verarbeitung
Abendmilch in Gebsen im MG und in Kannen im Brunnen gekühlt gelagert, anfangs Sommer zum Teil abgerahmt und bis zu 100 l zugedickt.

## Besonderes zum Senntum
OSt. BI: «19 Emil Trachsel 33», hierher gebaut, weil besser als Saanenstafel; von dort Arvenbalken, datiert «1414»; schönes Läger. Unkrautbekämpfung, sehr erfolgreich. Alpexpo Grenoble: 1994 Gold, 1996 Silber; BAKM: 2001: Gold; 2002: 7. Hobelkäse; Swiss Cheese Awards 2001: Schweizermeister Alpkäse; OLMA 2004: Gold Hobelkäse, 7. Hartkäse.

Dazu trägt auch die von Hulda Trachsel exakt hergestellte Bakterienkultur Wesentliches bei.

Gemeinsam heben die beiden den Käsebruch aus der Schotte.

Geheimtipp S 2042 – lassen Sie es sich gesagt sein!

# Stiegelberg
## SENNTUM 3550/S 2533

Lempens Steibode-
Hütte von N.

Ziegen wollen immer wissen,
worum es sich handelt.

Noch so ein Ding, das
mal gefährlich hätte sein
können..., darunter
schreien Jungvögel
nach Nahrung.

### Besatz
12 Kühe, 15 Rinder, 4 Kälber, 6 Ziegen, 5 Schweine

### Personen

| Funktion | Person | Telefon |
|---|---|---|
| Hütten-besitzer | Oskar Rieder<br>Rütistrasse 10, 3775 Lenk | 033 733 26 03 |
| Bewirt-schafter | Gebrüder Lempen<br>Lenkstrasse 53, 3775 Lenk | 033 733 12 25 |
| Senn und Käser | Karlheinz Böhler<br>Gerstetten/Heidenheim D | |

KH Böhlen ist den 2. Sommer hier.

**Telefon auf der Alp** 079 234 28 69

### Gebäude
USt. Lägermedi (597200/139100): Bruchstein-/Haustein-sockel (Ställchen + Keller), Fleckenblock, läges Schindel-satteldach, dreiräumiger Wohnteil nach NE, frontale Zugangslaube, Schweinekoben nach NW, zwei Doppel-querställe. OSt. Steibode (596950/138600): hoher Back-stein-/Kalksandsteinsockel 2003 mit Ziegenstall, Holz-mischbau, läges Schindelsatteldach, dreiräumiger Wohn-

teil nach N, frontale Zugangslaube und -treppe, Doppelquerstall und drittes Läger unterteilt für Kälber und Schweine, bergseitig Betonkniewand 2003.

### Käserei
USt: offene Küche, offene Feuergrube, 350 l Kessi an Holzturner, mobiles Rührwerk, Schwarpresse, Novilonboden, Holzwände. OSt: gleiche Einrichtung, aber: 180 l Kessi, Zementboden; der holzbeheizte Heisswasserboiler wird hinundher gezügelt.

### Käselager
Keller im USt. in der E-Ecke unter der Stube: Naturboden, Mauern, Holzdecke, gutes Klima, Bankung für 150 Laibe; hier ist auch das Salzbad.

### Produkte und Vermarktung
1100 kg Berner Alp- & Hobelkäse AOC in 120 Laiben à 7–12 kg; 80 % der Alpkäse werden von den vier Besetzerfamilien verzehrt, es geht sehr wenig in den Verkauf an Bekannte und Stammkunden.

### Besonderes zur Verarbeitung
Die Abendmilch wird in Gebsen gelagert und wenig abgerahmt.

### Besonderes zum Senntum
Mit der traditionellen Einrichtung und Arbeitsweise ist es für Karlheinz ein richtiger Rückzug aus der Zivilisation.

Karlheinz Böhler packt den frischen Alpkäse ins Järb.

Christoph Häfeli, aus einer völlig anderen Branche, beim Waschen des Milchgeschirrs am Brunnen; er beherrschte das ganze Handwerk.

Karlheinz schwungvoll an der Kellerarbeit.

# RITZLIBERG

**Früher Armeeschiessplatz, sonnige, hilbe Lage sowie schöne Möbel und Gebäudeteile.**

Gepflegte sonnige Weide und gepflegte besonnte Hüttenecke mit Blick zu Iffighorn und Niesenhorn nach S.

Das gepflegte Interieur und durchs alte Fenster das Iffighorn.

### Gemeinde/Amtsbezirk
Lenk/Obersimmental

### Rechtsform / Eigentümer
Seit 1. April 2005 Privatalp von Hans und Margrit Hänni-Zeller, Aegertenstrasse 42, 3775 Lenk.

### Landeskarten
1266 Lenk 1:25000
263 Wildstrubel 1:50000

### Koordinaten Referenzpunkt
Ufem Läger, 596350/139150, 1900 m

### Lage der Alp
Die Alp liegt am sonnigen SE-Hang des Rothorns, reicht V-förmig vom Bach, auf 1710 m, bis hinauf zur Wasserscheide, auf 2270 m. Im untersten Weidezipfel gut $1/5$ stark durchnässt, grössere Moosflächen im sonst guten Mittelteil. Verschiedene trockene, hartgräsige Komplexe (ca. $1/5$); Hauptflächenanteil mit guter bis sehr guter Grasnarbe. Im Hauptstafel Weidgängigkeit durch Bachläufe und Moosland gehemmt, oberster Galtviehteil steil, aber weidgängig, stark dem Wetter ausgesetzt.

### Wege zur Alp
Mit PW oder Bahn bis Lenk; mit PW bis Lenkerhof/Talstation, mit Betelbergbahn bis Leiterli und auf Bergwanderwegen zur Alp; oder über Pöschenried auf bewilligungspflichtiger Güterstrasse zum Stafel oder mit Iffigenalp-Postauto bis Haltestelle Färiche und auf unmarkierten Wegen zur Alp (Wanderbuch 3094, Routenvari-anten 5 und 16; 3097, Routenvarianten 11).

### Touristisches
Grossraum Stiegelberg liegt ab vom Touristenstrom und hat seine Reize; mit der ältesten der Lenk Bergbahnen gelangt man auf Stoss und Leiterli, wo auch der nächste Restaurationsbetrieb liegt; weiter hinten keine solchen mehr; einzelne Alpbetriebe betreiben aber Beizli; Rundwege von der Lenk oder vom Leiterli führen über die Alp und den Hengstensprung ins Iffigental oder Lauenental (Wanderbuch 3094, Routen 5 und 16; 3097, Route 11). Im Winter gehört die Gegend zum Gross-Skigebiet Betelberg und ist besonders für Tourenfahrer nach allen Seiten geeignet und sehr beliebt.

### Infrastruktur
Die Alp bildet das einstaflige Senntum Ritzli, 3522/S 2451. Mit Güterstrasse von Pöschenried/Iffigenstrasse bis zum Stafel erschlossen. Energieversorgung durch Dieselaggregat und Akkus. Gute Wasserversorgung mit neuen Leitungen und Fassung sowie Ausweide-Tränkestellen.

### Bestossung
59 Stösse in 95 Tagen (Anfang Juni bis Anfang September): 56 Normalstösse

### Weideflächen
Total 104 ha: 90 ha Weideland, 4 ha Waldweide, 9 ha Streueland, 1 ha Heueinschlag

### Besonderes zur Alp
Ritzliberg ist für 60 Kuhrechte geseyt. Die Eidgenossenschaft hat während ihrer Zeit als Eigentümerin (bis anfangs 2005) gut und kooperativ zur Alp geschaut, auch mit Engagement für die Alpwirtschaft.

Gepflegtes traditionelles Gerät überall: eine schöne Volle.

Gepflegte Käselaibe im Keller.

# Ritzli
## SENNTUM 3522/S 2451

Die weissgetünchte Front der Ritzlihütte von SE in der Morgensonne.

Die Hühner haben in ihrem Gebäudeteil «open house».

Remo Lempen handhabt die Melkmaschine sehr gewandt.

### Besatz
34 Kühe, 35 Rinder, 36 Kälber, 3 Ziegen; sonst auch ein Zuchtstier; hauptsächlich Vieh der Bewirtschafter.

### Personen

| Funktion | Person | Telefon |
|---|---|---|
| Bewirtschafter | Hans und Margrit Hänni-Zeller Aegertenstrasse 42, 3775 Lenk | |
| Käser | Hans Hänni-Zeller | 033 733 18 77 |

In den 30 Sommern, in denen Hans Hänni die Alp bewirtschaftet, war nur zweimal an seiner Stelle ein Knecht oben. Wechselnde Statterbuben, momentan Remo Lempen, Brand, Lenk (früher Zusennerinnen, wurde zu aufwendig).

### Telefon auf der Alp  033 733 26 29

### Gebäude
Geräumiger, unterhaltener Massivbau, getünchtes Mörtelmauerwerk, im DG mit Gaden Holz, mutze Krüppelwalmdächer, Eternitschiefer, vierräumiger Wohnteil im Quergiebel nach SE, seitliche Steinplattentreppe, Doppellängsstall im T-Balken, nach SW Kälberstall mit Dusche/WC, nach NE Rinderstall. Unweit zwei Jungviehställe, Doppellängsställe, Holzmischbauten, läge Schipfensatteldächer.

### Käserei
Offene Küche, offene Grube, 500 l und 300 l Kessi, Holzturner, mobiles Rührwerk, Schwarpresse, Steinplattenboden, Holzwände und getünchte Mauern.

### Käselager
Keller auf SE-Seite unter Stuben: Naturboden, Holzdecke, gutes kühl-feuchtes Klima, Bankung für 200 Laibe.

### Produkte und Vermarktung
700 kg Berner Alp- & Hobelkäse AOC in 65 Laiben à 7–14 kg; wenig Passanten, aber Verkauf an private Stammkunden; Alpkäse auch angeboten in Grialetschhütte SAC der Sektion St. Gallen Dischma, 7270 Davos Platz.

### Besonderes zur Verarbeitung
Gekäst wird nur anfangs Sommer während drei Wochen, weil mit dem Junior zusammen 32 ha zu heuen sind. Abendmilch im kühlen MG in Kannen im Trog gekühlt, z.T. in Gebsen gelagert, kaum abgerahmt. Während Hauptzeit Milch an Lenk Milch AG geliefert und verkauft.

### Besonderes zum Senntum
Durch die sonnseitige Lage sehr frühe Alp und Aussicht auf Berg und Hütten, das Gebäude in hilber Lage, dadurch schön warm. Man trägt Sorge zum Alten, Hütte ist mit schönen Möbeln bestückt. Die Kühe holt man morgens immer mit dem Sonnenaufgang in den Stall.

Auch Hans Hänni nimmt es locker; die Milch zirkuliert im geschlossenen System.

Margrit Hänni voll Schwung und guter Laune in ihrem schönen Reich.

Viel Schönes auf einen Blick: felsige Berge, weisse Hütte, grosses, reiches Zügelgeläute – Kultur.

# BETELBERG

**Wer kennt ihn nicht im Winter – aber auch im Sommer kann man viel Interessantes erleben.**

Der Betelberg ganz sanft, aber eindrücklich, Blick von der Langermatten nach WNW; dahinter Lauenenhorn, Giferspitz und Wistätthorn als rüder Abschluss.

Treicheln und Petunien, eine immer schöne Kombination.

### Gemeinde/Amtsbezirk
Lenk/Obersimmental

### Rechtsform/Eigentümer
Alpkorporation Betelberg, 30 Anteiler; Kontaktperson: Bergvogt Ueli Matti, Eystrasse 8, 3775 Lenk.

### Landeskarten
1266 Lenk 1:25000
263 Wildstrubel 1:50000

### Koordinaten Referenzpunkt
Golderne, 598600/141450, 1733 m

### Lage der Alp
Zweitgrösste Alp der Gemeinde. Betelberg umfasst den sonnigen SE-Hang von Mülkerplatten-Leiterli, auf 1660–2000 m, bis Gryde-Stübleni. Mit Ausnahmen mässig geneigt, ausgesprochen weidgängig; grössere Flächen stark durchnässt; aber Ausweide mit $4/5$ Borstgras durchsetzt. Obere Regionen von Steinstoos und soweit gedüngt dominiert gute Grasnarbe. Untere Alpteile Gysebode und Loch bedeutend früher als übrige Alp, deshalb zumeist überreifes Futter.

### Wege zur Alp
Mit PW oder Bahn bis Lenk; mit PW bis Talstation Betelbergbahn oder Wyssestei; mit Betelbergbahn bis Stoss oder Leiterli; über Pöschenried auf bewilligungspflichtiger Güterstrasse bis Betelbergmeder; mit Iffigenalp-Postauto bis Haltstelle Färiche; von überall her auf Bergwanderwegen oder teilweise unmarkierten Wegen zur Alp (Wanderbuch 3094, Routen 4 und 16).

### Touristisches
Betelberg ist die wichtigste Station an der Lenk; mit Restaurationsbetrieben bestens ausgerüstet; Themenwege gemäss Prospekten (Luchstrail, Murmelitrail, Alpenblumenweg, Zenweg usw.); Rundwege von Lenk über die Alp oder vom Leiterli ins Iffigental (Wanderbuch 3094, Routen 4 und 16, 3097, Route 11). Im Winter ein vielseitiges Skigebiet aller Schwierigkeitsgrade, auch für Tourenfahrer nach allen Seiten.

### Infrastruktur
Von 8 einstafligen Sennten fabrizieren vier mit Nummern für den Markt: 3502/S 2076, 3503/S 2543, 3538/S 2236, 3547/S 2391. Alp mit der Betelbergbahn erschlossen; Stiegelberg-Güterstrasse von Iffigenstrasse und Güterstichwegen (ausgebaut durch Weggenossenschaft Stiegelberg-Betelberg seit den 1980er Jahren in Etappen bis 2003 bis zur hintersten Hütte). Energieversorgung durch Dieselaggregate, Akkus und Solarzellen. Ganze Betelbergseite gute und zuverlässige Wasserverhältnisse, genügend trockensichere Quellen; neben Stafelbrunnen auch verschiedene Weidtröge.

### Bestossung
168 Stösse in 77 Tagen (Ende Juni bis Anfang September): 129 Normalstösse

### Weideflächen
Total 245 ha: 215 ha Weide, 14 ha Waldweide, 16 ha Streue

### Besonderes zur Alp
Früher 9 Gebäude in Privatbesitz, dezentral über ganze Alp verteilt; daneben 2 Galtviehschattställe der Korporation. Die Borstgräsigkeit der Alp ist für Skipisten sehr vorteilhaft, weil sehr robust!

Noch liegt sie seitenverkehrt bereit, die Prägefolie zur Kennzeichnung der Spezialität.

Wöschhafen und Waschtrog, Utensilien der Sennen, vor den Einrichtungen der Lenk Bergbahnen.

# Betelberg-Steinstoos

## SENNTUM 3502/S 2076

Die Steinstoos-Hütte im Morgenlicht von NE gegen das Niesenhorn.

Erich Zihlmann hingebungsvoll am Überziehen der Dickete.

Gleichzeitig werden die Kälber getränkt ...

### Besatz
14 Kühe, 6 Rinder, 13 Kälber, 2 Ziegen (Kitze bei Fuss).

### Personen

| Funktion | Person | Telefon |
|---|---|---|
| Hüttenbesitzer | Hans und Armin Beetschen<br>Pöschenriedstrasse 36, 3775 Lenk | 033 733 15 79 |
| Pächter | HU und Käthi<br>Wampfler-Bader, Bühlbergstr. 80, 3775 Lenk | 033 733 13 67 |
| Sennen und Käser | Erich und Barbara<br>Zihlmann-Wallmeier, Rifferswilerstrasse 4,<br>Schwalbenhof, 8926 Hauptikon | 032 438 88 83 |
| Käser | Erich Zihlmann-Wallmeier | |

Kathrin Wallmeier, Lausen hilft zeitweise auf der Alp.

**Telefon auf der Alp**  079 729 14 32

### Gebäude
(597150/140900): Fleckenblock, Bruchsteinsockel mit Kellern, steiles Satteldach, Profilblech, Gaden im OG, dreiräumiger Wohnteil nach SE, frontale Zugangslaube und -treppe, zwei Doppelquerställe, Schermen und Schöpfe.

### Käserei
Geschlossene Küche, ummantelte Grube mit Rohren in die Hutte, 125 l Kessi an Schiene, mobiles Rührwerk, Schwarzpresse, Holzboden, Holzwände.

### Käselager
Keller in S-Ecke des Sockels unter Stube: Naturboden, Holzdecke, schön feuchtes Klima, Bankung für 60 Laibe.

### Produkte und Vermarktung
500 kg Berner Alp- & Hobelkäse AOC in 40 Laiben à 11–13 kg; 250 kg Alpraclette; wenig Passanten, aber Vermarktung im Gelegenheits-Beizli (das früher intensiver und mit einem Nidletäfeli-Automaten betrieben worden war) und bei privaten Stammkunden; der Alpkäse wird auch angeboten durch Beltrametti-Weber am Wochenmarkt in Aarau (und speziell am Rüeblimärit).

### Besonderes zur Verarbeitung
Bladseite (!) der Käse wird mit Prägung «Alpkäserei Steistoos» versehen, auch bei Alpraclettes. Abendmilch in Kannen im Trog gekühlt gelagert und leicht abgerahmt. Pro Fabrikation gibt es immer einen einzigen Laib.

### Besonderes zum Senntum
In der wunderbaren Lage mit viel Licht von früh bis spät und schönen Abendstimmungen eine reiche, vielfältig wechselnde Vegetation, wie sonst kaum irgendwo.

…und die Ziegen heimgeholt.

Maria schaut noch etwas skeptisch durchs Laubengeländer in die Welt.

Barbara Zihlmann bei der Käsepflege, auch voll konzentriert.

# Betelberg-Golderne
## SENNTUM 3503/S 2543

Die Golderne-Hütte von NE, Schönes und Nützliches in guter Ordnung …

… auch in der Küche.

Vreni Beetschen rührt im Kessi, bis er richtig ist …

### Besatz
18 Kühe, 9 Rinder, 14 Kälber, 1 Stier, 2 Ziegen, 2 Schweine; grösstenteils Vieh des Hüttenbesitzers.

### Personen

| Funktion | Person | Telefon |
| --- | --- | --- |
| Hütten-besitzer | Ueli und Friedy Matti<br>Eystrasse 8, 3775 Lenk | 033 733 10 28 |
| Sennen | Roland und Vreni Beetschen-Schmid<br>Schadaulistrasse 10, 3775 Lenk | 033 733 36 58 |
| Käserin | Vreni Beetschen-Schmid | |

**Telefon auf der Alp** 078 730 67 07

### Gebäude
(598600/141450): breiter Holzmischbau (bergseits Beton) auf verputztem Sockel (teils Bruchstein, teils Kalksandstein, Renovation 2002) mit Keller und Ställchen, läges Schipfensatteldach, dreiräumiger Wohnteil nach E mit frontaler Zugangslaube und -treppe, seitlich angebaut Remise/Garage, neu ausgebautes Gaden im DG, dahinter zwei Doppelquerställe. Die Schweine werden in einem dauernd offenen Viehanhänger gehalten.

### Käserei
Geschlossene Küche, offene Grube, 200 l und 150 l Kessi an profiliertem Holzturner, mobiles Rührwerk, Schwarpresse, Plättliboden, Holzwände.

### Käselager
Keller in SE-Ecke: Kiesboden, Holzdecke, gutes und schön feuchtes Klima, Bankung für 100 Laibe.

### Produkte und Vermarktung
400 kg Berner Alp- & Hobelkäse AOC in 50 Laiben à 5–12 kg; 70 kg Alpraclette, 10 kg Ziegenfrischkäse mit 50 % Kuhmilch; kaum Passanten; Käse auf die drei Besetzer verteilt und an private Stammkunden vermarktet.

### Besonderes zur Verarbeitung
Gekäst wird hier erst ab August. Die Abendmilch wird in Gebsen gelagert und teilweise abgerahmt. Der Nachbar Hans Christeler bringt seine Milch zum Verkäsen hierher und nimmt die Käse zurück. Die Milch wird bis Ende Juli an die Lenk Milch AG geliefert und verkauft.

### Besonderes zum Senntum
Der Wohnteil hat noch schöne, alte, kleinteilige Fenster mit Schiebfensterchen. Die Gesamtalp ist sehr weitläufig und nicht unterzäunt, man muss also die Kühe oft weit her holen; trotzdem ist es hier eine Bergidylle.

… und unter Assistenz von Roland ausgezogen werden kann.

Fast klar fliesst die Schotte vom Presstisch, die Schwarpresse tut ihre Pflicht.

Durch die alten und dekorierten Fenster der Blick nach E aufs Oberlaubhorn.

# Betelberg-Alimahütte
## SENNTUM 3538/S 2236

Die Alima-Hütte von E mit ihrem gemütlichen Läubli; hinten Niesenhorn und Bergbahneinrichtungen.

Das Käsekessi in der traditionellen Feuergrube und eine schöne alte Dreibeinpfanne für die Heisswasserbereitung.

Statterbub Patric Bühler am Murmelitrail.

### Besatz
19 Kühe, 2 Rinder, 21 Kälber, 5 Ziegen, 2 Schweine; Vieh von Hüttenbesitzer, Pächter und seinem Sohn Stefan R.; R. R. ist Simmentaler Reinzüchter (Vieh auch auf weiteren Bergen); auffallend sind zwei riesige Kater!

### Personen

| Funktion | Person | Telefon |
| --- | --- | --- |
| Hütten-besitzer | Samuel Allemann<br>Bachtalen, Lenkstrasse 28, 3775 Lenk | 033 733 10 79 |
| Pächter | Raymond und Hanni Röthlisberger<br>Reichensteinstrasse 17, 3776 Oeschseite | |
| Käserin | Hanni Röthlisberger | 033 722 12 70 |

Hanni R. macht Alpbetrieb praktisch allein, mit Ferienstattern; Raymond R. heuet Talbetrieb. Sohn Stephan R. hilft auf der Alp aus. Gutes Auskommen mit Nachbarn.

### Telefon auf der Alp   079 607 34 49

### Gebäude
(598100/141500): Alimahütte von 1685, Kantholzblock auf Mauersockel (heute teilweise Kalksandstein), sehr läges Schindelsatteldach, dreiräumiger Wohnteil nach SE,

ein seitliches Gaden im DG mit mobiler Treppe aus Küche, ursprünglich ein Querstall mit einem normalen und einem sehr schmalen Läger, dann unter zwei Malen je ein Doppelquerstall angebaut, Fleckenblock mit profilierten Türrahmen (wohl auch Anbauten recht alt).

### Käserei
Offene Küche, offene Grube, Blechhutte, 230 l Kessi, Holzturner, mobiles Rührwerk, Schwarpresse, Holzboden, Hartplattenwände.

### Käselager
Keller in S-Ecke unter Stube: Naturboden, Holzdecke, gutes Klima, Bankung für 70 Laibe, Abtransport nach Bedarf direkt zum Händler.

### Produkte und Vermarktung
700 kg Berner Alp- & Hobelkäse AOC in 110 Laiben à 5–8 kg; Hauptabnehmer Molkerei Amstutz AG, 3655 Sigriswil; 80 kg Alpmutschli und Alpraclette, 150 kg Ziegenfrisch- bis -weichkäse mit 67% Kuhmilch; guter Passantenverkauf (Murmelitrail), private Stammkunden, auch durch Schwiegertochter auf Tournee aufgesucht.

### Besonderes zur Verarbeitung
Abendmilch im Kessi mit Kühlschlange, abgerahmt.

### Besonderes zum Senntum
Alp «gelegen», sonnig, nicht so hoch.

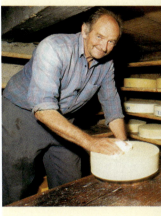

Hanni Röthlisberger schüttet den Ziegenkäsebruch in die Form.

Raymond Röthlisberger pflegt seine schönen Käselaibe mit Liebe.

Beim Käseauszug aus dem Kessi helfen sich Hanni und Raymond – ein eingespieltes Team.

# Betelberg-Loch

## SENNTUM 3547/S 2391

**Besatz**
13 Kühe, 4 Rinder, 11 Kälber, 3 Schweine

**Personen**

| Funktion | Person | Telefon |
| --- | --- | --- |
| Hütten-besitzer | Niklaus Christeler<br>Aegerten, Flöschstrasse 12, 3775 Lenk | 079 218 84 29 |
| Sennen | Manfred und Vreni Christeler-Hefti<br>Flöschstrasse 12, 3775 Lenk | |
| Käser | Manfred Christeler-Hefti | 033 733 19 80 |

Manfred Christeler ist den 52. Sommer hier, vorher war er Statterbub auf Haslerberg.

Bei der Lochhütte geht es gegen Mittag, die SE-Front ist schon stark beschattet.

Über Vreni Christelers wunderbare Blumenkistchen hinweg grüsst der Wildstrubel mit seinen eher finsteren Vorgebirgen.

Vreni mit Jungmannschaft, Enkelin Sabine, und Jungvieh.

**Telefon auf der Alp**  079 218 84 29

**Gebäude**
(598650/142500): Fleckenblock, verputzter Bruchsteinsockel, Neubau nach Brand nach Militäreinquartierung, Satteldach mit Gerschilden, Profilblech, dreiräumiger Wohnteil nach SE, frontales Zugangsläublein mit Vordächlein und -treppchen, dreilägeriger Querstall, Schweinestallanbau. Zierinschrift: «…1942…». Unterhalb Schattställchen, läges Schindelsatteldach, früher für Jungvieh.

### Käserei
Geschlossene Küche, offene Grube, Hutte, 140 l Kessi, Holzturner, mobiles Rührwerk, Schwarpresse, Plättliboden, Holzwände.

### Käselager
In der S-Ecke des Sockels unter der Stube: Naturboden, Holzdecke, sehr gutes Klima, Bankung für 60 Laibe.

### Produkte und Vermarktung
600 kg Berner Alp- & Hobelkäse AOC in 60 Laiben à 7–14 kg; kein Passantenverkauf (eben «im Loch»!); Vermarktung gelegentlich an Lenk Milch AG und private Stammkunden; winters im Talbetrieb jeden Donnerstagabend «offene Stalltür und Küchentür»; besonders für REKA-Dorf nebenan gedacht, wo es für Kinder besonderen Anziehungspunkt darstellt, bringt gewissen Umsatz – und sicher Goodwill für Bergland- und Alpwirtschaft!

### Besonderes zur Verarbeitung
Die Abendmilch wird im Kessi mit Kühlschlange gelagert und nicht abgerahmt. Nur zeitweise wird die Alpmilch an die Lenk Milch AG abgeliefert und verkauft.

### Besonderes zum Senntum
Alp sehr gutgräsig. Fehlen der direkten Strasse auf den Betelberg und dass man weiten Umweg über Pöschenried machen muss, wird als Unsinn/Zwängerei empfunden.

Manfred Christeler packt den jungen Käse frisch ein …

… und das Büssi darf das wohl – es ist ja nur Schotte, die sonst jemand anderes trinkt …

Manfred reibt seine Käse alle Tage mit Salz ein, damit sie gut werden.

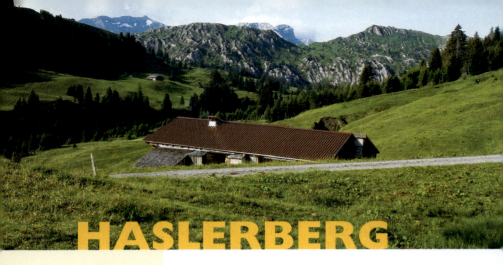

# HASLERBERG

**Haslerberg und Gryden: weit, abwechslungsreich, wild – mit dem berühmten Luchstrail.**

Über die Gartihütte hinweg nach S sieht man die Lägerhütte und dahinter die sonderbaren, rauen Gryden.

Enzianen am Rande des grossen Naturschutzgebietes, Gentiana acaulis, Koch'ischer Enzian zeigt kalkarme Böden an.

### Gemeinde/Amtsbezirk
Lenk/Obersimmental

### Rechtsform/Eigentümer
Alpkorporation Haslerberg, 47 Ansprecher; Kontaktperson Bergvogt Kurt Trachsel, Aegertenstr. 71, 3775 Lenk.

### Landeskarten
1266 Lenk 1:25000
263 Wildstrubel 1:50000

### Koordinaten Referenzpunkt
Haslerberg, 596725/141900, 1773 m

### Lage der Alp
Ausgesprochener NW-Hang auf rechter Talseite des Wallbaches auf 1600–2100 m. Mehrheitlich mässig bis stark geneigt und weidgängig mit Ausnahme des Grydengebietes E Stüblenenhorn. Unterer Hauptteil «Läger» und das ausgedehnte Weidegebiet «Walig» durch steilen Waldgürtel getrennt. Innerster W Teil nicht weidgängig, vielfach sauergräsig. Im Raum Garti die Hälfte nasser Boden, auf Walig ca. $1/5$. Obere Alpteile gegen Leiterli borstgräsig;

beste Grasnarbe auf Läger, auch relativ windgeschützt; obere Alp ziemlich rau, weit offen.

### Wege zur Alp
Mit PW oder Bahn bis Lenk; von Lenk mit PW bis Restaurant Wallegg; mit Bergbahnen Mülkerplatte bis Wallegg oder Betelberg bis Leiterli oder von einer Station auf Wander- und Bergwanderwegen auf die Alp (Wanderbuch 3094, Routenvarianten 4 und 16).

### Touristisches
Haslerberg liegt an der Rückseite von Betelberg und Wallegg/Mülkerplatte; grosses Naturschutzgebiet, eindrückliche Gipsfelder der Gryden mit Dolinen. Sommers prächtiges Wandergebiet mit Luchstrail; Höhenwanderung auf Stübleni; winters wunderbar für Skiwanderer und Tourenfahrer; Restaurationsmöglichkeiten, auch im Winter! (Wanderbuch 3094, Routen 4, 7, 16, 23).

### Infrastruktur
Vier einstaflige Sennten 3509/S2105, 3510/S 2077, 3542/S 2237, 3549/S 2519 (Senntum H. Siegfried liefert Milch ab). «Garti» links vom Wallbach mit Güterstrasse; restliche Alp über Wallbachgraben und Wallegg mit Allradfahrzeugen erreichbar. Energieversorgung durch Dieselaggregate und Solarzellen, drei Walleggstafel am Netz der BKW. In allen Stafeln genügend Quellwasser.

### Bestossung
160 Stösse in 75 Tagen (Ende Juni bis Anfang September): 120 Normalstösse

### Weideflächen
Total 269 ha: 236 ha Weideland, 9 ha Waldweide, 24 ha Streueland

### Besonderes zur Alp
Die 10 Gebäude der früher 6 Sennten in Privatbesitz. Im Alpkataster 1969 Bewirtschaftungsplan vorgeschlagen. Staat hat 18 Kuhrechte aufgekauft und das schlechteste Land zu Garti aufgeforstet. Alp profitiert von Lenk Bergbahnen und Naturschutzgebieten, setzt Geld für Verbesserungen ein. Zusammenarbeit in Korporation und mit Tourismus und Leistungsträgern sind gut.

Ein typischer Simmentaler Kuhschwanz: sauber geschnitten, gewaschen und aufgesteckt – stets bereit, auf dem Laufsteg anzutreten.

Erwin Stähli holt sich mitten im Sommer eine Ladung der begehrten Wallegg-Alpkäse; die ganze Familie Walker bildet eine Kette.

# Haslerberg
## SENNTUM 3509/S 2105

Die Lägerhütte nach SW gegen Kaslepalg.

Martin Bracher misst das Lab ab, um die Milch zum Gerinnen zu bringen; die Vortageskäse liegen noch ausgebladet unter der Presse.

Ernst Siegfried scheint nicht ganz mit allem zufrieden …

### Besatz
19 Kühe, 19 Rinder, 6 Kälber, 6 Ziegen, 5 Schweine; der grösste Teil der Rinder läuft in den Gryden.

### Personen

| Funktion | Person | Telefon |
| --- | --- | --- |
| Hütten-besitzer | Ernst und Regula Siegfried<br>Mittlere Aegertenstrasse 32, 3775 Lenk | 033 733 13 46 |
| Senn und Käser | Martin Bracher<br>Kirchackerweg 320, 4252 Bärschwil | 061 761 53 71 |

Martin Bracher ist den 2. Sommer hier allein verantwortlich, vorher mehrere Sommer mit einem Zusennen.

### Telefon auf der Alp  033 733 13 58

### Gebäude
Läger Innere Hütte (596750/141900): gefälliger, geräumiger reiner Fleckenblock auf verputztem Bruchsteinsockel mit Keller und Ställchen, läges Schindelsatteldach mit Gerschilden, datiert 1934, dreiräumiger Wohnteil nach N mit Zugangslaube übers Eck und frontaler Treppe, Gaden im DG, zwei Doppelquerställe mit Steinplattenvorplatz und Bühnentür über dem bergseitigen Stall.

### Käserei
Geschlossene Küche, ummantelte Grube, 250 l Kessi (1976 Gerber Langnau) an Holzturner, mobiles Rührwerk, Federpresse, Holzboden, Holzwände.

### Käselager
Keller in der NE-Ecke des Sockels unter der Stube: Steinplattenboden, Holzdecke, gutes, anfangs Sommer etwas trockenes Klima, Bankung für 120 Laibe, Vorverteilung und Abtransport anfangs August.

### Produkte und Vermarktung
1600 kg Berner Alp- & Hobelkäse AOC in 130 Laiben à 6–13 kg; Hauptabnehmer Molkerei Gstaad, Gsteigstrasse, 3780 Gstaad; 70 kg Alpmutschli und Alpraclette, 100 kg Ziegenweichkäse mit 33 % Kuhmilch; Vermarktung an private Stammkunden, auch im Schwarzbubenland durch Martin Bracher.

### Besonderes zur Verarbeitung
Die Abendmilch wird im Kessi mit Kühlschlange gelagert und abgerahmt.

### Besonderes zum Senntum
Die Gipslandschaft der Gryden ist faszinierend mit ihren Trichtern, und die Älpler besuchen sie regelmässig. Die Hütte steht an einem geschützten Platz, aber der Boden drum herum ist lebendig, ständiger Bergdruck, der nur teilweise saniert werden konnte.

Martin Bracher bei drei Stufen der Verarbeitung: Bruchherstellung mit der Harfe...

...Überziehen der Dickete mit dem Schruef...

...Präsentation des fertigen Werkes im Käsekeller, sauber und leserlich angeschrieben.

# Haslerberg Walig
## SENNTUM 3510/S 2077

Die vielteilige Wallegg- (oder Walig-)Hütte von N.

Der Gegenblick durch das Zügelgeläute gegen das andere Gebäude mit Rinderstall und Skiclubhütte.

Nachbar Hanspeter Christeler trägt Holz in die Küche – zum Kochen und Heizen braucht es nicht so viel, wie wenn man selber käst.

### Besatz
31 Kühe, 20 Rinder, 15 Kälber, 1 Stier, 2 Ziegen, 18 Schweine; gut die Hälfte ist eigenes Vieh der Familie Walker.

### Personen

| Funktion | Person | Telefon |
|---|---|---|
| Hüttenbes. und Käser | Hans und Ruth Walker<br>Lenkstr. 39, 3775 Lenk | 033 733 32 75 |
| Melker | Hanspeter Christeler-Martig<br>Aegertenstrasse 75. 3775 Lenk | 033 733 18 22 |

Kinder Niklaus und Petra Walker helfen kräftig. Ferienstatter 2004 Dimitri Schneider, Boden, Lenk. HP Christeler führt in Hütte von Edi Beetschen, Gruben, Saanen, unabhängigen Betriebe, liefert Milch zur Walkers.

**Telefon auf der Alp** 033 733 32 75

### Gebäude
(597675/143200): Walkers kauften 1983 die Hütte; dreiräumiger Wohnteil, Fleckenblock, Bruchsteinsockel, 1986 dreilägeriger Stall als T-Balken angebaut, verschalter Rieg, läge Schipfensatteldächer, je seitlich Zugangstreppen, Lauben, Anbauten für Schneebar und WC. BI: «…1779…». Untere Hütte Rinderstall, Wohnteil als Skiclubhaus.

### Käserei
Halboffene Küche, ummantelte Grube, 550 l Kessi, Holzturner, mobiles Rührwerk, eine Schwar-, eine Spindelpresse, Zementboden, Wände aus Hartplatten und Holz.

### Käselager
Keller in E-Ecke unter Stuben: Naturboden, Holzdecke, gutes, eher trockenes Klima, Bankung für 100 Laibe.

### Produkte und Vermarktung
2500 kg Berner Alp- & Hobelkäse AOC in 250 Laiben à 9–11 kg; Hauptabnehmer Molkerei Amstutz AG, 3655 Sigriswil; 80 kg Alpmutschli, 70 kg Ziegenfrischkäse mit 50 % Kuhmilch; Verkauf an Passanten und private Stammkunden; Ziegenkäse angeboten durch Lenk Milch AG, Aegertenstrasse 2, 3775 Lenk.

### Besonderes zur Verarbeitung
Abendmilch im Kessi mit Kühlschlange gelagert, wenig abgerahmt. Wenn mehr als 3 Laibe Gesamtauszug und Vorpressen.

### Besonderes zum Senntum
Viel nasses Land, sehr ungleiche Weide; Grossteil eigene Bergrechte, einiges dazu gepachtet. Schneebar im Winter von Dritten betrieben, recht grosse Sache. Vgl. Zeitungsreportagen zum Besuch von Regierungsrätin Elisabeth Zölch (August 2001). Sagen zum «Grydenhuri».

Niklaus Walker zerschneidet den vorgepressten Käsebruch, und Mutter Ruth legt ihn dann in die Järbe.

Hans Walker präsentiert einen seiner Alpkäse – dem Fotografen war offenbar der Mensch so wichtig wie der Käse…

Ruth Walker im Element, energisch und trotzdem sorgfältig schmiert sie ihre Käselaibe.

# Haslerberg Garti

## SENNTUM 3542/S 2237

Die Gartihütte von E hat fast rundum etwas Wald.

Die viereckig ummantelte Feuergrube kommt in der Gegend immer wieder vor.

Heinz Romang hantiert am jungen Käse auf dem Presstisch.

### Besatz
11 Kühe, 4 Rinder, 6 Kälber; hauptsächlich eigenes Vieh der Familie Romang.

### Personen

| Funktion | Person | Telefon |
|---|---|---|
| Hüttenbesitzer | Hansueli + Sylvia Romang-Löw Oberriedstr. 25, 3775 Lenk | |
| Käserin | Sylvia Romang-Löw | 033 733 20 52 |

Romangs sind Hüttenbesitzer seit dem 01 01 04; vorher war es Zellers Hütte. Die Kinder Toni und Heinz helfen in den Ferien kräftig mit.

### Gebäude
(596750/142550): Kantholzblock von «1781 CR MG» auf jüngst renoviertem Bruchsteinsockel mit Keller und Ställchen, dreiräumiger enger Wohnteil nach SE mit frontaler Zugangslaube und -treppe, im DG nur Gasteren, seitlich grosser Schopf mit Anhängerdach, dahinter zwei Doppelquerställe und ein kleiner Anbau für Heulagerung.

### Käserei
Offene Küche, die Ummantelung der Grube Eigenkonstruktion mit einem Schlitzrohr, 180 l Kessi («Fritz Graf 1934») an Schiene, mobiles Rührwerk erst seit 2003, Schwarpresse, Holzboden, Wände aus Plastik und Holz.

### Käselager
Keller in der S-Ecke des Sockels unter der Stube: Naturboden, Holzdecke, gutes Klima (hier oben ist es gut, dass der Keller besonnt ist!), Bankung für 50 Laibe, Abtransport nach Bedarf.

### Produkte und Vermarktung
550 kg Berner Alp- & Hobelkäse AOC in 65 Laiben à 6–12 kg; 50 kg Alpmutschli; keine Passanten hier, Verkauf an private Stammkunden, auch als Hauslieferdienst.

### Besonderes zur Verarbeitung
Die Abendmilch wird in Gebsen und teilweise in Kannen im Brunnen gelagert, je nach Zustand der Bakterienkultur, und wenig abgerahmt.

### Besonderes zum Senntum
Die sonnige Alp ist früher als das Hinter Läger und trägt sehr viele Arnika. Man hat viel selber eingerichtet, gebaut und verbessert.

Hansueli Romang beim Melken, assistiert von Sohn Toni.

Sylvia Romang als stolze Käserin behandelt die jungen Laibe im Käsekeller.

Mit Eifer suchen die beiden Buben geologische «Schnäppchen». Ihre Sammlung beinhaltet bereits schöne Stücke.

# Haslerberg Tschätte

**SENNTUM 3549/S 2519**

Die Tschättehütte gegen SW, im ebenen Gelände, «Stübleni» im Hintergrund.

Aufmerksame aber ruhige Ziegen im Stall, die Lieblingstiere von Hans Rieben.

Statterbub Bernhard mit seinem Lieblingskalb Rosana.

### Besatz
31 Kühe, 12 Kälber, 1 Stier, 4 Ziegen

### Personen

| Funktion | Person | Telefon |
| --- | --- | --- |
| Hütten-besitzer | Hans Rieben-Marolf<br>Grünenbühlweg 17, 3775 Lenk<br>Hanspeter Rieben<br>Aegertenstrasse 48, 3775 Lenk | 033 733 28 10<br><br>033 733 18 43 |
| Käser | Hans Rieben<br>Aegertenstrasse 48, 3775 Lenk | 033 733 18 43 |

Hans Rieben senior geht den 48. Sommer hier zalp, er hat die Hütte 1957 gekauft. Die beiden Junioren Hans (ist auch einer der beiden Bergvögte) und Hanspeter melken abwechslungsweise.

### Gebäude
(596850/141650): Einfache Hütte, ins Gelände geduckt; alter Fleckenblock auf steinernem Fundament im Ebenen, läge Schindelsatteldächer, kein DG, Steinplatten rund um Hütte, dreiräumiger Wohnteil nach NE, frontales Zugangsläubli und -treppchen, ursprünglich ein Doppelquerstall mit Steinplattentreppen für Kühe! 2. Doppelquerstall länger, mit L-Grundriss.

## Käserei
Offene Küche, offene Grube, Hutte, 300 l Kessi, Holzturner, mobiles Rührwerk, Schwarpresse, Inlaidboden, Holzwände.

## Käselager
Keller in der E-Ecke halb im Boden unter der Stube: Betonplattenboden, Holzdecke, gutes Klima, Bankung für 100 Laibe, Abtransport nach Bedarf.

## Produkte und Vermarktung
1200 kg Berner Alp- & Hobelkäse AOC in 135 Laiben à 7–15 kg; 30 kg Ziegenfrischkäse mit 33% Kuhmilch, besonders wegen seiner Milde geschätzt, vermarktet an Liebhaber und durch Hanspeter Rieben; sonst wenig Direktverkäufe; Alpkäse angeboten durch Hans Zbären-Gersbach, Kaufmann, Bühlbergstr. 18, 3775 Lenk.

## Besonderes zur Verarbeitung
Abendmilch in Kannen im Brunnen gelagert, abgerahmt. Milchgeschirr immer im Tal von den Frauen gewaschen. Ein Teil der Alpmilch an Lenk Milch AG verkauft.

## Besonderes zum Senntum
Ruhiger Platz, wunderbares Läger. Tschättenhütte steht auf der Grenze der Alpkorporationen Haslerberg und Betelberg, eine sehr seltene Sonderstellung, und unmittelbar am Hochmoor von nationaler Bedeutung; eine grosse Rolle spielt hier auch der Wintertourismus.

Vater Hans Rieben – ein alter Fuchs in allem, was den Berg betrifft.

Junior Hanspeter bei der Aussenarbeit.

Junior Hans bei der Kellerarbeit.

# KASLEPALG

**Grosse Blumenvielfalt und Ruhe machen den Sommer erholsam, trotz harter Arbeit.**

### Gemeinde/Amtsbezirk
Lenk/Obersimmental

### Rechtsform/Eigentümer
Privatalp von Alfred Buchs, Schulhausstr. 1, 3775 Lenk; Kontaktperson Sohn Hannes Buchs-Holzer, Schadaustr. 20, 3604 Thun.

### Landeskarten
1266 Lenk 1:25000
263 Wildstrubel 1:50000

### Koordinaten Referenzpunkt
Chaslepalgg, 596150/142050, 1870 m

Blick von S auf die Alphütte; dahinter schaut das Wistätthorn hervor.

Zwei Alpkäselaibe werden hier miteinander gepresst.

### Lage der Alp
Welliges, muldiges Terrain mit E-Exposition unterhalb von Tube und Trüttlisbergpass auf 1800–2030 m. Schwerer, trittempfindlicher, feuchter Boden. Auf etwa der halben Fläche durchnässt; auf trockenen Stellen sehr gutgräsig. Mit Ausnahme der untersten Komplexe weidgängig, aber wetteranfällig und ohne jeglichen Schutz. Grenzt direkt an das Garti-Senntum des Haslerberges, an Hasler Heuberg und an Lochberg.

### Wege zur Alp
Mit Bahn bis Lenk oder mit PW oder auf Wanderwegen durch den Wallbachgraben zur Alp (Wanderbuch 3094, Routenvariante 4).

### Touristisches
Trüttlisbergroute, Etappe der Hinteren Gasse (Berner Wanderbuch Jubiläums-Ausgabe, 1987, Route 48), führt über die Alp. Chaslepalgg liegt im Hinterland von Betelberg und Wallegg, teilweise in Naturschutzgebiet mit Gryden, Gipsfomationen von eigenartigem Reiz und mit tückischen Dolinen. Wenig NW gegen Lochberg «Zyklopen-Steingarten», wild überwachsenes Bergsturzgebiet, vielfältige Fauna (brütende Vögel), wunderschöne Vegetation; Spielplatz zum Beineverdrehen. Im Sommer prächtiges Wandergebiet mit Luchstrail in der Nähe; im Winter wunderbar für Skiwanderer und Tourenfahrer; Retablierungsmöglichkeiten bei Alphütten und den Bergbahnen (Wanderbuch 3094, Routen 4, 7, 16, 23).

### Infrastruktur
Die Alp bildet das einstaflige Senntum 3512/S 2230. Geschotterter Güterweg von Lenk/Aegerten seit 1999 bis auf den Stafel und an den Fuss des Haslerheubergs. Innerhalb der Alp Viehtrieb-, Saum- und Fusswege und neuerdings ein Mistweg. Energieversorgung durch Dieselaggregat und Solarpanel. Die frühere prekäre Versorgung mit Grabenwasser ist durch zwei neue Wasserfassungen mit Reservoir bestens saniert.

### Bestossung
27 Stösse in 77 Tagen (Ende Juni bis Anfang September): 20 Normalstösse

### Weideflächen
Total 48 ha: 43 ha Weideland, 1 ha Wildheu, 4 ha Streueland

### Besonderes zur Alp
Die Seyung beträgt nur 19½ Kuhrechte, aber verschiedene angrenzende Heumäder wurden zugekauft und 10½ ha Mäder dazu gepachtet.

Ein gedeckter Tisch in gastlicher Stube lädt ein zum Sitzen und Dorfen.

Ein einfaches, aber schön behauenes Holzschloss, mit Holzschrauben auf der Innenseite der Türe befestigt.

# Chaslepbalg
## SENNTUM 3512/S 2230

Die Hütte etwas näher betrachtet mit Brennholz, Zügelgeläute, Käsetüchern und dem Kälberstall rechts.

Die langen Schatten zeigen den frühen Vormittag an; Kühe und Ziegen lassen sich langsam herzu in den Stall.

Alfred Knutti giesst sorgfältig die Morgenmilch durch den Filter ins Kessi.

### Besatz
19 Kühe, 13 Rinder, 12 Kälber, 2 Ziegen

### Personen

| Funktion | Person | Telefon |
|---|---|---|
| Pächter | Alfred Knutti-Abbühl<br>Fischbach, 3765 Oberwil | 033 783 17 92 |
| Käserin | Annemarie Knutti-Abbühl | |

Knuttis sind hier schon seit 1970 Pächter. Seit einigen Jahren ist aushilfsweise Simon Mann, Nidfluh, Därstetten, Statter.

**Telefon auf der Alp**  079 689 44 52

### Gebäude
Alter, enger Fleckenblock auf Bruchsteinsockel, teilweise unterkellert, läges Schindelsatteldach, vierräumiger Wohnteil nach S, Graffiti an der Wand «HKM 1870» und einer Bettstatt «CZ 1859 1860 1861», Holzschopf, Zugangslaube seitlich, zwei Treppen, frontales Läubli aus Stube zugänglich, schmale, kleinteilige Fensterchen ganz zur Seite (mit Schiebfensterchen), Doppelquerstall und Ziegenstall unter dem Wohnteil, dahinter, tiefer gelegener, 1956 als Kantholzblock und teils massiv angebauter Querstall mit an-

derthalb Lägern, länger als der Wohnteil breit, also eine Art T-Grundriss. Daneben Pferde-, heute Kälberstall und oberhalb ein Jungviehschattstall, teilweise schindelverrandete, verschalte Riegbauten, Schindelsatteldächer.

### Käserei
Offene Küche, offene Grube, neue hölzerne Hutte, 2001 Kessi, Holzturner, mobiles Rührwerk, Schwarpresse, Holzboden (Ersatz ist für 2005 geplant), Holzwände.

### Käselager
Keller auf E-Seite unter Küche: Mauern, Naturboden, Holzdecke, eher kühles Klima, besonders anfangs Sommer, Bankung für 50 Laibe, Abtransport nach Bedarf.

### Produkte und Vermarktung
750 kg Berner Alp- & Hobelkäse AOC in 95 Laiben à 6–11 kg; wenig Verkauf an Passanten, Vermarktung an private Stammkunden.

### Besonderes zur Verarbeitung
Die Abendmilch wird in Gebsen gelagert und anfangs Sommer abgerahmt (nachher wegen der Wärme nicht mehr). Die Schotte wird an die Kälber verträukt.

### Besonderes zum Senntum
Die Alpzeit mit der grossen Blumenvielfalt, der Ruhe und einem weniger stressigen Rhythmus als auf dem Talbetrieb ist eine Erholung!

Zwei Stunden später kann Annemarie Knutti den Käsepüntel aus der Schotte heben.

Beim Wenden der jungen Laibe wird immer wieder mit äusserster Konzentration der Span entfernt, damit es keine Überlitze gibt.

Der Blick nach S über die Gryden hinweg auf Schnidehorn und Niesenhorn – eine urtümliche Landschaft.

# OBER-LOCHBERG

**Ein raues, unwegsames, holzloses Bergsturzgebiet mit fantastischen Steingärten.**

Die Obere Lochberghütte von E; dahinter ein Abbruch, der Steingarten darunter ist von der Hütte verdeckt.

Eine Blumeninsel im feuchten, bröckeligen Schiefergestein am Bachrand.

**Gemeinde/Amtsbezirk**
Lenk/Obersimmental

**Rechtsform/Eigentümer**
Privatalp der Familie Kammacher, 3775 Lenk; Kontaktperson Roland Kammacher, Flöschstrasse 10, 3775 Lenk.

**Landeskarten**
1266 Lenk 1:25000
263 Wildstrubel 1:50000

**Koordinaten Referenzpunkt**
Obere Lochberg, 596100/142550, 1913 m

**Lage der Alp**
Stafel auf kleinem Plateau der ausgedehnten SE-Flanke des Wallbaches auf 1800–2150 m gelegen. Mässig bis sehr steiles, aber weidzügiges Terrain bis zur Wasserscheide hinauf. Ausgesprochene Schiefergesteinsunterlage. Inmitten der Alp, oberhalb der Hütte, Bergsturzgebiete, grosse Steingärten. Mit Ausnahme des untersten Weidezipfels, wo Riedgras vorherrscht, ausgesprochen gutgräsig. Oberhalb der Waldgrenze und stark biseanfällig.

### Wege zur Alp
Mit der Bahn bis Lenk (1068 m) oder mit dem PW sogar bis in die Gegend von Sulzi (1219 m); im Walleggraben auf Wanderwegen zur Alp (Wanderbuch 3094, Routenvariante 4).

### Touristisches
Der Anmarsch auf den Trüttlisberg, eine Etappe der Hinteren Gasse (Berner Wanderbuch Jubiläums-Ausgabe, 1987, Route 48), führt über die Alp. Der Lochberg liegt im Hinterland von Betelberg und Wallegg. Teilweise in einem Naturschutzgebiet, mit den Gryden weiter hinten, den kuriosen Gipsformationen von eigenartigem Reiz und mit tückischen Dolinen. Auf der Grenze zum Kaslepalg ein «Zyklopen-Steingarten», wild überwachsenes Bergsturzgebiet mit vielfältiger Fauna (brütende Vögel) und wunderschöner Vegetation; ein Spielplatz zum Beineverdrehen. Im Sommer ein prächtiges Wandergebiet mit dem Luchstrail in der Nähe; im Winter wunderbar für Skiwanderer und Tourenfahrer (Wanderbuch 3094, Routen 4, 7, 16).

### Infrastruktur
Die Alp bildet das einstaflige Senntum 3531/S 2520. Geschotterter Güterweg von Lenk/Aegerten her bis an zwei Seiten der Alp und an den Fuss des Haslerheuberges, der Stafel selbst und die Alp nur mit Jeepweg erschlossen. Energieversorgung durch Dieselaggregat und Akkumulatoren. Gute und trockensichere Wasserversorgung.

### Bestossung
30 Stösse in 77 Tagen (Ende Juni bis Anfang September): 23 Normalstösse

### Weideflächen
Total 53 ha: 48 ha Weideland, 3 ha Wildheu, 2 ha Streueland

### Besonderes zur Alp
Oberlochberg hat eine Sey von 24 Kuhrechten, «für eine einige Wochen längere Alpzeit.» (Alpkataster 1969) – wie es heute geschieht. Raue, vielseitige Alp: ruppige Zufahrt, kein eigenes Holz, wild und dazu gutgräsig, gutes Streueläger für Kühe, Übergang ins Turbachtal, schöne Aussicht.

Roland Kammachers Aufgabe ist auch die Käsepflege, vor allem im Talbetrieb.

Als Brunnenstock verwendetes natürliches Material ergibt immer wieder schöne Bilder.

# Lochberg
## SENNTUM 3531/S 2520

Ein schönes Zügelgeläute unter dem Vordach.

Der Schattstall am Fusse des Steingartens, oberhalb der Hütte.

Butzenscheiben ergeben ein amächeliges traditionelles Bild der Hütte und ihrer Einrichtung.

### Besatz
17 Kühe, 17 Rinder, 12 Kälber

### Personen

| Funktion | Person | Telefon |
|---|---|---|
| Bewirtschafter | Roland Kammacher<br>Flöschstrasse 10, 3775 Lenk | 033 733 43 68 |
| Senn und Käser | Sami Meister<br>Kreuzbuchstrasse 130, 6045 Meggen | 079 696 65 46 |
| Zusennerin | Monika Engel<br>Luzernerstrasse 77, 6030 Ebikon | 041 420 03 52 |

Sami Meister alpt seit 10 Jahren hier, Monika Engel den 3. Sommer.

### Telefon auf der Alp  079 318 73 51

### Gebäude
Der vierräumige, winklige Wohnteil nach NE mit seitlicher Zugangsterrasse und Läubli ist ein alter, gut unterhaltener Fleckenblock auf Pfosten und Steinblöcken, Gwätt mit Eierfas verziert, an der Wand in grosser eingekerbter Antiqua: «BMAZ BR 1721 IAR ZMP BR BMI», ein Fenster noch mit Butzenscheiben; läges Satteldach, halb Schindeln, halb

Wellblech; dahinter neuerer, höherer, dreilägeriger Querstall, wenig länger als der Wohnteil breit, Ständerbau, ganz wellblechgedeckt; dahinter schöner, grosser Brunnen, Holztrog, gebogener hölzerner Brunnenstock. Weiter oben Schattstall für Jungvieh, Ständerbau, steiles Satteldach, Wellblech.

### Käserei
Offene Küche, offene Grube, 280 l Kessi, Holzturner, mobiles Rührwerk, Schwarpresse, Holzboden, Hartplattenwände.

### Käselager
Keller in E-Ecke unter Stube: Holzwände und Trockenmauern, Naturboden, Holzdecke, trockenes Klima, durch Bewässern ziemlich regulierbar, Bankung für 80 Laibe, Abtransport mit Einachsfahrzeug nach Bedarf. Käsekellerchen unter MG mit Falltüre nicht mehr benutzt.

### Produkte und Vermarktung
1000 kg Berner Alp- & Hobelkäse AOC in 140 Laiben à 6–8 kg; 80 kg Alpmutschli; Verkauf an Passanten und private Stammkunden, auch Innerschweiz durch Sami M.

### Besonderes zur Verarbeitung
Abendmilch im Kessi mit Kühlschlange gelagert, wenig abgerahmt. Schotte den Kälbern verträngt.

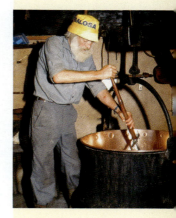

Sami Meister beim Vorkäsen mit der Harfe.

Monika Engel wäscht das Milchgeschirr auf der beschirmten Laube.

In Reih und Glied eine stattliche Anzahl Alpkäselaibe im Keller.

# DÜRRENWALD

**Eine komplexe Alp, früher in zwei Gemeinden gelegen und mit gewaltigem Heuberg.**

Blick von NE in den Dürrenwald; hinten die Krete vom Wistätthorn zum Rüwlishorn, davor die «Site», der Heuberg mit den Fimeln, am Lasenberg.

Die Fensterfront mit leuchtenden Geranien aufgeputzt.

### Gemeinde/Amtsbezirk
St. Stephan/Obersimmental

### Rechtsform/Eigentümer
Dürrenwald-Bergkorporation; Kontaktperson ist der Bergvogt Walter Kurzen, Byfang, 3772 St. Stephan.

### Landeskarten
1246 Zweisimmen 1:25000
263 Wildstrubel 1:50000

### Koordinaten Referenzpunkt
Site/Dürrenwald, 597050/146600, 1654 m

### Lage der Alp
Ausgedehnte nach NE orientierte Alptalmulde E Wistätthorn auf 1930–2355 m. Grösste Alp des Simmentals und Saanenlandes. Mit am SE-Hang gelegener Heualp «Seiten» bildet Dürrenwald oberstes Einzugsgebiet dieses Baches, der früher die Gemeindegrenze St. Stephan – Lenk bildete; so lagen 3/4 der Alp auf Lenker Boden, vorwiegend tiefgründig, trocken, futterwüchsig. Anfangs 1990er Jahre wurde die Gemeindegrenze so verlegt, dass nun der ganze Dürrenwaldberg in der Gemeinde St. Stephan liegt. Am

NW-Hang und auf Eggmatten grössere Flächen stark lehmig/tonig, entsprechend 70 ha durchnässt oder riedgräsig; oben in der N-Flanke Alpenrosenfelder. Obere Randpartien und soweit gedüngt ausgesprochen gutes Futter. Im USt. schönste Lägerböden einseitig überdüngt, üppige Lägerflora. Weidzügige, weidgängige Alp, auf Eggmatten und Flösch windexponiert.

### Wege zur Alp
Mit PW oder Bahn bis St. Stephan/Grodey und auf bewilligungspflichtiger Güterstrasse zum Hauptstafel; zu Fuss von den Haltestellen Grodey oder Matten auf Wanderwegen zur Alp (keine Wanderbuchempfehlung).

### Touristisches
Die Alp liegt sehr speziell, völlig abgetrennt, eng und steil. Wander- und Bergwanderwege von St. Stephan/Grodey und Matten, hingegen von Turbachtal, Nachbaralpen und den S. 253 und 259 erwähnten Höhenwanderungen durch die steile Kette Lasenberg – Wallritzgrat abgeschnitten. In der Umgebung kaum Restaurationsmöglichkeiten (Wanderbuch 3094, Routen 23; 3097, Routen 10).

### Infrastruktur
Von 7 Sennten fabrizieren 5607/S 2567, 5608/S 2109 und 5609/S 2468 mit Zulassungsnummer. 18 Gebäude in Privatbesitz, 7 als «Dörfli» im Hauptstafel, der mit Güterstrasse von Grodey erschlossen; geschotterte Güterwege auf die OSt. Energieversorgung durch Dieselaggregate und Akkus. In allen Stafeln betriebseigene und gute Wasserversorgung; ausser Hinterberg, wo es bei anhaltend trockener Witterung knapp werden kann. Mehrere Weidebrunnen aus trockensicheren Quellen gespiesen.

### Bestossung
Dürrenwald: 21 Tage (Ende Juni bis Mitte Juli)
(OSt. Flösch): 42 Tage (Mitte Juli bis Ende August)
Dürrenwald: 14 Tage (Ende August – Anfang September)
Gesamte Alpzeit: 230 Stösse, 77 Tage: 177 Normalstösse
(Senntum Zigeritz nach 4 Wochen auf OSt., bleibt nur 5!)

### Weideflächen
Total 380 ha: 345 ha Weideland, 20 ha Waldweide, 10 ha Wildheu, 5 ha Streueland

Walter Kurzen, der Alpvogt auf Dürrenwald, blickt getrost in die Zukunft.

Rosmarinstängeli eingestellt – auch auf der Alp muss man nicht auf Küchenkräuter verzichten.

# Dürrenwald

## SENNTUM 5607/ S 2567

Der Oberstafel Zigeritz im grossen Kessel zwischen dem Flösch- und dem Wistätthorn.

Hans Buchs am Kessi in der Käseküche des Zigeritz beim Messen der Temperatur.

Der Käse benötigt auch im Keller des Talbetriebs angemessene Pflege. Ruth Buchs sorgt dafür.

### Besatz
30 Kühe, 18 Rinder, 15 Kälber, 2 Ziegen, 5 Schweine; hauptsächlich Vieh der beiden Bewirtschafter.

### Personen

| Funktion | Person | Telefon |
|---|---|---|
| Bewirtsch. und Käser | Walter und Lydia Kurzen-Lempen, Byfang, 3772 St. Stephan | 033 722 23 31 |
| Bewirtsch. und Käser | Hans und Ruth Buchs-Zahler Häusern, 3772 St. Stephan | 033 722 23 32 |

Hüttenbesitzer: beide Bewirtschafter sowie A. Buchs, 3772 St. Stephan. Bewirtschafter teilen Alparbeit auf Zigeritz weil, schlecht erreichbar: Buchses erste Halbzeit oben, Kurzens zweite Halbzeit, je für alle Arbeiten. Auf USt. besorgen beide je ihr Vieh vom Tal aus.

### Gebäude
Dürrenwald: Bruchsteinsockel, Fleckenblock, läges Schindelsatteldach, vierräumiger Wohnteil nach N, Zugangsläubli seitlich (Front zwei Stuben, dahinter Küche und MG), zwei Doppelquerställe. Zigeritz (596800/145200): Sockel Bruchstein und Kalksandstein, Fleckenblock, läges Satteldach, Eternitschiefer, dreiräumiger Wohnteil nach NW, frontale Zugangslaube und -treppe, Doppelquerstall;

Querstall mit Querfirst 1999 abgerissen; neu Doppellängsstall, Schwemmkanal, verschalter Rieg, Firstverlängerung.

### Käserei
Offene Küche, offene Grube, 320 l Kessi, Holzturner, mobiles Rührwerk, Schwarpresse, Boden und Wände Holz.

### Käselager
Kleiner Keller, Mauern, Naturboden, Holzdecke, schön kühl und feucht, Bankung für 40 Laibe; früher Abtransport in die etwas warmen Talkeller der beiden Parteien.

### Produkte und Vermarktung
750 kg Berner Alp- & Hobelkäse AOC in 68 Laiben à 9–14 kg; wenig Passanten, private Stammkunden; durch Ulrich Pfister, Badgässli 15, 4537 Wiedlisbach (Märkte).

### Besonderes zur Verarbeitung
Nur im Zigeritz gekäst. Abendmilch in Kannen im Brunnen und in zwei Gebsen, abgerahmt. Milch aus USt. an Sammelstelle St. Stephan abgeliefert.

### Besonderes zum Senntum
Auf Zigeritz hat man Ruhe, kein Telefon, Zeit für viele Besucher; abends ist es schön mit Glockengeläut. Verstaudung und Verwaldung (auch Flugsamen aus Aufforstung Gartimäder). Bewirtschafterfamilien schwenten über Pflichtstunden und haben viel verbessert; vorher schon an Infrastruktur kräftig Hand angelegt.

Stolz präsentiert Lydia Kurzen einen Laib des Sommers 2004.

Das blank polierte Geläute wartet auf den Einsatz, die nächste Zügelte.

Lydia und Walter Kurzen mit ihren geschmückten Tieren sind bereit zur Alpabfahrt, die alle Jahre in St. Stephan mit einem Fest endet.

# Dürrenwald Flösch

## SENNTUM 5608/S 2109

Blick über die Flöschhütte nach N: Gyrshubel, Gandhore und die wilden Spillgerten über St. Stephan; am Horizont die Grenzkrete nach Freiburg über Boltigen und Oberwil.

Die Eggmattenhütte von NE.

Kühl- und Formgerät im Milchgaden in Trockenlagerung.

### Besatz
21 Kühe, 13 Rinder; hauptsächlich Vieh der Hüttenbesitzer.

### Personen

| Funktion | Person | Telefon |
| --- | --- | --- |
| Hüttenbesitzer | Arthur Rieben-Aemmer<br>Moos, 3772 St. Stephan | 033 722 23 89 |
| Senn- und Käserinnen | Agnes und Marianne Rieben<br>Moos, 3772 St. Stephan | 033 722 23 89 |

Töchter Rieben besorgen Alp den ganzen Sommer allein.

**Telefon auf der Alp**  079 516 01 42

### Gebäude
Eggmatte (598050/147250): Ganze Hütte inkl. UG mit Ställen und Keller Fleckenblock, eingeschossig, läges Satteldach, Eternitschiefer, dreiräumiger Wohnteil nach NE, frontale Zugangslaube und –treppe, zwei Doppelquerställe; daneben Schattstall. Flösch (597850/146450): teils erneuerter Bruchsteinsockel, Fleckenblock (neben Tür Kryptogramm der Baugeschichte, Graffiti) nur die N-Ecke (MG) Ständerbau, Stallanbau teils verschalter Rieg, OG wurde aufgestockt, mit zwei Gaden gross ausgebaut, jetzt eine Dreischildhütte mit Gerschild, Schindeln, drei-

räumiger Wohnteil nach NE, frontale Zugangslaube, zwei Treppen, zwei Doppelquerställe; Zustall.

### Käserei
Beide Stafel ähnlich: Offene Küche (Flösch geschlossen), offene Grube, 340 l Kessi, Holzturner, mobiles Rührwerk, Spindelpresse, Holzboden (Flösch Zement), Holzwände.

### Käselager
Beide Stafel: Keller in E-Ecke unter Stube: Mauern, Kiesboden, Holzdecke, oben Klima sehr gut, Bankung für 40 Laibe; unten Klima recht, Karussellbankung für 70 Laibe.

### Produkte und Vermarktung
1500 kg Berner Alp- & Hobelkäse AOC in 130 Laiben à 7–18 kg; Hauptabnehmer Molkerei, 3780 Gstaad; 200 kg Alpmutschli und Alpraclette; Vermarktung: wenig Passanten wegen Lage, private Stammkunden; auch angeboten durch: Lenk Milch AG, Aegertenstr. 2, 3775 Lenk; Reinhard Zbären, Aeussere Bleikenstr. 8, 3775 Lenk (Marktfahrer und Stand an Metschbahntalstation).

### Besonderes zur Verarbeitung
Abendmilch im Kessi mit Kühlschlange gelagert. abgerahmt, Rahm für Eigenbedarf verbuttert.

### Besonderes zum Senntum
Frauenbetrieb, Beziehung zu Tieren; tolle Aussicht; traditionelle Einstellung: braucht Neues, schätzt Altes.

Marianne Rieben bringt den jungen Alpkäse im Järb wieder unter die Presse.

Vater Arthur Rieben und Kollege Noldi von Allmen verladen Mitte August die ersten diesjährigen Alpkäse ins Tal.

Agnes Rieben pflegt diejenigen Laibe, die noch oben bleiben.

# Dürrenwald

## SENNTUM 5609/S 2468

Moors Hütte im «Dörfli» beim Brüggli von E vor der «Site».

Ernst und Hulda Moor heben gemeinsam den Käsebruch aus der Schotte.

Der Käsekeller dient auch zur Lagerung des Butterfasses.

### Besatz
20 Kühe, 16 Rinder, 10 Kälber, 1 Ziege; hauptsächlich eigenes Vieh der Hüttenbesitzer.

### Personen

| Funktion | Person | Telefon |
|---|---|---|
| Hütten-besitzer | Christian Moor-Sumi Winterhalte, 3772 St. Stephan | 033 722 38 29 |
| Käser | Ernst und Hulda Moor Winterhalte, 3772 St. Stephan | 033 722 19 69 |

Sohn Christian Moor und Familie machen schwere sowie Stall- und Melkarbeiten vom Talbetrieb aus. Ernst und Hulda Moor gehen beide seit über 50 Jahren hier zalp.

### Telefon auf der Alp  033 722 16 37

### Gebäude
Hauptstafel: Fleckenblock, teils verputzter Sockel von Bruchstein- und Kalksandsteinmauern (Ställchen und Keller), läges Schindelsatteldach, dreiräumiger Wohnteil nach E, frontale Zugangslaube und -treppe, davor Remise, zwei Doppelquerställe teils Ständerbau, bergseits Bruchsteinmauer, gute Steinplatten-/Zementvorplätze.

### Käserei
Geschlossene Küche, ummantelte Grube, 330 l Kessi an Schiene, mobiles Rührwerk, Hebel-Spindel-Presse, Chromstahlpresstisch, Plättliboden, Hartplatten- und Holzwände.

### Käselager
Keller in SE-Ecke unter Stube: verputzte Mauern, Bruchsteinsetzi, Holzdecke, Klima gut, Bankung für 120 Laibe.

### Produkte und Vermarktung
1500 kg Berner Alp- & Hobelkäse AOC in 140 Laiben à 7–14 kg; 150 kg Weichkäse, 100 kg Trockenfleisch und 200 kg Trockenwürste (eigene Kühe); Vermarktung: wenig Passanten, private Stammkunden, Feriengäste, z.B. Hotel Diana, Ried, 3772 St. Stephan; angeboten durch Ernst Kläy, Lebensmittel, Lenkstr., 3772 St. Stephan; René Gygax, Lebensmittel, Dorfstr., 3773 Matten.

### Besonderes zur Verarbeitung
Abendmilch im Kessi mit Kühlschlange gelagert, abgerahmt. Schotte zentrifugiert, mit Milchrahm für Eigenbedarf verbuttert. Anfangs Sommer wird Milch, die nicht ins Kessi geht, in Sammelstelle St. Stephan verkauft.

### Besonderes zum Senntum
Die Hütte ist seit Generationen in der Familie. Man ist den ganzen Sommer in der gleichen Hütte, was sehr praktisch ist; die Alp ist gutgräsig, aber unkrautanfällig und mit viel Brüsch durchsetzt.

Dann kann Hulda das Kessi putzen…

…und Ernst im Keller die Käselaibe.

Alles liegt gewaschen und getrocknet bereit für die nächste Melkzeit.

# MATTENBERGLI

**Vollständig von einer andern Alp umschlossen – Sonderlage in mancher Beziehung.**

Die Mattenbergli-Hütte von E gegen «I de Schnüere», in der Weite von Reulissen und Reulissen-Heuberg fast etwas verloren.

Ein alter Zügelweg ist im Gelände noch erkennbar, von einem Felsbrocken blockiert.

**Gemeinde/Amtsbezirk**
St. Stephan/Obersimmental

**Rechtsform/Eigentümer**
Bis Ende 2004 Privatalp von Hans Grünenwald, Grodey, 3772 St. Stephan und Jakob Grünenwald, Brunnimatte, 3772 St. Stephan. Per 1. Januar 2005 hat Jakob Grünenwald seinen Anteil an die Gebrüder Markus (Obmoos) und Hans-Rudolf (Bannwald) Bühler, beide 3772 St. Stephan, verkauft.

**Landeskarten**
1246 Zweisimmen 1:25000
263 Wildstrubel 1:50000

**Koordinaten Referenzpunk**
Mattebärgli, 595700/146700, 1820 m

**Lage der Alp**
Inmitten der ausgedehnten Alp Reulisen auf 1760–1870 m, neben dem Reulisen-Heuberg gelegenes Alpgebiet mit ausgesprochener N-Lage. Mässig geneigt mit terrassenförmiger Ebene oberhalb Stafel und stärker geneig-

ter W-Flanke im E Teil. Sehr weidgängige, fruchtbare Alp mit vorwiegend guter Grasnarbe. Oberhalb der Hütte bzw. Ebene vom Hang her stark lawinengefährdet.

### Wege zur Alp
Mit dem PW oder der Bahn über Zweisimmen bis St. Stephan und auf der bewilligungspflichtigen Güterstrasse bis auf die Alp; zu Fuss von den Bahnstationen aus auf Bergwanderwegen über Awürfi – Gandlauenen oder Kehlmad – Buchsbühl – Bire auf die Alp (Wanderbuch 3094, Routenvarianten 20a und 23).

### Touristisches
Die Alp liegt in einem sehr attraktiven Wandergebiet, von St. Stephan her mit Bergwanderwegen durchzogen, aber auch mit dem Turbachtal verbunden (Postautolinie Gstaad – «Statt», 1381 m). Unter anderem bieten sich Höhenwanderungen nach allen Seiten an; auch dem Amsleregrat entlang nach Parwengen und der Heubergflanke entlang zu Trüttlisberg (Türli, 1986 m, und Pass, 2038 m); oder über die diversen Alpen hinunter in die Täler und Dörfer. Eine reichhaltige, fernsichtige Landschaft umgibt den Geniesser, immer wieder den Anblick wechselnd. In der Umgebung wenig Restaurationsmöglichkeiten (Wanderbuch 3094, Routen 20a und 23; 3097, Routen 10).

### Infrastruktur
Die Alp bildet das einstaflige Senntum 5618/S 2249. Sie ist bis zum Unterstafel von Reulisen mit einer Güterstrasse erschlossen; von dort geschotterter Güterweg auf Mattenbergli. Energieversorgung durch Dieselaggregat und Akkumulatoren. Gute Wasserversorgung.

### Bestossung
34 Stösse in 70 Tagen (Ende Juni bis Anfang September): 23 Normalstösse

### Weideflächen
Total 37 ha: 35 ha Weideland, 1 ha Streueland, 1 ha Heueinschlag

### Besonderes zur Alp
Die Seyung beträgt 30 Rechte.

Statterbub Matthias Bühler hilft fast den ganzen Sommer mit.

Gemalte Wappenscheibe in einem der alten Fenster im Mattenbergli.

# Mattenbergli
## SENNTUM 5618/S 2249

Grossaufnahme der Mattenbergli-Hütte wiederum von E mit einem gelangweilten Gusti.

Markus Bühler treibt die Kühe in den Stall; hinten die Nachbarhütte Oberer Lasenberg.

Markus füllt die Morgenmilch in den Tank, den er anschliessend nach St. Stephan fährt.

### Besatz
20 Kühe, 15 Rinder, 15 Kälber, 1 Ziege; das Vieh gehört Hans-Rudolf Bühler.

### Personen

| Funktion | Person | Telefon |
|---|---|---|
| Bewirtsch. und Pächter | Markus und Jacqueline Bühler Obmoos, 3772 St. Stephan | |
| Käserin | Jacqueline Bühler | 033 722 42 53 |

Markus Bühler ist stellvertretender Käser. Statter ist Göttibub Matthias Bühler abwechselnd mit seinem Bruder Simon, welche gerne im Stall helfen. Auch die Töchter Nicole und Carole helfen, Michelle noch zu klein. Abwechselnd kommen Cousinen und Cousins herauf.

### Telefon auf der Alp  079 767 55 93

### Gebäude
Älterer Holzmischbau, Bruchstein- und Kalksandsteinsockel (Kälberstall), läges Schindelsatteldach, vierräumiger Wohnteil nach N, Zugangslaube über Eck, Doppelquerstall, bergseits massive Käsekeller und Remise; für 2005 ist eine Stallerweiterung geplant. In einem Stubenfenster gemalte Scheibe (Wappen und Schrift).

### Käserei
Halboffene Küche, offene Grube, sehr weite Hutte, 250 l Kessi, Holzturner, mobiles Rührwerk, Schwarpresse, Holzboden, Holzwände.

### Käselager
Keller hinter Stall halb im Berg: Mauern und Holzwand, Naturboden, Holzdecke, gutes, kühles Klima, Bankung für 60 Laibe, Abtransport nach Bedarf in den Talbetrieb.

### Produkte und Vermarktung
1200 kg Berner Alp- & Hobelkäse AOC in 130 Laiben à 7–12 kg; Vermarktung an private Stammkunden ab Talbetrieb (Alp keine Passanten-Lage); angeboten im Restaurant Chemi-Stube, Längebrand, 3772 St. Stephan.

### Besonderes zur Verarbeitung
Abendmilch im Sommer 2004 erstmals im Kessi mit Kühlschlange gelagert (vorher in Gebsen), abgerahmt. Schotte zentrifugiert, Rahm für Eigenbedarf verbuttert. Im Sommer 2004 ausnahmsweise wegen gesundheitlicher Umstände und Geburt von Michelle nur während erster drei Wochen gekäst, und grössten Teil der Milch an Sammelstelle St. Stephan abgegeben; normalerweise den ganzen Sommer durch alle Milch verkäst.

### Besonderes zum Senntum
Die Alp ist von Rüwlisse umgeben, schön gelegen, mit guter Sicht, gutgräsig, nur der Wald fehlt etwas!

Nicole und Carole Bühler sind noch kleiner als ihre Vettern und dürfen etwas mehr spielen; müssen aber auch zum Kleinsten schauen.

In dieser Alpphase wird nicht mehr alles Gerät gebraucht.

Jacqueline Bühler widmet sich eingehend der Käsepflege.

# REULISEN

**Vielseitige Alp, mit Teich und Ried im Wagetsmoos und prächtiger Sicht vom Lasenberg.**

Blick aus dem Unterstafel nach SE zur Oberen Lasenberghütte.

Ein Heupferd oder Heugümper steigt am Grashalm empor.

### Gemeinde/Amtsbezirk
St. Stephan/Obersimmental

### Rechtsform/Eigentümer
Reulisenberg-Korporation; Kontaktperson ist der Bergvogt Fritz Perren-Zbären, Häusern, 3772 St. Stephan.

### Landeskarten
1246 Zweisimmen 1:25000
263 Wildstrubel 1:50000

### Koordinaten Referenzpunkt
Rüwlise, 595700/147750, 1618 m

### Lage der Alp
S begrenzt durch markanten Lasenberg, N durch bewaldeten Gummenen, bildet Reulisen nach NE orientierte Alpmulde auf 1550–2000 m; sie reicht von Vorweiden hinauf zur Wasserscheide. Sie umschliesst Reulisen-Heuberg und «Mattenbergli» (S. 258ff), dadurch in Lasenberg- und Zwitzereggseite geteilt. USt. vorwiegend undurchlässige Tonschichten, bis zu $3/4$ riedgräsig und nass, rund $1/2$ mit Lische durchsetzt. Allgemein jedoch weidgängig und ausser einigen Hängen nur mässig geneigt.

OSt.: Lasenberg trocken, weidgängig, mit Ausnahme hartgräsiger Partien gutes Futter. Zwitzeregg-Seite in Mulde undurchlässig, nass, aber auf trockenen Flächen gutgräsig. Vom Reulisenhorn Lawinen und Vergandung. Stafelnahe Läger durch Mähen im Vorsommer stark verbessert (Blacken siliert und dem Jungvieh verfüttert).

### Wege zur Alp
Mit PW oder Bahn bis St. Stephan, auf bewilligungspflichtiger Güterstrasse zur Alp; von den Bahnstationen auf Bergwanderwegen zur Alp; schöne Gratwanderung von Bergstation Rinderbergbahn über Parwengen (Wanderbuch 3094, Routenvarianten 20a und 23).

### Touristisches
Hochmoor von Nationaler Bedeutung, auf dem Pass Teich mit Stockenten; attraktives Wandergebiet, von St. Stephan mit Bergwanderwegen durchzogen, mit Turbachtal verbunden. Höhenwanderungen, z.B. nach Parwengen oder zum Trüttlisberg. Reichhaltige, fernsichtige Landschaft, wenig Restaurationsmöglichkeiten (vgl. auch Alp Mattenbergli, S. 255. Wanderbuch 3094, Routen 20 und 23; 3097, Routen 10).

### Infrastruktur
Von den sechs zweistafligen Sennten der Alp (10 Bewirtschafter!) käsen 5622/S 2475 und 5624/S 2469 mit Nummer für Markt. Alp bis Unterstafel mit Güterstrasse erschlossen; von dort teils raue Güterwege. Energieversorgung durch Benzinmotoren, Dieselaggregate und Akkus, Senntum 5624 Kleinstkraftwerk. Sehr gutes Quellgebiet mit genügend eigenem Quellwasser. Es wird auch Wasser nach den Vorweiden abgegeben.

### Bestossung
Unterstafel: 19 Tage (Mitte Juni bis Anfang Juli)
Oberstafel: 42 Tage (Anfang Juli bis Mitte August)
Unterstafel: 19 Tage (Mitte August – Anfang September)
Gesamte Alpzeit: 164 Stösse, 80 Tage: 131 Normalstösse

### Weideflächen
Total 250 ha: 170 ha Weideland, 50 ha Waldweide, 20 ha Wildheu, 10 ha Streueland

Mitte 19. Jahrhundert hat man sich hier neue Käsekessi machen lassen.

Adonia-Lukas und Tabea Perren machen sich vom Wagetsmoos auf den Schulweg – abends herauf wird es härter sein…

# Reulissen-Lasenberg

## SENNTUM 5622/S 2475

Die Lasenberghütte von N in der weiten Landschaft, mit Wistätthorn im Hintergrund.

Nahansicht von SE; hinten das wolkenverhangene Simmental.

Matthias Perren bringt die letzte Morgenmilch in die «Kühlung.»

### Besatz
10 Kühe, 3 Rinder, 6 Kälber, 3 Ziegen; hauptsächlich eigenes Vieh der Bewirtschafter.

### Personen

| Funktion | Person | Telefon |
|---|---|---|
| Hüttenbesitzer und Käser | Matthias Perren Zelg, 3772 St. Stephan | 033 722 15 44 |

In dieser Hütte bewirtschaftet die Mitbesitzerin Martha Perren, Stöckli, 3772 St. Stephan, ihr Senntum und verkauft die Milch an die Sammelstelle in St. Stephan.

### Gebäude
USt. Altläger (596200/147725): Holzmischbau, Bruchsteinsockel (Kälberställe, ehem. Schweine), Schindelsatteldach, vierräumiger Wohnteil nach N, Doppelquerstall, einlägeriger Rinderstall, ehem. Pferdestall. OSt. Lasenberg (596250/146800): Holzmischbau von 1948, niederes Fundament im Ebenen, läges Dreischilddach mit Gerschild, Schindeln, vierräumiger Wohnteil nach SE, ebener Zugang, Doppelquerstall und zweimal ein weiteres Läger angebaut.

### Käserei
OSt.: Geschlossene Küche, ummantelte Grube, 320 l Kessi an Holzturner, mobiles Rührwerk, gedrechselte Spindelpresse, Holzboden, Holzwände.

### Käselager
Das Käselager im OSt. ist das Käsegaden, das in den Untergrund abgeteuft und damit zu einer Art Kellerchen wurde: Holzwände und -decke, Naturboden, gutes, eher trockenes und kühles Klima, Bankung für 55 Laibe.

### Produkte und Vermarktung
600 kg Berner Alp- & Hobelkäse AOC in 50 Laiben à 8–17 kg; 15 kg Ziegenfrischkäse mit 50 % Kuhmilch; Vermarktung ab Talbetrieb mit Tafel an Hauptstrasse und an private Stammkunden; Alpkäse auch angeboten durch Urs Müller, Käserei, Poststr. 10, 8586 Kümmertshausen.

### Besonderes zur Verarbeitung
Abendmilch in Gebsen und Kannen gekühlt, zur Hälfte abgerahmt. Im USt. wird nicht gekäst; Milch an Sammelstelle St. Stephan abgegeben und verkauft.

### Besonderes zum Senntum
Auf Lasenberg ist man nicht nur dem Westwind ausgesetzt, sondern allen Lüften; entsprechend hat man vom nahen Standhubel auch eine grossartige Rundsicht. Die Alp ist melkig, aber der Kampf gegen die Stauden hart.

Ein seltenes Stück: gedrechselte Schraubenpresse, sowie schönes kupfernes und hölzernes Gerät.

Matthias schreibt den jüngsten Käse an.

Ein Teil der Milch wird in Gebsen gekühlt und gelagert.

# Reulissen-Wagetsmoos
## SENNTUM 5624/S 2469

Wagetsmooshütte von N; die Flanke zum Rüwlishorn heisst «I de Schnüere».

Die Pflanzhütte von NE gegen den Rüwlispass und Wagetsmoos.

Joas Perren, der Jüngste der drei, mit einem Gitzi.

### Besatz
12 Kühe, 14 Rinder, 12 Kälber, 4 Zwergziegen; hauptsächlich eigenes Vieh der Bewirtschafter.

### Personen

| Funktion | Person | Telefon |
|---|---|---|
| Hüttenbes. und Käser | Fritz und Edith Perren-Zbären, Häusern, 3772 St. Stephan | 033 722 29 09 |

Fritz geht den 25. Sommer hier zalp. Drei Kinder auf Alp, der Älteste, Silas, auswärts. In dieser Hütte wohnt und bewirtschaftet Fam. Chr. Burri, Wydi, St. Stephan, ihr Senntum, liefert Milch an Sammelstelle St. Stephan.

**Telefon auf der Alp** 079 569 93 16

### Gebäude
USt. Pflanzhütte: ebenerdig, Fleckenblock, Schindelsatteldach, vierräumiger Wohnteil nach NE, frontales Zugangsläubli, zwei Doppelquerställe, Kälberstallanbau, Remise. Wagetsmoos (595000/147200): Bruchsteinfundament im Ebenen, T-Grundriss; Fleckenblock (1929), Satteldächer, Wellblech; vierräumiger Wohnteil Perren nach NE, frontale Zugangslaube, Gaden im OG, dahinter Doppelquerstall Burri, und als T-Balken langer Doppelstall Perren, verschalter Rieg, in E-Ecke Wohnung Burri.

### Käserei
Wagetsmoos: Geschlossene Küche, offene Grube, Hutte, 300 l Kessi, Holzturner, 2004 erstmals mobiles Rührwerk, Hebel-Spindel-Presse, Holzboden, Wände aus Hartplatten und Holz; Holzboiler für Heisswasser.

### Käselager
Das Käselager im OSt. ist das Käsegaden, das in den Untergrund abgeteuft und damit zu einer Art Kellerchen wurde: Holzwände und -decke, Kiesboden, eher trockenes und sehr kühles Klima, Bankung für 55 Laibe (Keller in Vorweide «Bire» viel besser, Käse reift schneller!).

### Produkte und Vermarktung
350 kg Berner Alpkäse in 40 Laiben à 7–10 kg; 100 kg Alpraclette, 25 kg Trockenfleisch, 55 kg Trockenwürste (eigenes Rindfleisch); Verkauf an Passanten, private Stammkunden, auch Talbetrieb, Jugendhaus Advent-Mission, Byfang, St. Stephan, etwas auf Märkten.

### Besonderes zur Verarbeitung
Gekäst wird während drei Wochen auf OSt. Die Abendmilch in Gebsen und Kannen gekühlt gelagert, abgerahmt. Übrige Zeit: Milch an Sammelstelle St. Stephan.

### Besonderes zum Senntum
Familie beisammen, man erarbeitet gemeinsam etwas; Heuernte wie vielerorts durch Familie selbst eingebracht. Viel Feuchtgebiet, OSt. zu allen Lüften (direkt am Pass).

Fritz Perren beim Melken.

Edith Perren bindet den Kühen die Schwänze hoch, damit sie, Schwänze und Kühe, sauberer bleiben.

Blick über den Rüwlispass ins Saanenland; von links: mit dem Verstärker die Hornfluh, die Horntube mit einer fliegenden Ente rechts und das Gebiet der Alp Barwengen.

# GANDLAUENEN

**Eine wunderschön gelegene Alp – im Winter auch für Skifahrer sehr attraktiv.**

Blick nach N über alte und neue Gebäude von Gandlauenen ins Simmental.

Ein perfektes Spinnennetz deutet auf gesunde Luft und giftfreies Holz.

### Gemeinde/Amtsbezirk
St. Stephan/Obersimmental

### Rechtsform/Eigentümer
Genossenschaftsalp der Gemeinde St. Stephan, welche die Alp auch bewirtschaftet; Kontaktstelle ist die Gemeindeverwaltung, Grodey, 3772 St. Stephan.

### Landeskarten
1246 Zweisimmen 1:25000
263 Wildstrubel 1:50000

### Koordinaten Referenzpunkt
Gandlouene, 594650/150250, 1645 m

### Lage der Alp
Gandlauenen liegt am E-Hang des gleichnamigen Grates auf 1470–1900 m und reicht mit oberstem Terrain bis auf die Wasserscheide (Wildheu bis 2050 m). Sie zählt zu den weidgängigsten der Gemeinde. Mit Ausnahme nasser Flächen im OSt. und einzelner Borstgraspartien sehr gute, mit Romeyen, Muttnern und Adelgras durchsetzte Grasnarbe. Vom Grat her besteht ausgesprochene Vergandungsgefahr durch Lawinenniedergänge.

## Wege zur Alp
Mit PW auf Güterstrasse von Ried/St. Stephan zur Alp; mit Bahn Richtung Lenk bis Ried; oder von Zweisimmen mit Rinderbergbahn ganz oder halb hoch und auf Bergwanderwegen zur Alp (keine Wanderbuchempfehlung).

## Touristisches
Die Alp liegt im Skigebiet St. Stephan – Saanenmöser und ist auch im Sommer ergiebiges Wandergebiet. Bahnen erleichtern oder ersetzen Auf- oder Abstieg. Über Gandlauenengrat oder vom Rinderberg Höhenwanderungen nach allen Seiten (vgl. dazu Mattenbergli, S. 259) In der Umgebung auch Restaurants und Unterkünfte (z.B. die umgebauten und zu mietenden Unterstafelhütten; Wanderbuch 3094, Routen 20 und 23; 3097, Routen 10). In Zusammenarbeit mit Lenk Simmental Tourismus (Büro St. Stephan 033 729 80 46) werden auch Alpkäsereibesichtigungen auf Gandlauenen organisiert.

## Infrastruktur
Gandlauenen bildet das zweistaflige Senntum 5615/S 2081. Alp mit Güterstrasse erschlossen. Energieversorgung durch Netz der BKW. Quellwasserversorgung gut, Leitungen neu und gut, Reservoir aus den 1990er Jahren.

## Bestossung
Ritz: 20 Tage (Ende Mai bis Mitte Juni)
Gandlauenen: 77 Tage (Mitte Juni bis Anfang September)
Ritz: 15 Tage (Anfang bis Mitte September)
Gesamte Alpzeit: 85 Stösse, 112 Tage: 70 Normalstösse

## Weideflächen
Total 100 ha: 83 ha Weideland, 4 ha Waldweide, 8 ha Wildheu, 4 ha Streueland, 1 ha Heueinschlag

## Besonderes zur Alp
Im Alpkataster 1969 wurde die Alp mit ihrer angrenzenden Vorweide Lengebrand als zweistaflige Alp bezeichnet. Heute wird sie selbst teilweise zweistaflig geführt: 59 Stösse werden während der ganzen Zeit gesömmert, 35 Kuhschweren zusätzlich während der Oberstafelzeit. Gandlauenen ist für 79½, Ritz und Sommerweide für 70 Kuhschweren geseyt.

Mutter Erna Sahli rangiert die Blumenpracht an der neuen Hütte.

Schlafendes Kalb im komfortablen Stall.

# Gandlauenen

## SENNTUM 5615/S 2081

Die Hütte von 1982 in ihrer ganzen Pracht; dahinter Chumigalm und Seehorn.

Der Unterstafel Ritzhütte von 1743, heute eine gut eingerichtete und sehr begehrte Skihütte.

Claudia Sahli mit den Kindern Armanda, Naomi und Fabian auf der Treppe mitten in den Blumen.

### Besatz
48 Kühe, 56 Rinder, 11 Kälber; davon nur Kurzzeit: 21 Kühe und 21 Rinder; $1/3$ ist Vieh der Sennenfamilie.

### Personen

| Funktion | Person | Telefon |
| --- | --- | --- |
| Sennen und Käser | Markus und Claudia Sahli-Haldi Obmoos, 3772 St.Stephan | 033 722 45 63 |
| Zusennerin | Erna Sahli-Feuz, daselbst | 033 722 11 71 |

Andrej Tarnowsky, polnischer Praktikant. Kinder Fabian, Armanda, Naomi helfen kräftig mit. Sahlis haben 2004 letztmals erfolgreich auf Gandlauenen gewirkt. Ab 2005 neu: Edwin und Brigitte Perren-Perren, Häusern, St. Stephan, Telefon 033 722 40 86.

### Telefon auf der Alp   033 722 16 19

### Gebäude
Ritzhütte (594975/150425): Bruchsteinsockel, Fleckenblock (BI: «…1743»), läges Satteldach, Eternitschiefer, die 2 teils massiven Doppelquerställe genutzt, Wohnteil Ferienhaus; zweite Ritzhütte unterhalb: Fleckenblock, inkl. Sockel (wiederverwendete Flecken), läges Satteldach, Wellblech, die 2 Doppelquerställe für Jungvieh;

Wohnteil zu mieten. Gandlauenen: Sennhütte von 1982, verschalter Rieg, verziert, OG teils Fleckenblock, Betonsockel (diverse Räume), Betonbodenplatte, läges Satteldach, Gerschilde, Eternitschiefer, dreiräumiger Wohnteil nach NW, frontale, betonierte Zugangslaube und -treppe, Nasszellen, Quergang, zwei Doppellängsställe. Man wohnt nur hier. Oberhalb ältere Hütte und Schattstall. Galtviehstafel Bürsti: guter, letzthin erneuerter Jungviehschattstall, zwei Doppelställe, Abwurf, guter Vorplatz.

### Käserei
Nur OSt.: Geschlossene Küche, ummantelte Grube, 700 l Kessi, Schiene, mobiles Rührwerk, 3 neue Schwarpressen, Plättliboden, Hartplatten- und Holzwände, Zentrifuge.

### Käselager
Keller in W-Ecke unter Stube: massiv, Kiesboden, gutes, eher warmes Klima, Bankung für 150 Laibe, Verteilung anfangs August, Abtransport in Talbetriebe nach Bedarf.

### Produkte und Vermarktung
4000 kg Berner Alp- & Hobelkäse AOC in 330 Laiben à 8–14 kg; Hauptabnehmer Molkerei, 3780 Gstaad; Vermarktung: wenig an Besucher, private Stammkunden.

### Besonderes zur Verarbeitung
Abendmilch im Kessi mit Kühlschlange gelagert, abgerahmt, auch zentrifugiert; Bruch gesamthaft ausgezogen; Schotte zentrifugiert. Ritz-Milch im OSt. verkäst.

Markus Sahli wickelt die jungen Käse.

Andrej tischt Holz in den Schopf.

Liebevoll pflegt Markus die Alpkäselaibe – leider seine letzten auf Gandlauenen.

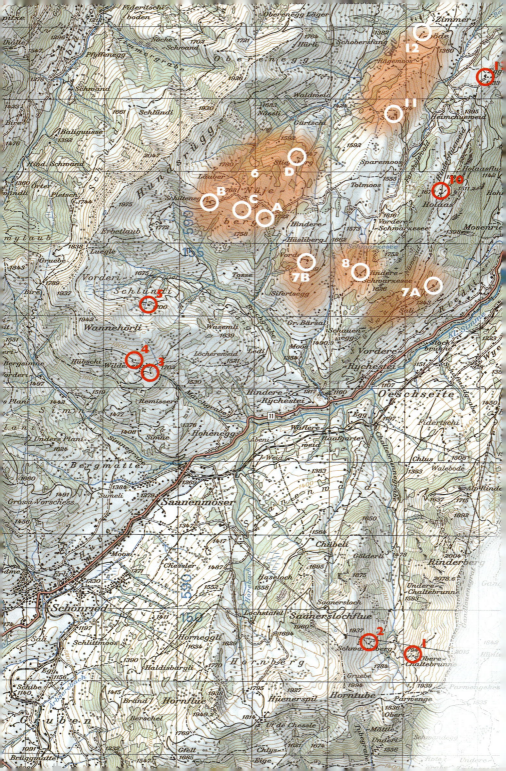

# ZWEISIMMEN (UND TEILWEISE BOLTIGEN) LINKE SEITE

| | | |
|---|---|---|
| **1** | Ober Kaltenbrunnen | (272–275) |
| **2** | Ober Schwarzenberg | (276–279) |
| **3** | Wildeneggberg | (280–283) |
| **4** | Oberes Wildeggli | (284–287) |
| **5** | Schlündi-Wanne | (288–291) |
| **6** | Neuenberg (Gemeinde Boltigen) | (292–301) |
| | **A** Tossenhütte | |
| | **B** Schiltenegg | |
| | **C** Grosshütte | |
| | **D** Stierenberg | |
| **7** | Vorder Hüsliberg | (302–305) |
| | **A** Kählenweid | |
| | **B** Hüsliberg | |
| **8** | Hinter Schwarzensee | (306–311) |
| | (nur ein Senntum eingezeichnet) | |
| **9** | Vorder Schwarzensee | (312–315) |
| | (auf Wunsch des Eigentümers nicht eingezeichnet) | |
| **10** | Hohlass | (316–319) |
| **11** | Site und Hauli | (320–323) |
| **12** | Zimmerboden | (324–327) |
| **13** | Eggenalp | (328–331) |

**NÄCHSTE DOPPELSEITE:**
In der Morgensonne friedlich weidendes Vieh an der Grenze vom Obersimmental zum Saanenland. Von der Alp Wildenegg zeigt sich die Weite des Gebiets um Band 5 mit den Bergen vom Sanetsch bis zum Rüblihorn.
Aufnahmestandort: 589 625/153 200, 1700 müM

# OBER-KALTEN-BRUNNEN

**Eine grosse Alp mit reicher Geschichte, die erfolgreich weiter entwickelt wird.**

Der Obere Kaltenbrunnen von S; die Reichensteinseite im Nebel.

Ein Habichtskopf mit kleiner Deformation, die durch angepasste Schuppenbildung auffällt.

### Gemeinde/Amtsbezirk
Zweisimmen/Obersimmental

### Rechtsform/Eigentümer
Privatalp von Gottlieb Knubel, 3770 Zweisimmen, Samuel Knubel, 3776 Oeschseite (Kontaktperson), Anneli Blum, 1867 Ollon, Karl Knubel, 3770 Zweisimmen.

### Landeskarten
1246 Zweisimmen 1:25000
263 Wildstrubel 1:50000

### Koordinaten Referenzpunkt
Obere Chaltebrunne, 593125/149375, 1794 m

### Lage der Alp
Vom Kaltenbrunnenbach über den mässig steilen W-Hang auf 1620–2040 m bis Gandlauenengrat, Gemeindegrenze. Bedeutend weniger Lawinen und Geröllablagerungen als Unt. Kaltenbrunnen. Unterster W Alpteil dem Bach entlang Tonschichten, nass, trittempfindlich. Kalkregion und insbesondere dem Grat zu gutgräsig, nebst Rispengräsern Milchkrautweide, also neben den Feuchtgebiete sehr melkig. Teile der stafelnahen Läger früher mit Chilen durch-

setzt; in den letzten Jahren durch konsequentes Mähen und Stechen stark erdünnert (keine Chemie, weil Bio-Betrieb). Weidegängigkeit gut, hingegen bei Wetterumschlag für das Vieh wenig Schutz.

### Wege zur Alp
Mit PW über Zweisimmen bis Oeschseite oder von Saanenmöser auf Güterstrasse bis Hornberg oder von St. Stephan bis Gandlauenen; oder mit Bahn bis Zweisimmen und mit Gondelbahn auf den Rinderberg; auf (Berg-)Wanderwegen zur Alp (Wanderbuch 3094, Routen 23; 3097, Routen 10).

### Touristisches
Schwebebahnen von allen Seiten. Alp selbst in einem Kessel, aber rundum Panoramen- und Höhenwanderungen: sehr beliebt die anspruchsvolle Rundwanderung Zweisimmen-Rinderberg-Hornberg-Horneggli-Schönried-Zweisimmen; dem Heuberg im Turbachtal entlang zum Trüttlisberg; über Gfellalp nach Gstaad; über Gandlauenengrat und Rinderberg nach Zweisimmen und St. Stephan. Verschiedene Restaurants, Hotels und Massenlager in der weiteren Umgebung (Wanderbuch 3094, Routen 23; 3097, Routen 10).

### Infrastruktur
Die Alp bildet das einstaflige Senntum 5912/S 2474. Sie hat mit Unt. Kaltenbrunnen gemeinsamen Güterweg, dann Jeepstichweg zum Stafel, sowie Fuss- und Saumwege. Felssprengung im Wald erst in 1940er Jahren; vorher Züglete und Käsetragen mühsam obendurch; vgl. Karte. Energieversorgung durch Netz der BKW. Gutes, kühles Wasser aus trockensicheren Quellen auf -Kaltenbrunnen, wohl bei Namengebung mitbestimmend. Wassergenossenschaft Zweisimmen fasst hier zwei grosse Quellen.

### Bestossung
68 Stösse in 70 Tagen (Ende Juni bis Anfang September): 47 Normalstösse

### Weideflächen
Total 58 ha: 52 ha Weideland, 1 ha Waldweide, 3 ha Wildheu, 2 ha Streueland

### Besonderes zur Alp
Weitere historische Angaben unter www.alporama.ch.

Margrit Knubel mit dem wichtigsten Instrument für die Herstellung der Bakterienkultur, dem Thermometer.

So sieht leckere Butter aus, wenn sie aus dem Butterfass herausgeholt wird.

# Oberer Kaltenbrunnen

## SENNTUM 5912/S 2474

Die imposante massive Hütte in Grossaufnahme von SE, leider war das Wetter nicht so sichtig.

Die grosszügige Einrichtung des Feuerhauses, der Käseküche.

Hanspeter Knubel bei seiner hauptsächlichen Alptätigkeit – auch das muss mit adäquaten Mitteln erledigt sein.

### Besatz
30 Kühe, 29 Rinder, 16 Kälber, 1 Stier, 2 Ziegen, 9 Schweine; fast alle Tiere gehören den Bewirtschaftern.

### Personen

| Funktion | Person | Telefon |
|---|---|---|
| Bewirtschafter | BG Gottlieb und HP Knubel Wetzhaltenstr. 2, 3770 Zweisimmen | 033 722 40 92 |
|  | Ruth und Sami Knubel Oeschseitenstr. 6, 3770 Zweisimmen | 033 722 13 20 |
| Sennen und Käser | Gottl. und Margrit Knubel-von Siebenthal, Wetzhaltenstr. 2 | 033 722 25 10 |

G. und M. Knubel gehen schon 50 resp. 36 Jahre hier zalp. Sohn HP hilft bei Bschütten, Misten, Wildheuen. 2004 zusätzlich ein slowakischer Praktikant.

### Telefon auf der Alp  079 662 73 29

### Gebäude
Hütte nach Freiburger Art; getünchte Bruchsteinmauern, Vierschilddach, Eternitschiefer, Blitzschutz, dreiräumiger Wohnteil nach W, frontale, eingemachte Zugangslaube und -treppe, 1992 Lukarne für Küche+Gaden, Holzschopf, massiver Schweinestall, zwei Doppelquerställe, Gasteren;

Stallböden 2003 gesenkt, Schwemmkanäle. Schattstall für Kleinvieh, Holzmischbau, steiles Satteldach, Eternitschiefer. Grathüttli: Jungviehschattstall, massiv, 1862, Profilblechdach, Doppellängsstall.

### Käserei
Geschlossene Küche, ummantelte Grube, 500 l Kessi an Schiene, mobiles Rührwerk, Federpresse, Zementboden, getünchte Mauer.

### Käselager
Keller in SW-Ecke unter Stube, Zementboden, Holzdecke, konstantes, kühles Klima, Bankung für 180 Laibe.

### Produkte und Vermarktung
2300 kg Berner Alp- & Hobelkäse AOC in 230 Laiben à 9–11 kg; Hauptabnehmer: Molkerei Amstutz AG 3655 Sigriswil (keine Bio-Linie), deshalb auch Molkerei, 3778 Schönried; 25 kg Alpbutter, 15 kg Ziegenfrischkäse mit 50% Kuhmilch; Bio-Knospen-Betrieb seit 1995; wenig Passanten (Lage), Vermarktung an private Stammkunden; Bio-Alpkäse auch: Stadtladen, Katharinengasse 12, 9000 St. Gallen; Kurt u. Annette Zaugg-Signer, Moosgasse 21, 3305 Iffwil (jeden Samstag Markt Bern).

### Besonderes zur Verarbeitung
Abendmilch im Kessi mit Kühlschlange gelagert, abgerahmt. Käse stets einzeln ausgezogen. Schotte anfangs Sommer wegen der Schweine zentrifugiert.

Gottlieb Knubel beim Käsemachen…

…und beim Käsepflegen.

Und die Kälberschar beim Wiederkauen.

# OBER-SCHWAR-ZENBERG

**Eine der melkigsten Alpen, auch Milchkontrolleure in Erstaunen versetzend.**

Vom Kaltenbrunnen nach W sieht man den Oberen Schwarzenberg und die Bergstation der Saanerslochbahn – Wolken und Nebel lichten sich und werfen Schlagschatten.

Das Zügelgeläute scharf und schön im Vordergrund, die Skigebietstechnik unscharf im Hintergrund.

### Gemeinde/Amtsbezirk
Zweisimmen/Obersimmental

### Rechtsform/Eigentümer
Privatalp von Ernst Rufener-Ludi, 3776 Oeschseite

### Landeskarten
1246 Zweisimmen 1:25000
263 Wildstrubel 1:50000

### Koordinaten Referenzpunkt
Schwarzeberg, 592550/149550, 1757 m

### Lage der Alp
Südlichste Alp der Gemeinde, linke Seite Kaltenbrunnental auf 1640–1950 m; E-Lage, Terrain namentlich im oberen Gebiet mit Ausnahme von Terrassen steil, im Frühjahr Lawinengefahr. Tiefgründiger, stafelnaher Weideboden mit Chilen, gelbem Enzian, weissem Germer, Borstgras; Ausweide gutgräsig, Milchkrautweide.

### Wege zur Alp
Mit PW über Zweisimmen bis Oeschseite oder von St. Stephan auf Güterstrasse bis Gandlauenen; oder mit Bahn

bis Zweisimmen und mit Rinderberggondelbahn bis Bergstation; von überall auf (Berg-)Wanderwegen zur Alp (Wanderbuch 3094, Routen 23; 3097, Routen 10).

### Touristisches
Schwebebahnen von allen Seiten. Alp selbst in einem Kessel, aber rundum Panoramen- und Höhenwanderungen: sehr beliebt die anspruchsvolle Rundwanderung Zweisimmen-Rinderberg-Hornberg-Horneggli-Schönried-Zweisimmen; dem Heuberg im Turbachtal entlang zum Trüttlisberg; über Gfellalp nach Gstaad; über Gandlauenengrat und Rinderberg nach Zweisimmen und St. Stephan. Verschiedene Restaurants, Hotels und Massenlager in der weiteren Umgebung (Wanderbuch 3094, Routen 23; 3097, Routen 10).

### Infrastruktur
Alp ist das einstaflige Senntum 5932/S 2544 mit Vorweiden Zwahleweid am Taleingang und Unt. Kaltenbrunnen als Parallelstafel. Sie hat mit Ob. Kaltenbrunnen gemeinsamen Güterweg bis zur Alpgrenze; zum Stafel Fussweg, nur bei trockenem Wetter mit Offroad-Fahrzeug befahrbar; landwirtschaftliche Zufahrt Hornberg-Parwengen auf Güterweg und Jeepweg (Gemeinde Zweisimmen hat Wegrecht erkauft). Energieversorgung durch das Netz der BKW. Reichliche Wasserversorgung von guter Qualität auf Hauptstafel und Jungviehstafel im oberen Alpteil.

### Bestossung
Zwahlenweide: 21 Tage (Ende Mai bis Mitte Juni)
Schwarzenberg: 70 Tage (Mitte Juni–Anfang Sept.)
Gesamte Alpzeit: 29 Stösse, 91 Tage: 26 Normalstösse

### Weideflächen
Total 26 ha: 22 ha Weide, 2 ha Waldweide, 2 ha Wildheu

### Besonderes zur Alp
Ob. und Unt. Schwarzenberg gehörten früher zusammen; Unt. Schwarzenberg gehört aber seit vielen Jahren nicht mehr dazu. Hingegen gehört Unt. Kaltenbrunnen auch Ernst Rufener und wird gemeinsam mit Ob. Schwarzenberg bewirtschaftet, indem dort 17 Kühe und 4 Rinder gehalten und durch einen Knecht besorgt werden; diese Milch an Sammelstelle Zweisimmen abgegeben. Weitere historische Angaben: www.alporama.ch.

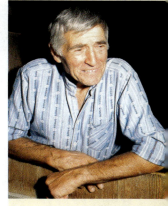

Ernst Rufener ist zufrieden mit dem Ort, er ist ihm gute Heimat.

Wieder einmal die Kombination volles Kessi, knisterndes Feuer und summendes Rührwerk.

# Schwarzenberg

## SENNTUM 5932/S 2544

Am früheren Vormittag war es einfach noch trüb; Blick nach SE; über dem Barwengensattel der Giferspitz.

Rufeners bereiten den Käseauszug vor.

Kläri Rufener schöpft etwas Schotte ab zur Kulturenbereitung.

### Besatz

10 Kühe, 1 Mutterkühe, 26 Rinder, 8 Kälber, 5 Ziegen, 1 Ziegenbock; hauptsächlich eigenes Vieh, dazu seit über 50 Jahren 10 Rinder aus dem Kanton Luzern. 2004 erstmals keine Schweine (wegen prekärer Züglerei).

### Personen

| Funktion | Person | Telefon |
|---|---|---|
| Bewirtschafter | Ernst Rufener-Ludi<br>Oeschseitenstr. 8, 3776 Oeschseite | 033 722 18 70 |
| Käserin | Kläri Rufener-Ludi | |

Ernst Rufener geht hier seit Kindsbeinen zalp, also etwa 70 Sommer lang!

**Telefon auf der Alp**  079 427 71 08

### Gebäude

Älterer Bau, Freiburger Typ, frontal getünchtes Mörtelmauerwerk, eine Ecke Fleckenblock, steingeschütteter Abwurf, Dreischilddach, Wellblech, dreiräumiger Wohnteil nach E (ehem. MG nun Stube), Zugangsläubli mit Treppe vorgehängt, Gasteren im DG, im Sockel Kälberstall und Keller, dreilägeriger Querstall, Läger gegen Wohnteil mit Holzwänden; Jungviehschattstall, einfacher Holzbau.

### Käserei
Geschlossene Küche, offene Grube, Hütte (Kochherd mit Kamin), 150 l Kessi an Holzturner, mobiles Rührwerk, Schwarpresse, Novilonboden, Plastikwände.

### Käselager
Keller in NE-Ecke, Naturboden, Holzdecke, sehr gutes, manchmal etwas kühles Klima, Bankung für 100 Laibe.

### Produkte und Vermarktung
750 kg Berner Alp- & Hobelkäse AOC in 90 Laiben à 5–12 kg; 40 kg Alpbutter, 30 kg Alpraclette, Ziegenkäse; wegen Lage kaum Passanten, Verkauf an private Stammkunden; angeboten: im Skibeizli «Träumli» Oeschseite von HR und F. Rufener; durch HU Riedwyl, Zelgstr. 20, 3612 Steffisburg (vermittelt an Restaurants und Vereine).

### Besonderes zur Verarbeitung
Abendmilch im Kessi mit Kühlschlange gelagert, abgerahmt. Nur die Milch vom Unteren Kaltenbrunnen an Sammelstelle Zweisimmen abgeliefert und verkauft.

### Besonderes zum Senntum
Äusserst melkige Alp! Die Alp ist Heimat, man ist für sich und kann machen, wie man will – und gegen Herbst ist der Keller voller Käse eine grosse Freude. Die Sportbahnen bieten in verschiedener Beziehung Vorteile!

Und nun wird sie sorgfältig zur Bebrütung in die Thermosflasche abgefüllt.

Der Bruch wird eingepackt und gepresst, zu Käse geformt.

Ernst Rufener pflegt mit Inbrunst die schönen Käselaibe.

# WILDENEGGBERG

**Berg wurde nach der Teilung verbessert, Alpzeit um über drei Wochen verlängert.**

Anfangs September geniessen Tiere und Menschen die milden Tage an der schönen Flanke; Wildeneggberg von S; hinten links das Obere Wildeggli.

Die Zöle schaut gut zu ihren Büssi, gestattet aber grossherzig ein Fotoshooting.

### Gemeinde/Amtsbezirk
Zweisimmen/Obersimmental

### Rechtsform/Eigentümer
Privatalp von Ernst Feuz-Frutiger, 3765 Oberwil.

### Landeskarten
1246 Zweisimmen 1:25000
263 Wildstrubel 1:50000

### Koordinaten Referenzpunkt
Wildeneggli, 589625/153200, 1702 m

### Lage der Alp
Wildeneggberg auf 1640–1860 m, durch nasse Lischenmäder vom früheren Unterstafel getrennt, liegt am NE Abdachung des Wannenhörnlis, ist sonnig, mit wenigen Ausnahmen trocken bis sehr trocken, oberste Regionen borstig; weidgängig und, soweit gedüngt, sehr gutgräsig. Durch Unterzäunung und konsequente Mistverteilung wurde die Borstigkeit des Berges gewaltig verbessert, so dass Eigentümer und Pächter, die beide keine Vorweide besitzen, die Bestossung um 3½ Wochen verlängern konnten. Früher waren die beiden Wildeggen zusammen

ein einziger Berg, der aber vor Menschengedenken geteilt wurde (dafür andere Unterstafel). Die früheren Stiglerenweid und Löcherenweid sind seit 1973 durch Erbteilung abgetrennt und werden als Sömmerungsbetrieb der Familie Hutzli-Feuz bewirtschaftet.

### Wege zur Alp
Anfahrtsmöglichkeiten bis Saanenmöser, vgl. Nachbaralp S. 283; von dort auf Bergwanderwegen zur Alp (Wanderbuch 3094, Varianten 24 und 25).

### Touristisches
Wildeneggli liegt E des Simnegrabens, also letzter Ausläufer der Landschaft Jaunpass-Hundsrügg, eines äusserst angenehmen, sehr vielfältigen, sonnigen Wandergebietes mit Restaurationsmöglichkeiten; man ist schon nahe den gut erschlossenen Bergen ob Schönried (Rellerli; Wanderbuch 3094, Routen 24 und 25; 3097, Routen 13).
Die Alp bietet Übernachten im Heu mit Abendessen und Frühstück auf Anmeldung. Vom Rellerli werden Tagesausflüge mit Zvieri auf der Alp organisiert; berühmt ist Ruth Trachsels «Taterechueche» (Saanenspezialität, vgl. Beschreibung von E. Friedli im Buch «Saanen»).

### Infrastruktur
Die Alp ist das einstaflige Senntum Wildeggli, 5925/S 2198. Die Wildeggli-Alpen (vgl. auch S. 284f) haben seit 1992 gemeinsamen Güterweg von Saanenmöser über Honegg. Energieversorgung durch Dieselaggregat und Akkus. Mit Ausnahme des obersten Galtviehstafels wird die Alp mit genügend eigenem, gutem Quellwasser versorgt.

### Bestossung
33 Stösse in 100 Tagen (Anfang Juni bis Mitte September): 33 Normalstösse

### Weideflächen
Total 55 ha: 51 ha Weideland, 2 ha Waldweide, 2 ha Streueland

### Besonderes zur Alp
Die Seyung von Wildeneggberg beträgt 42 Kuhrechte. Es ist hier sehr zügig, wie der Name besagt, man geniesst jedoch eine einzigartige Aussicht – fast bis nach Hause!

Viktor Trachsel macht noch etwas feines Holz, bevor er mit Tochter Nicole in den Heuberg verreist, weit hinten im Turbachtal.

Nicole demonstriert noch rasch die Vertrautheit mit den Hühnern, bevor Sie mit dem Vater in den Heuberg aufbricht.

# Wildeggli
## SENNTUM 5925/S 2198

Heller Sonnenschein hat für den Fotografen auch Schattenseiten: unter dem Vordach erkennt man kaum etwas.

In Grossaufnahme ist dann die ganze Farbenpracht des Zügelgeläutes zu sehen.

Martin Trachsel tränkt die Kälber, sozusagen in Stereo.

### Besatz
21 Kühe, 20 Rinder, 9 Kälber, 7 Schweine; ⅓ Vieh der Alpeigentümer, ⅓ der Bewirtschafter, ⅓ fremdes.

### Personen

| Funktion | Person | Telefon |
|---|---|---|
| Pächter | Viktor und Ruth Trachsel-Berchten, Tannli, 3782 Lauenen | 033 765 31 60 |
| Käserin | Ruth Trachsel-Berchten | |

Trachsels alpen den 32. Sommer hier. Von den sechs Kindern sind 2004 Nicole, Martin und Daniel hier, die älteren auswärts. Ab August jeweils fünf Wochen Alpschule.

### Telefon auf der Alp  079 441 27 83

### Gebäude
Bruchsteinfundament, Fleckenblock (ältestes Graffito «1836»), Vierschildhütte, eigenartig asymmetrisches Schindeldach (Räume symmetrisch angeordnet!), dreiräumiger Wohnteil nach S, frontale Zugangslaube, drei Gaden im DG, zwei Doppellängsställe, beidseitig längs Stall- und Schopfanbauten. Die W Stallhälfte auf Wildenegg gehört den Eigentümern von Ober-Wildeggli (Hübschi, S. 284f)! Egg: guter Doppellängsstall für Galtvieh.

### Käserei
Geschlossene Küche, offene Grube, 330 l Kessi (bequem zum Arbeiten, Turrian 1982 auf Mass), schwerer Holzturner, mobiles Rührwerk, Schwarpresse, Holzboden, Holzwände; Deckenschiene für Käseauszug zum Presstisch.

### Käselager
Gaden neben Küche, Holzwände, Naturboden, Holzdecke, stark schwankendes Klima, Bankung für 100 Laibe, früher Abtransport (Käsereifungslager Grund/Gstaad.

### Produkte und Vermarktung
1200 kg Berner Alp- & Hobelkäse AOC in 100 Laiben à 9–15 kg; 400 kg Wildeggli Hauskäse (Bratkäse), Ziger (hier auch Naschet genannt, weiss oder geräuchert auf Bestellung); Vermarktung an Passanten, Gäste, private Stammkunden und auf Märkten; auf Bestellung Versand in die halbe Schweiz (ganze Stadtquartiere beziehen ihren Alpkäse so); auch angeboten im Restaurant Bahnhof, Familie Remund, 3777 Saanenmöser.

### Besonderes zur Verarbeitung
Abendmilch in Gebsen im sehr kühlen bisenseitigen Milchgaden, abgerahmt. Käse einzeln ausgezogen.

### Besonderes zum Senntum
Alp sehr blitzschlaggefährdet, häufige Tierverluste. Geschnitztes Gerät von Vater Berchten ziert die Räume. Sohn Thomas vgl. Eggenalp, S. 329.

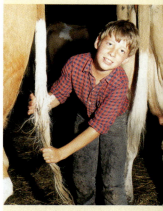

Mutter Ruth Trachsel zentriert zum Pressen den Deckel auf dem Käselaib.

Daniel Trachsel zeigt den Gästen, wie ein rechter Simmentalerzüchter den Kühen die Schwänze wäscht.

Ruth bringt den gestrigen Alpkäse ins Salzbad.

# OBERES WILDEGGLI

**Oberer Teil des Hübschiberges ist selbständig, hat ein Stallrecht im unteren.**

Blick über die Hütte nach SE mit dem dreifachen Kranz der Gipfel und Gräte im Obersimmental.

Die Kinder haben geformt, gezigert und gebacken…

### Gemeinde/Amtsbezirk
Zweisimmen/Obersimmental

### Rechtsform/Eigentümer
Privatalp von Frau Ariane Muller, Le Perrex, 1659 Rougemont, und ihrer Söhne Pierre-Alain, Le Perrex, 1652 Rougemont, und Claudie, rue du Botzet 3, 1700 Fribourg.

### Landeskarten
1246 Zweisimmen 1:25000
263 Wildstrubel 1:50000

### Koordinaten Referenzpunkt
Wildeneggli, 589400/153400, 1751 m

### Lage der Alp
Hübschiberg oder Wildeggli genannt überdeckt mit stark geneigter Weidefläche SW-Hang des Wannenhörnlis bis zur W Gemeindegrenze auf 1640–1940 m. Im obersten Teil harte, borstige Grasnarbe, wogegen grösste Fläche gutgräsig; im Allgemeinen windexponiert und zügig. Die angegebenen Weideflächen stammen aus dem Alpkataster von 1965 und umfassen die gesamte damalige Alp «Bärsal, Ledi und Hübschiberg».

### Wege zur Alp
Mit PW vom Simmental, Greyerzerland oder Waadtland her bis Saanenmöser (1273 m); mit Bahn und Postauto über Zweisimmen oder über Bulle oder von Montreux her bis Schönried (1230 m) oder Saanenmöser (1269 m); von dort auf Bergwanderwegen zur Alp (Wanderbuch 3094, Routenvarianten 24 und 25).

### Touristisches
Wildeggli liegt noch E des Simnegrabens, also letzter Ausläufer der Landschaft Jaunpass-Hundsrügg, eines äusserst angenehmen, botanisch, faunistisch und auch alpwirtschaftlich sehr abwechslungs- und aufschlussreichen, sonnigen Wandergebietes mit Restaurationsmöglichkeiten; man ist schon nahe den gut erschlossenen Bergen ob Schönried (Rellerli, 1831 m; Wanderbuch 3094, Routen 24 und 25; 3097, Routen 13).

### Infrastruktur
Die Alp bildet das für Milchvieh einstaflige Senntum Wildeggli, 5931/S 2368. Die beiden Wildeggli-Alpen (vgl. S.278f) haben seit 1992 gemeinsamen geschotterten Güterweg von Saanenmöser über Honegg. Energieversorgung durch Dieselaggregat und Akkumulatoren. Mit Ausnahme der obersten Partien wird die Alp mit genügend eigenem, gutem Quellwasser versorgt.

### Bestossung
52 Stösse in 77 Tagen (Anfang Juni bis Ende August): 40 Normalstösse

### Weideflächen
Total 76 ha: 70 ha Weideland, 5 ha Waldweide, 1 ha Streueland

### Besonderes zur Alp
Im Alpkataster steht «Die Seyung von Hübschiberg beträgt 60, von Karlenweide/Ledi 23 und von Bärsal 12 Rindersweide, aber nur für 10 bzw. für 8 Wochen Alpzeit…. Den Hütten und Zäunen entsprechend gehörten früher die beiden Hübschiberge (Unter- und Ober-Wildeggli) zusammen, zumal auch schon der gemeinsame Gebäudeanteil (vgl. S. 282f) darauf hinweist.»

Schönes Holzgerät allenthalben: Buttermodel…

…und kunstvoll verzierte Nidlelöffel.

# Wildeggli
## SENNTUM 5931/S 2368

Die Hütte von SW ist leider anfangs September bereits verwaist…

…das Zügelgeläute hängt schon andernorts.

Heidi Schopfer mit den Buben Bruno, Marco und Reto auf der «Bergmatte.»

### Besatz
31 Kühe, 34 Rinder, 12 Kälber, 1 Stier, 9 Schweine; mehr als die Hälfte ist fremdes Vieh.

### Personen

| Funktion | Person | Telefon |
|---|---|---|
| Pächter | Emil und Heidi Schopfer-Hefti Halten, 3792 Saanen | 033 744 90 59 |
| Käser | Emil Schopfer-Hefti | |

Schopfers alpen seit 2002 hier; vorher auf Gumm, Gemeinde Saanen. Kinder Marco, Reto und Bruno auch auf der Alp.

### Telefon auf der Alp  076 577 0 69

### Gebäude
Verschalter Rieg (BI: «…1948…»), sehr breit, Sockel Ständerbau ausser Kellerecke, Dreischild-Krüppelwalm, Eternitschiefer, Vordächer gegen Schneedruck abgestützt, dreiräumiger Wohnteil nach S, frontale gedeckte Zugangslaube, zwei Treppen, darunter ehemaliger Pferdestall, zwei kleine Gaden im DG, zwei Doppelquerställe, seitlich Schweinekoben und Holzschopf; daneben Zustall/Remise, verschalter Rieg, Wellblechsatteldach; weiter oben Doppellängsstall für Jungvieh; Anteil an den Ställen beim Nachbarn (S. 280f).

### Käserei
Geschlossene Küche, offene Grube, Hutte, 600 l Kessi (P. Turrian 1979), Holzturner, mobiles Rührwerk, hydraulische Presse, Holzboden, Holzwände.

### Käselager
Keller in SW-Ecke, gemauert, Kiesboden, Holzdecke, gutes Klima, Mittelbankung für 90 Laibe; dazu Keller in der grossen Vorsasshütte «Bergmatte» (Saanenmöser) von 1764 in S-Ecke, gemauert und Kantholzblock, Kiesboden, Holzdecke, gutes Klima, Bankung für 100 Laibe.

### Produkte und Vermarktung
2600 kg Berner Alp- & Hobelkäse AOC in 200 Laiben à 10–16 kg; 35 kg Ziger (geräuchert); Hauptabnehmer Molkerei, 3778 Schönried.

### Besonderes zur Verarbeitung
Abendmilch im Kessi mit Kühlschlange gelagert, abgerahmt. Käse stets einzeln ausgezogen.

### Besonderes zum Senntum
Alp oben sehr borstgräsig und windexponiert, unten gutgräsig, ganze Alp weidgängig und läg. Prämierungen: Gerhard Hofstetter (Eggenalp, S. 316ff) BAKM 2000 mit hiesigem Alpkäse 6. Schnittkäse. Schopfers BAKM 2001 mit Alpkäse von der Gumm 6. Hobelkäse. Ursula Reber BAKM 2003 mit hiesigem Alpkäse 5. Hobelkäse.

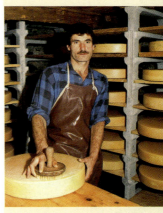

Das Kessi: «600 LITRES P. TURRIAN 1979».

Emil Schopfer pflegt seine Alpkäse im guten Keller der Vorsasse «Bergmatte.»

Die schönen Simmentaler Kühe auf Wildeggli wissen, wie man sich vorteilhaft präsentiert.

# SCHLÜNDI-WANNE

Kessel Vorder Schlündi war eine einzige Alp, heute in überschaubare Betriebe aufgeteilt.

Blick über die Alp nach W; hinter der Hütte Wannehöri und rechts Birehubel; dahinter wären Gruebe und die andere Schlündi.

Urs Schläppi beim Morgenmelken.

### Gemeinde/Amtsbezirk
Zweisimmen/Obersimmental

### Rechtsform/Eigentümer
Privatalp von Willy und Urs Schläppi, Äussere Gasse 4, 3770 Zweisimmen, und Miteigentümer Jakob Schläppi, 3770 Zweisimmen.

### Landeskarten
1246 Zweisimmen 1:25000
263 Wildstrubel 1:50000

### Koordinaten Referenzpunkt
Wanni, 589600/154150, 1700 m

### Lage der Alp
Wanne, oberste der 5 Schlündialpen, reicht auf 1660–1940 m bis zum Wannenhörnli. Grösster Teil N-Lage in nach E orientierter Mulde. Alpgebäude im untersten Weidezipfel, damit recht strenger Weidegang. Ausserhalb Sumpfböden (10 ha) kräuterreiches, gutes Futter.

### Wege zur Alp
Mit PW oder Bahn über Zweisimmen oder Saanen bis Hindere Rychestei; mit PW auf Güterstrasse bis Parkplatz am Stutz; zu Fuss von Saanenmöser oder Zweisimmen auf Wanderwegen zum Talkessel; ab Rychestei keine markierten Wege mehr auf Karte;

### Touristisches
Die Schlündialpen liegen rechtsseitig im Kessel des Schlündigrabens, N an den sanften Aussichtsbergen Birehubel-Wannehörnli, E Ausläufer des Hundsrügg, dieses sehr vielfältigen, sonnigen Wandergebietes; man nähert sich den gut erschlossenen Bergen ob Schönried (Rellerli); der viel begangene Wanderweg Rellerli-Sparenmoos berührt die interessante, wenig beachtete Alp nur am obersten Zipfel; in der Umgebung etliche Restaurationsmöglichkeiten (Tossen, Schiltenegg, Hüsliberg, Sparenmoos usw.); Wanderbuch 3094, Routen 24 und 25; 3097, Routen 13).

### Infrastruktur
Die Alp bildet das einstaflige Senntum Vorder Schlündi, 5919/S 2472. Güterstrasse bis an den Rand der Alp, von dort Jeepwege. Energieversorgung durch Dieselaggregat und Akkus. Sowohl im Stafel als auch im Weidegang Brunnen mit genügend gutem, eigenem, sehr kaltem Quellwasser (6 Grad C auch im Sommer 2003!).

### Bestossung
45 Stösse in 70 Tagen (Mitte Juni bis Anfang September): 31 Normalstösse

### Weideflächen
Total 55 ha: 49 ha Weideland, 3 ha Waldweide, 3 ha Streueland

### Besonderes zur Alp
Die 5 Schlündialpen bildeten früher eine einzige Alp mit 5 Sennten. Sodann wurde die Alp entsprechend den natürlichen (Weidegängigkeit durch verschiedene Bachläufe stark gehemmt), wirtschaftlichen und rechtlichen Gegebenheiten in die 5 heutigen Betriebe unterzäunt, und jeder Alp wurden die entsprechenden der 107 Kuhrechte zugeteilt. Weitere Angaben dazu auf www.alporama.ch.

Willy Schläppi schaut fest in Blitzlicht und Morgensonne.

Eine Spezialität des Hauses: wunderschön geschnitzte Edelweisse.

# Vorder Schlündi

## SENNTUM 5919/S 2472

Pferd und Esel geniessen die Morgensonne vor der Hütte; Holz für den nächsten Sommer ist bereits gerüstet.

Durch Elisabeth Schläppis Geranien sieht man nach N über Vorder Schlündi hinweg den Rücken von Erbetlaub, den Hundsrügg und die Alp Neuenberg (vgl. S. 292).

Andrea Schläppi betätigt die Handzentrifuge, damit man Butter und etwas in den Kaffe erhält.

### Besatz
11 Kühe, 32 Rinder, 6 Kälber, 1 Pferd, 1 Esel, 3 Schweine; hauptsächlich eigenes Vieh.

### Personen

| Funktion | Person | Telefon |
|---|---|---|
| Bewirtschafter | Willy Schläppi-Müller<br>Aeussere Gasse 4, 3770 Mannried | 033 722 29 06 |
| Käserin | Elisabeth Schläppi-Müller | |
| Zusennen | Urs und Andrea Schläppi-Rüfenacht<br>Aeussere Gasse 4, 3770 Mannried | |

Schläppis alpen seit 1991 selbständig hier. Urs und Willy sind begabte Holzbearbeiter.

**Telefon auf der Alp**   078 732 77 65 und 079 594 89 07

### Gebäude
Holzmischbau von 1926, Sockel schattseits massiv, sonnseits Holzmischbau, T-Grundriss, Satteldächer, Eternitschiefer, dreiräumiger Wohnteil im Querfirst nach N, frontale Zugangslaube und -treppe, Gaden im OG, dreilägeriger Längsstall, breiter T-Balken. Daneben selbst kons-

truierter Fimel, Rundholzblock, Werbebau für Unternehmung, schon verkauft; zweiter bereits im Bau.

### Käserei
Geschlossene Küche, offene Grube, Hutte, neues, gehämmertes 150 l Kessi, Holzturner, stets von Hand gerührt, Eisenhebel-Schwarpresse, Holzboden, Holzwände.

### Käselager
Keller in N-Ecke unter MG, Kiesboden, Holzdecke, in jeder Beziehung sehr gutes Klima, Bankung für 65 Laibe.

### Produkte und Vermarktung
600 kg Berner Alp-&Hobelkäse AOC in 60 Laiben à 8–11 kg; Alpbutter aus pasteurisiertem Gebsen- und Milchzentrifugenrahm; Passanten und private Stammkunden.

### Besonderes zur Verarbeitung
Abendmilch in Gebsen gelagert, abgerahmt; gelegentlich wird zusätzlich Milch mit Handzentrifuge zentrifugiert.

### Besonderes zum Senntum
Von den fünf Schlündialpen wird nur in dieser gekäst. Familie Willy Schläppi hat als Vorweide und Wintergut eine Hälfte von Gschwend (S. 68ff; ca. 2 Monate Heufütterung). Wannenhang voller blühender Alpenrosen vor blauem Himmel ist ein herrlicher Anblick. Die Alp ist sehr gutgräsig, aber weitläufig. Bei der Hütte kein Natel-Empfang!

Die Milch wird für die Labzugabe auf 32°C erwärmt.

Ein letztes Mal dreht Elisabeth für den gestrigen Käse an der Spindel.

Es geht gegen Herbst, der Keller ist voll, Familie Schläppi macht einen ersten Transport zu Tal bereit.

# NEUENBERG

**In der ausgesprochenen Wanderlage bietet man den Touristen viel und profitiert davon.**

Von der Vorderen Schlündi sieht man über den Rücken von Erbetlaub nach N den Neuenberg; am Horizont die Schiltenegghütte.

Die Neuenberg-Dorfet sind bekannt und beliebt; nicht nur der hier, sondern auch der ob Oberwil.

### Gemeinde/Amtsbezirk
Boltigen/Obersimmental

### Rechtsform/Eigentümer
Alpkorporation Neuenberg in Boltigen und Zweisimmen mit 18 Alpansprechern; Kontaktperson: Bergvogt Hans Stocker, Ruhren, 3766 Boltigen

### Landeskarten
1246 Zweisimmen 1:25000
263 Wildstrubel 1:50000

### Koordinaten Referenzpunkt
Nüjeberg (Weggabelung), 590750/155700, 1768 m

### Lage der Alp
Die bekannte Alp am S-Hang des markanten Hundsrügg auf 1600–2040 m bildet oberstes Einzugsgebiet und Wasserscheide von Ruhren- und Brechgraben. Von der steilen SSE-Flanke des Hundsrügg zieht sich das wellige, muldige Terrain in E Richtung, Sattellage mit terrassenförmigen Ebenen und leichten Hängen bildend; grösste Alp der Gemeinde und mit Ausnahme der oberen Regionen weidzügig und ringgängig. Acht Sennten nach topo-

grafischen Verhältnissen über Alp verstreut, einer guten Nutzung förderlich. Flyschzone, stellenweise vernässt oder aber hartgräsig. Mit Ausnahme von kräuterreichen Mulden in Ausweide Borstgras, im Nachsommer nicht für hohe Milchleistungen gut; keine Elementarschäden.

### Wege zur Alp
Mit PW von Zweisimmen über Sparenmoos hinaus zur Alp; mit Bahn bis Weissenbach oder Zweisimmen; oder mit Postauto bis Jaunpass, wunderschöne Höhenwanderung über Hundsrügg oder entlang seiner sonnseitigen Flanke oder über die Alp Schlündi im Abländschen und, den Hundsrügg querend, auf Wander- und Bergwanderwegen zur Alp (Wanderbuch 3094, Routen 24 und 25).

### Touristisches
Jaunpass-Hundsrügg: angenehmes, botanisch, faunistisch und alpwirtschaftlich abwechslungsreiches, sonniges Wandergebiet; führt zu den erschlossenen Bergen ob Schönried (Wanderbuch 3094, Routen 25). Tossenhütte ist Bergrestaurant; auch Schiltenegg bietet, für Gruppen auf Voranmeldung, betriebseigene Erfrischungen, Betriebsbesichtigungen und Übernachtungen an.

### Infrastruktur
Drei einstafige Sennten käsen mit Zulassungsnummer: 517/S 2517, 520/S 2182, 521/S 2183; Senntum 559 liefert zeitweise Milch an Alpkäserei Jaunpass. Die Alp ist mit Güterstrasse von Zweisimmen her erschlossen. Energieversorgung durch Benzinmotoren und Akkus. Wasserversorgung durch eigene Quellen gewährleistet, Stafelbrunnen und in Ausweide Tränkestellen.

### Bestossung
196 Stösse in 75 Tagen (Mitte Juni bis Ende August): 147 Normalstösse

### Weideflächen
Total 260 ha: 234 ha Weideland, 12 ha Waldweide, 4 ha Wildheu, 10 ha Streueland

### Besonderes zur Alp
Alpzeit auf 12. Sept. beschränkt. Hütten privat, nicht alle alpwirtschaftlich genutzt; Zwahlenhütte von 1752.

Ufem Hubel steht der Fotograf und knipst nach SW über die Schiltenegg hinweg; der tiefste Punkt am Horizont heisst Luegle.

Ein schönes Kessi-Detail: geschmiedet, genietet, gebohrt, gepunzt.

293

# Neuenberg/Tossenhütte

## SENNTUM 517/S 2517

*So kommt man auf die Tossenhütte zu und wird gluschtig, manche auf das Gartenrestaurant, manche auf den Spielplatz.*

*Und so nähert man sich ihr im Endspurt aufwärts.*

*So schön ist sie angeschrieben – und hält, was sie verspricht.*

### Besatz
16 Kühe, 12 Rinder, 11 Kälber, 2 Ziegen, 4 Schweine

### Personen

| Funktion | Person | Telefon |
| --- | --- | --- |
| Bewirt-schafter | Jürg Gfeller<br>Unterbächen, 3766 Boltigen | 033 722 08 28 |
| Käserin | Luise Gfeller<br>Unterbächen, 3766 Boltigen | 033 722 24 73 |

Je nach Bedarf helfen Sonja und Roland Tschabold-Gfeller, Reidenbach, auf der Alp aus.

### Telefon auf der Alp   033 722 14 58

### Gebäude
(591100/155350): sehr breiter Holzmischbau (Bauinschrift in Antiqua eingekerbt: «BM MGS ZM CC 1888»), Bruchsteinmauersockel, Satteldach, Eternitschiefer, recht enger Wohnteil nach E mit frontaler Zugangstreppe in die Küche, Stube behelfsmässige Gaststube, im DG Gaden, dahinter Doppelquerstall, bergseits betonierter Kälberstall, seitlich grosser Schopf, daneben Aussenrestaurant auf Holzbühne.

### Käserei
Geschlossene Küche, offene Feuergrube mit Chemihutte, 180 l Kessi an Holzturner, ausschliesslich von Hand gerührt, Schwarpresse, Holz- und Linoleumboden, Holz- und Hartplattenwände.

### Käselager
Gaden hinter dem ehemaligen Milchgaden nach N, ganz aus Holz, rechtes, aber stark schwankendes Klima, Bankung für 50 Laibe.

### Produkte und Vermarktung
100 kg Berner Alp- & Hobelkäse AOC in 12 Laiben à 8–12 kg; Verkauf an Passanten und Restaurantgäste, serviert und über die Gasse.

### Besonderes zur Verarbeitung
Die Abendmilch wird in Gebsen gelagert und abgerahmt. Die meiste Milch wird an die Sammelstelle in Zweisimmen abgeliefert und verkauft.

### Besonderes zum Senntum
Die Tossenhütte ist seit über 100 Jahren eine bekannte Bergwirtschaft, heute geführt von Luise Gfeller (vgl. Bergbeizliführer, www.bergbeizli.ch). Die Alp hat eine gute Zufahrt, enthält wenig Steine; sie bietet Ruhe, Stille, aber es kommen hier auch Leute zusammen zum Dorfen.

Roland Tschabold beim Heurechen.

Prunk- und Arbeitsgerät nahe beisammen.

Luise Gfeller zeigt einen ihrer schönen und guten Alpkäse, die sie auch in der Wirtschaft serviert.

# Neuenberg/Schiltenegg
## SENNTUM 520/S 2182

Schiltenegg von SE; Leika hat wohl eine Käserinde vom Zmorgetisch gefunden.

Erwin pflegt unermüdlich und exakt die Käselaibe.

Vater Imobersteg hat diese Hütte wunderschön angeschrieben.

### Besatz
18 Kühe, 7 Rinder, 9 Kälber, 8 Ziegen (zwei vom Blitz erschlagen).

### Personen

| Funktion | Person | Telefon |
| --- | --- | --- |
| Hüttenbesitzer | Oskar Stalder<br>Sieglinweg 8, 4125 Riehen | 061 641 30 31 |
| Pächter und Käser | Erwin und Christine Zumbrunnen<br>Ried, 3766 Boltigen | 033 722 17 55 |

Kinder Fabian und Martina helfen in den Ferien.

### Telefon auf der Alp  079 502 34 85

### Gebäude
Gute Sennhütte (590400/155600): Fleckenblock (Graffiti, ältestes 1850), teils schindelverrandet, Sockel seitlich Bruchsteinmauer, Front Holz, läges Satteldach, halb Schipfen, halb Eternitschiefer, vierräumiger Wohnteil nach SE, frontale Zugangslaube und -treppe, Gaden im DG, Doppelquerstall, zwei weitere Läger, sukzessive angebaut mit Firstverlängerung 1990.

### Käserei
Geschlossene Küche, offene Grube, Hutte, 350 l Kessi (2000 neu), Holzturner, mobiles Rührwerk, Federpresse, Novilon-Boden und -Wände (an kritischen Stellen).

### Käselager
Keller in S-Ecke (halb im Boden, Holzschopf davor), gemauert, Kiesboden, gutes Klima, Bankung für 120 Laibe.

### Produkte und Vermarktung
1200 kg Berner Alp- & Hobelkäse AOC in 130 Laiben à 7–14 kg; Abnehmer Molkerei Amstutz AG, 3655 Sigriswil und Chäsegge Peter Hilfiker, Dorfstr. 16, 5745 Safenwil; 50 kg Alpbutter, 120 kg Alpraclette, 200 kg Ziegenfrischkäse mit 50 % Kuhmilch, 100 kg Ziger (frisch/weiss sowie gesalzen/geräuchert); Direktvermarktung auf Alp und Talbetrieb; imagebildend der professionelle Auftritt am Boltigen Herbstmarkt mit schön gemachtem Stand; Auszeichnungen: BAKM 1999 4. Schnittkäse, AGREX Alpkäseprämierung 2000: 1. Hartkäse, also Schweizermeister! BAKM 2003: 6. Schnittkäse, BAKM 2004: 10. Hobelkäse.

### Besonderes zur Verarbeitung
Abendmilch im Kessi mit Kühlschlange, abgerahmt; Schotte an drei Schweine im Tal und Kälber verträngt.

### Besonderes zum Senntum
Neuenberg/Schiltenegg diente indischen Gesellschaften verschiedentlich als Kulisse für kommerzielle Filme.

Christine Zumbrunnen hat Anken gemödelet und legt ihn ins kühle Wasser in der Holzgebse.

Ziegenkäse reift schön heran – schmatz!

Familie Zumbrunnen strahlt von der Laube herab: Erwin, Fabian, Martina und Christine – profimässig, auch das hilft die Produkte vermarkten.

# Neuenberg/Grosshütte

## SENNTUM 521/S 2183

Die Grosshütte von SE mit dem höchsten Punkt des Hundsrügg am Horizont.

Nachmittag, das Kessi ruht bereits.

Nichte Fabienne und Sohn Manuel Klossner präsentieren dem Fotografen eine ihrer Ziegen.

### Besatz
34 Kühe, 16 Rinder, 8 Kälber, 9 Ziegen, 7 Schweine; Klossners sind nicht Bauern, haben kein eigenes Vieh.

### Personen

| Funktion | Person | Telefon |
|---|---|---|
| Hütten-besitzer | Gottfried + Werner Hehlen<br>Heimersbergstr. 12, 3770 Zweisimmen | 033 722 14 35 |
| Bewirtsch. und Käser | Adrian und Vroni<br>Klossner-Stocker, Steini, 3764 Weissenburg | 033 783 10 23 |

Söhne Manuel und Kilian helfen soweit möglich auf der Alp, während Tochter Sarah nach Bauernlehrjahr Bäckerlehre macht. Vroni Klossner ging mit ihren Grosseltern an Meienfall zalp, wo aber wenig gekäst wurde.

### Telefon auf der Alp  079 453 61 67

### Gebäude
(590850/155450): behäbiger Holzmischbau im Ebenen auf niedrigem Fundament (nicht unterkellert), läges Dreischilddach, Eternitschiefer, üblicher vierräumiger Wohnteil nach SE plus zwei Gaden im DG, dahinter zwei Doppelquerställe.

### Käserei
Geschlossene Küche, offene Feuergrube, 550 l Kessi (datiert 1994) an Holzturner, mobiles Rührwerk, zwei Schwarpressen, Holzboden, Holzwände.

### Käselager
Gaden («es Buur» resp. «es Bürli») neben der Küche hinter dem Milchgaden nach NE, alles Holz, sehr gutes Klima, Bankung für 100 Laibe. Zudem kann in den «Läubern» ein Keller benutzt werden mit Bankung für 90 Laibe und gutem, etwas wärmerem Klima. Abtransport zu den Besetzern nach Bedarf.

### Produkte und Vermarktung
3000 kg Berner Alp- & Hobelkäse AOC in 275 Laiben à 7–14 kg; Hauptabnehmer Molkerei Amstutz AG, 3655 Sigriswil; 150 kg Ziegenfrisch- und -weichkäse aus reiner Ziegenmilch; Verkauf an Passanten und private Stammkunden durch Klossners und die Besetzer in den Talbetrieben. Auszeichnung BAKM 2001: 7. Rang Schnittkäse.

### Besonderes zur Verarbeitung
Die Abendmilch wird im Kessi mit Kühlschlange gelagert und abgerahmt; Einzalauszug.

### Besonderes zum Senntum
Man geniesst, dass die Familie zusammen sein kann, und auch die Panoramaaussicht; aber es gibt viel Innenarbeit mit dem Käsen.

Adrian Klossner, hauptberuflich Sanitärinstallateur, wendet und packt die jungen Alpkäse neu ein.

Die Hüttenseite mit der freien Front ist dicht behängt mit Schönem und Nützlichem.

Von W sieht man über die Grosshütte hinweg auf Spillgerten, Rauflihorn und Albristhorn.

# Neuenberg/Stierenberg
## SENNTUM 559/(JAUNPASS)

Die Stierenberghütte von E, vom Waldrand herauf, der Hundsrügg im Hintergrund.

Die Vorweide Gräppen im Jaunpassgebiet von SW; die Berge des Niedersimmentals in den Wolken.

Hans und Susi Wittwer besorgen das Vieh auf Gräppen und nehmen sich Zeit für «Belli.»

### Besatz
13 Kühe, 18 Rinder, 10 Kälber, 2 Ziegen, 1 Pferd (Stute «Lolita» mit Fohlen «Leo» bei Fuss).

### Personen

| Funktion | Person | Telefon |
|---|---|---|
| Bewirtschafter | Heinz Wittwer<br>Beret, 3766 Boltigen | 033 722 03 13 |
| Sennen | Hans und Susi Wittwer-Müller<br>Beret, 3766 Boltigen | 033 722 21 93 |

**Telefon auf der Alp** 079 503 96 33

### Gebäude
Stierenberg (591550/156200): Fleckenblock (im Firstständer eingekerbte Antiquainschrift: «BL HAST(ligiert) UND(ligiert) MK ZM HSP 1792») auf Bruchsteinfundament, Satteldach, Eternitschiefer, vierräumiger Wohnteil nach E, Doppelquerstall, dahinter Doppellängsstall für Jungvieh und Stallabteile für Ziegen und Pferd. Gräppen (593500/160000): Bruchsteinsockel, HG Ständerbau, Stall bergseits Bruchsteinmauer, DG Fleckenblock, asymmetrisches läges Satteldach, Aluprofilplatten, ursprünglich zweiräumiger Wohnteil nach E mit nach N angebautem

Milchgaden und frontaler Zugangslaube und -treppe, dahinter Doppelquerstall und angemauerter Schweinestall nach N.

### Käserei
Nirgends mehr benutzt; Heinz Wittwer ist Präsident der Alpkäserei Jaunpass.

### Käselager
Keller im Talbetrieb für die aus der Alpkäserei Jaunpass zurückgenommenen Alpkäse und anderen Produkte.

### Produkte und Vermarktung
Die in der Alpkäserei Jaunpass hergestellten Alpkäse und Mutschli werden durch die Milchlieferanten grossteils wieder zurückgenommen und selbst vermarktet: Direktverkauf an private Stammkunden.

### Besonderes zur Verarbeitung
Vom Stierenberg wird die Milch an die Sammelstelle in Zweisimmen geliefert und verkauft.

### Besonderes zum Senntum
Die Milch aus der Vorweide Gräppen, frühlings und herbsts je vier Wochen mit dem gleichen Vieh bestossen, wird an die Alpkäserei Jaunpass geliefert; (Modalitäten vgl. dort, S. 389f).

Susi macht Waschwasser bereit.

Das Holz für den nächsten Sommer ist bereits gerüstet am Schermen.

Lolita und ihr Fohlen Leo dämmern in der Mittagshitze vor sich hin, nur knapp an den Besuchern interessiert…

# VORDER-HÜSLIBERG

**Hütte von 1648 ist 2001 abgebrannt; die neue eine echte Bergbeiz, einmalige Lage.**

Über die schöne, läge Alp hinweg sieht man nach NW an Erbetlaub, Hundsrügg und Schiltenegg.

Im Unterstafel Kählenweid langweilen sich die Gusti in den Herbst hinein.

**Gemeinde/Amtsbezirk**
Zweisimmen/Obersimmental

**Rechtsform/Eigentümer**
Hanspeter Rieder, Lenkstr. 47, 3771 Blankenburg.

**Landeskarten**
1246 Zweisimmen 1:25000
263 Wildstrubel 1:50000

**Koordinaten Referenzpunkt**
Vordere Hüsliberg, 591700/154800, 1669 m

**Lage der Alp**
USt. Kählenweid (593450/154500), 1150–1310 m, SE-Hang ob Riedli, gleichmässig steile Flanke; durchgehend «Treien»; Boden trocken, fruchtbar, gutgräsig, frühzeitiger Auftrieb. OSt. Hüsliberg auf 1620–1720 m im W Gemeindegebiet, weist ebenfalls SE-Exposition auf. Mit nur leicht geneigtem Weidegebiet bildet er oberste Abdachung des Sifertsegg-Gebietes. Auffallende Weidegängigkeit und Tiefgründigkeit des Bodens; leider einige trockene Stellen mit Borstgras überdeckt. Hingegen, soweit gedüngt, kleereiche Grasnarbe. Winde haben freien Zutritt.

### Wege zur Alp
Mit PW von Zweisimmen auf Sparenmoosstrasse bis Sparenmoos-Neuenberg; mit Bahn bis Zweisimmen oder Richtung Gstaad bis Oeschseite oder mit Postauto von Zweisimmen bis Gegend Sparenmoos; auf Wander- und Bergwanderwegen in die Nähe der beiden Areale, unmarkierte Fusswege mitten in die Alpteile.

### Touristisches
Wandermöglichkeiten in der abwechslungsreichen Landschaft mit dem sonnigen Wandergebiet Jaunpass-Hundsrügg-Neuenberg-Sparenmoos-Schwarzensee-Seiten-Eggen bis zu den gut erschlossenen Bergen ob Schönried (Rellerli); Hüsliberg ist bekannte Bergbeiz (gemütlicher Gästebereich, Gartenrestaurant je nach Wetter sehr attraktiv, Aussicht einmalig, Gäste haben Freude an betriebseigenen Produkten); Rundwanderung ab Zweisimmen, vom Sparenmoos sommers Trottinettabfahrt; winters Langlaufparadies und Schlittelweg nach Zweisimmen (Wanderbuch 3094, Routen 24 und 25).

### Infrastruktur
Die Alp bildet das zweistaflige Senntum 5937/S 2569. Durch die Neuenbergstrasse von Zweisimmen über Sparenmoos mit Stichgüterweg zum OSt./Beizli. Kählenweid von Rychestei her über Jeepweg erreichbar. Zügelweg zwischen den Stafeln steil und streng, nicht befahrbar. Energieversorgung durch das verkabelte BKW-Netz. Wasser auf beiden Stafeln genügend, aber auf Hüsliberg ohne Druck.

### Bestossung
Kählenweid: 20 Tage (Mitte Mai bis Anfang Juni)
Hüsliberg: 85 Tage (Anfang Juni bis Anfang September)
Kählenweid: 30 Tage (Anfang Sept.–Anfang Oktober)
Gesamte Alpzeit: 35 Stösse, 135 Tage: 47 Normalstösse

### Weideflächen
Total 43 ha: 41 ha Weide, 1 ha Streue, 1 ha Heueinschlag

### Besonderes zur Alp
Seyung Hüsliberg 31 1/2, Kählenweid 15 Rinderweide. Intensive Unkrautbekämpfung im Alpkataster 1965 erwähnt. Jedes Mal, wenn man durchs Weidtor «hereinkommt» tut man sich auf, es macht einen glücklich.

Die Käsereieinrichtung ist auch eine Schau für die Gäste des Beizlis.

Regula Späti macht eine Portion Hobelkäse bereit.

# Vorderer Hüsliberg

## SENNTUM 5937/S2569

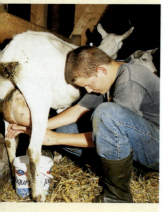

Hütte und Gäste-Liege-Bereich von SW aus der Blumenwiese.

Auch der innere Gästebereich ist amächelig gestaltet.

Statterbub Michael beim Ziegenmelken, auch das muss gekonnt sein.

### Besatz
20 Kühe, 22 Rinder, 15 Kälber, 2 Ziegen, 2 Schweine; hauptsächlich eigenes Vieh; Kleintiere für kleine Gäste!

### Personen

| Funktion | Person | Telefon |
|---|---|---|
| Bewirtsch. und Käser | Hanspeter Rieder<br>Lenkstrasse 47, 3771 Blankenburg | 033 722 05 73 |
| Käserin und Wirtin | Trudi Rieder-Schweizer<br>Lenkstrasse 47, 3771 Blankenburg | 033 722 11 23 |
| Zusennerin und Service | Regula Späti<br>Lenkstrasse 47, 3771 Blankenburg | 033 722 05 73 |

Familie hilft einander überall. HP käst mit Hingabe, Trudi ist Seele der Beiz, Frauen machen Tomme und Ziegenkäse.

### Telefon auf der Alp  033 722 14 56

### Gebäude
Hüsliberg: «2002» (nach Brand der Hütte von 1648 am 21 07 01), Betonfundament, EG Ständerbau (Eingangsbereich, Gaststube, Restaurantküche, Käserei, Pressraum, Quergang mit Infrastruktur), Holzschopf, frontales Zugangsläubli und Dächli; Doppelquerstall, Kälber-/Kleintierstall, berg-

seits Beton; OG Kantholzblock, nach S vier Gaden, darüber Estrich, dahinter Heubühne, läges Satteldach, Gerschilde, Alublechplatten. Kählenweid: Bruchsteinsockel, Kantholzblock, teils schindelverrandet, läges Satteldach, Eternitschiefer, dreiräumiger Wohnteil, Ställchen; Schattstall, Mischholzbau, läges Satteldach, Eternitschiefer, Doppelstall.

### Käserei
Hüsliberg: Offene Grube neben Gaststube (Schaukäsen), 300 l Kessi, Holzturner, mobiles Rührwerk, Haslipresse (Pressraum), Zement-/Steinplattenboden, getünchte Mauer.

### Käselager
Hüsliberg: Keller mitten im Fundament, Abgang aus Holzschopf, Beton, sehr gutes Klima, Bankung für 70 Laibe.

### Produkte und Vermarktung
700 kg Berner Alp- & Hobelkäse in 60 Laiben à 9–12 kg; Alpbutter (Milchzentrifugenrahm), 200 kg «Hüsli-Tomme», Trockenfleisch, Trockenwürste; Berg und Tal Bio-Knospen-Betriebe seit 1994. Vermarktung im bekannten Bergbeizli, reiche, originelle und originale Karte (alles selbst gemacht, z.B. gebratener Hüsliberg-Tomme), an Passanten, Gäste, private Stammkunden.

### Besonderes zur Verarbeitung
Abendmilch im Kessi mit Kühlschlange, wenig abgerahmt. Juli-Milch zu Alpkäse; sonst Hüsliberg-Tomme, Milch grossteils an Sammelstelle Zweisimmen verkauft.

Hanspeter Rieder schüttet die Abendmilch ins Kessi.

Trudi Rieder präsentiert stolz eines ihrer hauseigenen Menus: «Brätlete Tomme»

Überall Blumenschmuck; Aussicht wie S. 282, der Rinderberg hat sich nach rechts verschoben; links davon Wildstrubel, rechts ganz hinten Niesenhorn und weiter vorne Giferspitz.

# HINTER-SCHWARZENSEE

**Der eindrückliche Moorsee gab der Alp den Namen, die erst etwa 1920 geteilt wurde.**

Blick über die Hütten von Hinter Schwarzensee nach NW über den Hüsliberg mit Bergbeiz auf den Hundsrügg-Gipfel, 2046 m.

Das geheimnisvolle Seelein hinter der Krete in der Mitte von Bild 1.

### Gemeinde/Amtsbezirk
Zweisimmen/Obersimmental

### Rechtsform/Eigentümer
Schwarzenseeberg-Korporation in Zweisimmen; Kontaktperson Daniel Sumi-Treuthardt, 3770 Zweisimmen.

### Landeskarten
1246 Zweisimmen 1:25000
263 Wildstrubel 1:50000

### Koordinaten Referenzpunkt
Hindere Schwarzesee, 592400/154600, 1585 m

### Lage der Alp
Alp im W Gemeindeteil auf 1450–1720 m, oberhalb Flühwald, in markanter Mulde, durch zwei Höhenzüge E (Kalk) und W (Flysch) begrenzt, nach S orientiert, S- und W-Wind freien Zutritt gewährend. E Weidegang steinig, felsig, ausserordentlich gutgräsig; Fanghubel eher gegen Borstgras neigend; einzelne undurchlässige Teile zufolge Bergdruck vernässt und trittempfindlich. Schwarzensee ist eine der besseren Alpen der Gemeinde, da Weidegängigkeit mit Ausnahme «auf den Flühen» sehr gut.

### Wege zur Alp
Mit PW oder Postauto Zweisimmen-Sparemoos; Fussweg-Abzweigung links zur Alp kurz vor Bergrestaurant; oder mit Bahn bis Zweisimmen oder Oeschseite und auf Wanderwegen zur Alp; man kann auch von einer Haltestelle der Simmentalbahn, der Postautostrecke Jaunpass oder der MOB zwischen Zweisimmen und Schönried abwechslungsreichen Wanderwegstrecken zur Alp folgen (Wanderbuch 3094, Routen 24 und 25).

### Touristisches
Wandermöglichkeiten in der äusserst vielfältigen Landschaft Jaunpass-Hundsrügg, dem langen, sanften Rücken, der bis zu den gut erschlossenen Bergen ob Schönried führt (Rellerli); verschiedene Bergrestaurants, unter anderem Sparenmoos-Tollmoos, Tossenhütte, Hüsliberg, Schiltenegg; Rundwanderung ab Zweisimmen (vgl. auch Hüsliberg, S. 291; Wanderbuch 3094, Routen 24 und 25).

### Infrastruktur
Ht. Schwarzensee bildet die beiden einstafligen Sennten 5920/S 2108 und 5922/S 2086. Die Alp ist mit der Sparenmoosstrasse von Zweisimmen bis an den Rand erschlossen, mit rauem Güterstichweg zu den Hütten. Energieversorgung durch Benzinaggregat und Akkus. Das erforderliche Quellwasser für vier Stafel- und zwei Weidebrunnen wird teilweise von Hüsliberg hergeleitet.

### Bestossung
52 Stösse in 84 Tagen (Mitte Juni bis Anfang September): 43 Normalstösse

### Weideflächen
Total 57 ha: 51 ha Weide, 4 ha Waldweide, 2 ha Streue

### Besonderes zur Alp
Seyung 42½ Rindersweide (Pferde, Stiere, Schmalvieh nicht im Besatz eingeschlossen!). Fünf ältere Holzbauten, in Privatbesitz; teils nur Ställe alpwirtschaftlich genutzt; Alp wohl früher von vier Sennten bewirtschaftet; Vorder und Hinter Schwarzensee wurden wohl erst etwa 1920 geteilt. Gute alpinterne Wege für sehr gute Verteilung von Pfudel/Flüssigmist. Vom Föhnsturm 1963 umgelegte Flächen wurden nicht mehr aufgeforstet.

Vor dem Hühnerstall spriessen immer wieder einzelne Körner aus dem Hühnerfutter.

Die alten Rucksäcke tun immer noch ihren Dienst.

# Schwarzensee

## SENNTUM 5920/S 2108

Die Hütte, wo Knöris wirken, aus den Felsen im SE.

Neben der offiziellen Bauinschrift gibt es allerhand Graffiti von Leuten, die hier gearbeitet haben.

Der Käsebruch wird auf seine Bruchfestigkeit geprüft.

### Besatz
15 Kühe, 13 Rinder, 10 Kälber, 3 Ziegen, 4 Schweine; hauptsächlich Vieh des Pächters.

### Personen

| Funktion | Person | Telefon |
|---|---|---|
| Pächter | Kurt Knöri-Kammacher<br>Altenriedstrasse 27, 3770 Zweisimmen | 033 722 46 82 |
| Käser | Jürg Knöri<br>Altenriedstrasse 27, 3770 Zweisimmen | 079 390 21 44 |

Jürg käst hier den 7. Sommer; Kurt gelegentlich zum Melken; Vater Walter Knöri hilft noch gelegentlich aus. In den Ferien werden auch Statterbuben beschäftigt.

### Gebäude
Holzmischbau, Bruchsteinsockel, sehr breit, läges Satteldach, Eternitschiefer, Blitzschutz, frontale Zugangslaube und -treppe, Doppelquerstall, dahinter weiteres Läger resp. Vorschermen und Schweinestall. BI: «BL(v) IS(v) MR» und «ZM IM 1810».

### Käserei
Geschlossene Küche, offene Grube, Hutte, 200 l und 300 l Kessi, Holzturner, mobiles Rührwerk, Schwarpresse, Holzboden, Wände aus Hartplatten und Holz.

### Käselager
Keller in S-Ecke, Verbundsteinboden, Holzdecke, etwas trockenes, anfangs Sommer etwas kühles Klima, Bankung für 90 Laibe, Abtransport gemäss Kundenbedarf.

### Produkte und Vermarktung
1200 kg Berner Alp- & Hobelkäse AOC in 100 Laiben à 11–18 kg; Hauptabnehmer Emmi Käse AG, 3422 Rüdtligen-Alchenflüh; 100 kg viereckige Alpraclette, 100 kg unpasteurisierter Ziegenfrischkäse mit bis zu 50 % Kuhmilch, je nach Wunsch; Berg und Tal sind Bio-Knospen-Betriebe seit 1994. Emmi kauft für Coop (in Zusammenarbeit mit G. Hofstetter, Eggenalp, S. 328ff). Kaum Passantenverkauf, aber private Stammkunden.

### Besonderes zur Verarbeitung
Abendmilch in Gebsen und in Kannen im Trog gekühlt gelagert, teilweise abgerahmt. Käse einzeln ausgezogen.

### Besonderes zum Senntum
Schöne Aussicht ins Saanenland aus dieser romantisch-felsigen Gegend – und Jürg Knöri käst ausgesprochen gern (und erfolgreich). BAKM 2002: 8. Hobelkäse.

Auf dem Holzherd im Bain-Marie wird die Bakterienkultur bereitet.

Im Keller werden die Käse durch Jürg Knöri gepflegt.

Das «Eingangstor» zur Alp aus dem Saanenland mit Blick gegen das Rüblihorn.

# Schwarzensee

## SENNTUM 5922/S 2086

Sumis Hütte von ENE im charakteristischen felsigen Gelände mit lockerem Fichtenbestand.

Natur und Kultur in harmonischer Ergänzung.

Daniel und Marlis Sumi entnehmen dem Kessi etwas Schotte für die Kulturenbereitung.

### Besatz
20 Kühe, 11 Rinder, 12 Kälber, 4 Ziegen, 6 Schweine; hauptsächlich Vieh der Bewirtschafterfamilien.

### Personen

| Funktion | Person | Telefon |
|---|---|---|
| Hütten-besitzer | Daniel und Jakob Sumi<br>Heimersbergstr. 2, 3770 Zweisimmen | 033 722 48 15 |
| Bewirt-schafter | Daniel und Marlis Sumi-Treuthardt<br>Heimersbergstr. 2, 3770 Zweisimmen | |
| Käser | Bartlome und Lina<br>Sumi-Bärtschi, Heimersbergstr. 2 | 033 722 13 01 |

Bartlome seit 66 Jahren hier zalp (als 5-Jähriger; 10 Jahre Unterbruch); Daniel hilft morgens melken.

### Telefon auf der Alp  079 579 76 14

### Gebäude
Fleckenblock, 1877, Bruchsteinsockel, Satteldach, Wellblech, dreiräumiger Wohnteil nach SE, frontale Zugangslaube und -treppe, DG zwei Gaden, dreilägeriger Querstall, Schwemmentmistung, Schweinestall auf neuem Jauchekasten.

### Käserei
Geschlossene Küche, offene Grube, Hutte, 300 l und 200 l Kessi, Holzturner, mobiles Rührwerk, Schwarpresse, Holzboden mit Gefälle und Abwasserkanal, Holzwände.

### Käselager
Keller in S-Ecke, Kiesboden, Holzdecke, gutes, eher kühles Klima, regulierbare Feuchte, Bankung für 110 Laibe, Abtransport in den Talbetrieb nach Bedarf.

### Produkte und Vermarktung
1400 kg Berner Alp- & Hobelkäse AOC in 125 Laiben à 8–17 kg; 160 kg unpasteurisierter Ziegenfrischkäse mit bis zu 50 % Kuhmilch; Bio-Knospen-Betrieb seit 1994. Verkauf an private Stammkunden und am Zweisimmen Herbstmarkt Ende Oktober; angeboten durch: Vatter, Bärenpl. 2, 3011 Bern; Haller-Laden, Länggassstr. 30, 3012 Bern; Bioprodukte-Laden in Thun.

### Besonderes zur Verarbeitung
Abendmilch im Kessi mit Kühlschlange gelagert, abgerahmt (für Eigenbedarf verbuttert). Stets Einzelauszug.

### Besonderes zum Senntum
Sehr steinig, man ist für sich, sieht nirgends hin, hier ist Heimat; viele Feuchtgebiete; die Hütte praktisch eingerichtet; schöner steinplattenbesetzter Brunnenplatz. BAKM 2000: 3. Hobelkäse; BAKM 2001: 5. Schnittkäse; BAKM 2002: 1. Schnittkäse; BAKM 2004: 5. Schnittkäse.

Daniel entnimmt dem Fass die Butter portionenweise.

Mutter Lina Sumi kocht, denn Arbeit gibt Hunger.

Bartlome Sumi pflegt die viereckigen Alpraclette, andernorts Gartenplatten genannt; seine Stärke sind aber die harten und extraharten Berner Alpkäse, vielfach preisgekrönt.

# VORDER-SCHWARZENSEE

**Trotz der nahen Strasse ist man hier richtig z'Bärg mit Blick ins Saanenland.**

Die Hütte von NE mit Gummfluh und Rüblihorn im Saanenland.

Ordentlich parkiertes Melkgeschirr.

### Gemeinde/Amtsbezirk
Zweisimmen/Obersimmental

### Rechtsform/Eigentümer
Privatalp

### Lage der Alp
Die Alp liegt auf 1570–1720 m auf der Wasserscheide zwischen Berretgraben (nach Saried/Boltigen) und Brechgraben, der nach Bärsal und Reichenstein führt. Mit ganz wenigen Ausnahmen ist der Boden trocken, allgemein tiefgründig und relativ fruchtbar. Der Höhenzug W der Gebäude gehört der Flyschzone an, wogegen der NW-Hang des Flühwaldes mit seinem hügeligen, steinigen Terrain der Kalkformation zuneigt. Sie besitzt dieselben geologischen und botanischen Eigenschaften wie die Nachbaralp Hinter-Schwarzensee. Hingegen ist die vorliegende Alp bedeutend mehr dem Zugluft ausgesetzt.

**Touristisches**
Wandermöglichkeiten, unter anderen auf oder am Hundsrügg, dem lang gestreckten, sanften Rücken vom Jaunpass ins Saanenland.

**Bestossung**
36 Stösse in 80 Tagen (Mitte Juni bis Mitte September):
28 Normalstösse

Walter Eymann mit seinem Heuladewagen – auch das muss neben allem andern noch sein.

Sohn Toni hilft beim Heueinbringen.

# Vorder Schwarzensee

Auch von SW wirkt die gut unterhaltene Hütte majestätisch…

…und von S im durch Wolken gedämpften Abendlicht.

Sohn Heinz beim Melken – er macht das locker.

### Besatz
14 Kühe, 24 Rinder, 13 Kälber, 5 Ziegen, 3 Schweine; hauptsächlich eigenes Vieh des Pächters.

### Personen

| Funktion | Person | Telefon |
|---|---|---|
| Pächter | Walter Eymann-Mösching Saried, 3766 Boltigen | |
| Käser | Annemarie Eymann-Mösching | 033 722 16 75 |

Von den fünf Kindern sind die drei älteren auswärts tätig, verbringen aber Freizeit und Ferien auf der Alp. Alle fünf helfen auf der Alp mit.

### Telefon auf der Alp  033 722 16 34

### Gebäude
Gefälliger, geräumiger, guter Holzmischbau auf Bruchsteinsockel mit Schweinestall, als T-Grundriss, Satteldächer mit drei Gerschilden, Eternitschiefer, Blitzschutzanlage, vierräumiger Wohnteil als Querfirsteinbau nach NW mit frontaler Zugangslaube und -treppe, darüber ein

Gaden und weitere Gasteren, im T-Balken dreilägeriger Längsstall; Zustall etwas N für die fremden Mastrinder: alter Holzbau, Schindeldach.

### Käserei
Geschlossene Küche, offene Grube, Kessi an Holzturner, mobiles Rührwerk, Stangen-Spindel-Presse, Holzboden, Holzwände.

### Käselager
Keller in der NW-Ecke des Sockels, Naturboden, Holzdecke, recht gutes, aber kühles Klima, Bankung für 30 Laibe und die Mutschli.

### Produkte und Vermarktung
100 kg Berner Alpkäse AOC in 12 Laiben à 6–9 kg; 50 kg Alpmutschli, 30 kg Ziegenfrischkäse mit 50% Kuhmilch; Verkauf an Passanten, private Stammkunden und am Boltigen Bauernmarkt am 1. Septembersamstag; der Alpkäse wird auch angeboten durch Familie Moor-Schafroth, Käserei, Zofingerstr. 20, 4803 Vordemwald.

### Besonderes zur Verarbeitung
Es wird nur am Anfang während etwa 2–4 Wochen gekäst. Die Abendmilch wird (nach einem Versuch im Kessi mit Kühlschlange 2003) im Sommer 2004 wieder in Gebsen im Milchgaden gelagert und abgerahmt. In der restlichen Zeit wird die Milch an die Sammelstelle in Zweisimmen abgeliefert und verkauft.

Die frisch gemolkene Milch kommt sofort in die Kannen im elektrisch gekühlten Trog.

Annemarie Eymann bei der Käsepflege im Keller.

Der jüngste, Simon, schäkert mit Ziegen und Fotograf.

# HOHLASS

**Verwirklichter Jugendtraum, auch weil sich die ganze Familie gegenseitig hilft.**

Blick über den Hohlass von NE, hinten der Schattstall; Ende August geht die Sonne nicht mehr so früh auf, das Vieh grast schon am Sonnenhang, der Fotograf musste noch etwas warten.

Hier hat sich ein Älpler grosse Mühe gegeben, sich zu verewigen.

### Gemeinde/Amtsbezirk
Zweisimmen/Obersimmental

### Rechtsform/Eigentümer
Privatalp von Daniel und Barbara Janzi-Dänzer, Äussere Gasse 5, 3770 Zweisimmen, 2000 gemeinsam gekauft.

### Landeskarten
1246 Zweisimmen 1:25000
263 Wildstrubel 1:50000

### Koordinaten Referenzpunkt
Holaas, 593450/155750, 1522 m

### Lage der Alp
Früher zweistaflige, heute einstaflige Alp oberhalb Mosenried, auf 1370–1600 m, im USt. sanfte Mulde mit SE-Exposition; der angrenzende OSt. mehr nach E orientiert. Beidenorts Boden in Stafelnähe fast eben, hangwärts zusehends steiler; Terrain ideal weidgängig, Grasnarbe mit ganz wenigen Ausnahmen ausgezeichnet. Trotz kleinen, versteinten Teilen im OSt. zählt Hohlass zweifellos zu den schönsten Alpen in der Gemeinde oder sogar des ganzen Simmentals.

### Wege zur Alp
Mit PW oder Postauto in Zweisimmen Richtung Langlaufzentrum Sparenmoos/Tollmoos; aus Gegend Eggenalp-Heimkuhweide-Schwarzensee zu Fuss zur Alp; vgl. Nachbaralpen (Wanderbuch 3094, Routen 24 und 25).

### Touristisches
Wandermöglichkeiten in der Landschaft Jaunpass-Hundsrügg-Sparenmoos, einem äusserst angenehmen, botanisch, faunistisch und auch alpwirtschaftlich sehr vielfältigen und aufschlussreichen, sonnigen, sanften Gebiet; es führt bis zu den gut erschlossenen Bergen ob Schönried (Rellerli, 1831 m); unterwegs verschiedene Bergrestaurants, unter anderem Sparenmoos-Tollmoos (sommers Trottinett-Route, winters Langlaufparadies und Schlittelstrecke), Tossenhütte, Schiltenegg, Hüsliberg nach dem Wiederaufbau; Rundwanderungen ab Zweisimmen usw. (Wanderbuch 3094, Routen 24 und 25).

### Infrastruktur
Die Alp bildet das einstaflige Senntum Holaas, 5934/S 2470. Sie ist mit Sparenmoosstrasse oder alter Eggen-Zufahrt bis Heimkuhweide erschlossen, Stafel selbst mit Jeepweg durch die schöne Alp Hinterfluh der Familie Reichen; gute Bewirtschaftungswege in der Alp. Energieversorgung durch Dieselaggregat und Solarzellen. Keine eigenen Quellen, Quellenrecht auf Sparenmoos.

### Bestossung
30 Stösse in 85 Tagen (Mitte Juni bis Anfang September): 25 Normalstösse

### Weideflächen
Total 20 ha Weideland

### Besonderes zur Alp
Die Seyung der Alp, wie im Alpkataster von 1965 geschildert, soll 55 Rindersweide betragen haben, sie wurde während 135–140 Tagen bestossen. Seit 2002 ist USt. Vorweide, also LN, und hier nicht mehr mitgezählt.
Daniel und HU Janzi bilden Tierhaltergemeinschaft: auf Holaas die melken Kühe, die Ziegen und die jüngsten Kälber; ca. 60 Häupter Galt- und Jungvieh auf Hinter Chumi (vgl. S. 64f), wo eine Hütte zur Hälfte HU Janzi gehört.

Vater HR Janzi gibt einem Limousinkalb die Flasche.

Schmucke, wohlgestaltete Eingangspartie.

# Holaas
## SENNTUM 5934/S 2470

Die herausgeputzte Hüttenfassade wenig später im Streiflicht.

Ziegen auf dem Ausmarsch.

HU Janzi macht sich am Milchgeschirr zu schaffen.

### Besatz
30 Kühe, 11 Kälber, 12 Ziegen; Vieh der Eigentümer.

### Personen

| Funktion | Person | Telefon |
|---|---|---|
| Bewirtsch. und Käser | Daniel und Barbara Janzi, Aeussere Gasse 5, 3770 Mannried | 033 722 41 49 |
| Zusenn | Hansruedi Janzi Hinderi Gasse 34, 3770 Mannried | 033 722 26 08 |

Vater HR und Bruder HU Janzi helfen aus, arbeiten aber hauptsächlich auf Talbetrieb. Barbara stellt nach Kundenwunsch Ziegenkäse her. Wegen Bauarbeiten hat sie 2004 die Alp zeitweise allein besorgt, Ferien-Mithilfe der Kinder.

### Telefon auf der Alp  079 381 72 60

### Gebäude
Dreiräumiger Wohnteil nach NNE, gut unterhaltener Fachwerkbau, Mauer getüncht, älteste Graffiti 1875, frontales Zugangsläubli, zwei Treppen und Dächli, Gaden im DG, dreilägeriger Querstall, Bruchsteinmauer/Beton, teils schindelverrandet, Satteldach, Eternitschiefer, befestigter Vorplatz. S Kälberstall: Ständerbau, teils verschalt, Satteldach, Eternitschiefer, Doppellängsstall.

### Käserei
Geschlossene Küche, offene Grube, Hutte, 4601 Kessi, Holzturner, mobiles Rührwerk, Schwarpresse, Novilonboden, Novilonwände, getünchte Mauer. MG mit horizontalen Scharten in massiver Wand (normal vertikale).

### Käselager
Keller in NW-Ecke, Zementboden, Holzdecke, gutes, kühles, eher feuchtes Klima, Bankung für 120 Laibe.

### Produkte und Vermarktung
1500 kg Berner Alp- & Hobelkäse AOC in 140 Laiben à 8–15 kg; Hauptabnehmer Emmi Käse AG, 3422 Rüdtligen-Alchenflüh (für Coop, mit G. Hofstetter, Eggen, S. 331); 50 kg reine Ziegenhalbhartkäse, 70 kg Ziegenfrisch- bis -weichkäse (50% Kuhmilch); Bio-Knospen-Betrieb (Tal 1996, Berg 2000); wenig Direktverkauf.

### Besonderes zur Verarbeitung
Abendmilch im Kessi mit Kühlschlange, wenig abgerahmt. Gekäst bis anfangs August, sonst Milch an Eggenalp verkauft (wenn Platz im Kessi), sonst an Sammelstelle Zweisimmen, Ziegenmilch auch Molkerei Schönried.

### Besonderes zum Senntum
So eine Alp war Daniels Bubentraum seit er 1977 ab 12-jährigen hier Statter war. Enorme Futterqualität auch im Sommer 2003! Markante Milchsteigerung durch neue Weideeinteilung.

Barbara Janzi mit den Kindern Marina, Kurt und Ken.

Daniel Janzi kann nun seine Ziegen melken, mit der Maschine, bei dieser Zahl lohnt sich das bereits.

Das Käsekessi ruht Ende August bereits – schön aufgeräumte Küche, weisse Flächen gestalten die Räume.

# SITE & HAULI

## Hier schaut man in die Zukunft, baut bodenständig, richtet zweckmässig ein.

Site ist 2004 ein Bauplatz, ein mächtiger Rundholzblock entsteht mit einer neuen privaten Alpkäserei.

Rotklee, Trifolium pratense, fette Alpweiden lohnen auch einen grossen Aufwand.

### Gemeinde/Amtsbezirk
Zweisimmen/Obersimmental

### Rechtsform/Eigentümer
Privatalp von Alfred Santschi, Gruebis, 3657 Schwanden (Sigriswil) und Kurt Santschi, Dorf, 3655 Sigriswil.

### Landeskarten
1246 Zweisimmen 1:25000
263 Wildstrubel 1:50000

### Koordinaten Referenzpunkt
Site, 592875/156800, 1574 m

### Lage der Alp
USt./Voralp ‹Hauli›, linke Berretgrabenseite, auf 1310–1490 m, ausgesprochene E-Lage; 2/3 des Weidganges auf Boltigen-Boden. Tiefgründiger Boden, mit wenigen Ausnahmen nasser Partien fruchtbar, gute Grasnarbe. Unterster Weidezipfel ‹Site› grenzt an Hauli, bildet N-Abdachung des Höhenzuges; NE- und NW-Lage, letztere auf Boltigen-Boden. Rücken windexponiert, Grasnarbe trotz borstigen Partien gut, auch die Weidegängigkeit.

### Wege zur Alp
Mit PW oder Postauto von Zweisimmen auf Sparemoosstrasse ca. 7 km, Abzweigung zur Alp rechts ausgeschildert, 500 m auf neuer Strasse; oder mit Bahn bis Zweisimmen oder von irgendeiner Haltestelle der Simmentalbahn, der Postautostrecke Jaunpass oder der MOB zwischen Zweisimmen und Schönried auf Wanderwegen zur Alp (Wanderbuch 3094, Routen 24 und 25).

### Touristisches
Für Wandermöglichkeiten vgl. Nachbaralpen, z.B. Hüsliberg, S. 291 (Wanderbuch 3094, Routen 24 und 25). Reizvolle Feuchtgebiete unter Naturschutz; Naturfreundehaus Zimmerböden. Im neuen Rundholzbau Schaukäserei; auf Voranmeldung Gruppenanlässe (Aperos, Zvieri) und geführte Besichtigungen z.B. für Schulklassen (Zweisimmen-Tourismus). Am ersten Samstag September Käseteilet als Volksfest (Unterhaltung, Produkteverkauf, Festwirtschaft).

### Infrastruktur
Site bildet das einstaflige Senntum 5923/CH-6003, gemeinsam mit Senntum 5933/CH-6011, Alp Zimmerböden (S. 308ff) bewirtschaftet (gleiche Eigentümer). Mit Sparenmoosstrasse und Güterstichstrasse voll erschlossen, grösstenteils mit allem Gerät befahrbar. Stromversorgung durch das Netz der BKW. Gute Wasserversorgung mit genügend Weidbrunnen.

### Bestossung
70 Stösse in 120 Tagen (Ende Mai bis Anfang Oktober): 84 Normalstösse

### Weideflächen
Total 47 ha: 45 ha Weide, 1 ha Waldweide, 1 ha Streueland

### Besonderes zur Alp
Alpeigentümer benutzen konsequent den Dialektnamen «Site», nicht die Verdeutschung «Seiten» (Alpkataster 1965). Sie haben seit dem Erwerb der Alp vor 18 Jahren in zukunftsgerichteter Zusammenarbeit sehr viel bewegt. Alp läg und fahrbar, praktisch zu bewirtschaften, Hütte gut ausgebaut. Man hat hier Weite und grossartige Aussicht, doch ist es sehr zügig. Zwischen Eigentümern und Angestellten sehr kooperatives Verhältnis.

Das Ringelschwänzelein, Zierde jedes Schweinehinterns.

Noch wird in der offenen Feuergrube Heisswasser bereitet.

# Site
## SENNTUM 5923/CH 6003

Blick von NE auf die alte Hütte, «beschirmt» vom Kranausleger.

Der ungedeckte Rohbau ergibt wunderbare Lichtspiele, die Wände sind sehr imposant.

Martin Siegenthaler schwingt geübt den Käsebruch aus dem Kessi auf den Presstisch.

### Besatz
47 Kühe, 12 Rinder, 12 Kälber, 1 Stier, 28 Schweine; hauptsächlich Tiere der Eigentümer.

### Personen

| Funktion | Person | Telefon |
|---|---|---|
| Bewirtschafter | Alfred und Kurt Santschi<br>3657 Schwanden | 033 251 32 60<br>033 251 14 64 |
| Sennen und Käser | Martin und Doris Siegenthaler<br>Hüpbach, 3765 Oberwil | 033 783 19 79 |
| Zusenn | Eduard Bielak, Praktikant aus Polen | |

### Telefon auf der Alp  033 722 18 77

### Gebäude
UG Bruchsteinmauer/Beton (Garage und Keller), EG Kantholzblock, dreiräumiger Wohnteil nach E, OG Ständerbau, vier Gaden und Dusche, steiles ³/₄-Walmdach, Gerschild, Doppelquerstall, zwei weitere Läger; N Schweinestall; S mächtiger Rundholzblock von 2004/2005, UG Beton und Holzdecke (Käsereiräume), EG und OG Gesellschafts- und Wohnräume. Hauliegg: Schattstall, Holzbau; Hauli und Blachti: Holzbauten, Wohnteil (Blachti Ferienwohnung), zwei Doppelquerställe; Kaltbach: Jungviehschattstall.

### Käserei
Geschlossene Küche, halb ummauerte Feuergrube, 640 l Kessi, neuer Holzturner, mobiles Rührwerk, mobile metallene Hebelpresse und zwei Schwarpressen, Klinkerboden und Wände Holz und Plättli; neue Einrichtung vgl. www.alporama.ch.

### Käselager
Keller in der SE-Ecke unter der Stube, alles Beton, gutes, ausgeglichenes Klima, Bankung für 550 Laibe.

### Produkte und Vermarktung
5000 kg Berner Alp-&Hobelkäse AOC in 500 Laiben à 7–14 kg; Hauptabnehmer Molkerei, 3780 Gstaad; Alpbutter; Verkauf an Gäste, Passanten, private Stammkunden und am Käseteilet. Geschäfte im Seeland auf Tour beliefert. Viehbesetzer nehmen Käse zurück und vermarkten selbst. Fam. A. Santschi vermarktet auf Talbetrieb das ganze Jahr direkt. Alpbutter auch an Gewerbebetriebe.

### Besonderes zur Verarbeitung
Abendmilch im Kessi mit Kühlschlange gelagert, abgerahmt. Käse einzeln ausgezogen! Schotte zentrifugiert. Im Herbst alle Milch auf Zimmerboden verkäst. Nach Käsereineubau wird Milch beider Alpen/Sennten hier verkäst; Galtvieh sukzessive nach Zimmerboden. Je nach Bedarf können weitere Milchen dazu genommen werden, wie jetzt von Jakob Schläppi (Alp Blachti, vgl. S. 288ff); damit arbeitsmässig flexibel Kessikapazitäten ausgenützt.

Doris Siegenthaler schwemmt den Bruch gut ein ins Järb, damit es keine Lufteinschlüsse gibt.

Eduard Bielak ist stolz auf seine Arbeit und das Resultat.

Alfred Santschi posiert im Neubau mit Söhnen Benjamin und Simon.

# ZIMMERBODEN

**Willkommene Ergänzung zu einem innovativen Betrieb für initiative Eigentümer.**

Ausgeprägter Voralpencharakter steht im Alpkataster, und so sieht das von NW her aus.

Blick von der Hütte nach NE auf das idyllisch abgelegene Naturfreundehaus.

### Gemeinde/Amtsbezirk
Boltigen/Obersimmental

### Rechtsform/Eigentümer
Privatalp von Alfred Santschi, Gruebis, 3657 Schwanden (Sigriswil) und Kurt Santschi, Dorf, 3655 Sigriswil.

### Landeskarten
1246 Zweisimmen 1:25000
263 Wildstrubel 1:50000

### Koordinaten Referenzpunkt
Zimmerböden, 593250/157950, 1299 m

### Lage der Alp
Zimmerboden auf 1270–1400 m hat ausgesprochenen Voralp-Charakter; er liegt am N-Hang zwischen dem Berret- und dem Ruhrengraben. Mit Ausnahme von einigen wenigen steilen Bördern ist das Alpli sehr weidgängig und, soweit gedüngt, auch in den sanften Mulden gutgräsig. Einzelne Hänge weisen eine harte, borstige Grasnarbe auf, während im W Areal Moosland und allgemein trittempfindlicher Boden dominiert. Das angrenzende Land mit dem Naturfreundehaus konnte letzthin gekauft werden.

### Wege zur Alp
Mit PW oder Postauto in Zweisimmen Richtung Sparemoos/Tolmoos (Achtung: sommers Trottinett-Abfahrtsstrecke! winters: Langlaufparadies und Schlittelweg), nach ca. 5 km Abzweigung zur Alp rechts ausgeschildert, 1 km auf Güterweg; oder mit Bahn bis Zweisimmen, oder von irgend einer Haltestelle der Simmentalbahn oder der Postautostrecke Jaunpass auf Wanderwegen zur Alp (Wanderbuch 3094, Routen 24 und 25).

### Touristisches
Wandermöglichkeiten u.a. am Hundsrügg, dem langgestreckten sanften Rücken vom Jaunpass ins Saanenland, und die vorbeschriebenen Anmarsch- als Rückmarschrouten (Wanderbuch 3094, Routen 24 und 25). Kleinere reizvolle Feuchtgebiete in der Umgebung stehen unter Naturschutz. Das Areal mit dem Naturfreundehaus gehört heute zur Alp. Der bisherige Hauswart übernimmt die Reservationen (Viktor Gobeli-Ott, Schützenstr. 3, 3770 Zweisimmen), das Haus ist registriert beim Tourismusbüro, Thunstrasse 8, 3770 Zweisimmen.
Am ersten Samstag September findet auf der gemeinsam bewirtschafteten Alp Site (S. 304ff) ein Käseteilet als grosses Volksfest statt mit Unterhaltung, Produkteverkauf und grossangelegter Festwirtschaft.

### Infrastruktur
Zimmerboden bildet das einstaflige Senntum 5933/CH-6011, das gemeinsam mit dem Senntum 5923/CH-6003 der Alp Site (der gleichen Eigentümer, S. 304ff) bewirtschaftet wird. Mit Sparenmoosstrasse und Güterstichstrasse auch für Lkw. und Cars erschlossen; das Land mit Gerät befahrbar. Stromversorgung durch Netz der BKW. Gute Wasserversorgung mit genügend Weidbrunnen.

### Bestossung
26 Stösse in 130 Tagen (Ende Mai bis Anfang Oktober): 33 Normalstösse

### Weideflächen
Total 33 ha: 30 ha Weideland, 2 ha Streueland, 1 ha Heueinschlag

Stachlig und schön, die Silberdistel, Carlina acaulis, im Schattenspiel.

Die mächtige Front dieses Wintergutes von W.

# Zimmerboden

## SENNTUM 5933/CH 6011

*Nochmals die Hütte in der Nachmittagssonne, die Front im Schatten.*

*Alpkäse im Doppelstock und Mutschli im Viererpack.*

*Heidi Schlüchter bereitet das Melkgerät zum Abendmelken vor.*

### Besatz
30 Kühe, 1 Stier, 13 Schweine; Rinder und Kälber von Seiten und Zimmerboden auf Hauliegg gesömmert.

### Personen

| Funktion | Person | Telefon |
|---|---|---|
| Bewirtschafter | Alfred und Kurt Santschi 3657 Schwanden | 033 251 32 60 033 251 14 64 |
| Sennen | Martin und Heidi Schlüchter Steineggstrasse 21, 3770 Zweisimmen | 033 722 37 15 |
| Käser | Martin Schlüchter | |

### Telefon auf der Alp  033 722 30 34

### Gebäude
Breiter, hoher Holzmischbau; hölzerne Sockelfront, hohes OG (Heubühne, weder Gaden noch Gasteren!) dadurch wirkt Front 3 ½-geschossig – typisches Wintergut! (vgl. Alpkataster 1966), fünfräumiger Wohnteil nach N, breite, frontale, teils eingemachte Zugangslaube und -treppe, Holzschopf, dreilägeriger Querstall, seitlich gedeckter, befestigter Brunnenvorplatz, ehem. Pferdestall. Im MG Graffito «SW 1921», am Türstud Brand «T+C». Hauli und Hauliegg (mit Site-Alp genutzt, vgl. S. 322).

### Käserei
Geschlossene Küche, offene Feuergrube, Hutte, 500 l Kessi, Holzturner (Graffito «ES 1919», Brand «WS») und 250 l Kessi an Schiene, mobiles Rührwerk, zwei Schwarpressen, Plättliboden und Holzwände.

### Käselager
Zwei Keller NW-Ecke, gemauert, Bsetzi- und Betonboden, Holzdecke, Klima ausgeglichen, zweckmässige Feuchte in beiden Räumen, Bankung im einen für 200 Alpkäse + 60 Raclettes, im andern 60 Alpkäse + 250 Raclette + Mutschli.

### Produkte und Vermarktung
3500 kg Berner Alp- & Hobelkäse AOC in 300 Laiben à 10–15 kg; Hauptabnehmer Molkerei, 3780 Gstaad; 900 kg Alpmutschli, 800 kg viereckige Alpraclette, 40 kg Ziger (frisch, auf Bestellung); Verkauf an Passanten, private Stammkunden, am Käseteilet auf Site-Alp (gemeinsame Bewirtschaftung); auch Jogurt (diverse Aromen) und Doppelrahm für Berggasthaus Sparenmoos. Alpexpo Grenoble 1998: Bronzemedaille für Hobelkäse.

### Besonderes zur Verarbeitung
Abendmilch im Kessi mit Kühlschlange gelagert, abgerahmt. Anfangs Sommer drei Chargen gekäst: im kleinen Kessi Alpmutschli, im grossen Alpkäse, zuletzt im kleinen Alpraclette. Käse stets einzeln ausgezogen. Im Herbst auch Milch von Site auf Zimmerboden verkäst. In Zukunft wird wohl alle Milch auf Site verkäst (vgl. S. 323).

Martin Schlüchter wendet die Mutschli in ihren Formen.

Der Schlüssel zum Käsekeller ist immer rostig, weil man ihn mit salzigen Händen anfasst.

Ein mächtig angefüllter Keller Ende August, die schönen Laibe in Reih und Glied, einer wie der andere rund und flach.

# EGGENALP

Jahrzehntelang schulmässig ausgebaut, heute verpachtet, biologisch bewirtschaftet.

Der Blick geht von SSW über die weite Fläche und die grossen Gebäude von Eggi wieder einmal den Bergen des Niedersimmentals entlang.

Romy Gratz bereitet eines der bekannten, wohltuenden Molkenbäder zu.

### Gemeinde/Amtsbezirk
Zweisimmen/Obersimmental

### Rechtsform/Eigentümer
Kanton Bern; Gutsbetrieb Inforama BO, 3702 Hondrich;
Pächter G. Hofstetter, Hofstatt 5, 3702 Hondrich.

### Landeskarten
1246 Zweisimmen 1:25000
263 Wildstrubel 1:50000

### Koordinaten Referenzpunkt
Eggi, 594050/157300, 1333 m

### Lage der Alp
An der NW Gemeindegrenze reicht Eggenalp vom Beretgraben über den NW-Hang ‹Kernenfang› von 1240–1360 m und überdeckt, leicht wellig, muldig Teil des markanten Höhenzuges. Damit hat die Alp ausgesprochene Sattellage mit entsprechenden Expositionen. Tiefgründiger, schwach kalkhaltiger Lehmboden, mit Ausnahme ganz weniger nasser Stellen trocken und, abgesehen vom SE-Hang, wenig steil; eine der weidgängigsten Alpen der Gemeinde. Früher dominierte harte, borstige Grasnarbe, durch konsequente

Düngung stark verbessert. Heute gute, eiweissreiche Pflanzen im Vordergrund. Als Gutsbetrieb der Bergbauernschule Hondrich wurde die Alp zum Musterbetrieb ausgebaut.

### Wege zur Alp
In Zweisimmen Strasse nach Sparenmoos, nach 5 km, vor steilem Anstieg Abzweigung links ausgeschildert, noch 500 m; zu Fuss ab Zweisimmen auf der alten Strasse, dem Wanderweg; oder von irgend einer Haltestelle der Simmentalbahn, der Postautostrecke Jaunpass oder der MOB zwischen Zweisimmen und Schönried auf Wanderwegen zur Alp (Wanderbuch 3094, Route 24).

### Touristisches
Wandermöglichkeiten, z.B. am Hundsrügg, dem langen sanften Rücken zwischen Jaunpass und Saanenland; Trotinettroute vom Sparenmoos (winters Langlaufparadies, Schlittelweg; Wanderbuch 3094, Routen 24 und 25). Im Sommer Alplädeli mit vielen Eigenprodukten. Auf Voranmeldung Molkenbad in freier Natur – Wellness im Simmental! Am Samstag vor Bettag Chästeilet (Festwirtschaft, Unterhaltung, eigene Produkte).

### Infrastruktur
Für Milchkühe einstafliges Senntum 5901/CH-6014; Rinder nur im Frühling und Herbst hier, im Hochsommer auf Chumi (S. 64f). Öffentliche Strasse an Rand, vorbildliche Güterwege, voll erschlossen. Stromversorgung durch das Netz der BKW. Einwandfreie Wasserversorgung aus eigenen Quellen mit genügend Weidbrunnen.

### Bestossung
49 Stösse in 130 Tagen (Mitte Mai bis Ende September): 63 Normalstösse; 11 fremde Kühe nur 110 Tage, Jungvieh bis 160 Tage.

### Weideflächen
Total 38 ha: 35 ha Weide, 1 ha Streue, 2 ha Heueinschlag

### Besonderes zur Alp
Seyung 67½ Rindersweide. Vollweide: Tiere werden nur eingestallt, wenn sie Einlass begehren. Schöne Gegend, Alp in jeder Beziehung gut eingerichtet und erschlossen, sehr früh, ertragreich, man ist immer am selben Ort.

Lehrling Thomas Trachsel (vgl. S. 283) reinigt den Stall auf moderne Art.

Ernst Hofstetter macht das Mähmesser bereit, es muss noch etwas umgelegt werden.

# Eggenalp
## SENNTUM 5901/CH 6014

Stallecke und Sennhütte von S, an diesem Tag war es nicht nur sonnig.

Christian Zürcher an der Arbeit mit der Harfe, in einem 800l Kessi ist das Schwerarbeit.

Der Bruch wird zuerst zusammengepresst und dann wieder zerrieben, dann weiss man, ob er bereit ist zum Auszug.

### Besatz
38 Kühe, 7 Rinder, 20 Kälber, 1 Stier, 8 Schweine; fast nur Vieh des Pächters; 10 Rinder auf Chumi (S. 62ff).

### Personen

| Funktion | Person | Telefon |
|---|---|---|
| Pächter | Gerhard Hofstetter | 033 650 18 44 |
| Käser | Christian Zürcher<br>Hofstatt 5, 3702 Hondrich | 079 311 04 20 |
| Sennerin | Romy Gratz, Schmalkalden/Thüringen D | |

Ernst und Heidi Hofstetter, 3766 Boltigen, helfen auf der Alp und im Talbetrieb; ein Lehrling; Chr. Zürcher macht alles um den Käse allein.

### Telefon auf der Alp  033 722 10 94

### Gebäude
Sennhütte: BI, 1972, UG und Bodenplatte Beton, EG Flekkenblock/massiv, vielräumiges Wohnhaus, OG mehrere Gaden, Laube, Satteldach, Gerschilde, Eternitschiefer. Scheune L-Grundriss: Doppellängsstall, Schwemmkanäle, Rohrmelkanlage; Querfirst Kälber- und Schweinestall, Remise, grosse Heubühne, läge Satteldächer, Eternitschiefer.

1960 ausgebaute frühere Sennhütte: Fleckenblock, massiver Sockel, läges Satteldach, Eternitschiefer, ausgebaute Laube. Kernenfang und Kohlisweid vgl. www.alporama.ch.

### Käserei
Separater Fabrikationsraum, Schwenkfeuer-System Caluori, 780 l Kessi, fixes Rührwerk, zwei Hebel-Spindel-Pressen, Plättliboden, Wände: getünchte Mauer, Plättli.

### Käselager
Keller: Beton, innere Treppe, Ausgang durch Garage, Klima warm und feucht, gut regulierbar, Bankung für 600 Laibe, teils früher Abtransport, teils Winterlager hier.

### Produkte und Vermarktung
7000 kg Berner Alp- & Hobelkäse AOC in 600 Laiben à 12–14 kg; seit 2004 Hauptabnehmer Coop-Naturaplan, über Emmi Käse AG, 3422 Rüdtligen (Produkte von Hohlass und Ht. Schwarzensee teilw. mitvermarktet); 700 kg Alpmutschli, 300 kg Alpraclette, Trockenfleisch, Trockenwürste; Bio-Knospenbetrieb seit 2002; Verkauf Eigenprodukte in Alplädeli und an Chästeilet; Märkte Langnau, Burgdorf, Grosshöchstetten, Zibelemärit Bern! Diverse Auszeichnungen vgl. www.alporama.ch.

### Besonderes zur Verarbeitung
Abendmilch in Kühlwanne, abgerahmt; Gesamtauszug/Vorpressen; auch Produkte für Inforama Hondrichhergestellt.

Gerhard Hofstetter mit der Bio-Kuh Hulda.

Weit über hundert Kilogramm ist auch mit einem Flaschenzug noch nicht leicht.

Und beim Spanen ist dann Feinarbeit gefragt – beides beherrscht Christian bestens, wie der Erfolg zeigt.

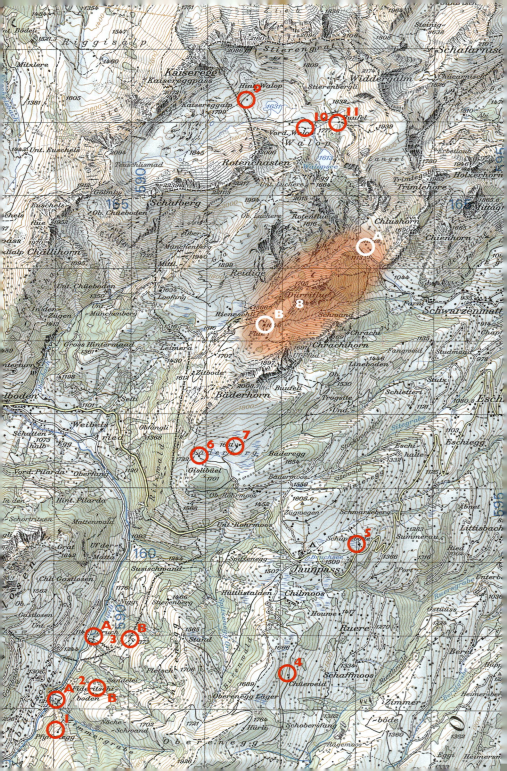

# BOLTIGEN SONNSEITE (OHNE ALPKÄSEREI JAUNPASS)

| | | |
|---|---|---|
| **1** | Pfyffenegg | (336–339) |
| **2** | Seewli und Fideritschi | (340–343) |
| **3** | Bruch und Zagisboden | (344–347) |
| **4** | Topfelsweid | (348–351) |
| **5** | Schüpfen | (352–355) |
| **6** | Kleiner Bäder | (356–359) |
| **7** | Grosser Bäder | (360–364) |
| **8** | Klus-&Fluhalp | (364–367) |
| | **A** Klus | |
| | **B** Fluh | |
| **9** | Hinter-Walop | (368–371) |
| **10** | Vorder-Walop | (372–375) |
| **11** | Bunfall (Pulverli) | (376–379) |
| **12** | Grunholz | (380–383) |

**NÄCHSTE DOPPELSEITE:**
Die Rinder auf Alp Walop stehen beim Eingangstor Spalier.
Die Hütte hinter den Tannen gehört zur Alp Vorder-Walop,
die hintere mit dem Vollwalmdach zur Alp Hinter-Walop.
Links oben der Anstieg zur Kaiseregg.
Aufnahmestandort: 592 430/165 800, 1670 müM

# PFYFFENEGG

**Der Wind pfeift um alle Ecken, daher der Name; die Alp liegt etwas weit von Zuhause.**

Blick nach SW über Pfyffenegg hinweg durchs Abländschental hinauf, auf den Rodomont, bereits im Waadtland.

Niklaus Ast macht Brennholz zurecht für den nächsten Sommer.

### Gemeinde/Amtsbezirk
Boltigen/Obersimmental

### Rechtsform/Eigentümer
Privatalp von Daniel und Niklaus Ast, Waldried, 3765 Oberwil.

### Landeskarten
1246 Zweisimmen 1:25000
263 Wildstrubel 1:50000

### Koordinaten Referenzpunkt
Pfyffenegg, 5890501/157700, 1390 m

### Lage der Alp
Pfyffenegg liegt wie ihre Nachbaralpen an der NW-Flanke des Hundsrügg, vis à vis Abländschen auf 1300–1550 m. Das ganze Weidegebiet wird ringsum von Waldungen umgeben. Der tiefgründige Boden weist im grossen und ganzen einen recht guten Futterbestand auf, der leider den Waldungen entlang mit Moosen und Schattenpflanzen, wie z.B. Binsengräsern durchsetzt ist. Trotz dem eher etwas unglücklichen Gebäudestandort im unteren Areal besteht ein zügiger Weidegang.

### Wege zur Alp
Mit dem PW von Boltigen oder Bulle über Jaun auf der Strasse nach Abländschen bis Sagi; mit dem Postauto von Boltigen oder Bulle her bis Jaunpass (1500 m) oder Jaun/Kappelboden (1015 m); von dort auf Bergwanderwegen auf die Alp (keine Wanderbuchempfehlung).

### Touristisches
Das reichhaltige Gebiet von Abländschen und Jaunpass mit Wintersportstationen und moderner Alpkäserei eignet sich bestens für Familienausflüge. Der markante Hundsrügg ist ein prachtvolles Gebiet zum Wandern, Schnee- und Skiwandern, bietet wunderschöne Rundsicht und ist von der Alp her und von andern Seiten gut zu erreichen; im Abländschental neckisches Dörfli in abgeschieden romantischer Lage; Langlaufparadies Sparenmoos. (Wanderführer 3094, Route 25).

### Infrastruktur
Die Alp bildet das einstaflige Senntum Pfyffenegg, 524/2073. Sie ist mit einem Karrweg und mit einer Materialseilbahn von der Talstrasse aus erschlossen. Energieversorgung durch das Netz der BKW seit 1994 in Zusammenarbeit mit dem Skilift. Trockensichere Quellen und sehr gutes Wasser sowohl beim Stafel als auch in der Ausweide.

### Bestossung
28 Stösse in 130 Tagen (Ende Mai bis Anfang Oktober): 36 Normalstösse

### Weideflächen
Total 34 ha: 32 ha Weideland, 2 ha Waldweide

### Besonderes zur Alp
Die früher zur Alp gehörenden Waldungen waren vor über 100 Jahren getrennt von der Alp verkauft worden. Die Alp hatte nur Recht auf Zaun-, Reparations- und Hüttenholz sowie für den Neubau einer Hütte nach einem Brand. Hingegen sollte sogar der Jungwuchs auf der Weide zum Wald geschlagen werden, wenn nicht rechtzeitig geschwentet! Seither konnten Asts einen Teil des Waldes mitsamt der Nutzung desselben zur Alp kaufen.

Die Schweine hingegen sind nicht eigentlich tätig, wenn man Gähnen und Verdauen nicht dazu zählt...

Das Scharnier des Laubentöris ist ganz alter Art.

# Pfyffenegg
## SENNTUM 524/S 2073

Die schöne Vierschildhütte etwas mehr von E.

Jutta Baumgartner pflegt ihre schönen Alpkäse, still beobachtet von den Mutschli.

Beim Wenden der frischen Käselaibe wird die Marke S 2073 angebracht.

### Besatz
19 Kühe, 8 Rinder, 9 Kälber, 3 Ziegen, 8 Schweine; nur eigenes Vieh gesömmert.

### Personen

| Funktion | Person | Telefon |
|---|---|---|
| Bewirtschafter | Niklaus und Daniel Ast Waldried, 3765 Oberwil | 033 783 14 31 |
| Sennen und Käser | Volker Deissler und Jutta Baumgartner Paradieshof, 4132 Muttenz | |
| Die Eltern Hans und Vreni Ast waren 35 Jahre hier zalp, bis vor 2 Jahren. | | |

### Telefon auf der Alp  026 929 84 03

### Gebäude
Alter Holzmischbau auf Bruchsteinsockel, Vollwalmdach, Eternitschiefer, vierräumiger Wohnteil längs (also Freiburgerschema), mit seitlicher Zugangslaube und -treppe, Doppellängsstall, schmaler Doppelquerstall angebaut, wovon ein Teil eines Lägers zum zweiten Stubeli abgeteilt (vorher war es eine Spitzhütte!), guter Vorplatz. Der Einbau einer Rohrmelkanlage ist geplant.

### Käserei
Geschlossene Küche mit Oberlicht, ummantelte Grube, 300 l Kessi an Schiene, mobiles Rührwerk, Hebel-Spindel-Presse, Plättliboden, Novilon- und Holzwände.

### Käselager
Keller im Sockel nach N unter Stube, Bruchsteinmauern, Naturboden, Holzdecke, gutes Klima, Bankung für 120 Laibe, Abtransport in den Talbetrieb nach Bedarf.

### Produkte und Vermarktung
2000 kg Berner Alp- & Hobelkäse AOC in 230 Laiben à 6–12 kg; 90 kg Alpmutschli und Alpraclette, 60 kg Alpbutter, 200 kg Ziegenfrischkäse mit 33 % Kuhmilch; Verkauf an die wenigen Passanten, an Besucher und private Stammkunden ab Hof, sowie am Aarbergmärit am 2. Mittwoch jeden Monats und am Herbstmarkt in Ostermundigen.

### Besonderes zur Verarbeitung
Die Abendmilch wird in Gebsen gelagert und halb abgerahmt.

### Besonderes zum Senntum
Die Alp ist weit von Zuhause, aber als Eigentümer ist man frei, zu tun, wie man will. Die Bewirtschaftung ohne Zufahrt ist etwas mühsam, und der Wind pfeift (daher der Name!) um alle Ecken. Auszeichnung durch den SAV 1989 für sehr gute Bewirtschaftung der Alp.

Jutta beim Kessiputzen, glänzende Arbeit.

Volker Deissler packt nun den Laib wieder ein…

…und zentriert ihn genau unter der Presse.

# FIDERITSCHI

## Mittlere der drei gleichartigen Alpen; trocknet nach Regenzeiten erstaunlich schnell!

Blick aus der Gegend von Unter Gastlosen nach SE auf Fideritschi; dahinter der höchste Punkt des Hundsrügg (2047 m, Gegensicht zu Bild 1, S. 330).

Schattseite, ruhig und fleissig weidende Kühe.

### Gemeinde/Amtsbezirk
Boltigen/Obersimmental

### Rechtsform/Eigentümer
Privatalp von Hanspeter Dänzer-Kühner, Sewlivorsass, 1657 Abländschen.

### Landeskarten
1226 Boltigen 1:25000
253 Gantrisch 1:50000

### Koordinaten Referenzpunkt
Fideritschiboden, 589500/158200, 1389 m

### Lage der Alp
Gleich der Nachbaralp Bruch grenzt auch diese an den bewaldeten Jaunbach und liegt auf 1170–1510 m. Der tiefgründige Boden hat dieselben Eigenschaften wie Bruch-Zaggisboden. Verglichen mit Fideritschi, das den Oberstafel bildet, ist die W-Flanke auf Sewli mit Ausnahme des untersten Gebietes steiler und weniger weidgängig. Die Grasnarbe ist stellenweise ebenfalls hart, aber allgemein recht gut. Die Alp ist vielfältig, trocknet nach Regenperioden für eine Schattseite sehr schnell ab.

### Wege zur Alp
Mit PW von Boltigen oder Bulle über Jaun auf Strasse nach Abländschen bis Sagi; mit Postauto von Boltigen oder Bulle bis Jaunpass oder Jaun/Kappelboden; vom Jaunpass auf Bergwanderweg nach Abländschen quer durch die Alp (aber keine Wanderbuchempfehlung).

### Touristisches
Reichhaltige Gegend von Abländschen und Jaunpass: Wintersportstationen und moderne Alpkäserei bestens geeignet für Familienausflüge. Der markante Hundsrügg ist ein grossartiges Gebiet zum Wandern, Schnee- und Skiwandern, bietet wunderschöne Rundsicht, ist gut zu erreichen; ebenso das bekannte Abländschen-Dörfli und das Langlaufparadies Sparenmoos (Wanderbuch 3094, Route 25).

### Infrastruktur
Die Alp bildet das zweistaflige Senntum Sewlivorsass, 531/2463. Sie befindet sich praktisch an der Abländschen-Strasse und kann mit Fahrzeugen erreicht werden. Zum Oberstafel führen Jeepweg und Materialseilbahn. Energieversorgung durch das Netz der BKW seit dem Umbau der Gebäude. Überall genügend Wasser.

### Bestossung
Sewli: 15 Tage (Mitte bis Ende Mai)
Fideritschi: 100 Tage (Anfang Juni bis Anfang September)
Sewli: 30 Tage (Anfang September bis Anfang Oktober)
Gesamte Alpzeit: 24 Stösse, 145 Tage: 34 Normalstösse

### Weideflächen
Total 38 ha: 35 ha Weideland, 2 ha Waldweide, 1 ha Streueland

### Besonderes zur Alp
Früher war es üblich, im Oberstafel grössere Mengen Heu und Streue zu gewinnen; wogegen auf Sewli aus stafelnahem Lägergras Silofutter bereitet wurde. Heute ist Sewli Wintersitz, damit Ganzjahreswohnort der Eigentümer und in der LN eingeteilt; hingegen steht das Vieh im Winter sonnseitig im elterlichen Betrieb Sagimoos. Eigene Alp ist zwar Doppelbelastung mit Talbetrieb, aber man geniesst die grosse Freiheit. Problem Wintermilch aus Abländschen vgl. www.alporama.ch.

Hanspeter Dänzer hat den Menzi Muck im Griff.

Christoph Weichinger wäscht den Stall heraus; das Milchvieh ist schon weg.

# Fideritschi

## SENNTUM 531/S 2463

Blick über Fideritschi nach W auf die Sattelspitzen und Gastlosen.

Die genauen Angaben zur Alphütte.

Die Zwillinge Reto und Lars Dänzer amüsieren sich am Zmorgetisch.

### Besatz
16 Kühe, 10 Rinder, 7 Kälber, 5 Ziegen, 3 Schweine; eigenes Vieh der Eigentümer; Kleintiere und Federvieh.

### Personen

| Funktion | Person | Telefon |
|---|---|---|
| Bewirtschafter | HP Dänzer-Kühner Sewlivorsass, 1657 Abländschen | 026 929 85 18 |
| Käserin | Heidi Dänzer-Kühner | |
| Zusenn | Christoph Weichinger Markersdorf/St. Pölten-Land A | |

Kinder Simon, Mario, Reto + Lars sind sehr gerne zalp.

**Telefon auf der Alp** 026 929 85 48

### Gebäude
Sewli (589050/158100; BI: «...1989...»): Betonplatte, Mischbau, Satteldach, Gerschilde, Eternitschiefer; Wohnteil nach NW, Eingang ebenerdig: Wohnküche, Vorratsraum, zwei Stuben, Bad, MG, im OG mehrere Zimmer; Stall mit verschieden ausgerichteten Lägern. Unterhalb ehem. Käsespeicher, massiv, Vierschild, Schindeln. Fideritschi: Alter Kantholzblock, Umbau 2001 (BI; Coop Patenschaft),

DG 6 Gaden, Dusche/WC, läges Satteldach, Gerschild, Eternitschiefer, vierräumiger Wohnteil nach NW, Zugangslaube über Eck, frontale Treppe, Sockel Beton und Fleckenblock, alter Doppelquerstall (Milchkammer+Treppe abgeteilt), neuer massiver Doppelquerstall, Schweinestall.

### Käserei
Fideritschi: Separater Fabrikationsraum, ummantelte Grube, 380 l Kessi, mobiles Rührwerk, Haslipresse, Plättliboden, Plättliwände.

### Käselager
Fideritschi: Keller im Holzsockel, Rückwände Beton, Kiesboden, Holzdecke, rechtes Klima, Bankung für 30 Laibe. Sewli: Keller, Beton, Kiesboden, gutes, konstantes Klima, Bankung für 160 Laibe; Hobelkäse-«Gaden», stabile und mobile Rechen für 100 Laibe (Hans Dänzer).

### Produkte und Vermarktung
1400 kg Berner Alp- & Hobelkäse AOC in 160 Laiben à 6–13 kg; 300 kg Alpraclette, 200 kg Ziegenfrischkäse mit 33% Kuhmilch; kaum Passanten, private Stammkunden; als Käseschnitte und Fondue angeboten im Restaurant Zitbödeli von Vreni und Hans Dänzer, 1657 Abländschen.

### Besonderes zur Verarbeitung
Abendmilch im Kessi mit Kühlschlange, abgerahmt. QS ernst genommen, z.B. Klimaaufzeichnungen Keller! Milch von Sewlivorsass wie winters an Sammelstelle.

Heidi Dänzer stellt die Kannen zum Trocknen auf.

Die Alpkäsesaison ist vorbei, das Kessi ruht.

Aber im Keller gibt es immer noch genug zu tun; Vater Hans Dänzer, Dachdecker und Käsesalzer und Wirt und…

# ZAGISBODEN

## Die Kantonsgrenze teilt die Alp, sie verläuft direkt unterhalb der Zaggisbodenhütte.

Vom gleichen Punkt wie das erste Bild S. 340: Zaggisboden von W, dahinter der schattseitige Oberstafel von Bruch-Unteregg am Jaunpass und am Horizont Oberenegg (vgl. S. 400ff).

Die massive Remise im Bruch, wohl auch ein ehemaliger Käsespeicher.

### Gemeinde/Amtsbezirk
Boltigen/Obersimmental

### Rechtsform/Eigentümer
Privatalp von Armin Poschung-Gobeli, Pfrundmatte, 1657 Abländschen.

### Landeskarten
1226 Boltigen 1:25000
253 Gantrisch 1:50000

### Koordinaten Referenzpunkt
Zaaggisboden, 590050/158925, 1373 m

### Lage der Alp
Die Alp liegt auf 1140–1480 m; Bruch als Unterstafel im Gemeindegebiet Jaun (FR), stösst an den bewaldeten Jaunbach. Terrain steil bis sehr steil, NW-Lage, mit Ausnahme der unteren Waldrandpartien trocken und gutgräsig. Stafel durch bewaldeten Bachlauf geteilt, aber im unteren Teil trotzdem weidgängig. Der oberhalb angrenzende Zagisboden hat sogar früheren Vegetationsbeginn (!), Weidgängigkeit verglichen zu Bruch besser. Der abgelegene, südlichste Zipfel ennet dem Bach (Sandelei) mit Jungvieh geatzt,

weidgängig, aber etwas riedgrasig. Das Herrenschwändli visavis in der Gemeinde Saanen ist zusätzlicher Jungviehstafel.

### Wege zur Alp
Mit PW von Boltigen oder Bulle über Jaun auf der Strasse nach Abländschen bis Bruch; mit Postauto von Boltigen oder Bulle bis Jaunpass oder Jaun/Kappelboden; von dort auf nur z.T. markierten Bergwanderwegen und Pfaden auf die Alp (keine Wanderbuchempfehlung).

### Touristisches
Das wunderbare Gebiet von Jaunpass und Abländschen mit Wintersportstationen und moderner Alpkäserei eignet sich bestens für Familienausflüge. Der markante Hundsrügg ist ein grossartiges Gebiet zum Wandern, Schnee- und Skiwandern, bietet schöne Rundsichten und ist von der Alp und von andern Seiten her gut zu erreichen; ebenso das berühmte, neckische Abländschen-Dörfli und das Langlaufparadies Sparenmoos. (Wanderbuch 3094, Route 25).

### Infrastruktur
Die Alp bildet das für Milchvieh einstaflige Senntum Zaggisboden, 532/2216. Bruch ist sehr gut und mit allen Fahrzeugen von der Abländschen-Strasse aus erreichbar; der Oberstafel hingegen nur auf einem Jeepweg; aber zudem mit einer soliden Materialseilbahn Marke Eigenbau aus dem Jahr 2000. Energieversorgung durch Dieselaggregat und Solarzellen. Beide Stafel und die Ausweide werden mit genügend gutem Quellwasser versorgt.

### Bestossung
Bruch: 10 Tage (Ende Mai bis Anfang Juni)
Zaggisboden: 75 Tage (Anfang Juni bis Ende August)
Bruch: 30 Tage (Ende August bis Ende September)
Gesamte Alpzeit: 30 Stösse, 115 Tage: 34 Normalstösse

### Weideflächen
Total 42 ha: 38 ha Weideland, 2 ha Waldweide, 1 ha Streueland, 1 ha Heueinschlag

Die «Bergstation» der Transportbahn direkt neben der Zaggisboden-Hütte.

Armin Poschung schmiert seine Alpkäse; verschieden grosse Laibe erlauben es, divergierende Kundenwünsche zu erfüllen.

# Zaggisboden
## SENNTUM 532/S 2216

Die Zaggisboden-Hütte von SW, dahinter die Standhütte auf Unteregg.

Auch der Zaggisboden ist schön angeschrieben.

Vater Armin Poschung kann das Holz am Schermen spalten, ganz gäbig.

### Besatz
14 Kühe, 16 Rinder, 13 Kälber, 1 Ziege, 2 Schweine; hauptsächlich eigenes Vieh der Eigentümerfamilie.

### Personen

| Funktion | Person | Telefon |
|---|---|---|
| Bewirtschafter | Armin Poschung-Gobeli<br>Pfrundmatte, 1657 Abländschen | 026 929 85 24 |
| Käser | Armin Poschung-Hehlen<br>Pfrundmatte, 1657 Abländschen | 026 929 81 39 |

Ein Angestellter hilft mit.

**Telefon auf der Alp** 079 731 31 00

### Gebäude
Bruch (BI: «…1922…»): guter Holzmischbau, Bruchsteinsockel (Schweinestall und Keller), Satteldach, Gerschilde, Eternitschiefer, dreiräumiger Wohnteil längs dem Stall (Freiburgerart; vermietet, weil Arbeit vom Talbetrieb aus), Zugangslaube über Eck, zwei Treppen, Gaden im DG, Doppellängsstall; unterhalb massive Remise, Vierschilddach, Profilblech, zwei Gitterfenster, viele Graffiti an Tür, ältestes 1850. Zagisboden (BI: «…1938»; Vorläufer war eine Vierschildhütte): gefälliger, geräumiger Fleckenblock,

Bruchsteinfundament (nicht unterkellert), dreiräumiger Wohnteil nach NW, frontale Zugangslaube und -treppe, Gaden im DG, Satteldach. Gerschild, Eternitschiefer, zwei Doppelquerställe; S alter Jungviehstall.

### Käserei
Bruch, unbenutzt. Zaggisboden: Geschlossene Küche, ummantelte Grube, 200 l Kessi von 1921, Holzturner, mobiles Rührwerk, Schwarpresse, Holzboden, Holzwände.

### Käselager
Bruch: Keller im Sockel, NW-Ecke, unter Stube, Naturboden, Holzdecke, gutes Klima, Bankung für 90 Laibe.

### Produkte und Vermarktung
700 kg Berner Alp- & Hobelkäse AOC in 80 Laiben à 7–9 kg; 150 kg Alpraclette; kaum Passanten, Vermarktung an private Stammkunden und auf einem «Kehr». Auszeichnung: Grenoble 1996: Bronzemedaille.

### Besonderes zur Verarbeitung
Nur auf Zaggisboden gekäst. Abendmilch in Gebsen und im Kessi mit Kühlschlange, abgerahmt. Greyerzerkultur. Milch vom Bruch an Sammelstelle «Im Fang» geliefert.

### Besonderes zum Senntum
Bruch: Gelände sehr steil, Hütte am untern Rand unpraktisch für Kühe. Von Zaggisboden Aussicht übers ganze Tal und bis nach Jaun; eindrücklich Morgenlicht auf der Fluh.

Nachmittagsruhe des Käsekessis.

Mutter Margrit Poschung beim Nidelschwingen – was gibt das wohl Gutes?

Die Alpraclette-Käse werden direkt mit Steinen beschwert; für diese Art Käse reicht der Druck.

# TOPFELSWEIDE

**Die Kinder gehen von hier zur Schule, etwas stressig, aber für Tiernarren gut entschädigt.**

Von der Sparenmoosstrasse nach NW über den Sitewald hinweg die ganze Topfelsweide an der Oberenegg und darüber das Bäderhorn vor dem Grenzkamm zu Freiburg.

In den dezimierten Waldstücken dieser Seite hat es viele verwitterte Strünke.

### Gemeinde/Amtsbezirk
Boltigen/Obersimmental

### Rechtsform/Eigentümer
Privatalp von Ueli Allemann,
Poststrasse 43, 8580 Amriswil

### Landeskarten
1226 Boltigen 1:25000
253 Gantrisch 1:50000

### Koordinaten Referenzpunkt
Toffelsweid, 592100/158450, 1580 m

### Lage der Alp
Alp am E-Hang zwischen Oberegg und Chüeweid auf 1500–1650 m, früher zusammen mit Chüe- und Stägsweide genutzt, die denselben Eigentümern gehörten. Wie der ganze Höhenzug von Oberegg, gehört auch Topfelsweid Flyschzone. Aber der tiefgründige fruchtbare Boden ist mit wenigen Ausnahmen von hartgräsigen Stellen mit guter und ziemlich kräuterreicher Grasnarbe bedeckt. Bei anhaltend nasser Witterung einzelne Teile trittempfindlich, was sich aber nicht hemmend auf gute Weidgängigkeit auswirkt.

### Wege zur Alp
Mit PW oder mit Bahn/Postauto (TPF) über Boltigen bis Jaunpass (1504 m); von dort auf dem Wanderweg gegen Oberegg und ohne Markierung der Flanke entlang nach S zur Alp (Wanderbuch 3094, Route 25).

### Touristisches
Das reichhaltige Gebiet des Jaunpasses mit Wintersportstation und moderner Alpkäserei eignet sich sommers und winters bestens für Familienausflüge. Der markante Hundsrügg ist ein wunderbares Wander-, Schnee- und Skiwandergebiet)Gebiet, bietet schöne Rundsicht und ist von der Alp her und von andern Seiten gut zu erreichen; ebenso das berühmte Abländschental mit neckischem Dörfli und das Langlaufparadies Sparenmoos (Wanderbuch 3094, Route 25).

### Infrastruktur
Topfelsweid bildet das einstaflige Senntum 528/S 2184, das zwar Mitglied der Genossenschaft Alpkäserei Jaunpass ist, aber die Milch stets selber verkäst hat (Ausnahme kleiner Teil einige Jahre). Von der Ruhrenstrasse führt der steile Jeep- und Zügelweg über Kuhweid nach dem Stafel; seit 1997 besteht ein geschotterter Güterweg von Jaunpass – Steinstösse her. Energieversorgung durch Benzinaggregat und Akkumulator. Eine eigene trockensichere Quelle oberhalb sorgt zusammen mit der neuen Wasserversorgung Jaunpass für gute Verhältnisse auf dem Stafel; dazu drei Weidebrunnen an geeigneten Standorten in der Ausweide.

### Bestossung
Stösse in 94 Tagen (Anfang Juni bis Anfang September): 28 Normalstösse

### Weideflächen
Total 23 ha: 22 ha Weideland, 1 ha Streueland

### Besonderes zur Alp
Die Familie, welche die Alp bewirtschaftet, bringt im Tal auch das Winterheu für den gesamten Viehbestand ein (wie vielerorts).

Nils Schmalenbach beim Spülen des Milchgeschirrs am Brunnen.

Im Keller der Topfelsweid liegen die ganz jungen Alpkäse.

# Topfelsweide
## SENNTUM 528/S 2184

Die geräumige Hütte mit ihrem schön gefügten Bruchsteinmauerwerk von SE.

Ruth Rieben hantiert souverän mit beiden Kessi; anfangs Juli ist sogar das grosse noch platschvoll.

Christian Rieben reinigt den Stall.

### Besatz
23 Kühe, 14 Rinder, 11 Kälber, 1 Ziege

### Personen

| Funktion | Person | Telefon |
| --- | --- | --- |
| Pächter | Hans und Ruth Rieben-Klopfenstein Unterbächen, 3766 Boltigen | |
| Käserin | Ruth Rieben-Klopfenstein | 033 722 36 39 |
| Zusenn | Nils Schmalenbach, Lasthausstr. 29 D-45894 Gelsenkirchen-Buer | |

Sohn Stephan Banklehre; Kinder Christian (ab 2005 Landmaschinenmechanikerlehre) und Chantale schlafen, helfen, gehen von hier zur Schule. Hans R. in 2. Generation schon fast 50 Jahre hier. Zusennen wechseln.

### Telefon auf der Alp  033 722 27 19

### Gebäude
Guter Kantholzblock, BI: «…1950…», zeitgemässer, vierräumiger Wohnteil nach E auf Bruchsteinsockel mit Ställen und Keller, frontale Zugangslaube und -treppe, ein Gaden im DG, läges Satteldach mit Gerschilden, seit 1977 Eternitschiefer über Schipfen, dahinter drei-

lägeriger Querstall; gleich daneben Schattstall: Doppellängsstall, Holzmischbau, Satteldach.

### Käserei
Geschlossene Küche, ummantelte Feuergrube, 280 l Kessi an Deckenschiene (dazu Wasserkessi an Holzturner), mobiles Rührwerk, Schwarpresse, Zement- und Holzboden mit Plastikfolie, Holzwände.

### Käselager
Keller unter dem Milchgaden nach NE, Naturboden, Holzdecke, gutes Klima und Bankung für 100 Laibe.

### Produkte und Vermarktung
1900 kg Berner Alp- & Hobelkäse AOC in 160 Laiben à 9–14 kg; Hauptabnehmer Molkerei, 3780 Gstaad (für Migros Aare); einige Alpmutschli; Vermarktung an private Stammkunden, aber von der Lage her ist die Situation nicht befriedigend (fehlende Passanten).

### Besonderes zur Verarbeitung
Abendmilch in Kannen im Brunnen gekühlt, dann im Kessi gelagert. Schotte wird an Kühe und Kälber verträrnkt.

### Besonderes zum Senntum
Für die Kinder ist der Sommer hier etwas stressig, aber als Tiernarren geniessen sie es. Für die Erwachsenen ist es schön, für sich zu sein, die Arbeit selber einzuteilen – und das wunderschöne Panorama vor sich zu haben.

Chantale darf mit einer Kuh schäkern.

Hans Rieben hievt den Käsebruch aus dem Kessi...

...nachdem Ruth und er ihn gemeinsam gefangen haben.

# SCHÜPFEN

## Die Alp der Gemeinde Boltigen hatte früher als Oberstafel «Gruben» ob «Schlündi»

Aus der Gegend Schwarzenberg sieht man nach SE über den Schüpfenboden hinweg im Hintergrund die Spillgerten und die Gipfelkette E der Lenk.

Von der Schüpfenbodenhütte nach S an Site und Zimmerboden, am Horizont Rinderberg und Giferspitz.

### Gemeinde/Amtsbezirk
Boltigen/Obersimmental

### Rechtsform/Eigentümer
Die Alp gehört der Einwohnergemeinde Boltigen; Kontakt: Gemeindeverwaltung (Reidenbach), 3766 Boltigen.

### Landeskarten
1226 Boltigen 1:25000
253 Gantrisch 1:50000

### Koordinaten Referenzpunkt
Schüpfenboden, 593025/160250, 1460 m

### Lage der Alp
Der schön gelegene Schüpfenstafel auf 1380–1520 m wird am E-Hang des Jaunpasses von der Strasse durchquert. Das wellige, leicht muldige Weidegebiet ist sehr weidgängig, wenig steil und seit dem Einsatz von Hilfsdünger grösstenteils gutgräsig. Einzig das Areal S der Strasse wird zufolge falschem Gebäudestandort im obersten Teil nur ungenügend geatzt, und im Hauptstafel befinden sich einige vernässte oder auch trittempfindliche Mulden.

### Wege zur Alp
Schüpfen liegt kurz vor der Passhöhe auf der Boltigenseite oberhalb der Jaunpassstrasse und ist mit dem PW zu erreichen; oder mit der Bahn bis Boltigen und dem Postauto bis Jaunpass (1504 m) oder Haltestelle davor, und ein kurzes Wanderstück auf die Alp; oder von Zweisimmen dem Wanderweg auf den Jaunpass folgen (Wanderbuch 3094, Routenvariante 25).

### Touristisches
Der Höhenzug von Jaunpass-Hundsrügg und das Tal von Abländschen ermöglichen angenehme Kreten- und Flankenwanderungen in botanisch, faunistisch und auch alpwirtschaftlich abwechslungsreichem und sonnigem Gelände, und führen bis zu den gut erschlossenen Bergen ob Schönried (Rellerli, 1831 m) und Saanenmöser (Wanderbuch 3094, Routen 12, 24, 25). Als Wintersportgebiet speziell geeignet für Familien, mit vielseitiger Ausrüstung (vgl. auch die Nachbaralpen).

### Infrastruktur
Schüpfen bildet das einstaflige Senntum 527/S 2215. Es liegt an der Jaunpassstrasse mit Stichstrasse zu den Stafelgebäuden. Energieversorgung durch das Netz der BKW. Genügend gute und trockensichere Wasserquellen. Ausser den Stafelbrunnen hat es auch Tränkestellen im freien Weidgang. Die Wasserversorgung wurde im Zusammenhang mit der Entwässerung verbessert.

### Bestossung
47 Stösse in 100 Tagen (Anfang Juni bis Mitte September): 47 Normalstösse

### Weideflächen
Total 90 ha: 80 ha Weideland, 5 ha Waldweide, 1 ha Wildheu, 4 ha Streueland

### Besonderes zur Alp
Flächenangaben beziehen Gruben (588350/154900), den früheren OSt. ein, weil Zahlen einzeln nicht zur Verfügung. Hingegen ist der Besatz der für Schüpfen allein. Gruben gehört seit 1960er Jahre nicht mehr dazu, heute durch Ernst Gobeli (Bruder von HU G.) als Pächter der Gemeinde mit Mutterkühen als selbständige Alp genutzt.

Zwei pelzige Kälbchen vertun sich im hohen Gras.

Eine schön beschnitzte Melchter dient für den Blumenschmuck unter den Fransen der Käsetücher.

# Schüpfen

## SENNTUM 527/S 2215

Vom Schweinestall nach NW die Hütte und dahinter Zügwegen.

Hansueli und Elsbeth Gobeli ziehen gemeinsam den Käse aus dem Kessi.

Das Pressgerät liegt bereit.

### Besatz
30 Kühe, 21 Rinder, 10 Kälber, 1 Stier, 3 Ziegen, 26 Schweine; hauptsächlich Vieh von Boltigerbürgern.

### Personen

| Funktion | Person | Telefon |
|---|---|---|
| Bergvogt | Hans Gfeller<br>Männenboden, 3766 Boltigen | 033 722 20 33 |
| Sennen | HU und Elsbeth Gobeli<br>Ramisbächli, 3766 Boltigen | 033 722 13 12 |
| Käser | Hansueli Gobeli | |

Unterstützung durch Gehilfen, zeitweise durch Söhne Beat + Toni. Gobelis erstes Jahr hier, vorher Iffigen (S. 194f).

**Telefon auf der Alp** 033 773 62 50

### Gebäude
Geräumiger Holzbau (BI: «…1948…»), Bruchsteinsockel, HG Kantholzblock, OG (zwei Gaden) Ständer, Satteldach, Gerschild, Eternitschiefer, dreiräumiger, zeitgemässer Wohnteil (Badezimmer in Läger eingebaut), Zugangslaube über Eck, darunter Kälberstall und Keller, zwei Doppelquerställe (Rohrmelkanlage von Gobelis instal-

liert); jenseits des Weges massiver Schweinestall, Satteldach, Eternitschiefer, Schottenleitung von Küche her; unterhalb Jaunpassstrasse Doppelstall, Standort falsch; weiter hinten unbenutzter Melkstall des Grubensenntums.

### Käserei
Geschlossene Küche, ummantelte Grube, 650 l Kessi an Schiene, mobiles Rührwerk, zwei Spindelpressen unter Presslad, Plättliboden mit Ablauf, Hartplattenwände.

### Käselager
Keller mit isolierendem Vorraum in der E-Ecke, Betonboden, sehr gutes Klima, Bankung für 60 Laibe; die Alpkäse gehen direkt aus dem Salzbad an die Besetzer, von diesen gepflegt, nur Gobelis Käse bleiben hier.

### Produkte und Vermarktung
4200 kg Berner Alp- & Hobelkäse AOC in 350 Laiben à 10–15 kg; 20 kg Alpbutter und Bratbutter, 50 kg Alpmutschli, gelegentlich Nidletäfeli, 100 kg Ziegenfrischkäse mit 50 % Kuhmilch; Alpprodukte durch Besetzer (inkl. Gobelis) an Touristen und private Stammkunden vermarktet; so werden auch etwas Alpschweinefleisch, rotes Kalbfleisch und Rindfleisch verkauft. Gobelis Talbetrieb ist seit 1995 Bio-Knospen-Betrieb.

### Besonderes zur Verarbeitung
Abendmilch im Kessi mit Kühlschlange gelagert, kaum abgerahmt. Käse stets einzeln ausgezogen.

Vorher hatte Elsbeth fleissig gerührt, damit nichts anbrennt.

Nachher knetet Hansueli den Bruch ins Järb.

Bereits Ende Juni liegen etliche schöne Käselaibe im guten Keller.

# KLEINER BÄDER

**Eine der wenigen Alpen, deren Eigentümer seit langem jenseits des Thunersees wohnen.**

Vom Grossen blickt man aus dem Schlangen-Knöterich, Polygonum bistorta nach SW über die weite Senke des Kleinen Bäders auf die verkürzte Kette Dent de Ruth-Sattelspitzen-Gastlosen.

Claudia Stucki-Lehmann prüft die Brühtemperatur der Kulturschotte.

### Gemeinde/Amtsbezirk
Boltigen/Obersimmental

### Rechtsform/Eigentümer
Alpgenossenschaft Klein-Bäder, Beatenberg, welche die Alp auch bewirtschaftet; Kontaktperson ist Präsident Rudolf Jaun, Fuhri 168, 3803 Beatenberg

### Landeskarten
1226 Boltigen 1:25000
253 Gantrisch 1:50000

### Koordinaten Referenzpunkt
Bäderberg (Chline Bäder), 590925/161425, 1660 m

### Lage der Alp
Alp zwischen Bäderhorn und Gislenbühl, an der W Gemeinde- und Kantonsgrenze (zu FR) auf 1600–1770 m. Hauptflächenanteil sanfte Mulde mit ausgedehntem SE-Hang; ganzes Weidegebiet ausgesprochen feldgängig, mit Ausnahme des nassen Mooslandes E des Stafels naturtrocken und übersichtlich. Vereinzelt trockene Partien auch hartgräsig, aber allgemein dominiert guter Pflanzenbestand. Nur ganz ausnahmsweise Steinschlagschäden.

**356**

### Wege zur Alp
Mit PW oder Postauto durchs Simmental von Boltigen oder von Freiburg über Jaun – Jaunpass zur Hütte; von Postautohaltestelle oder Bahnstation auf Wander- oder Bergwanderweg zur Alp (Wanderbuch 3094, Routen 25).

### Touristisches
Das reichhaltige Gebiet Jaunpass mit Wintersportstation und Alpkäserei eignet sich sommers und winters für Familienausflüge. Wer es traditionell und währschaft möchte, wählt die beiden Bäder mit attraktiver Rundwanderung; auch Kräuterwanderungen werden in dieser interessanten Gegend angeboten (www.lenk.ch). Grosser Bäder bietet, auch für Kindergruppen bewährt, Schlaf im Stroh. Dieser ist zudem wichtige Station auf der Mehrtagestour «Alphüttenzauber» (www.charmey.ch) von Jaun bis Wimmis. Das markante Bäderhorn, von der Alp her gut zu erreichen, bietet grosse Rundsicht (Wanderbuch 3094, Routenvariante 25a).

### Infrastruktur
Kleiner Bäder bildet das einstaflige Senntum 502/S 2101. Die Alp ist von der Jaunpasshöhe her mit einer Güterstrasse und einem Güterweg erschlossen. Energieversorgung durch das Netz der BKW (Bodenkabelleitung!). Nebst einem Stafelbrunnen hat es drei Weidebrunnen über die Ausweide verteilt, mit trockensicherem Quellwasser gespiesen.

### Bestossung
44 Stösse in 105 Tagen (Anfang Juni bis Mitte September): 46 Normalstösse

### Weideflächen
Total 38 ha: 34 ha Weideland, 1 ha Waldweide, 3 ha Streueland

### Besonderes zur Alp
Die Beatenberger hatten uralte Rechte auf der Reidigenalp, welche sie 1922 verkauft haben; dafür haben sie dann den Kleinen Bäder gekauft.

Blacken waren für Schweine immer ein Leckerbissen.

Nun knetet Claudia den frischen Bruch ins Järb.

# Klein-Bäder

## SENNTUM 502/S 2101

Die Hütte nochmals von NE, der vielgestaltige Grundriss ist gut erkennbar.

Claudia hebt den Bruchpüntel heraus, während HP Stucki das Bögli bereits für die nächste Portion zurechtmacht.

Das nicht benötigte Gerät steht und hängt im Milchgaden.

### Besatz
40 Kühe, 10 Kälber, 1 Pferd, 30 Schweine

### Personen

| Funktion | Person | Telefon |
|---|---|---|
| Kassier Alpgen. | Werner Schmocker Wilstrasse 41, 5600 Lenzburg | 062 891 49 00 |
| Käserin | Claudia Stucki-Lehmann Wydenbach, 3367 Ochlenberg | |
| Senn | Hanspeter Stucki-Lehmann 3367 Ochlenberg | 062 961 60 17 |

Beide sind das erste Jahr hier, HP Stucki vorher auf Gadmer Alp, Claudia Lehmann auf Alp Kaltenbrunnen.

### Telefon auf der Alp  033 773 62 75

### Gebäude
Geräumiger Mischbau: mutzes Vollwalmdach, Eternitschiefer, Bruchsteinsockel mit Ställen und Keller, dreiräumiger Wohnteil als Querfirst nach E, Holzmischbau, frontale Eingangslaube und -treppe, dreilägeriger Längsstall, Bruchsteinmauern, Heubergeraum, Einfahrt über Garage und Schweinestall als Betonlängsanbauten, gros-

ser Vorplatz; im Winkel des Querbaus Einbauten, rechtes Konglomerat; 2005 wird Rohrmelkanlage eingerichtet.

## Käserei
Geschlossene Küche, ummantelte Grube, 700 l Kessi an Deckenschiene, mobiles Rührwerk, zwei Hebel-Spindel-Pressen, Zementboden, Wände aus Holz und Hartplatten.

## Käselager
2 Keller unter Hütte, gemauert, Betondecke, Naturboden, leider nicht mäusesicher, jener nach E (ehemals Pferdestall) gutes Klima, in zwei Teilräumen Bankung für 150 Laibe, derjenige nach NE mit konstanterem Klima, Bankung für 100 Laibe, Abgabe an die Besetzer nach Bedarf.

## Produkte und Vermarktung
4000 kg Berner Alp- & Hobelkäse AOC in 350 Laiben à 8–14 kg; 200 kg Alpmutschli, 400 kg Alpraclette; wenig Passantenverkauf, weil diese erst am Ende der Rundwanderung, auf Vorder Bäder, einkaufen; Vermarktung an Bekannte, durch Besetzer an private Stammkunden.

## Besonderes zur Verarbeitung
Abendmilch im Kessi mit Kühlschlange gelagert, abgerahmt. Die vier Alpkäse werden einzeln ausgezogen.

## Besonderes zum Senntum
Besonders vom Bäderhorn fantastische Aussicht über die halbe Schweiz; schön gelegene und steinarme Weiden.

Hanspeter fasst nun das nächste Tuch voll...

...und packt es dann zu den andern auf den Presstisch.

Gegenblick zu Bild 1 Seite 348: der Flanke des Grossen Bäders entlang schaut man nach NE ans Bäderhorn, von dem aus die Beatenberger fast nach Hause sehen können.

# GROSSER BÄDER

**Sonnenofenmeringues sind das augenfälligste, aber nicht das einzige leckere Produkt!**

Blick von der Weggabelung 1644 nach NE über den Grossen Bäder hinweg aufs Bäderhorn.

Sonja Herrmann versucht, die herzigen jungen Chüngeli zu füttern.

### Gemeinde/Amtsbezirk
Boltigen/Obersimmental

### Rechtsform/Eigentümer
Privatalp von Hans Heimberg, Bannwald, 3765 Oberwil, ($5/14$), sowie Niklaus Gerber, Pfaffenried, 3765 Oberwil und Gottl. Gerber, Jüch, 3766 Boltigen (je ¼) und von drei Anteilhabern aus Reidenbach (je $1/21$).

### Landeskarten
1226 Boltigen 1:25000
253 Gantrisch 1:50000

### Koordinaten Referenzpunkt
Grosse Bäder, 591400/161600, 1661 m

### Lage der Alp
Bäderberg am S-Hang des Bäderhornes auf 1600–1930 m, topografisch von den schönsten Alpen des Simmentals. Hangwärts wird das Terrain steiler, ergibt auf der gleichmässigen Flanke sehr gute Übersicht vom Stafel aus. Mit Ausnahme der obersten Randgebiete weidgängig, gutgräsig, nur wenige Absturzstellen oder Elementarschadenareale. Einzelne Teile hartgräsig, im unteren Teil mässig

geneigter, undurchlässiger Tonboden mit Riedgras. Für diese Höhe früh, sehr gutgräsig, gut erschlossen, zum Bearbeiten angenehm.

### Wege zur Alp
Mit PW oder Postauto durchs Simmental von Boltigen oder von Freiburg über Jaunpass zur Hütte (nur Zubringer); von Postautohaltestelle oder Bahnstation auf (Berg-)Wanderwegen zur Alp (Wanderbuch 3094, Route 25).

### Touristisches
Zur Gegend vgl. die Nachbaralp Kleiner Bäder, S. 346f. Traditionell und währschaft wird im Sommer der Grosse Bäder geführt: Schlaf im Stroh, auch für Kindergruppen. Er ist wichtige Station der Mehrtagestour «Alphüttenzauber» (www.schwarzseeplus.ch) von Jaun bis Wimmis. (Wanderbuch 3094, Routenvariante 25a). Meringues-Brücke über den Röstigraben (vgl. S. 363)!

### Infrastruktur
Vorder Bäder bildet das einstaflige Senntum 501/S 2037. Er ist von der Jaunpasshöhe mit Strasse und Güterweg erschlossen. Stromversorgung durch stationäres Dieselaggregat. Ausgezeichnete Quelle für trockensicheren Stafelbrunnen und Tränkestellen in Ausweide; keine Tränkemöglichkeiten in obersten, abgelegenen Partien.

### Bestossung
58 Stösse in 135 Tagen (Ende Mai bis Anfang Oktober): 78 Normalstösse

### Weideflächen
Total 73 ha: 61 ha Weideland, 3 ha Waldweide, 5 ha Wildheu (heute nicht mehr), 4 ha Streueland

### Besonderes zur Alp
Beide Bäder bis 1908 eine einzige Alp, 80 Kuhrechte; je ein einziger Laib Alpkäse pro Tag, Emmentalertyp (vgl. Talberg, Band 1, S. 196ff). Grosser Bäder 1923 von Grossvätern der jetzigen Eigentümer, G. Gerber-Matti, H. Heimberg-Matti, F. Gerber-Knutti ersteigert. Bis 1964 Kurzzeitalp mit Vorsass Stockiswéid-Schletteri (593700/162100), sie gehört noch zur Alp, durch G. Gerber, Jüch, Boltigen, bewirtschaftet.

Mirjam und Samuel Gerber kümmern sich um die Meringues.

Therese Gerber hat inzwischen ein wunderbare (gute, schöne und reiche) Käseplatte hingezaubert.

# Bäderberg
## SENNTUM 50I/S 2037

Die majestätische, breite und einladende Front der Bäderhütte von E.

Karin Winterberger hilft Niklaus Gerber beim Käseauszug, schon als Kind hat sie das gerne getan.

Margrit Heimberg zeigt einen Ziger, der im Entstehen begriffen ist.

### Besatz
35 Kühe, 25 Rinder, 26 Kälber, 4 Ziegen; um Gäste umfassend zu bewirten, seit 2003 Hühner auf der Alp.

### Personen

| Funktion | Person | Telefon |
| --- | --- | --- |
| Bewirtschafter | Hans und Margrit Heimberg Bannwald, 3765 Oberwil | 033 783 12 70 |
| Bewirtsch. und Käser | Niklaus und Therese Gerber Pfaffenried, 3765 Oberwil | 033 783 11 21 |
| Zusenn | Jaqson Schmitz-Heimberg Bannwald 3765 Oberwil | 033 783 00 41 |

Margrit H. macht Ziegenfrischkäse. Samuel + Miriam Gerber + Heimbergs Enkel helfen viel. Therapiestation.

### Telefon auf der Alp  033 773 64 28

### Gebäude
Mächtige Hütte (1967, nach Brand), Sockel + Bodenplatte Beton, Fleckenblock, wetterseits eternitverrandet, läges Satteldach, Gerschilde, Eternitschiefer, bergseits Bühneneinfahrt, vierräumiger Wohnteil nach S, OG 4 grosse Gaden, unter Wohnteil Schlaf im Stroh eingerichtet und ein

Gaden als Massenlager, dazu sanitäre Einrichtungen und zentrale Warmwasserbereitung; zwei massive Doppelquerställe, gute Vorplätze; zwei Doppellängsschattställe: Holzbauten, Walmdach, Eternitschiefer.

### Käserei
Geschlossene Küche, ummantelte Grube, 460 l Obersimmentaler-Kessi, Holzturner, mobiles Rührwerk, Spindelpressen, für Mutschli Metallpressen; Zement- und Plättliboden, Wände aus Holz, Mauerwerk, Plättli.

### Käselager
Zwei Keller unter Wohnteil nach SE, massiv, gutes Klima, genug Bankung für Alpkäse, Mutschli, Ziegenkäse.

### Produkte und Vermarktung
2500 kg Berner Alp- & Hobelkäse AOC in 250 Laiben à 9–11 kg; 1000 kg Alpmutschli, 330 kg Ziegenfrischkäse mit Kuhmilchzusatz, 200 kg Ziger, nature oder gewürzt; Direktvermarktung, auch Passanten und Gäste (viele ausländische) im Bergbeizli, auch Sonnenofen-Meringues (Innovationspreis Berglandwirtschaft 2005 der VWK BO), Nidletäfeli u. ä. Viele Auszeichnungen an Wettbewerben für die verschiedenen Käsesorten (www.alporama.ch).

### Besonderes zur Verarbeitung
Abendmilch in Gebsen im MG und in Kannen im Brunnen gekühlt, abgerahmt. Im Frühsommer etwas Milch an Sammelstelle Boltigen.

Niklaus massiert den Käsebruch ins Järb.

Therese Gerber zeigt, wie ein Mutschli fertig aussieht.

Während Hans Heimberg die Alpkäse hingebungsvoll pflegt.

# KLUS- & FLUHALP

Klus ein Schlangenparadies, Fluh abgelegen und weitläufig, zum Zaunen eher eine Hölle.

Blick über die Klus hinweg auf die Rockschwartenfluh, an deren Sonnenhang es viele Schlangen hat, ohne dass Unfälle bekannt wären.

Bergvogt HR Stryffeler schaut in den verhangenen Tag hinaus.

### Gemeinde/Amtsbezirk
Boltigen/Obersimmental

### Rechtsform/Eigentümer
Seygemeinde Schwarzenmatt, bewirtschaftet Alp; Kontaktperson: HR Stryffeler, Schwarzenmatt, 3766 Boltigen

### Landeskarten
1226 Boltigen 1:25000
253 Gantrisch 1:50000

### Koordinaten Referenzpunkt
Flue, 591775/163225, 1647 m

### Lage der Alp
Klusalp (593100/164350), Auftriebsstafel, in Talkessel NW Schwarzenmatt auf 1050–1300 m. Hauptsächlich SW-Lage, stafelnahe Weideteile sehr weidgängig, oberste Randgebiete steil, streng, stark mit Bergsturz- und Lawinenmaterial überführt, überhaupt sehr starke Elementarschäden, aber gute Alpenflora. OSt. Fluh auf 1400–1900 m, N Bäderhorn, grenzt an Klus (Wälder). Welliges Terrain, langgezogene Mulde nach E; kleinere Terrassen durchnässt/trittempfindlich, unterhalb Bäderhorn felsiges Areal (La-

winen). Unterster Weidzipfel Schwand streitbarster Teil, verfügt auch über gute Grasnarbe.

### Wege zur Alp
Mit PW von Boltigen/Reidenbach via Schwarzenmatt in die Klus; von Bulle – Jaun (FR) bis Abzweigung Bühl; oder mit Bahn bis Boltigen und auf Wander- und Bergwanderwegen via Schwarzenmatt – Klus – Reidigenpassweg zur Fluh; oder mit Postauto von Boltigen oder Bulle auf Jaunpassroute von Haltestelle bei Jaun auf Bergwanderwegen auf die Fluh (Wanderbuch 3094, Route 25a).

### Touristisches
Der alte Reidigenpassweg, vor Ausbau Jaunpassstrasse Übergang von Boltigen nach Jaun, führt über Chlus; ruppige, abwechslungsreiche Wanderung. Abstieg des 3. Tages «Alphüttenzauber» (www.charmey.ch) über Grossen Bäder hier durch (Wanderbuch 3094, Routenvarianten 25). Am 2. Wochenende im Juli «Klusdorfet» durch Jodlerclub Bärgfründe Boltigen mit Bergpredigt.

### Infrastruktur
Klus und Fluh bilden zweistafliges Senntum 530/S 2074. Klus Güterstrasse von Schwarzenmatt. Fluh von Oberbach/Jaun FR Güterstrasse (Militär) und Güterweg. Energieversorgung durch Dieselaggregat. Genügend trockensichere Wasserquellen zur Versorgung der beiden Stafel. In Ausweide mehrere Tränkestellen eingerichtet.

### Bestossung
Klus: 28 Tage (Anfang Juni bis Anfang Juli)
Fluh: 57 Tage (Anfang Juli bis Ende August)
Klus: 35 Tage (Ende August bis Anfang Oktober)
Gesamte Alpzeit: 55 Stösse, 120 Tage: 66 Normalstösse

### Weideflächen
Total 125 ha: 108 ha Weideland, 7 ha Waldweide, 10 ha Wildheu (schon 1966 ungenutzt)

### Besonderes zur Alp
Fahrstrecke zwischen Stafeln über Jaunpass sehr lang. Klus bekanntes Schlangengebiet (vgl. Bunfall, S. 370ff). Klus fast zu nahe an Schwarzenmatt, hingegen auf Fluh weg vom Alltag, in ungestörter, vielfältiger Natur.

Fritz Bichsel beim Holzrüsten in Regenausrüstung.

Eine Bankung voller Käse ist immer wieder schön.

# Fluhberg-Klus
## SENNTUM 530/S 2074

Klus, alte Hütte vorn, neue Hütte hinten, immer noch im Lichtspiel der Wolken.

Die Fluhhütte nach Greyerzer Art von N; im Nebel hinten das Bäderhorn…

Werner Trachsel beim Kannenwaschen.

### Besatz
17 Kühe, 50 Rinder, 13 Kälber, 2 Ziegen, 5 Schweine

### Personen

| Funktion | Person | Telefon |
|---|---|---|
| Bergvogt | Hansrudolf Stryffeler | 079 370 11 60 |
| Sennen | Fritz und Silvia Bichsel-Bieri Schwarzenmatt, 3766 Boltigen | 033 773 65 12 |
| Käserin | Silvia Bichsel-Bieri | |
| Zusenn | Werner Trachsel Wangenstrasse 4, 3373 Röthenbach | 062 961 33 71 |

Bichsels sömmern erstmals auf dieser Alp.

**Telefon auf der Alp** 079 650 16 46

### Gebäude
Klus: früher Dörfchen mit massiver kleiner Sennhütte (bestehend, aber ausser Funktion) und Ställen, durch Lawinen zerstört, 1943 durch zentralen massiven Schattstall ersetzt (Güllekästen vorbildlich!): Bruchsteinfundament, drei Doppelquerställe; nach SW angebaut grosszügige Sennhütte, Bruchsteinsockel, Fleckenblock (BI: «…1966»), Ga-

den im OG, Betonplatte, Betonzugangsterrasse, läges Satteldach, Gerschild, Abwurf; Remise. Fluh: massive Hütte (älteste Graffiti 1808), mutzes Vollwalmdach, Eternitschiefer, vierräumiger Wohnteil, Doppellängsstall (2000 neue Güllekästen); Schattställe alle mit Satteldächern: zwei massive, einer verschalter Rieg, eternitverrandet, 1975; Schwand: verschalter Rieg, 1978 nach Lawinenschaden.

### Käserei
Beidenorts, Ausrüstung gezügelt, Fluh 1995 umgebaut: geschlossene Küche, ummantelte Grube, 250 l Kessi, Schiene, mobiles Rührwerk, Schwarpresse, Plättliboden, USt. Holzwände, OSt. Hartplatten.

### Käselager
Klus: Keller in W-Ecke unter Stube, völlig massiv, gutes, regulierbares Klima, Bankung für 60 Laibe, klein. Fluh: kleines Gaden (Teil des MG), nur Zwischenlager, zu warm, zu trocken, Abtransport nach Klus, Vorverteilung.

### Produkte und Vermarktung
450 kg Berner Alp- & Hobelkäse AOC in 55 Laiben à 6–12 kg; 40 kg Ziegenfrischkäse mit 50 % Kuhmilch; Vermarktung an private Stammkunden durch Besetzer; Käse angeboten: Bauernmarkt Boltigen 1. Samstag September.

### Besonderes zur Verarbeitung
Abendmilch im Kessi mit Kühlschlange, kaum abgerahmt. Frühjahr: Milch Klus an Sammelstelle Boltigen.

Silvia Bichsel nimmt den Käse heraus, lässt ihn abtropfen…

…und legt ihn ins Järb, aus dem weiterhin Schotte abläuft.

Der Abwurf der Klushütte von N, schön gefügt; gegen die «Sonne» kann man nur bei solchem Wetter gut fotografieren.

# HINTER-WALOP

**Nicht zufällig gehörte der kraftvolle Ort früher zum Cluniazenserkloster Rüeggisberg.**

Über dem hinteren Walopsee die beiden Gebäude von Hinter Walop, und dahinter die majestätische Kaiseregg; die Weidmauer links ist die Kantonsgrenze.

Der Textautor markiert den Eingang zum Toggelichilchli oben an der Treppe mit Riesenstufen.

### Gemeinde/Amtsbezirk
Boltigen/Obersimmental

### Rechtsform/Eigentümer
Alpkorporation Walop, Boltigen, 10 Anteiler; Kontaktperson: Traugott Treuthardt, Dürrenloos, 3766 Boltigen.

### Landeskarten
1226 Boltigen 1:25000
253 Gantrisch 1:50000

### Koordinaten Referenzpunkt
Hintere Walop, 591525/166300, 1717 m

### Lage der Alp
In diesem Talkessel ist Hinter-Walop auf 1670–2000 m die hinterste Alp auf Bernerboden. Alpgrenze im W ist Kantonsgrenze, im Freiburgischen der ausgedehnte Alptrog von Kaiseregg. Terrain mit benachbartem Stierenberg vergleichbar: Lawinengefahr, Steinschlag, Fallgefahr. Bei Wetterumschlag ist die Alp wild und rau, da auch im untersten Gebiet kein Waldschutz. Vom Stafel bis zu den obersten Randgebieten Höhendifferenz von 300 m, zudem Flanken verhältnismässig steil, Weidegang streng.

### Wege zur Alp
Mit Bahn oder PW bis Boltigen, mit PW auf Güterstrasse bis Chlus, steiler Aufstieg zur Alp; oder mit PW oder Postauto von Freiburg bis Schwarzsee, von Gypsera mit Schwebebahn bis Riggisalp und auf Bergwanderweg um den Steinritz über Salzmatt, Kaisereggschloss, Kaiereggalp ins Walop (Bergwanderweg auch ab Boltigen; keine Wanderbuchempfehlung).

### Touristisches
Walop ist ein riesiger, wilder Kessel am E und N Abhang der mächtigen Kaieregg, Grenzberg BE/FR, mit zwei romantischen Seelein. Walop gilt als «Keltenalp», enthält Kraftort (vgl. Pier Hänni) mit Toggelichilchli und Anstieg dazu, einer «Zwergentreppe» (eher Riesentritte!), Höhle mit unterirdischem Wassersystem (entleert sich bei starken Regengüssen über Treppengraben in See). Entsprechend vielfältige Vegetation und Fauna.

### Infrastruktur
Hinter-Walop bildet das einstaflige Senntum 534/S 2217. Güterstrasse bis Chlus, Materialseilbahn bis Uf Egg, von dort langer Karrweg zur Alp. Zügelweg ähnliche Linie, lang, streng, gefährlich. Energieversorgung mit Dieselaggregat und Solarzellen für Licht und Rührwerk. Beim Hauptstafel gute trockensichere Quelle, aber die oberen Partien nur ungenügend mit Wasser versorgt.

### Bestossung
72 Stösse in 85 Tagen (Mitte Juni bis Mitte September): 61 Normalstösse

### Weideflächen
Total 83 ha: 69 ha Weideland, 14 ha Waldweide

### Besonderes zur Alp
Als Vor- und Nachalp dient Ramserenvorsass. Hinter Walop sehr melkig, mit abnormal hoher Ausbeute. 1802 Teilung in Vorder und Hinter Walop. Zur Beziehung von Rüeggisberg und Walop vgl. Bunfall (S. 370ff). Stille der Alp ermöglicht Abschalten, Rekreation inmitten grossartiger Natur.

Artenvielfalt auf engstem Raum.

Steinschmätzer auf der Weidmauer, die gleichzeitig die Kantonsgrenze markiert.

# Hintere Walop
## SENNTUM 534/S 2217

«Durch» die Hütte Hinter Walop erblickt man über dem Kessel der Kaisereggalp die Flühe des Schafberges.

Im Gelände dieser Hütte von Krebses auf Vorder-Walop weidet auch Jungvieh von Hinter-Walop; Blick nach E auf die Arena mit Buufel und Vortel.

Die Ferienbuben Ueli und Martin Schlüchter haben einen schönen Hütten-Grundriss gezeichnet und ruhen sich jetzt aus.

### Besatz
12 Kühe, 64 Rinder, 12 Kälber, 3 Ziegen, 4 Schweine; die Hälfte des Rindviehs gehört U. Berger. Zudem 8 Rinder auf Fortel und 15 Rinder auf Vorder Walop; Besorgung vgl. S. 366ff.

### Personen

| Funktion | Person | Telefon |
| --- | --- | --- |
| Kassier der Korporation | Traugott Treuthardt Dürrenloos, 3766 Boltigen | 033 773 64 33 |
| Bewirtsch. und Käser | Ulrich Berger Obere Schönegg, 3664 Burgistein | 033 356 35 49 |

Ferienbuben Ueli und Martin Schlüchter aus Oberthal geniessen vor allem Wildbeobachtungen und die Seelein.

**Telefon auf der Alp**  033 773 62 54

### Gebäude
Sennhütte: älterer, zur Hauptsache verputzter Massivbau, läger Dreiviertelwalm, Eternitschiefer, der, dreiräumige sehr enge Wohnteil als Querfirst nach NE (kein Dachgeschoss), Doppellängsstall, Kälber- und Schweinestallanbauten nach SE. Weitere Sennhütte: schöner, massiver, verputzter Vollwalm an den Hang gebaut (Greyerzer-Aspekt),

Eternitschiefer, S Kälberstall und Remise als Anbau mit Anhängerdach, Wohnteil unbenutzt, zwei Doppellängsställe.

### Käserei
Geschlossene Küche, offene Grube mit Chemihutte, 150 l Kessi an Holzturner, mobiles Rührwerk, Schwarzpresse, Zementboden (der nächstens erneuert wird), Wände getünchte Mauer, Holz und Plastik.

### Käselager
Gaden neben der Küche nach N, hölzern, ausser der verputzten Aussenmauer, sehr gutes, gut regulierbares Klima, der Käse macht wenig Schmiere, Bankung für 60 Laibe, Abtransport nach Bedarf.

### Produkte und Vermarktung
750 kg Berner Alp- & Hobelkäse AOC in 60 Laiben à 10–15 kg; 40 kg Alpraclette; unregelmässiger Passantenverkauf, hauptsächlich Direktvermarktung an private Stammkunden auf dem Talbetrieb.

### Besonderes zur Verarbeitung
Die Abendmilch wird im Kessi mit Kühlschlange gelagert und abgerahmt. Die Ziegenmilch wird aus Zeit- und Vermarktungsgründen an die Kälber vertränkt.

### Besonderes zum Senntum
Früher waren hier zwei Sennten, deren Zusammenlegung aber schon im Alpkataster 1966 vermerkt ist.

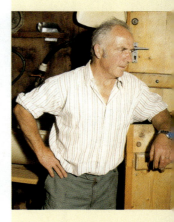

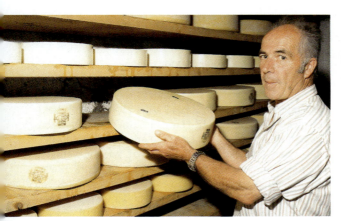

Ueli Berger posiert nicht so gern für den Fotografen.

Das ruhende Kessi ist mit einem Blumensträusschen geschmückt.

Mit einem schönen Alpkäse in der Hand geht es viel besser.

# VORDER-WALOP

**Ranggiloch, ehemalige Klosterscheune, gut equipierte Alphütte, hier ist vieles zu sehen.**

Diesmal über See und Gelände von Vorder Walop nochmals Kaiseregg sowie Stierengrat, Stierenberg und Flanke zum Widdergalm.

Blick von N auf den engen Weg zwischen Fluh und See, der von der Seilbahnstation an der Scheune vorbei auf die Alp führt.

### Gemeinde/Amtsbezirk
Boltigen/Obersimmental

### Rechtsform/Eigentümer
Privatalp mehrerer Anteiler, die grössten: Gottfried Krebs jun., Hangenbach, 3088 Rüeggisberg, sowie Hans und Andreas Kohler, Brügglen, 3088 Rüeggisberg.

### Landeskarten
1226 Boltigen 1:25000
253 Gantrisch 1:50000

### Koordinaten Referenzpunkt
Vordere Walop, 592300/165900, 1664 m

### Lage der Alp
Vorderste Alp in diesem Kessel auf 1620–2000 m, beidseits des Tales und am NE-Hang bis zum Grat des Rotenchasten; dieser Hang den Lawinen ausgesetzt, und oberste, strenge Partien mit Jungvieh gatzt, wie die welligen, hügeligen, steilen Hänge um den See seit Mitte 1960er Jahre. Verglichen mit andern Alpen des Gebietes hat Vd.Walop weniger Elementarschäden, ist windgeschützter, weist doch der vorderste Teil Waldweide auf.

### Wege zur Alp
Mit Bahn oder PW bis Boltigen, mit PW auf Güterstrasse bis Chlus und in steilem Aufstieg zur Alp; oder mit PW oder Postauto von Freiburg bis Schwarzsee, von Gypsera mit Schwebebahn bis Riggisalp und auf Bergwanderweg um den Steinritz über Salzmatt, Kaisereggschloss und Kaisereggalp ins Walop (oder Bergwanderweg schon ab Boltigen; keine Wanderbuchempfehlung).

### Touristisches
Walop ist ein riesiger, wilder, kahler Kessel am E und N Abhang der mächtigen Aussichtspunkte Kaieregg, Rotenchasten und Widdergalm; zwei romantische, beliebte Seelein (keine Wanderroutenempfehlung). «Keltenalp», Kraftort Toggelichilchli (vgl. Pier Hänni): unterirdisches Wassersystem (entleert bei starken Regengüssen über Treppengraben in See), vielfältige Vegetation und Fauna. «Ranggiloch» (592360/164950): urgeschichtliche Höhle.

### Infrastruktur
Vd. Walop ist das einstaflige Senntum 539/2220. Güterstrasse bis Chlus, Materialseilbahn bis Uf Egg, Karrweg zum Stafel. Zügelweg lang, streng, gefährlich an ähnlicher Linie. Energieversorgung durch Dieselgenerator und Akkus. Genügend Quellwasser, See Notwasserreservoir.

### Bestossung
64 Stösse in 80 Tagen (Mitte Juni bis Anfang September): 51 Normalstösse

### Weideflächen
Total 76 ha: 68 ha Weideland, 8 ha Wildheu

### Besonderes zur Alp
Teilung der Alp und Beziehung zu Rüeggisberg vgl. Bunfall. Hinter Bergstation der Materialseilbahn massiver Gebäudekubus: ehem. Käsespeicher? Auf alter Karte als Kappelle eingezeichnet? Zusammenhang mit Kraftort? Bruchsteinmauern, teils verputzt, getüncht (Graffiti, älteste 1815? 1840ff), steiler Vollwalm, provisorisch gedeckt, hatte Zwischenboden, Türsturz Farbreste Kurrentinschrift «Der Burger…», schwere Türe mit vielen Graffiti (älteste 1840); bis heute Rinderstall; nun Remise, 2004 Fahrzeugschopf angebaut, vgl. www.alporama.ch.

Jade Bradshaw aus Südafrika spaltet Holz.

Alfred Kohler ist dabei, den alten Massivbau in Stand zu stellen, der sukzessive als Kappelle, Käsespeicher, Rinderstall und Fahrzeugschopf genutzt wird.

# Walop
## SENNTUM 539/S 2220

Über die Fläche von Vorder Walop hinweg nach NW Hütte und Kaiseregg.

Das alte Gebäude vorne gegen die Seilbahnstation, das Alfred Kohler wieder in Stand stellt.

Zwischen Riedgras und Binsen hat der Fotograf eine Kröte entdeckt.

### Besatz
13 Kühe (Kohlers), 49 Rinder (auch von Krebs), 15 Kälber, 9 Schweine; Rinder beider Walop bis 90 Tage, abwechselnd besorgt.

### Personen

| Funktion | Person | Telefon |
|---|---|---|
| Bewirtschafter | Hans und Andreas Kohler Brügglen 278, 3088 Rüeggisberg | 031 809 10 53 |
| Käser | Andreas Kohler | 031 802 06 48 |

A. Kohler käst 14. Sommer hier. Kathrin Keller, Brügglen 278, Rüeggisberg, war Zusennerin, 2004 Aushilfe. Jade Bradshaw, Praktikant.

**Telefon auf der Alp**  033 773 66 39

### Gebäude
Läger (Krebses): alt, Schindeldach, guter Wohnteil, etwa 1945, vermietet; Doppellängsstall als Schneestall; alter Jungviehschattstall, einfacher Längsstall, Holz, Schindeldach. Boden (Kohlers): Massivbau (teils verputzt) von 1946, läges Satteldach, Eternitschiefer, Wohnteil als erster dreiräumiger Anbau an dreilägerigen Querstall, nach SE erweitert; nach NW Kleintierställe. Schöne Steintreppe.

### Käserei
Geschlossene Küche, offene Grube, 350 l Kessi, Holzturner, Schwarpresse, Zementboden, Plastikwände, Mauern.

### Käselager
Gaden NE neben Küche, abgetrennter hinterer Teil des MG, Holzwände und Mauern, Holzdecke, Zementboden, sehr schön kühles Klima, Milch und Gaden mit laufendem Brunnen gekühlt, Bankung für 80 Laibe.

### Produkte und Vermarktung
1300 kg Berner Alp- & Hobelkäse AOC in 160 Laiben à 6–10 kg; Hauptabnehmer Chr. Eicher Söhne & Cie, 3672 Oberdiessbach; 120 kg Alpmutschli und Alpraclette; geringer, schwankender Passantenverkauf, private Stammkunden im Talbetrieb; auch angeboten: REK AG, Käserei Längacher, 3088 Rüeggisberg; REK AG, Käserei Oberbütschel, 3088 Oberbütschel; Adventsmärit Rüeggisberg.

### Besonderes zur Verarbeitung
Abendmilch in Kannen im Brunnen gekühlt, abgerahmt. Andreas Kohler käst mit Greyerzer-Sirtenkultur.

### Besonderes zum Senntum
Früher Milch zentrifugiert, Rahm mühsam mit Seilbahn im Tal abgegeben. 2000 hat A. Kohler mit Käsen angefangen. Nur wanderbereite Besucher kommen herauf; eine eigene Welt, ein Paradies, mit sehr reicher Flora.

Kathrin Keller mit dem jungen Alpkäse auf dem Presstisch beschäftigt.

Andreas Kohler zeigt eines dieser Prachtstücke im vollen Keller.

Rinder sind neugierig, das hat manchmal seine Vorteile.

# BUNFALL

## Bunfall – Buufeli – Pulverli – wie schreibt man das und woher stammt der Name?

Pulverli von S und über dem Sattel von Punkt 1832 der Stierengrat zum Kanton Freiburg.

So ist es angeschrieben, andere Schreibweisen sind möglich.

**Gemeinde/Amtsbezirk**
Boltigen/Obersimmental

**Rechtsform/Eigentümer**
Privatalp: Werner Kohler, Längacker, 3088 Rüeggisberg

**Landeskarten**
1226 Boltigen 1:25000
253 Gantrisch 1:50000

**Koordinaten Referenzpunkt**
Buufel, 592750/166000, 1750 m

**Lage der Alp**
Bunfall auf der linken Seite der Walop-Alpmulde, unterhalb Fortel auf 1700–1940 m, mehrheitlich welliges, hügeliges, steiniges Gebiet. Vorwiegend nach W orientiert, aber mit Ausnahme des obersten Areals relativ weidgängig. Trockene Partien borstgräsig, aber gute Grasnarbe dominiert, speziell um den Stafel. Schafberg Widdergalm gehört den drei Parteien Fortel, Bunfall, Vorder Walop und ist an Schafzuchtgenossenschaft Rüschegg verpachtet.

## Wege zur Alp
Mit Bahn oder PW bis Boltigen, mit PW auf Güterstrasse bis Chlus und in steilem Aufstieg zur Alp; oder mit PW oder Postauto von Freiburg bis Schwarzsee, von Gypsera mit Schwebebahn bis Riggisalp und auf Bergwanderweg um den Steinritz über Salzmatt, Kaisereggschloss und Kaisereggalp ins Walop (oder Bergwanderweg schon ab Boltigen; keine Wanderbuchempfehlung).

## Touristisches
Zum Alpkessel von Walop vgl. diese beiden Alpen, S. 362ff (keine Wanderroutenempfehlung). Grossartige und anspruchsvolle Wanderung führt von Sangernboden – Muschlerenschlund – Känel – Chüearnisch zur Alp (keine Wanderbuchempfehlung). Zudem führt eine Route aus dem Angebot von Share Wander Value (vgl. www.share-wander-value.ch) durch diese Gegend.

## Infrastruktur
Bunfall bildet das einstaflige Senntum 535/2218. Güterstrasse bis Chlus, Militärseilbahn (1943 für Bau und Betrieb Festungsanlagen) bis Uf Egg, steiler Karrweg zur Alp; Zügelweg ähnliche Linie, lang, gefährlich. Energieversorgung durch Benzinmotor und Solarzellen. Zwei Stafelbrunnen, gut verteilte Tränken in der Ausweide.

## Bestossung
28 Stösse in 82 Tagen (Mitte Juni bis Anfang September): 22 Normalstösse

## Weideflächen
Total 28 ha: 25 ha Weide, 2 ha Waldweide, 1 ha Wildheu

## Besonderes zur Alp
Stierenbergli ganz früher zum Cluniazenserkloster Rüeggisberg. Daher wohl Interesse der Rüeggisberger, die 1915 Vorder Walop kauften, 1926 Pulverli und Fortel von Familie Klötzli in Achseten(!). 1934 kaufte Urgrossvater Kohler das Pulverli. Walop heisst auch «Wilder Walalp» zur Unterscheidung der Walalpen der Gemeinde Därstetten (vgl. Band 1). Im unteren Teil bekanntes Schlangengebiet, wo Seruminstitut Gift gewinnt (vgl. Klus); hingegen sind Schäden oder Unfälle durch Schlangen nicht bekannt.

Hermann Albisser ist zu Besuch und tischelet Holz an den Schermen.

Konglomerat von Unproduktivem, Produziertem und Produzierendem, da soll jemand nachkommen…

# Pulverli-Walop

## SENNTUM 535/S 2218

Die Hütte vom Aufstieg zu Vortel/Fortel nach W über die Kante in den Kessel von Walop.

Die Käseküche ist eng, aber zweckmässig eingerichtet.

Das Angebot dieser Verkaufsstelle – im Stubenfenster gleich noch gespiegelt.

### Besatz
12 Kühe, 23 Rinder, 5 Schweine; fremdes Vieh; Rinder 97 Tage. Am Widdergalm 4 Wochen 500 Schafe, vor- und nachher auf Stierengrat, dann Schafscheid Riffenmatt.

### Personen

| Funktion | Person | Telefon |
|---|---|---|
| Bewirtsch. und Käser | Patrick Kohler<br>Längacker, 3088 Rüeggisberg | 031 809 03 29 |
| Zusennerin | Ursula Albisser<br>Oltigen 157, 3036 Detligen | 031 825 00 48 |

P. Kohler seit seiner Jugend hier zalp, aber das erste Jahr auf Pulverli; vorher 9 Jahre auf Fortel, vom SAV 2002 für sehr gute Bewirtschaftung ausgezeichnet. Vom Pulverli aus werden zusätzlich die Rinder auf Stierenbergli betreut.

### Telefon auf der Alp  033 773 69 52

### Gebäude
Mischbau massiv/Holz, nicht unterkellert, läges Satteldach, Eternitschiefer, langer Doppellängsstall auf Felsuntergrund, dreiräumiger Wohnteil auf Längsseite nach SE als Querfirsteinbau mit Gerschild, weitere Längsanbauten für Schweine, Garage, Remise und Holzschopf.

## Käserei
Geschlossene Küche, offene Grube, 200 l und 120 l Kessi an Schiene, mobiles Rührwerk, Schwarpresse, Plättliboden, verputzte Mauer.

## Käselager
Gaden E neben Küche, Zementboden, Mauern, Holzdecke, gutes Klima, aber wärmeempfindlich, Bankung für 70 Laibe, Abtransport nach Bedarf mit der Seilbahn.

## Produkte und Vermarktung
1100 kg Berner Alp- & Hobelkäse in 110 Laiben à 8–12 kg; 20 kg Alpbutter und Bratbutter, 50 kg Alpmutschli, 200 kg Alpraclette, 50 kg Ziger (milchsäuregefällt!); wenig Passantenverkauf wegen Lage; Besetzer vermarkten direkt an private Stammkunden; angeboten durch REK AG, Käserei Längacher, 3088 Rüeggisberg; Chäshütte Fritz Walther, alte Bernstr. 18, 3075 Rüfenacht.

## Besonderes zur Verarbeitung
Abendmilch in Kannen im Brunnen gekühlt, wenig abgerahmt. Reiche Produktpalette ermöglicht durch Vater W. Kohler, Käsermeister Brügglen (Ausgangsmaterialien).

## Besonderes zum Senntum
Vorher während 15 Jahren Ernst Fankhauser mit Sohn Stefan hier Pächter, hat als Schreiner handwerklich vielseitig Liegenschaft in Schwung gehalten und ausgebaut. Auszeichnung: Stefan Fankhauser BAKM 1999 3. Schnittkäse.

Ursula Albisser mödelet aufgestellt die frische Butter.

Patrick Kohler bei seinem Braunvieh.

Den Schweinen gefällts – was man da alles unternehmen kann…

# GRUNHOLZ

**Ein Minipig zog zum Abferkeln in den Wald – war ihm Grunholz zu zivilisiert?**

Die Hüttenfront von NE herauf, dahinter das Gürtschi – und Regenwolken.

Der Hüttenfront entlang nach SE, Sonne und Hühner kommen hervor.

### Gemeinde/Amtsbezirk
Boltigen/Obersimmental

### Rechtsform/Eigentümer
Seygemeinde Adlemsried, welche Alp auch bewirtschaftet; Kontaktperson Präsident Traugott Treuthardt, Dürrenloos, 3766 Boltigen

### Landeskarten
1226 Boltigen 1:25000
253 Gantrisch 1:50000

### Koordinaten Referenzpunkt
Grueholz, 596600/166400, 1370 m

### Lage der Alp
Alp am sonnigen SE-Hang auf 1170–1630 m, direkt an und auf der Krete N Adlemsried, Gemeindegrenze zu Oberwil. Der naturtrockene Boden vielfach mit etwas harter, aber vorwiegend guter Grasnarbe bedeckt; borstige Partien teilweise durch Kotgülle verbessert. In Stafelnähe ist der tiefgründige sandige Lehmboden eben und stark trittempfindlich, bei Regenwetter im Frühjahr kaum begehbarer Hüttenvorplatz. Der untere Teil von Grunholz ist

heute ein Trockenstandort (im Alpkataster als in der Ausweide sehr viele «Klaffen» [Klappertopf] aufweisend beschrieben). Weidgängig und weitgehend unkrautfrei.

### Wege zur Alp
Mit dem PW von Boltigen über Adlemsried bis Annenried und in kurzem Marsch; oder mit der Bahn bis Boltigen (818 m) und auf Wanderwegen auf die Alp (keine Wanderbuchempfehlungen).

### Touristisches
Das Gebiet ist durchzogen von äusserst vielfältigen und abwechslungsreichen Routen auf Wander-, Bergwander- und Bikewegen, bis auf die Mittagfluh (1865 m), den markanten Felskopf im Simmental. In allen Richtungen gelangt man auf grosse und schöne Alpen sowie über die hohen Grenzkreten ins Freiburgerland, mit dem auch touristische Zusammenarbeit besteht (www.schwarzseeplus.ch; keine Wanderbuchempfehlungen).

### Infrastruktur
Grunholz bildet das einstaflige Senntum 510/2071. Es ist via Adlemsried mit Güterstrasse zum Alprand und mit steilem Jeepweg zum Stafel einigermassen erschlossen. Energieversorgung durch Dieselgenerator und Solarzellen. Zwei Stafelbrunnen von trockensicheren Wasserquellen gespiesen, mit 5 Weidebrunnen genügend Wasser in der Ausweide; Wasserfassung im Herbst 2004 erfolgreich saniert.

### Bestossung
78 Stösse in 110 Tagen (Anfang Juni bis Ende September): 85 Normalstösse

### Weideflächen
Total 53 ha: 52 ha Weideland, 1 ha Waldweide

### Besonderes zur Alp
Grunholz wird zusammen mit Ebnit, als Parallelstafel für Galtvieh, bewirtschaftet. 35 Stösse werden nur während 60 Tagen im Frühling und Herbst hier geweidet, aber auf anderen Alpen gesömmert.

Präsident Traugott Treuthardt schaut über die Stalltür.

Tanja gekonnt eine Ziege melkend.

# Grunholz
## SENNTUM 510/S 2071

Die Hütte von E vor der Grueholz-Flanke.

Sandro treibt die Kühe in den Stall, in dieser Regenzeit eine morastige Angelegenheit.

Stefanie Sahli versteht sich auch an der Kuhmelkmaschine.

### Besatz
37 Kühe, 1 Rind, 5 Kälber, 4 Ziegen, 1 Pferd, 12 Schweine, davon zwei Minipigs, verschiedene Hühnerrassen. Parallelstafel: 18 Rinder, 10 Kälber, 3 Mutterkühe.

### Personen

| Funktion | Person | Telefon |
|---|---|---|
| Kassier Alpgen. | Ulrich Erb Adlemsried, 3766 Boltigen | 033 773 63 76 |
| Sennen | Hansjürg und Brigitte Sahli-Ginggen, Huttenmatt, 3766 Boltigen | 033 773 71 23 |
| Käser | Hansjürg Sahli-Ginggen | |

Kinder Sandro und Tanja gehen/fahren von hier zur Schule.

**Telefon auf der Alp** 033 773 69 78

### Gebäude
Grosser Holzmischbau (BI: «...1959...»); damals kleiner, dreiräumiger Wohnteil nach NE, renoviert resp. neu, teils heizbar; 1996 mit Sockel und Bodenplatte aus Beton unterfahren, läges Satteldach, Heubühnenlukarne, Eternitschiefer, zwei lange Doppellängsställe, dazu NW einer angebaut, heute Remise, SE einlägeriger Kälberstall, grosser

teilweise befestigter Vorplatz; 2002 Schwemmkanal, neue Jauchegrube. Schweine in zwei grossen Iglus.

### Käserei
Geschlossene, etwas enge, verwinkelte Küche, ummantelte Grube, 700 l und 440 l Kessi, Holzturner, mobiles Rührwerk, eine Schwar-, eine Spindelpresse, Zementboden mit Ablauf, Holz- und Hartplattenwände.

### Käselager
Früher hier kein Keller, weil Käselaibe alle paar Tage an berechtigte Kuhbauern verteilt! Heute: Keller in E-Ecke unter Stube, allseits Mauern und Beton, gutes Klima, Bankung für 180 Laibe, Abtransport nach Bedarf.

### Produkte und Vermarktung
3000 kg Berner Alp- & Hobelkäse AOC in 330 Laiben à 7–14 kg; Hauptabnehmer Molkerei, 3780 Gstaad (für Migros Aare); 70 kg Ziegenfrischkäse mit 50 % Kuhmilch; durch Besetzer an private Stammkunden.

### Besonderes zur Verarbeitung
Abendmilch im Kühlbassin, wenig abgerahmt. Vorpressen bei vier Laiben anfangs Sommer, dann Einzelauszug.

### Besonderes zum Senntum
Alp ist still, wenig Passanten, trotzdem talnahe. Kooperation mit Alpbehörden klappt gut, sie erneuern immer etwas.

Hansjürg Sahli kontrolliert, ob die Einlabungstemperatur erreicht ist.

Hansjürg Sahli bremst die Milch, nachdem das Lab richtig eingerührt worden ist.

Brigitte Sahli nimmt einen der sauber angeschriebenen jungen Alpkäse aus der Bankung.

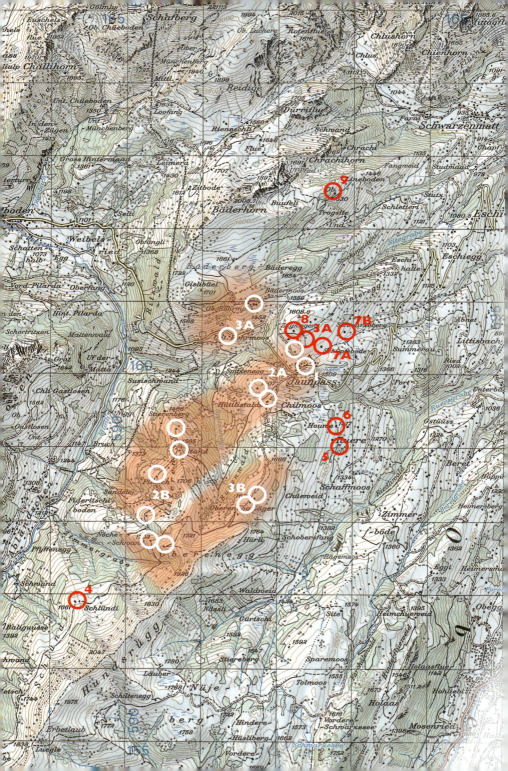

# ALPEN + SENNTEN ZUR ALPKÄSEREI JAUNPASS

1. **Alpkäserei Jaunpass** (388–389)
2. **Bruch-Unteregg** (390–399)
   - **A** Bruch
   - **B** Unteregg
3. **Rohrmoos-Oberegg** (400–409)
   - **A** Rohrmoos-Zügwegen
   - **B** Ober(en)egg
4. **Schlündi** (410–413)
5. **Hauen** (414–417)
6. **Unter- und Ober-Hauen** (418–421)
7. **Fängli & Schwarzenberg** (422–427)
   - **A** Fängli
   - **B** Schwarzenberg
8. **Winteregg-Zügwegen** (428–431)
9. **Ober-Trogseiten** (432–435)

## NÄCHSTE DOPPELSEITE:

Wilde Wolken im abendlichen Licht, leises Plätschern des Brunnens. Wir stehen neben der Hütte auf Alp Ober-Trogseiten. Der Blick geht zur «Zahnwurzel» hinüber, die aus Chlushorn, Holzerhorn, Chienhorn und Mittagfluh besteht.
Aufnahmestandort: 592 750/162 500, 1530 müM

# JAUNPASS

## Senntum 500/CH 6082: Ein zukunftsträchtiges Zusammenarbeitsprojekt.

Die Front der Alpkäserei Jaunpass mit dem eingängigen Logo.

Ruth Siegenthaler schmiert die Mutschli mit Hingabe.

### Personen

| Funktion | Person | Telefon |
|---|---|---|
| Präsident Senntum | Heinz Wittwer Beret, 3766 Boltigen | 033 722 03 13 |
| Käser | Fritz Gerber Rässmätteli, 6197 Schangnau | |
| Zusennerin | Ruth Siegenthaler, 6197 Schangnau | |

Telefon auf der Alp  033 773 73 30   www.jaunpass.ch

### Gebäude

Alpkäserei auf dem Jaunpass, direkt an der Autostrasse: EG massiv, getüncht, mit Infrastruktur-, Fabrikations-, Lager- und Kellerräumen sowie Verkaufslokal, OG Ständerbau mit Personalwohnung, DG Fleckenblock, läges Satteldach, Eternitschiefer, geschützte Anlieferung SW-Seite, grosser Holzschopf im NE, Besucherbeizli im SE vor dem Gebäude.

### Käserei
Moderne Alpkäserei: holzbeheizter Dampfkessel, 1400 l Kessi (Heizung und Kühlung am Mantel integriert), fixes Rührwerk, Abfüllwanne und hydraulische Presse, Boden und Wände Plättli, Glaswand zum Verkaufslokal für Besucher- und Kundeneinblick in die Fabrikation; Pasteur, Kühlwanne, Zentrifuge, Zusatzeinrichtungen. Die Alpkäserei ist dem Netz der BKW und der Wasserversorgung mit einwandfreiem Druckwasser angeschlossen.

### Käselager
Keller im Berg hinter Fabrikationsraum, gemauert/Beton, Röhrenbankungen und Brettli für 1300 Laibe Alpkäse oder aufgeteilt für verschiedene Spezialitäten.

### Produkte und Vermarktung
10 000 kg Berner Alp- & Hobelkäse AOC in 900 Laiben à 10–12 kg; Hauptabnehmer Molkerei Amstutz AG, 3655 Sigriswil, und Molkerei, 3780 Gstaad; 3000 kg Alpmutschli, 1000 kg Alpraclette, 1000 kg Sennenkäse (Mutsch in Grösse eines Alpkäses), 300 kg Ziegenkäse, 300 kg Ziger (auf diverse Arten), 2500 kg Jogurt; ganzes Sortiment im Käsereiladen. Älpler vermarkten Alpprodukte an private Stammkunden und schweizweit an Geschäfte. Weitere Informationen www.jaunpass.ch. Auszeichnungen: BAKM 2003: 3. Mutschli; OLMA Alpkäseprämierung 2003: Urkunde für Mutschli; BAKM 2004: 1. Mutschli.

### Besonderes zu Verarbeitung und Alpkäserei
Seit 2001 bilden 25 Mitglieder die Genossenschaft Alpkäserei Jaunpass. Sie hat die Alpkäserei erstellt und betreibt sie mit Erfolg. Alpkäserei Jaunpass übernimmt Verarbeitung im Auftrag; Melksennten bezahlen Beitrag, können Milchprodukte zurücknehmen; von folgenden Alpen liefern die entsprechenden Melksennten pro Sommer insgesamt ca. 150 000 kg Alpmilch ein: Rohrmoos-Oberegg, SG Eschi: 523/543/544, 540/541/548/555, 542, 557/561; Bruch-Unteregg, SG Weissenbach: 506/550, 554, 558, 560; Schlündi: 526; Trogseite: 533; Fängli: 546; Schwarzenberg: 549; Hauen: 547; Hauen: 551, Zügwegen: 553; Neuenberg/Gräppen: 559. Abendmilch im Kessi gekühlt, um 4 Uhr verkäst; Morgenmilch direkt verkäst. Fettgehalt mit Zentrifuge; Bruch abgepumpt, Alpkäse vorgepresst. Schotte zentrifugiert, an Milchlieferanten.

Mit Stolz zeigt Fritz Gerber die eben an der Berner Alpkäsemeisterschaft errungene Goldmedaille für seine feinen Alpmutschli.

Jogurt wird in die Gläser abgefüllt.

# BRUCH-UNTEREGG

**Auch weil dieser Pass ein Feuchtgebiet ist, wurde früher der Reidigenpass benutzt.**

Blick auf den Unterstafel nach N: Hüttlistalden, Jaunpassgebiet-Bruch, Rohrmoos, Zügwegen, Winteregg; krönend im Wolkenschatten das Bäderhorn.

Solche einstige Artillerie-Bunker dienen heute auch als Käselager.

**Gemeinde/Amtsbezirk**
Boltigen/Obersimmental

**Rechtsform/Eigentümer**
Seygemeinde (SG) Weissenbach, Boltigen; Kontaktperson Manfred Müller, Weissenbach, 3766 Boltigen.

**Landeskarten**
1226 Boltigen 1:25000
253 Gantrisch 1:50000

**Koordinaten Referenzpunkt**
Jaunpass, 592350/160100, 1510 m

**Lage der Alp**
Die Alp überdeckt grossteils den welligen, muldigen W-Hang S Jaunpass auf 1290–1740 m. Der bewaldete Spitzenegg-Graben teilt die Alp in Auftriebstafel Bruch und Oberstafel Untereggberg. Ersterer erstreckt sich über sehr weidgängiges Gebiet beidseits der Jaunpassstrasse und die an der W-Flanke steil und weniger gut gelegene Spitzenegg. Bedeutende Flächen in ausgesprochener Sattellage von Bruch mit tiefgründigem Moorboden, nur Streue. Der stärker geneigte Untereggstafel auf praktisch

gleicher Höhe und mit ebenso frühem Vegetationsbeginn wie Bruch, ist naturtrockener. Deshalb ist beim Auftrieb hierher das Futter meist überreif; gute Grasnarbe, trotz borstgräsiger oder verblackneter Stellen.

## Wege zur Alp
Mit PW oder Postauto von Boltigen oder von Charmey über Jaun bis Alpkäserei Jaunpass; zu Fuss von Postautohaltestelle oder Bahnstation auf Wander- oder Bergwanderwegen zur Alpkäserei Jaunpass und den Alpstafeln darum herum (Wanderbuch 3094, Routen 24 und 25).

## Touristisches
Das reichhaltige Gebiet von Jaunpass und angrenzendem Hundsrügg mit Wintersportstation und moderner Alpkäserei eignet sich sommers und winters für Familienausflüge. Das markante Bäderhorn bietet wunderschöne Rundsicht (Wanderbuch 3094, Routen 25).

## Infrastruktur
Vier zweistaflige Melksennten 550, 554, 558, 560. Die unteren Staffel der Alp sind mit der Jaunpassstrasse sowie Güterstrassen umfassend erschlossen, die oberen mit Güterwegen teilweise recht rudimentär. Passnahe Unterstafel ans Netz der BKW angeschlossen (seit Skiliftbau), weitere Stafel mit Dieselgeneratoren und Sonnenkollektoren. Die Oberstafel haben seit langem eigene Wasserversorgung; Unterstafel seit 5 Jahren und Alpkäserei seit Anbeginn sind der Wasserversorgung mit einwandfreiem Druckwasser angeschlossen.

## Bestossung
Unterstafel: 25 Tage (Anfang Juni bis Anfang Juli)
Oberstafel: 55 Tage (Anfang Juli bis Ende August)
Unterstafel: 25 Tage (Ende August bis Mitte September)
Alpzeit: 150 Stösse, 105 Tage: 157 Normalstösse

Zweckmässig, übersichtlich, natürlich.

## Weideflächen
Total 228ha: 196ha Weideland, 13ha Waldweide, 19ha Streueland

Der Wechsel vom Unter- zum Oberstafel führt einige Meter über die Jaunpassstrasse.

# Hüttlistalden & Pletsch

**SENNTEN 506 + 550/JAUNPASS**

Der schindelverrandete Hüttlistalden von S, eine gewaltige Vierschildhütte.

Die Oberstafelhütte Pletsch von W vor der Oberenegg.

Die schöne Kuh Sandra mit dem gestickten Glockenriemen und der obligatorischen Ohrmarke.

### Besatz
23 Kühe, 23 Rinder, 16 Kälber, 1 Stier, 13 Ziegen, 1 Ziegenbock, 9 Schweine

### Personen

| Funktion | Person | Telefon |
|---|---|---|
| Hüttenbesitzer und Bewirtschafter | Arthur Müller Dorf, 3766 Boltigen Gebr. Boss, Amsoldingen | 033 773 67 51 |
| sowie | Manfred Müller Weissenbach, 3766 Boltigen | 033 773 65 64 |

Für die Zeit auf dem Oberstafel Pletsch engagieren Müllers Älpler, durch die sie bei der Arbeit entlastet werden.

**Telefon auf der Alp** 079 221 15 83

### Gebäude

Hüttlistalden (Koord. 591850/159600, 1535 m): Vierschildhütte, Eternitschiefer, Holzmischbau mit vielen Graffiti, die ältesten datiert 1802 oder 1821, Bruchsteinfundament, teilweise betoniert und unterkellert (Ställchen), Doppellängsstall und vierräumiger Wohnteil längs nach NNW mit zweiläufiger frontaler Zugangstreppe; daneben Schattstall: Kantholzblock, Satteldach, Eternitschiefer, Doppellängsstall. Pletsch (Koord. 590400/158600, 1560 m): breiter Fleckenblock auf gemauertem und verputztem Sockel mit Ställen, läges Satteldach, Wellblech, vierräumiger Wohnteil nach NW, frontale Zugangslaube mit zwei Treppen, dahinter dreilägeriger Querstall.

### Käserei
Nicht mehr eingerichtet resp. nicht mehr benutzt.

### Käselager
Im ausgedienten Artilleriebunker nebenan wird ein Hobelkäselager unterhalten für die zurückgenommenen Alpkäse.

### Produkte und Vermarktung
Die von der Alpkäserei Jaunpass zurückgenommenen Alpprodukte werden an private Stammkunden verkauft.

### Besonderes zur Verarbeitung
Die Milch wird in die Alpkäserei Jaunpass geliefert und dort verkäst. Abrechnungssystem vgl. dort (Senntum 500, S. 389). Die Ziegenmilch wird auch zur Verarbeitung an die Alpkäserei Jaunpass abgegeben, wenn man sie benötigt, sonst an die Kälber verträngt.

Manfred Müller führt seinen mächtigen Stier «Bruno» zum Brunnen.

In den Alpkäsen im Keller der Alpkäserei Jaunpass (CH 6082) ist auch Milch aus den Sennten 506+550.

Ruhend wiederkäuende Ziegen im geräumigen Stall.

# Hüttlistalden & Schwand
## SENNTUM 554/JAUNPASS

### Besatz
15 Kühe, 30 Rinder, 17 Kälber, 1 Stier; es werden hauptsächlich Tiere des Bewirtschafters gesömmert.

### Personen

| Funktion | Person | Telefon |
| --- | --- | --- |
| Hüttenbesitzer | Martin und Therese Seewer Weissenbach, 3766 Boltigen | 033 773 65 45 |
| Senn | Hans Fahrni Reidenbach, 3766 Boltigen | 079 525 99 37 |
| Zusennerin | Erika Pelletier, daselbst | 079 525 99 36 |

Hans Fahrni ist seit vier Jahren hier, vorher auf Hornegg und Grimmi-Stierenberg.

**Telefon auf der Alp** 079 525 99 37

### Gebäude
Hüttlistalden (Koord. 591850/159500, 1537 m): Fleckenblock auf Bruchsteinsockel mit Keller und Ställen, Front verrandet, Krüppelwalmdach, Eternitschiefer, Subventionsbau aus den 1930er Jahren, vierräumiger Wohnteil nach N mit zweiläufiger frontaler Zugangstreppe, DG mit zwei Gaden, dahinter zwei Doppelquerställe und ange-

Hüttlistalden von N über einen Klappertopfbestand hinweg (Rhinanthus minor, nach der Lage) vor dem erdünnerten Waldhang nach Oberegg.

Die Schwandhütte aus leicht überhöhter Sicht.

Wespen haben begonnen, an einem ausgedienten Artelleriebunker ihr Stiel-Nest zu bauen.

baute Milchkammer. Schwand (Koord. 590400/158600, 1560 m): sehr ähnlicher Subventionsbau.

### Käserei
Nicht mehr eingerichtet, nur noch ein 220 l Kessi ist vorhanden. Hier wurde nur bis in die 1950er Jahre gekäst, dann Muniaufzucht betrieben und nachher die Milch an die Sammelstelle abgeliefert resp. während der Unterstafelzeit im Senntum 506 bei Manfred Müller verkäst vor der Gründung der Alpkäserei Jaunpass.

### Käselager
Früher ein Keller unter der Hütte.

### Produkte und Vermarktung
Die von der Alpkäserei Jaunpass zurückgenommenen Alpprodukte werden an private Stammkunden verkauft.

### Besonderes zur Verarbeitung
Die Milch wird in die Alpkäserei Jaunpass geliefert und dort verkäst. Abrechnungssystem vgl. dort (Senntum 500, S. 389).

### Besonderes zum Senntum
Der Oberstafel Nöche Schwand ist schattseitig gelegen und damit relativ spät; das gute Weideland liegt recht weit von der Hütte; hingegen ist die Alp gut erschlossen und zugänglich. Hüttlistalden wird im Winter vermietet.

Martin Seewer setzt den dicken Jaucheschlauch vom Druckfass ab – voll, fahren!

Hans Fahrni beim Melken.

Ruth Siegenthaler im zentralen Käselager auf dem Jaunpass.

# Dörfli & Stand
## SENNTUM 558/JAUNPASS

### Besatz
14 Kühe, 16 Rinder, 11 Kälber, 1 Stier, 2 Ziegen; das Vieh gehört teils Webers, teils Reichenbachs.

### Personen

| Funktion | Person | Telefon |
|---|---|---|
| Bewirtsch. und Hüttenbesitzer | Walter Weber-Eschler Kleinweissenbach 3766 Boltigen | 033 773 64 17 |
| Bewirtschafter | Rudolf und Jacqueline Reichenbach, Schwarzenmatt, 3766 Boltigen | 033 773 66 47 |

Mike Sommer (Sohn von Jaqueline) ist im Sommer 2004 Statterbub.

Die Standhütte ist als Vierschildhütte schon gross angelegt, aber auch immer wieder ausgebaut worden, wie dem Dach anzusehen ist; dahinter im N die neue Stierenberg-Hütte, hinten Gislibühl, Kaiseregg und Bäderhorn.

Rudolf und Jacqueline Reichenbach haben eben die Züglete vom Dörfli her erfolgreich hinter sich gebracht.

Zicklein sind noch neugieriger als ausgewachsene Ziegen...

**Telefon auf der Alp** 079 488 72 94

### Gebäude
Dörfli (Koord. 591750/159800, 1510 m): breiter Holzmischbau auf Bruchsteinfundament (nicht unterkellert), läges Satteldach, Eternitschiefer, dreiräumiger Wohnteil nach SE, frontale Zugangslaube und -treppe, ursprünglich ein Doppelquerstall, angebaut in verschaltem Rieg zweiter Doppelquerstall, seitlich kleiner Ziegenstall angebaut. Stand (Koord. 590700/158950, 1574 m): Stän-

derbau auf Bruchsteinsockel mit Kälberstall, geknicktes Eternitschiefer-Walmdach, DG mit Galerie und Stübli mit Lukarnen, im HG dreiräumiger Wohnteil nach NW, frontale Zugangslaube und -treppe, Doppelquerstall, SW und SE zwei Anhängerställe, Schleppdach.

### Käserei
Die offene Feuergrube in der halboffenen Küche im Stand ist seit Mitte der 1960er Jahre unbenutzt.

### Käselager
Die Käse wurden immer sofort in den Talbetrieb gebracht, weil nur im Milchgaden ein kleines Zwischenlager eingerichtet war.

### Produkte und Vermarktung
Die von der Alpkäserei Jaunpass zurückgenommenen Alpprodukte werden an private Stammkunden verkauft.

### Besonderes zur Verarbeitung
Gelegentlich wird Ziegenkäse für den Eigenbedarf selbst hergestellt. Webers Milch geht an die Alpkäserei Jaunpass. Abrechnungssystem vgl. dort (Senntum 500, S. 389), Reichenbachs liefern die Milch an die Sammelstelle in Boltigen und verkaufen sie.

### Besonderes zum Senntum
Auf Stand ist man für sich allein, hat Ruhe und Aussicht – fast wie Ferien.

Die Dörflihütte vom Hüttlistalden herab nach N.

Mike Sommer darf mit einem Kalb posieren.

So ging die Züglete vor sich im buschig-waldigen Hang des Spitzenegggrabens.

# Spitzhütte & Stierenberg
## SENNTUM 560/JAUNPASS

### Besatz
21 Kühe, 16 Rinder, 23 Kälber, 3 Ziegen; das Vieh gehört zum grossen Teil dem Bewirtschafter.

### Personen

| Funktion | Person | Telefon |
|---|---|---|
| Bewirt-schafter | Werner Werren und Christine Rutishauser Reidenbach, 3766 Boltigen | 033 773 68 62 |
| Zusenn | Christoph Sowa aus Polen | |

**Telefon auf der Alp** 079 222 49 69

### Gebäude
Spitzhütte (Koord. 592200/160300, 1525 m): teils verrandeter Fleckenblock auf teils verputztem Bruchsteinsockel mit Ställen und Keller, durch Bauherren Karlen in den 1930er Jahren erbaut, Vollwalmdach (früher mit Lukarne), DG gut ausgebaut, HG grosszügiger dreiräumiger Wohnteil nach W mit frontaler Zugangslaube, dahinter dreilägeriger Querstall.

OSt. Stierenberg (Koord. 590650/159250, 1540 m): Ersatz für eine weiter unten gestandene Hütte: der im HG dreiräumige Wohnteil ebenerdig, ein zweieinhalbgeschossiger, wetterseits verrandeter Fleckenblock von

*Spitzhütte, wie der Name sagt, von S, dahinter Zügwegen; auch hier ist Bschütten angesagt.*

*Die neue Stierenberg-Hütte von N verdeckt hier die Standhütte.*

*An verwitterten Baumstrünken mangelt es im Gebiet nicht.*

1987, Betonsockel mit Keller, Gaden im OG, dahinter nach Zwischengang mit Dusche/WC zwei Doppelquerställe, länger als Wohnteil breit, verschalter Rieg, teilweise in den Hang gebaut.

### Käserei
Die Küche in der Spitzhütte ist erneuert und enthält keine Feuergrube mehr.

### Käselager
Ehemals im Keller unter der Hütte.

### Produkte und Vermarktung
Die von der Alpkäserei Jaunpass zurückgenommenen Alpprodukte werden an private Stammkunden verkauft.

### Besonderes zur Verarbeitung
Die Milch wird zur Verarbeitung an die Alpkäserei Jaunpass abgeliefert, auch die Ziegenmilch. Abrechnungssystem vgl. dort (Senntum 500, S. 389).

### Besonderes zum Senntum
Stierenberg und Spitzhütte sind die einzigen bewirtschafteten Hütten im Eigentum der Seygemeinde Weissenbach (alle andern sind privat). Beide Hütten werden winters vermietet.

Werner Werren bringt seine Milch in die Alpkäserei Jaunpass.

Viele Laibe Alpkäse können aus der zusammengetragenen Milch gefertigt werden; hier schwimmen sie friedlich im Salzbad.

Von Hinterfluh her nach S der besonnte Rücken von Stierenberg rechts und Stand links oben, hinten Schneitgrat und Rodomont, also Blick ins Waadtland.

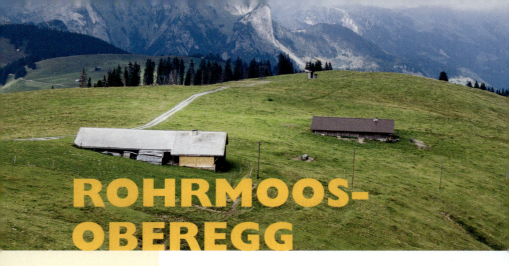

# ROHRMOOS-OBEREGG

**Die Alp besteht aus mehreren getrennten Arealen, was freie Bestossung ermöglicht.**

Oberegg-Läger nach NNE, vorne die Hütte von Leuthold und Gerber, in der Sonne die Mittagfluh.

Die Simmentaler Kuh Viola mit ihren schönen Hörnern labt sich am Brunnen.

### Gemeinde/Amtsbezirk
Boltigen/Obersimmental

### Rechtsform/Eigentümer
Seygemeinde Eschi (SE), Boltigen; Gebäude in Privatbesitz; Kontaktperson ist der eine Bergvogt Toni Dänzer, Eschiegg, 3766 Boltigen.

### Landeskarten
1226 Boltigen 1:25000
253 Gantrisch 1:50000

### Koordinaten Referenzpunkt
Oberenegg Läger, 591650/158250, 1690 m

### Lage der Alp
Die Unterstafel Rohrmoos und Zügwegen auf 1270–1680 m an Kantonsgrenze, im S Areal von Jaunpassstrasse durchquert. Auftriebstafel Rohrmoos mit steiler S-Flanke des W Gebietes. Dagegen ist der pyramidenförmige Hügel von Zügwegen bedeutend weniger steil und weidgängiger. Mit Ausnahme von 2 ha nassem Streueland ist der tiefgründige Boden fruchtbar, aber stellenweise mit etwas harter Grasnarbe bedeckt. Sonnige Lage erlaubt ausge-

sprochen frühen Alpauftrieb. Oberstafel Oberegg auf gegenüberliegender Seite am N-Ausläufer des Hundsrügg auf 1640–1920 m, überdeckt E- und WNW-Hang; die vielfältige Oberflächengestalt hat ebenso unterschiedlichen Vegetationsbeginn zur Folge. Sennten dezentralisiert, speziell auf Oberegg; ungleiche Auswirkung auf verschiedene Sennten: Alpteile Hürli, Läger und Sauboden relativ frühe Lage, Vegetation auf den N-exponierten Flecken und Nahenschwand bedeutend später. Auch Grasnarbe unterschiedlich gut.

### Wege zur Alp
Mit PW oder Bahn/Postauto von Boltigen oder Bulle-Charmey-Jaun bis Jaunpass; von dort oder von einer Haltestelle oder Station auf Wander- und Bergwanderwegen in die Alp (Wanderbuch 3094, Routen 24 und 25).

### Touristisches
Das Gebiet Jaunpass und Hundsrügg mit Wintersportstation und moderner Alpkäserei eignet sich sommers und winters für Familienausflüge, ist Wander-, Schnee- und Skiwandergebiet und bietet fantastische Rundsicht; ebenso das bekannte Abländschental mit Dörfli sowie das Langlaufparadies Sparenmoos (Wanderbuch 3094, Route 25).

### Infrastruktur
Oberegg bildet die mehrstafligen Melksennten 523/543/544, 540/541/548/555, 542, 557 zur Alpkäserei Jaunpass (Senntum 500, S.388). Alle Stafel durch Jaunpassstrasse, Güterstrassen und Güterwege erschlossen. Stromversorgung: Benzinmotoren, Dieselaggregate, Solarzellen. OSt. eigene, gute, nicht alles trockensichere Quellen und gute Leitungen; USt. an Wasserversorgung mit einwandfreiem Druckwasser.

### Bestossung
Unterstafel: 35 Tage (Ende Mai bis Anfang Juli)
Oberegg: 55 Tage (Anfang Juli bis Ende August)
Unterstafel: 30 Tage (Ende August bis Anfang Oktober)
Gesamte Alpzeit: 180 Stösse, 130 Tage: 234 Normalstösse

### Weideflächen
Total 253 ha: 237 ha Weideland, 11 ha Waldweide, 5 ha Streueland

Heimberger Keramik gehört hier seit Jahrzehnten zum Bestand; Messer nach alter Väter Sitte aufbewahrt.

Gebranntes Wasser und der «Flöigetätscher» stehen für den Notfall bereit.

# Rohrmoos-Läger
## SENNTEN 523 + 543 + 544/S 2072

Die Rohrmooshütte, der unterste Stafel im sehr steilen Gelände von SE mit Simmentaler Kuh Husar.

Die lange imposante Lägerhütte von NW mit Blick übers verhangene Simmental.

Karl Gerber saugt die Milch ab, ins Käsekessi.

**Besatz**
25 Kühe, 25 Rinder, 13 Kälber

**Personen**

| Funktion | Person | Telefon |
|---|---|---|
| Bewirtschafter | Walter Leuthold-Gerber Garfen, 3766 Boltigen | 033 773 60 68 |
| | Hans Gerber-Hehlen Garfen, 3766 Boltigen | 033 773 60 68 |

Walter Leuthold und Hans Gerber käsen abwechselnd. Zusennerin ist Ruth Leuthold-Gerber. Walter und Karl Gerber helfen aus. Hans Gerber ist den 74. Sommer hier, Ruth Leuthold 39. und Walter Leuthold 29.

**Telefon auf der Alp** 033 722 22 52

**Gebäude**
Rohrmoos (591350/160500): Holzmischbau (1930), Bruchsteinsockel, Satteldach, Eternitschiefer, dreiräumiger Wohnteil nach S, Doppelquerstall. Zügwegen (591850/161100): ähnlich (1923), Stallteil Subventionsbau; Schattstall. Oberegg (591650/158250; BI «…1856»): Holzmischbau, Bruchsteinfundament, läges Satteldach, Eternitschiefer, enger vierräumiger Wohnteil nach ESE (Stube angebaut), drei Doppelquerställe, einer in Berg angebaut.

### Käserei
Oberegg: Geschlossene Küche, offene Grube, 420 l Kessi, Holzturner, ausschliesslich von Hand gerührt, Schwarpresse, Plättliboden, Holzwände.

### Käselager
Keller unter Stube in S-Ecke, niedrige Holzdecke, Kiesboden, gutes, etwas trockenes Klima, Bankung für 60 Laibe, Abtransport in den Talbetrieb nach Bedarf.

### Produkte und Vermarktung
1200 kg Berner Alp- & Hobelkäse AOC in 120 Laiben à 7–13 kg; Verkauf an private Stammkunden; Alpkäse auch durch Primo Milchhüsli, Hauptstr. 7, 4153 Reinach.

### Besonderes zur Verarbeitung
Die Milch von Oberegg wird selber verkäst. Abendmilch auf Oberegg halb in Gebsen, halb in Kannen im Kühltrog, kaum abgerahmt. Alpkäse bis Neujahr auch für Raclette geeignet. Früher bis zu 2000 kg Alpkäse! Milch aus unteren Stafeln an Alpkäserei Jaunpass; Ende Mai und Ende September an Sammelstelle Boltigen abgegeben.

### Besonderes zum Senntum
Milch täglich zweimal gewogen für Verteilung der eigenen Alpkäse und aus Alpkäserei Jaunpass. Rohrmoos: 8 ha (zu Winteregg-Zügwegen, Hütte Senntum 553) mit Galtvieh bewirtschaftet. Oberegg fantastische Lage und Aussicht, aber wetterexponiert; wunderbar für Tiernarren.

Hans Gerber wickelt seine Alpkäse neu…

…sie tragen Kaseinmarke mit Zulassungsnummer S 2072, Laibnummer und das Zeichen des Anteilers, für den fabriziert wurde.

Ruth Leuthold-Gerber mit ihrem Vater Hans und ihrem Mann Walter.

# Rohrmoos-Fängli
## SENNTEN 540+541+548+555/JAUNPASS

Die Hütte im Oberen Rohrmoos von SW.

Die gleiche Hüttengruppe ungefähr von E, der Stall im Vordergrund.

Sohn Jakob Gobeli hilft beim Melken und bei der Milchabgabe.

### Besatz
21 Kühe, 29 Rinder, 18 Kälber, 1 Esel; das Vieh gehört Hans und Wilhelm Bettler sowie Ernst Gobeli sen.

### Personen

| Funktion | Person | Telefon |
| --- | --- | --- |
| Bewirtschafter | Wilhelm Bettler-Aegerter Rossweid, 3766 Boltigen | 033 773 63 60 |
| Bewirtschafter | Jakob Gobeli-Matti Ruhren, 3766 Boltigen | 033 722 15 52 |
| Bewirtschafter | Henri Schuwey-Bettler Rossweid, 3766 Boltigen | 033 773 66 63 |
| Bewirtschafter | Hans Bettler-Wyssmüller Altes Schulhaus, 3766 Boltigen | 033 773 63 12 |

Die Arbeit auf der Alp für die vier Senntennummern wird zur Hauptsache von Familie Gobeli besorgt.

### Gebäude
Zügwegen/Fängli (Koord. 591700/160950, 1576): ganzes Gebäude verschalter Rieg, wetterseitig schindelverrandet, Sockel mit Bruchsteinseitenmauern und hölzerner Front, läges Satteldach, Eternitschiefer, dreiräumiger Wohnteil nach SE mit frontaler Zugangstreppe und Laube über Eck, Doppelquerstall, angebautes Schweineställchen; daneben Schattstall: Fleckenblock, Doppellängsstall, Satteldach, Wellblech. Läger (Koord. 591700/158300, 1685): länglicher Fleckenblock, läges Satteldach mit Doppelquerställen (vgl. Bild S. 400 oben)

### Käserei
Geschlossene Küche, offene Grube mit Hutte; aber die Einrichtungen werden nicht mehr benutzt.

### Käselager
Keines vorhanden.

### Produkte und Vermarktung
Die von der Alpkäserei Jaunpass zurückgenommenen Alpprodukte werden an private Stammkunden verkauft.

### Besonderes zur Verarbeitung
Die Milch wird an die Alpkäserei Jaunpass geliefert, die Produkte durch die Besetzer zurückgenommen; Abrechnungssystem vgl. dort (Senntum 500, S. 389).

Annelies Gobeli schaut pfiffig aus der Küchentür.

Ernst Gobeli guckt etwas kritisch – wohl nach dem unsicheren Wetter.

Von Zügwegen nach NW sieht man die ganze weite Sonnenflanke des Oberen Rohrmoos und dahinter den Anstieg zum Bäderhorn.

# Rohrmoos-Fängli
## SENNTUM 542/JAUNPASS

### Besatz
15 Kühe, 13 Rinder, 13 Kälber

### Personen

| Funktion | Person | Telefon |
|---|---|---|
| Bewirtschafter | Gottlieb+ Margrit Eschler Eschimoos, 3766 Boltigen | 033 773 63 51 |

Sohn Hansueli Eschler hilft soweit nötig und möglich.

### Gebäude
Rohrmoos/Fängli (Koord. 591625/160950, 1585): Der Holzmischbau ist eine «Eigenkreation» der Eigentümer von 1926: Sockel mit Kälber- und Schweinestall nur bergseitig Bruchsteinmauer, Front und talseitig Kantholzblock, läges Satteldach mit Gerschilden, Eternitschiefer, DG ohne Gaden, Doppelquerstall mit angebautem Schopf. OSt.: Pfyffenegg (Koord. 590500/157650): Fleckenblock, Bauinschrift eingekerbte Antiqua: «BL SE UND ES ZM HST 1900», Bruchsteinfundament, aber UG teilweise hölzern, mit Ställchen, wetterseitig schindelverrandet, läges Satteldach, wetterseitig Wellblech, die andere Seite Schindeln, dreiräumiger Wohnteil nach W, ur-

Fänglihütte wo Eschlers wirken; an diesem Tag ist der Sonnenhang nicht so offensichtlich.

Die Pfyffenegghütte von der Zufahrt her nach SW, in der Sonne unten Schlündi und links oben Schneitgrat und Rodomont.

Fein säuberlich aufgehängt, bereit für den nächsten Einsatz.

sprünglich ein Doppelquerstall, ein 2. angebaut und ein Doppelkälberstall am Wohnteil nach S, Schweineställchen nach N.

### Käserei
Die geschlossene Küche mit offener Grube und Hutte ist unbenutzt.

### Käselager
Keines vorhanden

### Produkte und Vermarktung
Die von der Alpkäserei Jaunpass zurückgenommenen Alpprodukte werden an private Stammkunden verkauft.

### Besonderes zur Verarbeitung
Die Milch wird an die Alpkäserei Jaunpass geliefert; Abrechnungssystem vgl. dort (Senntum 500, S. 389).

### Besonderes zum Senntum
Bis in die 1960er Jahre wurde hier gekäst, dann zentrifugiert und der Rahm abgeliefert, später wurde die Milch an die Sammelstelle abgeführt, und 2001 hat man sich der Alpkäserei Jaunpass angeschlossen.

Gottlieb Eschler freut sich über die Mithilfe von…

…Sohn Hansueli Eschler, der gerade die Milch vor der Alpkäserei Jaunpass abliefert.

Im Milchgaden ist alles gewaschen und zum Trocknen aufgestellt und aufgehängt.

# Zügwegen-Flecken
## SENNTEN 557+561/JAUNPASS

Die Zügwegenhütte von S, wiederum mit einem imposanten Ahorn.

Der Blick von Oberegg an die Südseite über dem Jaunpass entspricht dem Zügelweg.

Kunstvoll schindelverrandet gegen das Wetter.

### Besatz
11 Kühe, 17 Rinder, 4 Kälber, 2 Ziegen

### Personen

| Funktion | Person | Telefon |
|---|---|---|
| Bewirtschafter | Niklaus Spielmann Schlusseli, 3766 Boltigen | 033 773 69 15 |

**Telefon auf der Alp** 079 200 32 03

### Gebäude
Zügwegen (Koord. 592300/160550, 1570): EG dreiräumiger Ständerbau, wie Front des Sockels mit Bruchsteinseitenmauern (Ställe, Keller), DG Ständer mit Eckblock (zwei Gaden), wetterseitig schindelverrandet mit schönem Verlegemuster, Satteldach mit Gerschilden, Eternitschiefer, einseitig guter Zugang zum Doppelquerstall.

### Käserei
Beidenorts geschlossene Küchen, offene Gruben mit Hutten, Kessi an Holzturner noch vorhanden, aber es wird nicht mehr hier gekäst.

### Käselager
Keines vorhanden.

### Produkte und Vermarktung
Rücknahme aus Alpkäserei Jaunpass nur für Eigenbedarf.

### Besonderes zur Verarbeitung
Im Juni wird die Milch für 3500 l Eigenbedarf an die Alpkäserei Jaunpass geliefert, Abrechnungssystem vgl. dort (Senntum 500, S. 389), und die Gegenmenge Alpkäse zurückgenommen. In der übrigen Zeit wird die Milch an die Sammelstelle Boltigen geliefert und verkauft.

### Besonderes zum Senntum
Dieses Senntum ist das einzige auf der Alp der Sey gemeinde Eschi, welches Ziegen hält.

Doris Spielmann hat alle Hände voll zu tun mit dem Abwaschen der Melkanlage.

Niklaus Spielmann beim Melken seiner beiden Geissen.

Die Kälber haben genug zu trinken bekommen, aber offenbar nicht genug zu lutschen.

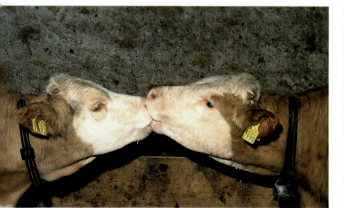

# SCHLÜNDI

## Die mächtige Hütte zeigt die Bedeutung der Alp, in der Emmentaler gemacht wurde.

Vom Nöche Schwand/Flecken nach SW die Alp Schlündi vor Schneitgrat und dahinter Rodomont sowie rechts Grosse Combe im Waadtland.

Aus der Stube der Blick nach N durchs Tal von Abländschen an Rohrmoos, Zügwegen und Bäder.

### Gemeinde/Amtsbezirk
Boltigen/Obersimmental

### Rechtsform/Eigentümer
Einwohnergemeinde Boltigen; Kontakt: Gemeindeverwaltung (Reidenbach), 3766 Boltigen. Dieser Gemeinde gehört auch die Alp Schüpfen-Gruben (vgl. S. 352ff; deshalb war die Zügelfolge jahrelang: Sommerau (Jahresbetrieb) – Schüpfen – Schlündi – Gruben (und zurück).

### Landeskarten
1246 Zweisimmen 1:25000
263 Wildstrubel 1:50000

### Koordinaten Referenzpunkt
Schlündi, 589350/156900, 1661 m

### Lage der Alp
Schlündi ist eine weite Alp am NW-Hang des markanten Hundsrügg auf 1500–1900 m und ist zugleich eine der schönsten der Gemeinde: das mässig geneigte Terrain im unteren Alpgebiet gewinnt erst hangwärts an Steilheit, ist leicht wellig, aber weidgängig. Unterhalb des Hauptstafels auf einzelnen Teilen stark mit weissem Hahnenfuss

durchsetzt, trittempfindlich. Auch im S, abgelegenen Weideteil «Örter» bedeutende Flächen vernässt und zu sehr mit Waldweide durchsetzt. Dieser Parallelstafel mit Galtvieh beladen (heute unterverpachtet). Auf das höchstgelegene Weidegebiet, den Grat, werden gut 10 Maischen aufgetrieben, aber nicht mehr eingestallt (Grathütte zerfallen). Lawinen- und Steinschlaggefahr auf Schlündi nur in schneereichen Jahren von Bedeutung.

### Wege zur Alp
Mit PW oder Postauto von Boltigen oder Charmey zum Jaunpass und zu Fuss als Höhenwanderung oder entlang der schattseitigen Flanke des Hundsrügg; oder über Jaun ins Abländschental und zu Fuss auf lägem Umweg; oder von Zweisimmen über Sparenmoos bis Neuenberg und zu Fuss Hundsrügg querend; oder von irgendeiner Postautohaltestelle auf weiteren Bergwanderwegen zur Alp (Wanderbuch 3094, Routen 25).

### Touristisches
Jaunpass-Hundsrügg und Abländschen bieten botanisch, faunistisch, alpwirtschaftlich abwechslungsreiches Gelände, familienfreundlich erschlossen. Schlündi ist eindrückliche Hütte in prachtvoller Lage. Fritz Rieder (sommers im Stierenseeberg, vgl. Band 1) führt hier winters Bergbeizli am obern Skiliftende aus dem Abländschen Talgrund (Wanderbuch 3094, Routen 12, 24, 25).

### Infrastruktur
Schlündi bildet das einstaflige Senntum 526 zur Alpkäserei Jaunpass. Sie ist vom Jaunpass bis Oberegg mit Güterstrasse, von dort mit rauem Jeepweg bis zum Stafel erschlossen. Energieversorgung mit Dieselaggregat und Akku. Genügend gute Wasserquellen. Ausser den Stafelbrunnen sind soweit möglich auch Weidebrunnen gesetzt; Wassermangel einzig auf Gratstafel bei anhaltender Trockenheit.

### Bestossung
67 Stösse in 95 Tagen (Mitte Juni bis Mitte September): 63 Normalstösse

### Weideflächen
Total 166 ha: 143 ha Weide, 16 ha Waldweide, 7 ha Streue

Robert Treuthardt am modernen Kühltank, mit dem die Milch an die Alpkäserei Jaunpass gefahren wird.

Die historische Bauinschrift auf einer Tontafel von 1820.

# Schlündi
## SENNTUM 526/JAUNPASS

*So sieht die Schlündihütte in Grossaufnahme aus nach W gegen die Sattelspitzen…*

*Der grosse Ziegenstall ist imponierend.*

*Susanna Kozubkowa aus der tschechischen Republik wäscht und spült das Milchgeschirr sehr geübt.*

**Besatz**
45 Kühe, 34 Rinder, 17 Kälber, 6 Mastmuni, 18 Ziegen, 1 Ziegenbock; 1/3 eigenes Vieh.

**Personen**

| Funktion | Person | Telefon |
|---|---|---|
| Bewirtschafter | Robert und Elvira Treuthardt, Spitzenbühl, 3766 Boltigen | 033 773 65 59 |

Treuthardts sind 7 Jahre hier, Elvira Treuthardt ist gelegentlich Ziegenkäserin. Kinder Stephan, Patrick und Katja helfen, soweit neben Schule möglich. Zusenn(erinn)en aus der Tschechischen Republik. Treuthardts machen gleichzeitig Heuernte im Heimbetrieb, wie vielerorts üblich, und bewirtschaften zusätzlich Spitzenegg und Hüttlirain (Bruch-Unteregg) mit 40 Rindern von Anfang Juni bis Ende September.

**Telefon auf der Alp** 026 929 85 95

**Gebäude**
Riesige massive Vierschildhütte, getünchte Bruchsteinmauern, auch Sockel und Zwischenwände! Tontafel mit BI «…1820…», Eternitschiefer, vierräumiger, weiter, längsseitiger Wohnteil nach NE, seitliche Zugangslaube, zwei Doppellängsställe, darunter Pfludikanäle; im Sockel

Keller. Nach NW angebaut grosser Ziegen- und Kälberstall, verschalter Rieg; im enormen, wenig genutzten Dachgeschoss gewaltige Heubühne mit Einfahrt, darin verloren 2 grosse Gaden. In Stützmauer Stein von 1894.

### Käserei
Geschlossene Küche, offene Grube, Hutte, 800 l Kessi, gewaltiger Holzturner, zwei hydraulische Pressen, Zementboden, getünchte Mauern (heute nur Ziegenkäserei).

### Käselager
Keller: Zementboden, gutes Klima, Bankung für 160 Laibe zurückgenommen aus Alpkäserei Jaunpass.

### Produkte und Vermarktung
Aus Alpkäserei Jaunpass Mutschli, Sennenkäse, Raclettekäse zusätzlich zum eigenen Ziegenkäse vermarktet: wenig Verkauf an Passanten (Biker); aber an private Stammkunden im Talbetrieb an Jaunpassstrasse und am Buremärit in Boltigen anfangs September.

### Besonderes zur Verarbeitung
Abendmilch in Kühlwanne, morgens mit Tankanhänger an Alpkäserei Jaunpass; Abrechnungssystem vgl. dort (Senntum 500, S. 389). Ziegenmilch nicht immer verkäst, an Kälber und Mastmuni vertränkt. Bis 2000 drei Jahre Alpkäse gemacht und an Eicher, Oberdiessbach verkauft. Wenn Junior bereit, eventuell wieder Alpkäse herstellen. Zur Geschichte (Bau, Pächter, Emmentalerkäse): www.alporama.ch.

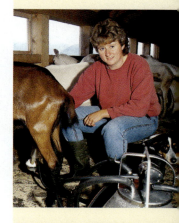

Elvira Treuthardt milkt die Ziegen mit der Maschine.

Viel Melkgerät für Kühe und Ziegen hängt im Milchgaden.

Treuthardts nehmen Käse aus der Alpkäserei Jaunpass zurück, und Elvira pflegt ihn bestens.

# HAUEN

## Die Alp wird auch als Wintergut betrieben, ein schöner Simmentalerstier wird gehalten.

Hans Gobeli zeigt Valentin, einen Code 60 Stier, d.h. reiner Simmentaler.

Es ist riedig hier, der skurrile Kopf einer Sumpf-Kratzdistel, Cirsium palustre…

### Gemeinde/Amtsbezirk
Boltigen/Obersimmental

### Rechtsform/Eigentümer
Privatalp von Frau Rosa Zeller-Joneli, Baumacher, Schwarzenmatt, 3766 Boltigen

### Landeskarten
1226 Boltigen 1:25000
253 Gantrisch 1:50000

### Koordinaten Referenzpunkt
(Jonelis) Houwe, 592825/159075, 1395 m

### Lage der Alp
Das leicht wellige und hügelige Terrain auf 1330–1630 m reicht bis an das oberste Kulturland von Ruhren hinab. Der allgemein tiefgründige und ziemlich fruchtbare Flyschboden hat dieselben Eigenschaften wie das andere Hauen (vgl. S. 418f), verglichen mit der Nachbaralp ist aber hier die Grasnarbe weniger hart. In den Eigentums- Bewirtschaftungs- und Zusammengehörigkeitsverhältnissen der verschiedenen Teile einer ursprünglichen Gesamtalp Hauen sind seit den Alpkatastererhebungen von

1966 (mit Alpnamenverwechslungen!) Veränderungen eingetreten. Diese Alp umfasst nur noch Unter-Hauen.

### Wege zur Alp
Die Alp liegt unterhalb der Jaunpassstrasse und ist mit dem PW zu erreichen; oder mit der Bahn bis Boltigen und dem Postauto bis Jaunpass (1504 m) und von dort auf dem Wanderweg hinunter zur Alp; oder von Zweisimmen führt der Wanderweg zum Jaunpass durch die Alp (Wanderbuch 3094, Routenvariante 25).

### Touristisches
Das reichhaltige Gebiet des Jaunpasses mit Wintersportstation und moderner Alpkäserei eignet sich bestens für Familienausflüge auch im Sommer. Der markante Hundsrügg ist ein wunderbares Wander-, Schnee- und Skiwandergebiet, bietet schöne Rundsicht und ist von der Alp her und von andern Seiten gut zu erreichen; ebenso das berühmte Abländschental mit neckischem Dörfli und das Langlaufparadies Sparenmoos. (Wanderbuch 3094, Route 25).

### Infrastruktur
Hauen bildet das einstaflige Senntum 547, welches die Milch an die Alpkäserei Jaunpass liefert. Vom Jaunpass mit Jeepweg notdürftig oder von der Ruhrenstrasse her mit geschottertem Güterweg gut erschlossen. Energieversorgung mit Dieselaggregat. Mangelhafte Wasserversorgung, obschon unterhalb des Stafels eine ausgezeichnete Quelle für Weidetränke und Produktekühlung fliesst.

### Bestossung
14 Stösse in 125 Tagen (Ende Mai bis Anfang Oktober): 17 Normalstösse

### Weideflächen
Total 23 ha: 15 ha Weideland, 1 ha Waldweide, 2 ha Streueland, 5 ha Heueinschlag

### Besonderes zur Alp
Die Alp wird auch als Wintergut betrieben, indem das hier gewonnene Heu bis Mitte Januar den Rindern verfüttert wird. Das Areal ist heute in die LN eingeteilt.

...Ben Hason ist tagelang damit beschäftigt, sie auszugraben.

Nochmals der schöne Munigring.

# Hauen

## SENNTUM 547/JAUNPASS

*Die Hütte mit dem mächtigen Ahorn von E.*

*Und der Gegenblick vom Weg her.*

*Der Feld-Enzian, Gentiana campestris, ist typisch für tiefgelegene Alpen.*

### Besatz
12 Kühe, 3 Kälber, 1 Stier («Valentin» ist ein Code 60 Stier).

### Personen

| Funktion | Person | Telefon |
|---|---|---|
| Pächter | Hans und Gaby Gobeli-Badertscher, Ruhren, 3766 Boltigen | 033 722 45 76 |

Kinder Dominik, Nina und Mischa Gobeli. Im Sommer 2004 ist Ben Hason, Helvetiastr. 29, 3005 Bern, während ein paar Ferienwochen Statterbub.

### Telefon auf der Alp  079 675 01 28

### Gebäude
Älterer, gut erhaltener Holzmischbau auf Bruchsteinmauersockel mit Keller und Ställchen, Satteldach mit Eternitschiefer auf Schindeln, der vierräumige Wohnteil nach E ist vermietet, dahinter Doppelquerstall. Der oberhalb gelegene alte Schattstall wird im Frühling und Herbst für die Rinder benutzt.

### Käserei
Käseküche mit offener Grube ist seit etwa 1980 nicht mehr im Gebrauch.

### Käselager
Keller nicht mehr benutzt.

### Produkte und Vermarktung
Vermarktung der reichhaltigen Produktepalette der Alpkäserei Jaunpass durch diese selbst.

### Besonderes zur Verarbeitung
Die Milch wird an die Alpkäserei Jaunpass geliefert und dort verkäst. Abrechnungssystem vgl. dort (Senntum 500, S. 389).

### Besonderes zum Senntum
Die Rinder werden in den «Örtern», einem Teil der Schlündialp gesömmert, die Hans Gobeli in Unterpacht hat. Man wohnt im nahe gelegenen Heimbetrieb Ruhren und bewirtschaftet Hauen von dort aus.

Hans Gobeli spült die Kannen, nachdem er die Milch in der Alpkäserei Jaunpass abgeliefert hat.

Unterdessen läuft die Milch ins Kessi.

Nina und Dominik Gobeli dürfen beim Fototermin dabei sein.

# OBER UND UNTER HAUEN

«Im 1798 Jahr da die Schweitz an Frankreich übergangen war * BM * HZ * ZM * C.C.B. *»

Undere Houwe von S, von der anderen Houwe her gesehen in ihrer schönen Lage vor dem finsteren Wald.

Der Waldstorchschnabel, Geranium sylvaticum, kommt eben auch auf fetten Wiesen und Weiden vor.

### Gemeinde/Amtsbezirk
Boltigen/Obersimmental

### Rechtsform/Eigentümer
Privatalp von Manfred und Vreni Zeller-Müller, Eschi, Weissenbach, 3766 Boltigen

### Landeskarten
1226 Boltigen 1:25000
253 Gantrisch 1:50000

### Koordinaten Referenzpunkt
Howe, 592800/159300, 1417 m

### Lage der Alp
Hauen schliesst S des Jaunpasses auf 1370–1500 m an den ersten bewaldeten Bachlauf; mässig geneigte Weidefläche mit E-Exposition, gehört der Flyschzone an, ist in Fruchtbarkeit und Qualität der Grasnarbe sehr unterschiedlich. Im oberen Teil von Unter-Hauen ausgedehnte, ziemlich ebene Moorbodenfläche, wogegen die trockenen Partien gegen Borstgras neigen. Im Oberstafel ebenfalls Vernässungen, die jedoch zügigen Weidgang nicht hindern. Soweit gedüngt, ist Futter kleereich und gut.

Anfangs 1960er Jahre wurde kleines «Mädli» Streueland zugekauft; Oberhauen mit Gusti bestossen.

### Wege zur Alp
Die Alp liegt unterhalb der Jaunpassstrasse, mit PW aber eher über Ruhrenstrasse zu erreichen; oder mit Bahn bis Boltigen und Postauto bis Jaunpass und auf Wanderweg hinunter zur Alp; oder von Zweisimmen auf dem Wanderweg zum Jaunpass durch die Alp (Wanderbuch 3094, Routenvariante 25).

### Touristisches
Zum reichhaltigen Gebiet Jaunpass und Hundsrügg vgl. die Nachbaralpen (Wanderbuch 3094, Route 25).

### Infrastruktur
Hauen bildet das einstaflige Senntum 551, welches die Milch in die Alpkäserei Jaunpass liefert. Vom Jaunpass her mit einem Jeepweg notdürftig, hingegen von der Ruhrenstrasse her mit geschottertem Güterweg gut erschlossen. Energieversorgung durch das Netz der BKW. Stafelbrunnen mit genügend gutem Wasser aus trockensicherer Quelle von oberhalb des Stafels.

### Bestossung
29 Stösse in 85 Tagen (Mitte Juni bis Anfang September): 24 Normalstösse

### Weideflächen
Total 28 ha: 25 ha Weideland, 3 ha Streueland

### Besonderes zur Alp
In den Eigentums- und Bewirtschaftungsverhältnissen der verschiedenen Hauen-Alpen sind seit den Alpkatastererhebungen von 1966, wo diese Alp «Ausser-Hauen» hiess, (offenbar eine Alpnamenverwechslung!?) Veränderungen eingetreten. Heute wird Ober-Hauen zusammen mit Unter-Hauen bewirtschaftet. 2004 wurde ein Bewirtschaftungsplan erstellt, der auch darüber bessere Klarheit schaffen soll.

So eine holzbelegte Treppe ist gäbig für Bäri.

Die alte, schöne Bettstatt wurde sauber verzäpft.

# Hauen
## SENNTUM 551/JAUNPASS

Die majestätische Vierschildhütte mit ihrer T-First von SE.

Und hier der Gegenblick zum vorherigen Bild, sie wirkt einfach behäbig vor den umwölkten Obersimmentaler Bergen.

Sonnengebräuntes Holz und weisser Verputz kontrastieren immer schön.

**Besatz**
18 Kühe, 20 Rinder, 12 Kälber; es wird nur eigenes Vieh gesömmert.

**Personen**

| Funktion | Person | Telefon |
|---|---|---|
| Bewirtschafter | Manfred und Vreni Zeller-Müller, Eschi, 3766 Boltigen | 033 773 66 78 |

Zellers haben vorher das Senntum 561 (Bruchberg/Hauen) bewirtschaftet und 2003 diese Alp hier von Ernst Müller übernommen (vgl. Reportage in der Bauernzeitung vom 30. August 2002).

**Telefon auf der Alp** 033 722 31 87

**Gebäude**
Bauinschrift in grossen, gekerbten Antiquabuchstaben: «Im 1798 Jahr da die Schweitz an Frankreich übergangen war * BM * HZ * ZM * C.C.B. *». Guter Holzmischbau mit vielen Graffiti (ältestes in der Stube von 1847, in der Küche von 1856), früher eine fast quadratische Vierschildhütte mit recht steilem Dach, heute Eternitschiefer, enthaltend den dreiräumigen Wohnteil nach E mit frontaler Zugangstreppe und -laube, seitlich angebautem Schweinestall und vorgebautem Schopf, dahinter Doppellängs-

stall, der nach beiden Seiten mit schmaler Dachverlängerung angebaut wurde (also heute T-Grundriss); S daneben Schattstall: Ständerbau und bergseits Bruchsteinmauer, steiles Satteldach, Eternitschiefer, mit Kälberstall und ehemaligem Pferdestall. Schattstall Oberhauen für Jungvieh.

### Käserei
Geschlossene Küche, offene grosse Feuergrube mit Chemihutte (neu gemacht), 150 l Kessi an Holzturner, Schwarpresse, Plättliboden, Holzwände (momentan nicht im Gebrauch, aber benutzbar).

### Käselager
Keller unter der Stube im SE, Naturboden, geräumig, heute als Zwischenlager für die Mutschli aus der Alpkäserei Jaunpass benutzt.

### Besonderes zur Verarbeitung
10 000 kg Milch gehen an die Alpkäserei Jaunpass und werden dort verkäst. Abrechnungssystem vgl. dort (Senntum 500, S. 389). Der Rest wird als Bio-Milch an die Sammelstelle Boltigen geliefert und verkauft.

### Besonderes zum Senntum
Im Gaden steht ein altes, bemaltes und mit Holznägeln zusammengehaltenes Schiebebett. Hauen ist eine milde, geschützte, stille Alp; man kann sie, auch weil nur eigenes Vieh läuft, nach eigenem Gutdünken bewirtschaften. Die Kinder wollen von hier oben aus zur Schule gehen!

Gewonnene Treicheln werden stolz präsentiert.

Vreni Zeller zeigt, was sie im Keller lagert: Klasse-Mutschli aus der Alpkäserei Jaunpass.

Der Einfall der Franzosen in die Schweiz wurde nicht geschätzt, aber die Verewigung ist gut gelungen.

# FÄNGLI & SCHWARZENBERG

**Ursprünglich eine Voralp; mittlerweile zwischen den zwei Eigentümern aufgeteilt.**

### Gemeinde/Amtsbezirk
Boltigen/Obersimmental

### Rechtsform/Eigentümer
Fängli ist Privatalp von Richard und Gertrud Gobeli-Frey, Weissenbach, 3766 Boltigen; seit 1928 in der Familie. Schwarzenberg ist bereits seit 1938 Privatalp der Familie Grossen, Eschi, Weissenbach, 3766 Boltigen.

### Landeskarten
1226 Boltigen 1:25000
253 Gantrisch 1:50000

### Koordinaten Referenzpunkt
Schwarzeberg, 592900/160600, 1465 m

### Lage der Alp
Diese zwei Vorsassen liegen zwischen Bruchalp und Winteregg auf 1400–1500 m. Das Terrain ist ausserordentlich weidgängig, der Boden tiefgründig, fruchtbar und weist eine sonnige SE-Lage auf. Zufolge der geringen Neigung kann der grösste Teil mit Maschinen geheuet werden, was ihnen eher den Charakter von Wintergütern verleiht.

Fängli mit Blick nach E auf das Alpgebiet von Scheitwegen und Schindelwegen; die Horizontlinie bildet das Simmentaler Niederhorn; rechts hinten Seehorn.

Ein einzelner Ahorn beherrscht diesen Fleck.

## Wege zur Alp
Mit PW oder Postauto von Boltigen oder von Bulle – Charmey – Jaun her auf den Jaunpass; von dort ein knapper Kilometer zur Alp. Mit der Bahn bis Weissenbach (ordentliche Station der SEZ) und auf dem Bergwanderweg durch den Wyssebachgrabe auf die Alp (Wanderbuch 3094, Routevariante 25).

## Touristisches
Die Alp befindet sich in der Nähe des Jaunpasses mit Restaurants, Hotels, Campingplatz und zentraler Alpkäserei. Der Grossraum ist sommers und winters besonders für Familien touristisch sehr gut erschlossen mit Skiliften, Wanderwegen, Bergrestaurants und mehreren Alpen, die Beizli, Anlässe oder Unterkunft auch für Gruppen anbieten. Von der Passhöhe gehen überall Wander- und Bergwanderwege ab, auch ins Abländschental und zu Gastlosen und Sattelspitzen (bekannte Kletterberge; Wanderbuch 3094, Routen 24 und 25 mit Varianten).

## Infrastruktur
Fängli bildet das einstaflige Senntum 546, und Schwarzenberg das einstaflige Senntum 549; beide liefern Milch an die Alpkäserei Jaunpass. Fängli ist ab dem Campingplatz Jaunpass mit Jeepweg erschlossen, Schwarzenberg von der Jaunpassstrasse über Schüpfen auch mit Jeepweg. Energieversorgung durch das Netz der BKW. Seit 2001 der Wasserversorgung der Gemeinde für den Jaunpass angeschlossen.

## Bestossung
10 Stösse in 110 Tagen (Ende Mai bis Mitte September): 11 Normalstösse

## Weideflächen
Total 12 ha Weideland

## Besonderes zur Alp
Diese eigentliche Voralp ist seit der Erstellung des Alpkatasters 1966 zwischen den beiden Sennten aufgeteilt worden, die jetzt in völlig verschiedenem Eigentum sind und voneinander unabhängig bewirtschaftet werden.

Die Gemsfarbenen sind gegenüber altem Holz gut getarnt.

Breitblättriges Knabenkraut, Dactylorhiza majalis, im Riedland.

# Fängli
## SENNTUM 546/JAUNPASS

Die Front der Fänglihüte von E.

So ist sie zierlich angeschrieben.

Richard Gobeli beim Ausmisten.

**Besatz**
8 Kühe, 12 Rinder, 3 Kälber, 2 Ziegen

**Personen**

| Funktion | Person | Telefon |
|---|---|---|
| Bewirtschafter | Richard und Gertrud Gobeli-Frey, Weissenbach, 3766 Boltigen | 033 773 66 93 |

Mutter Annemarie Gobeli und die Kinder Jonas und Michaela helfen auch auf der Alp mit.

**Telefon auf der Alp**  033 773 66 93

**Gebäude**
(Koord. 592550/160400, 1510 m) An der Grenze zur Bruchalp, EG Kantholzblock mit vierräumigem Wohnteil nach SE und frontaler Zugangslaube, dahinter dreilägeriger Querstall, wobei das bergseitige Läger als Remise genutzt wird, DG Ständerbau mit zwei Gaden, läges Krüppelwalmdach, Eternitschiefer, im gemauerten Sockel unter der Stube ein Kellerchen. Der Stall ist seinerzeit für die Winterfütterung mit Schiebbarren ausgerüstet worden. Bauinschrift: «BL H. Gobeli + B. Müller Zm DZB [David Zumbrunnen] 1931». Die Hütte wird im Winter vermietet.

### Käserei
Geschlossene Küche, offene Grube, 120 l Kessi an Holzturner. Der Ziegenkäse wird auf Kochherd hergestellt.

### Käselager
Der Ziegenkäse wird im kleinen Kellerchen im Sockel gelagert, geht aber recht schnell weg.

### Produkte und Vermarktung
Gobelis nehmen vor allem Mutschli und Alpkäse aus der Alpkäserei Jaunpass zurück und verkaufen diese zusammen mit den selbst hergestellten 30 kg Ziegenfrischkäse (je nach Nachfrage mit 33% Kuhmilch) vor allem an private Stammkunden; Alpprodukte auch angeboten durch Milchzentrale Chesi, Dorfpl. 1, 4418 Reigoldswil.

### Besonderes zur Verarbeitung
Die Milch wird in die Alpkäserei Jaunpass geliefert; Abrechnungssystem vgl. dort (Senntum 500, S. 389).

### Besonderes zum Senntum
Senntum weidet auf der eigenen Vorweide, eben Fängli. Sobald Bruch (SG Weissenbach) bestossen ist, wird das Vieh von der Hütte bis zum 1. Juli auf die Alp getrieben. Danach (wenn Seygemeinde auf Unteregg) Kühe bis anfangs September auf Bättenalp (Gde. Iseltwald, vgl. Band 2), Rinder beim Bruder auf Bergli (im Gebiet Scheitwegen, 597100/161300), von anfangs September bis Bettag wieder auf Bruch, zuletzt auf Fängli.

Mutter Annemarie Gobeli hilft auf der Alp, wo sie gebraucht wird.

Gertrud Gobeli und die Kinder Michaela und Jonas helfen soviel wie möglich auf der Alp mit.

Vom Fängli sieht man über das Riedland zum Campingplatz Jaunpass und an den Hundsrügg.

# Schwarzenberg
## SENNTUM 549/JAUNPASS

Von Schüpfen führt der Weg zum Schwarzenberg; Blick nach N auf die Winteregg mit dem Skilift.

Zügelgeläute unter Dach.

Kühleinrichtung für die Abendmilch.

### Besatz
11 Kühe, 2 Rinder, 5 Kälber, 1 Stier

### Personen

| Funktion | Person | Telefon |
| --- | --- | --- |
| Bewirtschafter | Robert und Anna Grossen-Imobersteg, Eschi, Weissenbach, 3766 Boltigen | 033 773 61 53 |

Robert Grossen alpt seit 1975 hier oben.

### Telefon auf der Alp  033 773 69 27

### Gebäude
Schwarzenberg: Holzmischbau, wetterseitig teilweise horizontal verrandet, läges Satteldach, Eternitschiefer, wie vielenorts direkt auf die Schindeln aufgenagelt, über dem dreiräumigen Wohnteil nach SE ist die grosse Heubühne (Wintergut!), dahinter Doppelquerstall und bergseits angebautes Läger für Kälber. Stammt wohl aus der Mitte des 19. Jh., mit vielen Graffiti, das älteste von 1862.

### Käserei
Keine Einrichtung mehr vorhanden.

### Käselager
Das kleine Kellerchen ist umgenutzt.

### Besonderes zur Verarbeitung
Ein Teil der Milch wird in die Alpkäserei Jaunpass geliefert; Abrechnungssystem vgl. dort (Senntum 500, S. 389). Der grössere Teil wird als Bio-Milch an die Sammelstelle Boltigen geliefert und verkauft. Nur diese Abendmilch wird mit Kühlaggregat und Berieselung (aktives, netzbetriebenes Kannenkühlgerät) gelagert.

### Besonderes zum Senntum
Die Kühe weiden vom 20. Mai bis Mitte September stets auf Schwarzenberg, das Jungvieh geht teilweise auf die Nachbaralp Rohrmoos-Zügwegen. Die Skiliftgebühren sind willkommen, die Skipisten hinterlassen je nach Winter gewisse Schäden und bewirken eine verspätete Vegetation.

Robert Grossen mit Milchkessel und Melchter.

Ein munteres Kälbchen im Morgenlicht.

Robert hat fertig gemolken und verlädt die Milchkannen für die Alpkäserei Jaunpass.

# WINTEREGG-ZÜGWEGEN

*Auch diese kleine, vorbildlich bewirtschaftete Alp ist unter Brüdern aufgeteilt worden.*

Winteregg am Morgen, von NE; hinten Hüttlistalden und Spitzenegggraben, Oberegg und Unteregg im Nebel.

Blumenschmuck an der Laube im besten Licht.

**Gemeinde/Amtsbezirk**
Boltigen/Obersimmental

**Rechtsform/Eigentümer**
Privatalp von Fritz Niederhauser, Bifang/Reidenbach, 3766 Boltigen. Die Alp gemäss Alpkataster wurde zwischen den beiden Brüdern Niederhauser ausgezäunt und geteilt.

**Landeskarten**
1226 Boltigen 1:25000
253 Gantrisch 1:50000

**Koordinaten Referenzpunkt**
Winteregg, 592350/160500, 1555 m

**Lage der Alp**
Winteregg befindet sich auf der sonnigen SE-Flanke rund 500 m N des Jaunpasses auf 1500–1570 m. Das ausgesprochen weidgängige und nur mässig geneigte Areal wurde in den 1940er Jahren grösstenteils aus ehemaligen Heumädern zusammengekauft. Vereinzelte Partien sind auch heute noch trittempfindlich, weshalb Winteregg die trockenen Sommer bevorzugt. Ursprünglich war eine

harte, borstige Grasnarbe vorwiegend, die indessen durch regelmässige und angepasste Düngung gänzlich verdrängt und verbessert wurde.

### Wege zur Alp
Mit PW oder Bahn/Postauto durchs Simmental von Boltigen her oder von Charmey über Jaun bis zur Alpkäserei Jaunpass (1509 m); zu Fuss von einer Postautohaltestelle oder Bahnstation her auf Wander- oder Bergwanderwegen zur Alp (Wanderbuch 3094, Routen 25).

### Touristisches
Das reichhaltige Gebiet des Jaunpasses mit Wintersportstation und moderner Alpkäserei eignet sich sommers und winters bestens für Familienausflüge. Der Hundsrügg und das markante Bäderhorn (2009 m) bieten wunderschöne Rundsicht und sind vom Jaunpass her gut zu erreichen (Wanderbuch 3094, Routen 25).

### Infrastruktur
Winteregg-Zügwegen bildet das heute einstaflig geführte Senntum 553. Winteregg ist mit Güterstrasse und Stichstrasse von der Jaunpassstrasse her erschlossen. Energieversorgung durch das Netz der BKW. Die Wasserversorgung war lange Zeit eine Schwachstelle; hingegen im unteren Teil von Winteregg eine trockensichere Quelle.

### Bestossung
29 Stösse in 120 Tagen (Ende Mai bis Ende September): 34 Normalstösse

### Weidefläche
Total 11 ha: 10 ha Weideland, 1 ha Waldweide

### Besonderes zur Alp
Die Alp ist vorbildlich bewirtschaftet; Besuchergruppen aus aller Herren Länder geben sich die Türfalle in die Hand! Der Unterstafel Unter-Rohrmoos wird nicht mehr durch Fritz Niederhauser gepachtet. Die Alpfläche entspricht etwa der Hälfte der ursprünglichen Alp. Die Normalstösse sind gerechnet inkl. den Nutzungsanteil an der Korporationsalp.

Das Kalb möchte etwas mehr wissen...

Milchgeschirr steht bereit, um gewaschen zu werden.

# Zügwegen
## SENNTUM 553/JAUNPASS

Die Hütte von E, Licht-und-Schattenspiel.

Eine für alle präsentiert im Stall.

Oskar Perren bei der Alpkäserei Jaunpass.

### Besatz
15 Kühe, 17 Rinder, 18 Kälber; der Grossteil des Viehs gehört Fritz Niederhauser. Die 15 Kühe laufen $\frac{1}{3}$ der Zeit, während der diese Alp besetzt ist, auf Oberegg, der Genossenschaftsalp der Seygemeinde Eschi.

### Personen

| Funktion | Person | Telefon |
|---|---|---|
| Bewirtschafter | Fritz Niederhauser Bifang/Reidenbach, 3766 Boltigen | 033 773 60 62 |
| Sennen | Oskar und Theres Perren Byfang, 3772 St. Stephan | 033 722 22 16 |

Sohn Toni Perren in Zimmermannslehre, hilft aber gelegentlich auf der Alp aus. Oskar Perren war jahrelang auf den Alpen Reulissen und Gugglen zalp. Ab 2007 soll die Alp wieder durch den Eigentümer bewirtschaftet werden.

### Telefon auf der Alp  033 773 61 68

### Gebäude
Winteregg: guter, gefälliger, unterhaltener Holzmischbau, bergseits aber Beton, auch Sockel in Holz, Satteldach mit Gerschild, Eternitschiefer, dreiräumiger Wohnteil

nach S, geräumiger dreilägeriger Querstall, verschiedene Umbauten und Erweiterungen; 500 m E Schatthaus der Gebrüder Niederhauser von 1949 mit Doppellängsstall. Der frühere Unterstafel Unter-Rohrmoos ist an Gerbers verpachtet (vgl. S. 400): guter, kleinerer, gut unterhaltener Holzmischbau, Schindeldach, mit Wohnteil und Stall.

### Käserei
Die Käserei ist nicht mehr eingerichtet.

### Käselager
Keines vorhanden

### Produkte und Vermarktung
Die von der Alpkäserei Jaunpass zurückgenommenen Alpkäse werden direkt vermarktet.

### Besonderes zur Verarbeitung
Die Milch wird in die Alpkäserei Jaunpass geliefert und dort verkäst. Abrechnungssystem vgl. dort (Senntum 500, S. 389).

### Besonderes zum Senntum
Der Unterstafel Unter-Rohrmoos ist im Eigentum der Seygemeinde Eschi, nur die Gebäude sind privat.

Theres Perren macht Kaffee bereit...

...und hier das Weitere, was zu einem währschaften Zmorge gehört.

Von oben herab mit Vordergrund nach N der Überblick: im Schatten Dörfli, rechts Zügwegen, mitts Rohrmoos, dahinter Grosser Bäder und Bäderhorn vor schönen Wolkengebirgen.

# OBER-TROGSEITEN

## Die Alp liegt etwas abseits, aber der Blick übers Niedersimmental ist einmalig!

Obere Trogseite von S, dahinter Trümelhorn, Holzerhorn und Mittagfluh.

Wurmfarn, Dryopteris filix-mas, äusserst dekorativ und fein ausgestaltet.

### Gemeinde/Amtsbezirk
Boltigen/Obersimmental

### Rechtsform/Eigentümer
Genossenschaftsalp der Seygemeinde Reidenbach (SR), Boltigen; Kontaktperson ist der Bergvogt Walter Gerber-Zeller, Reidenbach, 3766 Boltigen.
Im Eigentum der SR sind beide Teile der ehemaligen Gesamtalp Trogseiten: die bereits im Alpkataster von 1966 getrennten Alpen Ober- und Unter-Trogseite (mit Oberstafel Zytbödeli); sie werden getrennt als zwei Hirtschaften bewirtschaftet.

### Landeskarten
1226 Boltigen 1:25000
253 Gantrisch 1:50000

### Koordinaten Referenzpunkt
Trogsiten, 592750/162500, 1530 m

### Lage der Alp
Die Alp befindet sich am sonnigen SE-Hang oberhalb des Trogseitengrabens und direkt S des Krachihornes auf 1410–1700 m. Mit ganz wenigen Ausnahmen ist der Bo-

den tiefgründig, naturtrocken, aber ursprünglich mit eher harter, borstiger Grasnarbe bedeckt. Soweit im Laufe der Jahre gedüngt, sind schöne Kleebestände im Vordergrund, was namentlich unterhalb Bunfall zutrifft. Das W Areal war früher teilweise stark mit Waldgürteln durchsetzt, einem zügigen Weidegang hinderlich; mit dem Projekt Wald-Weide ist der Wald nun ausgezäunt.

### Wege zur Alp
Mit PW oder mit Bahn und Postauto (TPF) durchs Simmental von Boltigen oder von Charmey über Jaun bis zum Jaunpass; zu Fuss von einer Postautohaltestelle oder Bahnstation (Reidenbach-Schwarzenmatt, Jaunpass oder Jaun-Kappelboden) auf Wander- oder Bergwanderwegen zum Stafel (Wanderbuch 3094, Routen 25).

### Touristisches
Zum Gebiet von Jaunpass und Hundsrügg vgl. die Nachbaralpen; speziell zum Grossen Bäder vgl. dort, S. 361 Die Mehrtagestour «Alphüttenzauber» (unter der Internetseite www.schwarzseeplus.ch) führt durch die Alp Trogseiten. Um das Bäderhorn führen Bergwanderwege in die Urlandschaft von Fluh und Reidigen, den alten Pass vom Simmen- ins Jauntal, sowie in die Blumenparadiese Zitboden und Garti, teilweise sind es registrierte Trockenstandorte (Wanderbuch 3094, Routenvarianten 25).

### Infrastruktur
Trogseiten bildet das einstaflige Senntum 533, das die Milch an die Alpkäserei Jaunpass liefert. Die Alp ist von Zügwegen – Ober Rohrmoos mit einer Forststrasse erschlossen. Energieversorgung durch Dieselaggregat und Akkumulator. Ausser der eigenen Versorgung der Alp aus trockensicheren Quellen wird Wasser an Linnenboden, oberster Zustall von Fangweide, abgegeben.

### Bestossung
34 Stösse in 120 Tagen (Anfang Juni bis Ende September): 40 Normalstösse

### Weideflächen
Total 43 ha: 3 ha Weideland, 7 ha Waldweide

Die Aussicht gerahmt aus dem Stall, im Mittelpunkt das Stockhorn.

Weisser Herd und schwarzer Grubenmantel.

# Trogseite
## SENNTUM 533/JAUNPASS

Nun hat die Hütte Sonne, gesehen von SE.

Ankebälli, europäische Trollblume, Trollius europaeus, ein Wunderding!

Ernst Eschler mit der Melkmaschine.

### Besatz
15 Kühe, 32 Rinder, 11 Kälber, 3 Schweine; ein Teil des Bewirtschafters, Grossteil von berechtigten Reidenbachern.

### Personen

| Funktion | Person | Telefon |
|---|---|---|
| Bewirtsch. und Käser | Ernst und Adele Eschler-Wittwer, Studmaad, 3766 Boltigen | 033 773 69 48 |

Während 14 Jahren war HU Bieri, Reidenbach, Bewirtschafter und Käser, bis zum Tod seiner Frau 2003; 1997 vom SAV Diplom für vorzügliche Bewirtschaftung dieser Alp. Die Untere Trogseite wird von der Familie Martin Klossner, 3766 Boltigen, betreut und mit ihrem Vieh und seyberechtigten Maischen bestossen; sie wurde seinerzeit in gleicher Weise ausgezeichnet.

### Telefon auf der Alp  079 340 87 25

### Gebäude
Älterer Holzmischbau mit L-Grundriss: läges Satteldach, Eternitschiefer, dreiteiliger Wohnbau nach SE auf Bruchsteinsockel, frontseitig verputzt mit Keller und Ställchen, frontale Eingangslaube und -treppe, seitlich kleiner Zustallanbau, dahinter dreilägeriger Querstall, 1997 unter lägem, langem Querfirst nach NE verlängert, auf Beton-

fundament und mit bergseitiger Betonkniewand, nach SW ein Teil für Schweine abgeteilt.

### Käserei
Geschlossene Küche, ummantelte Grube, 250 l Kessi, Holzturner, mobiles Rührwerk, Schwarpresse, Plättliboden, Hartplatten- und Holzwände; nur zeitweise in Funktion.

### Käselager
Kleiner Keller unter dem Milchgaden nach E, Bruchsteinmauern, Naturboden, Holzdecke, gutes Klima.

### Produkte und Vermarktung
Der Käse geht ausschliesslich an die Besetzer.

### Besonderes zur Verarbeitung
Anfangs Alpzeit wird hier 14 Tage lang für Eigenbedarf der Besetzer gekäst. Während der übrigen Zeit wird die Milch in der Alpkäserei Jaunpass verkäst. Abrechnungssystem vgl. dort (Senntum 500, S. 389).

### Besonderes zum Senntum
Von dieser abgelegenen, aber doch in angenehmem Mass besuchten, gutgräsigen Alp geniesst man unwahrscheinlich weite Aussicht ins Simmental und darüber hinaus. Seygemeinde Reidenbach investiert auf beiden Alpen viel, hat einiges selbst erstellt und finanziert (Strassenstücke, Gustistall); im Gemeinwerk der Besetzer wird viel Geröll geräumt, das die Bäderhorn-Lawinen hertragen.

Adele Eschler filtert die gewonnene Milch in die Kanne.

Und diese wird im Brunnen kühl gestellt.

Das ist die Aussicht, ungerahmt, vom Stockhorn bis zum Niederhorn, mit Wolkenschattenspielen.

# Glossar und Abkürzungen
(nur die wichtigsten, dazu Ergänzungen zu Band 3)

| | |
|---|---|
| Abendmilch-lagerung | Die abends gemolkene Milch muss bis zur Verarbeitung auf Käse am Morgen gelagert werden. Davon abhängig sind die Möglichkeiten der Einstellung des Fettgehaltes für den Alpkäse. |
| AOC | Appellation d'origine contrôlée: Geschützte Ursprungsbezeichnung, welche seit dem 30 03 04 auch für Berner Alpkäse und Berner Hobelkäse gilt. Durch Umschreibung des Produktionsgebietes und ein Pflichtenheft wird sichergestellt, dass dieser Alpkäse nach einheitlichen Richtlinien hergestellt wird (vgl. auch www.aoc-igp.ch). |
| BAKM | Berner Alpkäsemeisterschaft: Jährlich organisiert die CAS-ALP einen Wettbewerb für die Alpkäser des Berner Oberlandes. Eine Jury von Experten rangiert die Alpkäse, verteilt Prämien und stellt die aufgeschnittenen Käse zwecks Erfahrungsaustausches aus. |
| Bakterienkultur | Damit der Käse reifen kann, müssen in ihm gutartige Bakterien vorhanden sein. Diese werden gezüchtet und der Kessimilch zugesetzt. Die Zubereitung verlangt Sorgfalt und Gefühl. |
| Bauer, das | Dialekt: Buur oder Bürli: ein Gelass oder Gaden, ein Raum neben dem Feuerhaus als Käselager. |
| Bauinschrift | (BI) Schriftliche Angaben am Gebäude, meist an der Front (unterschiedliche Formen); einfachste Art: Baujahr; oft ergänzt mit Angaben zu Auftraggebern und Handwerkern; manchmal erweitert: Umstände, die zum Bau führten; politische Ereignisse, Bibelzitate, Sprüche, Gedichte, Bilder, Verzierungen usw. (vgl. Rubi: Simmentaler Bauernhaus) |
| Besetzer | Die Bauern, die ihr Vieh auf der Alp sömmern, indem sie selbst Rechte haben oder diese mieten. |
| BG | Betriebsgemeinschaft (vgl. landw. Literatur) |
| BI | vgl. Bauinschrift |
| Bur oder Buur | vgl.: das Bauer |
| Buvette | Beizli, Schenke, einfache Bergwirtschaft, oft ausser Haus (vgl. Spillmann: Berg-Beizli-Führer). |
| Chemihutte | vgl. Hutte |
| Chile(n) | Alpenblacken, breitblättriges Kraut, das auf Überdüngung hinweist und alle andern Pflanzen verdrängt; eigentlich sehr nährstoff- und vitaminhaltig. |
| DG | Dachgeschoss, OG, das nicht mindestens ein Halbgeschoss ist, also unter lägen Dächern. |

| | |
|---|---|
| Eigentümer | je nachdem Eigentümer einer Alp, von Alprechten oder einer Alphütte (vgl. Hüttenbesitzer). |
| Feuergrube | Ursprünglich offene, teilweise ummauerte Feuerstelle, über der man Milch und Käsebruch im Kessi erwärmt; der Rauch zieht durch die offene Küche, unter dem Dach hervor, durchs Dach oder eine Chemihutte, ein Holzkamin, ab. Im Frutigland gibt es auch Feuerplatten und gemauerte Herde mit ‹Aufsetzlöchern› für das Kessi. Moderner ist die Feuergrube mit Metallmantel umgeben, und der Rauch zieht durch einen Kamin ab. Es gibt auch Systeme mit eingemauerten Kessi, Schwenkfeuer, Feuerwagen oder Dampfkessel (vgl. Fachliteratur). |
| Feuerhaus | Küche (vgl. dort) in der Alphütte, weil sie der einzige Raum ist, in dem Feuer gemacht wird, und weil dieses früher offen im haushohen Raum brannte. |
| Gaden | Schlafräume, meist im Obergeschoss eines Bauernhauses oder einer Alphütte, einfach gestaltet (noch einfacher: ‚Gastere' oder ‹Karbettlosament›); auch andere Nebenräume in den Alphütten werden als G. bezeichnet (Milchgaden, Käsegaden). |
| Grube | in den früheren Bänden Feuergrube, vgl. dort. |
| HG | Hauptgeschoss, ist meist das Erdgeschoss (EG). |
| Hüttenbesitzer | Eigentümer einer Alphütte auf einer Genossenschaftsalp, insofern die Hütten privat sind. |
| Hutte | Chemihutte oder Bretterkamin: Bretterpyramide im Feuerhaus, durch die der Rauch aus der offenen Grube abziehen kann. |
| Käsegaden | oberirdische, meist hölzerne Lagerräume für Alpkäse; in Alphütten für junge Käse, im Tal, besonders in Handelshäusern, zur Ausreifung von Hobelkäse. |
| Käseherstellung | und die einzelnen Schritte kann man in jeder bestossenen Käsealphütte kennen lernen (oder Alpwirtschaftslehrpfad Griesalp oder www.casalp.ch). |
| Küche | oder Feuerhaus; offen – geschlossen: mit der ummantelten Feuergrube konnte man in der Küche eine Decke einziehen, da der Rauch gezielt abzog (damit konnte man den Durchzug brechen und die Küchen besser temperieren). Dies wurde aber nicht überall gemacht. Man trifft in Alphütten jede Stufe von ganz offener bis ganz geschlossener Küche. |
| LN | Landwirtschaftliche Nutzfläche, wird administrativ anders behandelt als Sömmerungsgebiet resp. Alp. |
| Melkeinrichtung | Die normale Melkausrüstung einer Alp besteht heute in einer Eimermelkmaschine. Handmelkbetriebe wurden nicht mehr angetroffen. Wo eine Rohrmelkanlage installiert ist, wird dies erwähnt. |

| | |
|---|---|
| MG | Milchgaden vgl. unten |
| Milchgaden | liegt in der kühlsten Ecke und enthält Lüftungsschlitze: zum Lagern von Abendmilch, Restmilch, Rahm und andern Milchprodukten; es enthält Einrichtung dazu, auch weiteres Gerät zur Milchverarbeitung. |
| Mutschli | oder Mutsch, Mz. Mutschen: Halbhartkäse, entweder vorzeitig aus dem Alpkäsekessi entnommener Bruch oder in separatem Kessi weniger hoch erhitzt; nicht im Järb, sondern in Vättere oder Formen und weniger stark gepresst. |
| Naschet | eigentlich Nahscheed resp. Nachscheid, wie italienisch Ricotta, «2. Raub der Milch» = Ziger. |
| OG | Obergeschoss, das Geschoss über dem Erdgeschoss (EG) oder Hauptgeschoss (HG). |
| OSt. | Oberstafel |
| QS oder QM | Qualitätssicherung resp. Quality Management |
| Raumanordnung | Normalerweise: Stall oder Ställe mit Heubergeraum darüber, dahinter oder daneben; davor Wohnteil; bestehend, meist im Erdgeschoss, aus mitts Küche (Feuerhaus), integriert Käsereieinrichtung, links und rechts Stube (selten mehrere) und Milchgaden. Schlafräume meist im OG (Gadengeschoss). Viele Varianten der Anordnung speziell erwähnt. |
| Schwarpresse | aus Presstisch, Presslad, Schwarstein, Ladstecken (Pressel, Sprenzel). |
| SG | Seygemeinde: Körperschaft, die eine Alp verwaltet und organisiert. |
| Sommerzug | Ougschtezug: Überweidung eines unteren Stafels oder einer Vorweide, die nicht geheuet werden, mitten im Sommer durch das Milchvieh, damit bis zum Herbst das Futter nicht zu alt wird. |
| Sueggischnee | Kriechschnee in Steilhängen, der als ganze Schicht langsam nach unten wandert und so drückt und alle Pflanzen nach unten biegt, ablegt. |
| Treien | oder Dreien = Viehtrittwege, welche eine Steilweide treppenartig gestalten. |
| Turner | Chessiture, Galgen aus Holzbalken oder Eisenträgern, an dem das Käsekessi über das Feuer oder von diesem weg geschwenkt wird. |
| UG | Untergeschoss, Geschoss unter Erdgeschoss (EG), meist Kellergeschoss oder Sockel. |
| USt. | Unterstafel |
| Vorkäsen | Aus der Dickete werden durch Zerschneiden mit Harfe oder Schwert die Käsebruchkörner gemacht. |
| Wohnteil | Raumzählung umfasst nur Hauptgeschoss (HG), Räume im OG oder DG separat aufgeführt. |

# Literatur

| | |
|---|---|
| Aeschlimann Fritz | Die Land- und Alpwirtschaft im BO, Emmental und Schwarzenburg. AfL Bern, 1978 |
| AfL des EVD | Land-+alpwirtschaftlicher Produktionskataster: die Gemeindebände (1966, 1965, 1969) |
| Bratschi A., Trüb R. | Simmentaler Wortschatz. Thun, 1991 |
| Bridel Ph.-S. | Etrennes helvetiennes et patriotiques... Lausanne, 1804 |
| Häsler Alfred Adolf | Einkehr bei Schriftstellern, Malern und... Thun, 1994 |
| Hobhouse J. C. | (Tagebuch) mit Lord Byron im Berner Oberland 1816. ed. A.G.Roth, Bern, 2000 |
| Juker Werner | Das Haus im Horen. Bern, 1952 |
| Küffer Georg | Lenker Sagen. Frauenfeld, 1916 |
| Kuhn G. J. | (Wanderungen im Berner Oberland vor 200 Jahren); ed. Thomas Lindt, Thun, 1997 |
| Lauterburg G.E. | Beschreibung der Kirchgemeinde Lenk. Ms., 1799 |
| Roth Alfred G. | Der Sbrinz und die verwandten Bergkäse... Bern, 1993 |
| Roth Ernst und Straubhaar Beat | z'Bärg – Wege zum Alpkäse. Ämter Signau, Thun, Niedersimmental. Gwatt/Thun, 2002. |
| dito | z'Bärg im Amt Interlaken. Wege zum Alpkäse Band 2. Gwatt/Thun, 2003. |
| dito | z'Bärg im Frutigland. Wege zum Alpkäse Band 3. Gwatt/Thun, 2004 |
| Rubi Christian | Das Simmentaler Bauernhaus. Bern, 1980 |
| Schmutz Didier, Wurstemberger H, Lutz Christian | AOC, une identité retrouvée. Guide des fromages AOC, Association suisse pour la promotion des AOC et IGP, Bern, 2005 |
| Sommer Hans | Volk und Dichtung des Berner Oberlandes. Bern, 1976 |
| Spillmann Richi | Berg-Beizli-Führer. (7. Auflage) Zürich, 2005 |
| Wanderbuch 3094 | Saanenland-Simmental-... BWW/Bern, 1999 |
| Wanderbuch 3097 | Berner Oberland. BWW/Bern, 1999 |
| zalpverlag (diverse Autoren) | Neues Handbuch Alp. Handfestes für Alpleute, Erstaunliches für Zaungäste. Mollis, 2005 |
| Zinsli .et al. | Ortsnamenbuch des Kantons Bern; 2 Bände, bis Buchstaben K. Francke Bern (1976, 1987) |

Für sämtliche Literatur, die im Buchhandel und antiquarisch nicht erhältlich ist, wende man sich an den Autor, der gerne vermittelt:

Ernst Roth, Projekt SAMBEO, Inforama Berner Oberland, 3702 Hondrich; Tel. 033 650 84 20; email: ernstroth@alporama.ch

# Namen und Nummern
## Tabelle I: Alpen nach Gemeinden und Alpnamen

| Gemeinde und Alpname | Sennten-Nummer | Zulassungsnummer | Seite |
|---|---|---|---|
| **Boltigen** | | | |
| Alpkäserei Jaunpass | 500 | CH 6082 | 388 |
| Altläger | 514 | S 2213 | 38 |
| Bäder Kleiner- | 502 | S 2101 | 356 |
| Bäder Vorder- (oder Grosser-) | 501 | S 2037 | 360 |
| Bodenalp | 504 | S 2210 | 30 |
| Bohnenboden | 505 | S 2211 | 22 |
| Bruch-Unteregg | 506, 550, 554, 558, 560 | CH 6082 | 390 |
| Bunfall Walop | 535 | S 2218 | 376 |
| Buntschleren + Bödeli | 507 | S 2257 | 42 |
| Fängli-Schwarzenberg | 546, 549 | (CH 6082) | 422 |
| Fideritschi | 531 | S 2463 | 340 |
| Fluh- und Klusalp | 530 | S 2074 | 364 |
| Grunholz | 510 | S 2071 | 380 |
| Gsäss | 538 | S 2462 | 34 |
| Hauen | 547 | (CH 6082) | 414 |
| Hauen Ober-+Unter- | 551 | (CH 6082) | 418 |
| Klus- und Fluhalp | 530 | S 2074 | 364 |
| Lueglen | 515 | S 2312 | 46 |
| Neuenberg | 517, 520, 521, 559 | S 2517, S 2182, S 2183, (CH 6082) | 292 |
| Niederhorn Vorder- | 537 | S 2219 | 26 |
| Pfyffenegg | 524 | S 2073 | 336 |
| Pulverli-Walop | 535 | S 2218 | 376 |
| Rohrmoos-Oberegg | 523, 540, 541, 542, 543, 544, 548, 555, 557 | (CH 6082) | 400 |
| Schlündi | 526 | (CH 6082) | 410 |
| Schüpfen | 527 | S 2215 | 352 |
| Schwarzenberg-Fängli | 546, 549 | (CH 6082) | 422 |
| Topfelsweide | 528 | S 2184 | 348 |
| Trogseiten Ober- | 533 | (CH 6082) | 432 |
| Walop Hinter- | 534 | S 2217 | 368 |
| Walop Vorder- | 539 | S 2220 | 372 |
| Walop Pulverli- | 535 | S 2218 | 376 |
| Winteregg-Zügwegen | 553 | (CH 6082) | 428 |
| Zaggisboden + Bruch | 532 | S 2216 | 344 |
| Zimmerboden | 5933 | CH 6011 | 324 |

| Gemeinde und Alpname | Sennten-Nummer | Zulassungsnummer | Seite |
|---|---|---|---|
| **Lenk** | | | |
| Ahorniberg | 3501 | S 2228 | 182 |
| Betelberg | 3502, 3503, 3538, 3540 | S 2076, S 2543, S 2236, S 2390 | 218 |
| Bühlberg | 3506, (3506) | S 2189 | 138 |
| Bummere | 3517 | S 2386 | 158 |
| Freidigs Bergli | 3536 | S 2389 | 162 |
| Haslerberg | 3509, 3510, 3542, 3540 | S 2105, S 2077, S 2237, S 2510 | 228 |
| Iffigenalp | 3534, 3546 | S 2518, S 2390 | 190 |
| Kähliberg | 3513 | S 2385 | 174 |
| Kaslepalg | 3512 | S 2230 | 238 |
| Langermatten | 3511 | S 2384 | 178 |
| Lavey | 3514 | S 2494 | 134 |
| Lochberg Ober- | 3531 | S 2520 | 242 |
| Metschberg | 3515, 3535 | S 2231, S 2235 | 148 |
| Pörisberg | 3518, 3519 | S 2541, S 2232 | 196 |
| Räzliberg+Staldenweid | 3532 | S 2388 | 166 |
| Rezliberg | 3520 | S 2515 | 170 |
| Ritz + Stutz | 3521 | S 2452 | 186 |
| Ritzliberg | 3522 | S 2451 | 214 |
| Seewlen | 3523, 3524, 3544 | S 2233, S 2234, S 2238 | 126 |
| Stiegelberg | 3526, 3533, 3550 | S 2535, S 2042, S 2533 | 206 |
| Weissenberg | 3528, 3529, 3539, 3543 | S 2254, S 2450, S 2190, S 2467 | 116 |
| Wengibergli | 3527 | S 2387 | 154 |
| **St. Stephan** | | | |
| Albrist Ober- | 5601 | S 2248 | 104 |
| Albrist Unter- | 5602, 5603, 5604 | S 2477, S 2476, S 2330 | 108 |
| Bluttlig | 5606 | S 2516 | 92 |
| Dürrenwald | 5607, 5608, 5609 | S 2567, S 2109, S 2468 | 246 |
| Fermelberg | 5610, 5611, 5614 | S 2373, S 2374, S 2197 | 96 |
| Gandlauenen | 5615 | S 2081 | 264 |
| Mattenbergli | 5618 | S 2249 | 254 |
| Mutzenfluh | 5619 | S 2375 | 88 |
| Reulissen | 5622, 5624 | S 2475, S 2469 | 258 |
| **Zweisimmen** | | | |
| Chumiberg | 5913, 5930 | S 2026, S 2253 | 62 |
| Eggenalp | 5901 | CH 6014 | 328 |
| Fromatt | 5902, 5903, 5904 | S 2082, S 2083, S 2029 | 76 |

| Gemeinde und Alpname | Sennten-Nummer | Zulassungsnummer | Seite |
|---|---|---|---|
| *Gestelenberg* | 5905, 5906, 5907 | S 2110, S 2539, S 2522 | *Band 1* |
| Hohlass | 5934 | S 2470 | 316 |
| Hohmadberg | 5909 | S 2521 | 54 |
| Hüsliberg Vorder- | 5937 | S 2569 | 302 |
| Kaltenbrunnen Ober- | 5912 | S 2474 | 272 |
| Mädli | 5914 | S 2250 | 68 |
| Meienberg | 3508 | S 2383 | 50 |
| Milchkehle+Allmend | 5916 | S 2084 | 72 |
| Muntigberg+ Niederwürfi | 5917 | S 2251 | 58 |
| Schlündi-Wanne | 5919 | S 2472 | 288 |
| Schwarzenberg Ober- | 5932 | S 2544 | 276 |
| Schwarzensee Hinter- | 5920, 5922 | S 2108, S 2086 | 306 |
| Schwarzensee Vorder- | 5921 | S 2471 | 312 |
| *Seeberg* | 1115, 5929 | S 2222, S 2252 | *Band 1* |
| Site+Hauli | 5923 | CH 6003 | 320 |
| *Stierenberg* | 5935 | S 2482 | *Band 1* |
| Wanne-Schlündi | 5919 | S 2472 | 288 |
| Wildeggli Oberes | 5931 | S 2368 | 284 |
| Wildeneggberg | 5925 | S 2198 | 280 |

# Tabelle 2: nach Senntennamen alfabetisch

| Senntenname | Senntennr. | Zulassung | Alpname | Seite |
|---|---|---|---|---|
| Ahorni | 3501 | S 2228 | Ahorniberg | 184 |
| Albrist Ober- | 5601 | S 2248 | Ober-Albrist | 106 |
| Albrist Unter- | 5603 | S 2476 | Unter-Albrist | 112 |
| Albrist-Eggmäder | 5602 | S 2477 | Unter-Albrist | 110 |
| Albrist-Schallfluh | 5604 | S 2330 | Unter-Albrist | 114 |
| Alpkäserei Jaunpass | 500 | CH 6082 | bedient mehrere Alpen | 388 |
| Altläger | 514 | S 2213 | Altläger | 40 |
| Bäder Klein- | 502 | S 2101 | Kleiner Bäder | 358 |
| Bäderberg | 501 | S 2037 | Vorder oder Grosser Bäder | 362 |
| Betelberg-Alimahütte | 3538 | S 2236 | Betelberg | 224 |
| Betelberg-Golderne | 3503 | S 2543 | Betelberg | 222 |
| Betelberg-Loch | 3540 | S 2390 | Betelberg | 226 |
| Betelberg-Steinstoos | 3502 | S 2076 | Betelberg | 220 |
| Bluttlig | 5606 | S 2516 | Bluttlig | 94 |
| Boden | 504 | S 2210 | Boden | 32 |
| Bohnenboden | 505 | S 2211 | Bohnenboden | 24 |
| Bühlberg | 3506 | S 2189 | Bühlberg | 140 |
| Bühlberg | (3506) | (S 2189) | Bühlberg | 142 |
| Bummere | 3517 | S 2386 | Bummere | 160 |
| Bunschleren | 507 | S 2257 | Buntschleren + Bödeli | 44 |
| Chäli Äusseres | 3513 | S 2385 | Kähliberg | 176 |
| Chaslepbalg | 3512 | S 2230 | Kaslepalg | 240 |
| Chumi Vorder | 5930 | S 2253 | Chumiberg | 66 |
| Chumiberg Hinter | 5913 | S 2026 | Chumiberg | 64 |
| Dörfli + Stand | 558 | (CH 6082) | Bruch-Unteregg | 396 |
| Dürrenwald | 5609 | S 2468 | Dürrenwald | 252 |
| Dürrenwald-Flösch | 5608 | S 2109 | Dürrenwald | 250 |
| Dürrenwald-Zigeritz | 5607 | S 2567 | Dürrenwald | 248 |
| Eggenalp | 5901 | CH 6014 | Eggenalp | 330 |
| Fängli | 546 | (CH 6082) | Fängli-Schwarzenberg | 424 |
| Fermelberg | 5611 | S 2374 | Fermelberg | 100 |
| Fermelberg | 5614 | S 2197 | Fermelberg | 102 |
| Fermelberg-Muri | 5610 | S 2373 | Fermelberg | 98 |
| Fideritschi | 531 | S 2463 | Fideritschi-Seewli | 342 |
| Fluhberg-Klus | 530 | S 2074 | Klus- und Fluhalp | 366 |
| Frohmatt | 5902 | S 2082 | Frohmatt | 78 |
| Frohmatt | 5904 | S 2029 | Frohmatt | 82 |

| Senntenname | Senntennr. | Zulassung | Alpname | Seite |
|---|---|---|---|---|
| Frohmattläger | 5903 | S 2083 | Frohmatt | 80 |
| Gandlauenen | 5615 | S 2081 | Gandlauenen | 266 |
| Grunholz | 510 | S 2071 | Grunholz | 382 |
| Gsäss | 538 | S 2462 | Gsäss | 36 |
| *Gstelen* | *5905* | *S 2110* | *Gestelenberg* | *Band 1* |
| *Gstelen* | *5906* | *S 2539* | *Gestelenberg* | *Band 1* |
| *Gstelen* | *5907* | *S 2522* | *Gestelenberg* | *Band 1* |
| Haslerberg Garti | 3542 | S 2237 | Haslerberg | 234 |
| Haslerberg Läger | 3509 | S 2105 | Haslerberg | 230 |
| Haslerberg Tschätte | 3549 | S 2519 | Haslerberg | 236 |
| Haslerberg Walig | 3510 | S 2077 | Haslerberg | 232 |
| Hauen | 547 | (CH 6082) | Hauen | 416 |
| Hauen | 551 | (CH 6082) | Ober- + Unter-Hauen | 420 |
| Hohmaad | 5909 | S 2521 | Hohmadberg | 56 |
| Holaas | 5934 | S 2470 | Hohlass | 318 |
| Hüsliberg Vorder- | 5937 | S 2569 | Vorder-Hüsliberg | 304 |
| Hüttlistalden + Pletsch | 506, 550 | (CH 6082) | Bruch-Unteregg | 392 |
| Hüttlistalden + Schwand | 554 | (CH 6082) | Bruch-Unteregg | 394 |
| Iffigen Hinter- | 3546 | S 2390 | Iffigenalp | 194 |
| Iffigen Vorder- | 3534 | S 2518 | Iffigenalp | 192 |
| Kaltenbrunnen Oberer | 5912 | S 2474 | Ober-Kaltenbrunnen | 274 |
| Langermatten-Chäli | 3511 | S 2384 | Langermatten | 180 |
| Lavey | 3514 | S 2494 | Lavey | 136 |
| Lochberg Ober- | 3531 | S 2520 | Ober-Lochberg | 244 |
| Lueglen | 515 | S 2312 | Lueglen | 48 |
| Mädli | 5914 | S 2250 | Mädli | 70 |
| Mattenbergli | 5618 | S 2249 | Mattenbergli | 256 |
| Meienberg | 3508 | S 2383 | Meienberg | 52 |
| Metsch Guetfläck | 3515 | S 2231 | Metschberg | 150 |
| Metsch Schafläger | 3535 | S 2235 | Metschberg | 152 |
| Milchkähle | 5916 | S 2084 | Milchkehle + Allmend | 74 |
| Muntigberg | 5917 | S 2251 | Muntigberg | 60 |
| Mutzenfluh | 5619 | S 2375 | Mutzenfluh | 90 |
| Neuenberg-Toggenhütte | 517 | S 2517 | Neuenberg | 294 |
| Neuenberg-Schiltenegg | 520 | S 2182 | Neuenberg | 296 |
| Neuenberg-Grosshütte | 521 | S 2183 | Neuenberg | 298 |
| Neuenberg-Stierenberg | 559 | (CH 6082) | Neuenberg | 300 |
| Niederhorn Vorder | 537 | S 2219 | Vorder Niederhorn | 28 |
| Pfyffenegg | 524 | S 2073 | Pfyffenegg | 338 |
| Pöris Hubelhütte | 3518 | S 2541 | Pörisberg | 198 |
| Pöris Mattehütte | 3519 | S 2232 | Pörisberg | 200 |
| Pommern | 3517 | S 2386 | Bummere | 160 |

| Senntenname | Senntennr. | Zulassung | Alpname | Seite |
|---|---|---|---|---|
| Pulverli | 535 | S 2218 | Bunfall (oder Pulverli) Walop | 378 |
| Retzliberg Äusserer | 3532 | S 2388 | Räzliberg + Staldenweid | 168 |
| Reulissen Lasenberg | 5622 | S 2475 | Reulissen | 260 |
| Reulissen Wagetsmoos | 5624 | S 2469 | Reulissen | 262 |
| Rezliberg Innerer | 3520 | S 2515 | Rezliberg | 172 |
| Ritzberg | 3521 | S 2452 | Ritz + Stutz | 188 |
| Ritzli | 3522 | S 2451 | Ritzliberg | 216 |
| Rohrmoos-Fängli | 540, 541, 548, 555 | (CH 6082) | Rohrmoos-Oberegg | 404 |
| Rohrmoos-Fängli | 542, | (CH 6082) | Rohrmoos-Oberegg | 406 |
| Rohrmoos-Läger | 523, 543, 544 | (CH 6082) | Rohrmoos-Oberegg | 402 |
| Schlündi | 526 | (CH 6082) | Schlündi | 412 |
| Schlündi Vorder | 5919 | S 2472 | Schlündi-Wanne | 290 |
| Schüpfen | 527 | S 2215 | Schüpfen | 354 |
| Schwarzenberg | 549 | (CH 6082) | Fängli-Schwarzenberg | 426 |
| Schwarzenberg | 5932 | S 2544 | Ober-Schwarzenberg | 278 |
| Schwarzensee Hinter- | 5920 | S 2108 | Hinter-Schwarzensee | 308 |
| Schwarzensee Hinter- | 5922 | S 2086 | Hinter-Schwarzensee | 310 |
| Schwarzensee Vorder- | 5921 | S 2471 | Vorder-Schwarzensee | 314 |
| *Seeberg* | *1115* | S 2222 | *Seeberg* | *Band 1* |
| *Seeberg* | *5929* | S 2252 | *Seeberg* | *Band 1* |
| Seewlen | 3523 | S 2233 | Seewlen | 128 |
| Seewlen | 3544 | S 2238 | Seewlen | 132 |
| Seewlen Grosse Hütte | 3524 | S 2234 | Seewlen | 130 |
| Site | 5923 | CH 6003 | Site + Hauli | 322 |
| Spitzhütte + Stierenberg | 560 | (CH 6082) | Bruch-Unteregg | 398 |
| Stiegelberg | 3526 | S 2535 | Stiegelberg | 208 |
| Stiegelberg | 3550 | S 2533 | Stiegelberg | 212 |
| Stiegelberg-Horemeder | 3533 | S 2042 | Stiegelberg | 210 |
| *Stierenberg* | *5935* | S 2482 | *Stierenberg* | *Band 1* |
| Topfelsweide | 528 | S 2184 | Topfelsweide | 350 |
| Trogseiten Ober- | 533 | (CH 6082) | Ober-Trogseiten | 434 |
| Walop Hintere | 534 | S 2217 | Hinter-Walop | 370 |
| Walop Vordere | 539 | S 2220 | Vorder-Walop | 374 |
| Wältenbergli | 3536 | S 2389 | Freidigs Bergli | 164 |
| Weissenberg | 3528 | S 2254 | Weissenberg | 118 |
| Weissenberg | 3543 | S 2467 | Weissenberg | 124 |
| Weissenberg Dürrenschwand | 3529 | S 2450 | Weissenberg | 120 |
| Weissenberg Gibel | 3539 | S 2190 | Weissenberg | 122 |
| Wengibergli | 3527 | S 2387 | Wengibergli | 156 |

| Senntenname | Senntennr. | Zulassung | Alpname | Seite |
|---|---|---|---|---|
| Wildeggli | 5925 | S 2198 | Wildeneggberg | 282 |
| Wildeggli Oberes | 5931 | S 2368 | Oberes Wildeggli | 286 |
| Winteregg-Zügwegen | 553 | (CH 6082) | Winteregg-Zügwegen | 430 |
| Zaggisboden | 532 | S 2216 | Zaggisboden-Bruch | 346 |
| Zimmerboden | 5933 | CH 6011 | Zimmerboden | 326 |
| Zügwegen-Flecken | 557, 561 | (CH 6082) | Rohrmoos-Oberegg | 408 |

## Tabelle 3: Sennten nach Zulassungsnummern

| Zulassung | Senntennr. | Senntenname | Gemeinde | Seite |
|---|---|---|---|---|
| CH 6003 | 5923 | Site | Zweisimmen | 322 |
| CH 6011 | 5933 | Zimmerboden | Zweisimmen | 326 |
| CH 6014 | 5901 | Eggenalp | Zweisimmen | 330 |
| CH 6082 | 500 | Alpkäserei Jaunpass | Boltigen | 388 |
| (CH 6082) | 526 | Schlündi | Boltigen | 412 |
| (CH 6082) | 533 | Trogseiten Ober- | Boltigen | 434 |
| (CH 6082) | 546 | Fängli | Boltigen | 424 |
| (CH 6082) | 547 | Hauen | Boltigen | 416 |
| (CH 6082) | 549 | Schwarzenberg | Boltigen | 426 |
| (CH 6082) | 551 | Hauen Ober- + Unter- | Boltigen | 420 |
| (CH 6082) | 553 | Winteregg-Zügwegen | Boltigen | 430 |
| (CH 6082) | 554 | Hüttlistalden + Schwand | Boltigen | 394 |
| (CH 6082) | 558 | Dörfli + Stand | Boltigen | 396 |
| (CH 6082) | 559 | Neuenberg-Stierenberg | Boltigen | 300 |
| (CH 6082) | 560 | Spitzhütte + Stierenberg | Boltigen | 398 |
| (CH 6082) | 506, 550 | Hüttlistalden + Pletsch | Boltigen | 392 |
| (CH 6082) | 523, 543, 544 | Rohrmoos-Läger | Boltigen | 402 |
| (CH 6082) | 540, 541, 548, 555 | Rohrmoos-Fängli | Boltigen | 404 |
| (CH 6082) | 542, | Rohrmoos-Fängli | | 406 |
| (CH 6082) | 557, 561 | Zügwegen-Flecken | Boltigen | 408 |
| S 2026 | 5913 | Chumiberg Hinter | Zweisimmen | 64 |
| S 2029 | 5904 | Frohmatt | Zweisimmen | 82 |
| S 2037 | 501 | Bäderberg | Boltigen | 362 |
| S 2042 | 3533 | Stiegelberg-Horemeder | Lenk | 210 |
| S 2071 | 510 | Grunholz | Boltigen | 382 |
| S 2073 | 524 | Pfyffenegg | Boltigen | 338 |
| S 2074 | 530 | Fluhberg-Klus | Boltigen | 366 |
| S 2076 | 3502 | Betelberg-Steinstoss | Lenk | 220 |
| S 2077 | 3510 | Haslerberg Walig | Lenk | 232 |
| S 2081 | 5615 | Gandlauenen | St. Stephan | 266 |
| S 2082 | 5902 | Frohmatt | Zweisimmen | 78 |
| S 2083 | 5903 | Frohmattläger | Zweisimmen | 80 |

| Zulassung | Senntennr. | Senntenname | Gemeinde | Seite |
|---|---|---|---|---|
| S 2084 | 5916 | Milchkähle | Zweisimmen | 74 |
| S 2086 | 5922 | Schwarzensee Hinter- | Zweisimmen | 310 |
| S 2101 | 502 | Bäder Kleiner- | Boltigen | 358 |
| S 2105 | 3509 | Haslerberg Läger | Lenk | 230 |
| S 2108 | 5920 | Schwarzensee Hinter- | Zweisimmen | 308 |
| S 2109 | 5608 | Dürrenwald-Flösch | St. Stephan | 250 |
| *S 2110* | *5905* | *Gestelen* | *Zweisimmen* | *Band 1* |
| S 2182 | 520 | Neuenberg-Schiltenegg | Boltigen | 296 |
| S 2183 | 521 | Neuenberg-Grosshütte | Boltigen | 298 |
| S 2184 | 528 | Topfelsweide | Boltigen | 350 |
| S 2189 | 3506 | Bühlberg | Lenk | 140 |
| (S 2189) | (3506) | Bühlberg | Lenk | 142 |
| S 2190 | 3539 | Weissenberg Gibel | Lenk | 122 |
| S 2197 | 5614 | Fermelberg | St. Stephan | 102 |
| S 2198 | 5925 | Wildeggli | Zweisimmen | 282 |
| S 2210 | 504 | Boden | Boltigen | 32 |
| S 2211 | 505 | Bohnenboden | Boltigen | 24 |
| S 2213 | 514 | Altläger | Boltigen | 40 |
| S 2215 | 527 | Schüpfen | Boltigen | 354 |
| S 2216 | 532 | Zaggisboden | Boltigen | 346 |
| S 2217 | 534 | Walop Hintere | Boltigen | 370 |
| S 2218 | 535 | Pulverli | Boltigen | 378 |
| S 2219 | 537 | Niederhorn Vorder- | Boltigen | 28 |
| S 2220 | 539 | Walop Vordere | Boltigen | 374 |
| *S 2222* | *1115* | *Seeberg* | *Zweisimmen* | *Band 1* |
| S 2228 | 3501 | Ahorni | Lenk | 184 |
| S 2230 | 3512 | Chaslepbalg | Lenk | 240 |
| S 2231 | 3515 | Metsch Guetfläck | Lenk | 150 |
| S 2232 | 3519 | Pöris Mattehütte | Lenk | 200 |
| S 2233 | 3523 | Seewlen | Lenk | 128 |
| S 2234 | 3524 | Seewlen Grosse Hütte | Lenk | 130 |
| S 2235 | 3535 | Metsch Schafläger | Lenk | 152 |
| S 2236 | 3538 | Betelberg-Alimahütte | Lenk | 224 |
| S 2237 | 3542 | Haslerberg Garti | Lenk | 234 |
| S 2238 | 3544 | Seewlen | Lenk | 132 |
| S 2248 | 5601 | Albrist Ober- | St. Stephan | 106 |
| S 2249 | 5618 | Mattenbergli | St. Stephan | 256 |
| S 2250 | 5914 | Mädli | Zweisimmen | 70 |
| S 2251 | 5917 | Muntigberg | Zweisimmen | 60 |
| *S 2252* | *5929* | *Seeberg* | *Zweisimmen* | *Band 1* |
| S 2253 | 5930 | Chumi Vorder | Zweisimmen | 66 |
| S 2254 | 3528 | Weissenberg | Lenk | 118 |
| S 2257 | 507 | Buntschleren | Boltigen | 44 |
| S 2312 | 515 | Lueglen | Boltigen | 48 |
| S 2330 | 5604 | Albrist-Schallfluh | St. Stephan | 114 |

| Zulassung | Senntennr. | Senntenname | Gemeinde | Seite |
|---|---|---|---|---|
| S 2368 | 5931 | Wildeggli Oberes- | Zweisimmen | 286 |
| S 2373 | 5610 | Fermelberg-Muri | St. Stephan | 98 |
| S 2374 | 5611 | Fermelberg | St. Stephan | 100 |
| S 2375 | 5619 | Mutzenfluh | St. Stephan | 90 |
| S 2383 | 3508 | Meienberg | Zweisimmen | 52 |
| S 2384 | 3511 | Langermatten-Chäli | Lenk | 180 |
| S 2385 | 3513 | Chäli Äusseres | Lenk | 176 |
| S 2386 | 3517 | Bummere | Lenk | 160 |
| S 2387 | 3527 | Wengibergli | Lenk | 156 |
| S 2388 | 3532 | Retzliberg Äusserer | Lenk | 168 |
| S 2389 | 3536 | Wältenbergli | Lenk | 164 |
| S 2390 | 3540 | Betelberg-Loch | Lenk | 226 |
| S 2390 | 3546 | Iffigen Hinter- | Lenk | 194 |
| S 2450 | 3529 | Weissenberg Dürrensch. | Lenk | 120 |
| S 2451 | 3522 | Ritzli | Lenk | 216 |
| S 2452 | 3521 | Ritzberg | Lenk | 188 |
| S 2462 | 538 | Gsäss | Boltigen | 36 |
| S 2463 | 531 | Fideritschi | Boltigen | 342 |
| S 2467 | 3543 | Weissenberg | Lenk | 124 |
| S 2468 | 5609 | Dürrenwald | St. Stephan | 252 |
| S 2469 | 5624 | Reulissen Wagetsmoos | St. Stephan | 262 |
| S 2470 | 5934 | Holaas | Zweisimmen | 318 |
| S 2471 | 5921 | Schwarzensee Vorder- | Zweisimmen | 314 |
| S 2472 | 5919 | Schlündi Vorder-/Wanne- | Zweisimmen | 290 |
| S 2474 | 5912 | Kaltenbrunnen Oberer | Zweisimmen | 274 |
| S 2475 | 5622 | Reulissen Lasenberg | St. Stephan | 260 |
| S 2476 | 5603 | Albrist Unter- | St. Stephan | 112 |
| S 2477 | 5602 | Albrist-Eggmäder | St. Stephan | 110 |
| S 2482 | 5935 | *Stierenberg* | *Zweisimmen* | *Band 1* |
| S 2494 | 3514 | Lavey | Lenk | 136 |
| S 2515 | 3520 | Rezliberg Innerer | Lenk | 172 |
| S 2516 | 5606 | Bluttlig | St. Stephan | 94 |
| S 2517 | 517 | Neuenberg-Tossenhütte | Boltigen | 294 |
| S 2518 | 3534 | Iffigen Vorder- | Lenk | 192 |
| S 2519 | 3549 | Haslerberg Tschätte | Lenk | 236 |
| S 2520 | 3531 | Lochberg Ober- | Lenk | 244 |
| S 2521 | 5909 | Hohmaad | Zweisimmen | 56 |
| S 2522 | 5907 | *Gestelen* | *Zweisimmen* | *Band 1* |
| S 2533 | 3550 | Stiegelberg | Lenk | 212 |
| S 2535 | 3526 | Stiegelberg | Lenk | 208 |
| S 2539 | 5906 | *Gestelen* | *Zweisimmen* | *Band 1* |
| S 2541 | 3518 | Pöris Hubelhütte | Lenk | 198 |
| S 2543 | 3503 | Betelberg-Golderne | Lenk | 222 |
| S 2544 | 5932 | Schwarzenberg Ober- | Zweisimmen | 278 |
| S 2567 | 5607 | Dürrenwald-Zigeritz | St. Stephan | 248 |
| S 2569 | 5937 | Hüsliberg Vorder- | Zweisimmen | 304 |

# VORWORT

**Willkommen im Obersimmental**

Ich habe das grosse Glück, den direktesten Weg zum Alpkäse als «Gelegenheitskäser» noch persönlich erleben zu dürfen. Der «Weg», wie magischer Alpkäse entsteht, ist so faszinierend wie die Tatsache, dass die Haltbarmachung der Milch unsere Kultur mitentwickelt hat. Teil der reichen Berner Oberländer Alpkultur ist das Obersimmental mit seinen Gemeinden Lenk, St. Stephan, Zweisimmen und Boltigen. Kann in unserer globalisierten Welt ein Juwel wie das Obersimmental überhaupt noch seinen Glanz und seine Eigenständigkeit bewahren? Haben wir noch unsere Kanten? Vor wenigen Jahren unterschieden wir locker von der Lenk bis nach Boltigen 20 verschiedene, herrlich melodiöse Dialekte. Solche Vielfalt verschwindet. Doch drinnen in unseren Herzen bleiben wir noch lange Obersimmentaler. Unser Herz, unser Wesen ist beides: verschlossen und offen. Das schöne Tal mit seinen herrlichen Alpen fesselte uns, machte uns verschlossen. Dagegen hat uns Handel mit Simmentaler Vieh und Alpkäse geöffnet. Entstanden ist ganz natürlich unsere harte Schale mit dem weichen Kern. Das hält.

Im Obersimmental zeigen herrliche Bauernhäuser, dass Berglandwirtschaft früher Reichtum ins Tal gebracht hat. Heute würde ohne staatliche Abgeltungen bei uns nichts mehr laufen. Der Stellenwert der Landwirtschaft wird wieder steigen. Wichtig ist Freude und Stolz am Handwerk. Gerade ein Spitzenprodukt wie der Alpkäse schenkt uns Bergbauern gesundes Selbstbewusstsein. «Obersimmentaler Wege zum Alpkäse» erscheint 2005 im UNO Jahr des Sports, das in der Schweiz dem Thema Begegnung dank Bewegung gewidmet ist. Mit Begeisterung trägt unser Berner Oberländer Adolf Ogi die Friedensbotschaft in die Welt. Dafür dürfen wir ihm dankbar sein. Ihnen wünsche ich via Alpkäse spannende Begegnungen im Obersimmental. Und wir Bergbauern können vom Sport lernen, dass unser Alpkäse nur Spitzenleistung und Topqualität verdient.

Christian von Känel, Lenk im Simmental, Mai 2005

# BOLTIGEN UND ZWEISIMMEN RECHTE SEITE

| | | |
|---|---|---|
| **1** | Bohnenboden | (22–25) |
| **2** | Vorder-Niederhorn | (26–29) |
| **3** | Bodenalp | (30–33) |
| **4** | Gsäss | (34–37) |
| **5** | Altläger | (38–41) |
| **6** | Buntschleren | (42–45) |
| **7** | Lueglen | (46–49) |
| **8** | Meienberg | (50–53) |
| **9** | Hohmadberg | (54–57) |
| **10** | Muntigberg | (58–61) |
| **A** | Unter Niederwürfi | |
| **B** | Ober Muntigberg | |
| **11** | Chumiberg | (62–67) |
| **A** | Vorder Chumi | |
| **B** | Hinter Chumi | |
| **12** | Mädli | (68–71) |
| **13** | Milchkehle & Allmend | (72–75) |
| **A** | Unterstafel Allmend | |
| **B** | Oberstafel Milchkehle | |
| **14** | Fromatt | (76–83) |
| **A** | Senntum 5904 | |
| **B** | Senntum 5902 | |
| **C** | Frohmattläger 5903 | |

○ = vgl. Band 1
Amt Signau, Thun und Niedersimmental

## NÄCHSTE DOPPELSEITE:

Langsam weichen die Nebelschwaden im Simmental. Von Alp Vorder Chumi geht der Blick gegen die Nachbaralpen Homadberg und Meienberg, darüber der Bunschleregrat, links am Horizont Kaiseregg-Stierengrat.
Aufnahmestandort: 598 500/157 300, 1780 müM

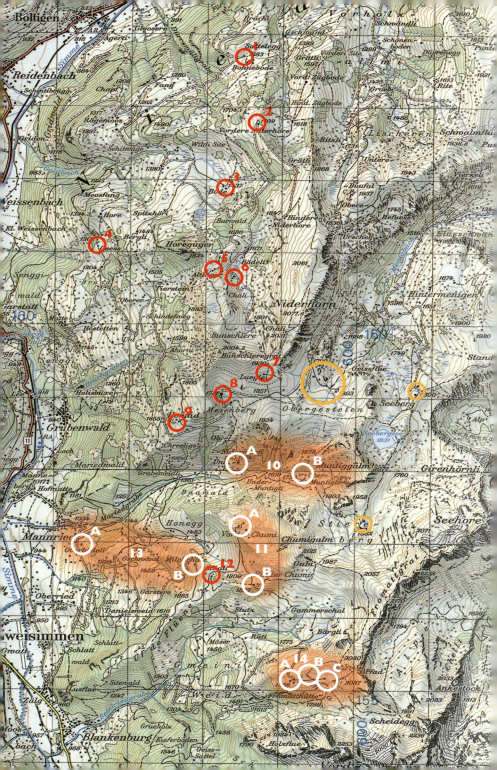

wirtschafter, wenn nicht anders angemerkt; wo diese nicht selber auf der Alp arbeiten, sind «Sennen» angeführt.

### Gebäude
Gebäude tragen wesentlich zum Charakter der Alp und ihrer Sennten bei. Sie sind häufig auch auf genossenschaftlichen Alpen privat. Ihre Beschreibung gibt einen Eindruck von Arbeits- und Lebensverhältnissen, sowie architektonische und kulturhistorische Hinweise. Bauinschriften (BI) sind oft unter www.alporama.ch ausführlicher notiert.

### Käserei
Käsereieinrichtungen sind mannigfaltig; von sehr einfachen, alten bis zu modernen technisierten Einrichtungen. Die Leser sollen auch danach wählen können, was sie besuchen wollen.

### Käselager
Für die erfolgreiche Reifung des Käses sind Lagerung und Pflege mitentscheidend. Aufschluss über Betriebsabläufe (schwierige Lager erfordern mehr Arbeit!) und darüber, wo die reifenden Käse zu besichtigen sind.

### Produkte und Vermarktung
Die Herstellung des Hauptproduktes Berner Alpkäse ist im Berner Oberland recht einheitlich und typisch. Sie wird auf www.casalp.ch beschrieben. Zur daraus abgeleiteten AOC (Appellation d'origine contrôlée) vgl. S. 11 und 436. Weitere Alpprodukte, die in Verkehr gebracht werden, sind aufgezählt; und besonders sollen die Leser erfahren, wo die Alpprodukte auch noch gekauft werden können.

### Besonderes zur Verarbeitung
Unterschiede in der Abendmilchlagerung und in der Fettgehaltseinstellung. Fabrikationsschritte sind mehr von fachlichem Interesse und werden später ausgewertet. Einzig der Käseauszug wird dann beschrieben, wenn nicht jeder Laib einzeln herausgenommen wird. Charakter und Qualität der Alpkäse sind schwer zu beschreiben und zu werten; deshalb wird darauf verzichtet. Liebhaber finden selbst heraus, was ihnen am besten schmeckt. Jahraus, jahrein finden regionale, eidgenössische und internationale Wettbewerbe statt. Dabei errungene Auszeichnungen werden hier aufgezählt, ebenso spezielle Standards und Labels.

...den schönen, guten und lange haltbaren Alpkäselaiben führt, wird hier vielfach gewürdigt.

eine Vorstellung der Grösse geben (vgl. Glossar). Die für Sömmerungsbeiträge rechtsgültigen Zahlen liegen beim LANAT und beim BLW.

### Weideflächen
Die Zahlen bezeichnen die nutzbare Grösse der Alp (ohne Wald und Unproduktives). Viele Alpen sind aber nicht vermessen, und die Zahlen haben keine rechtliche Relevanz! Waldweideteile tragen zu einem abwechslungsreichen Alpbild bei und sind für die Erhaltung der Schutzfunktion von Waldteilen wichtig. Wildheu wird häufig wegen Gefahren und schlechtem Kosten-Nutzen-Verhältnis nicht mehr eingebracht.

### Besonderes zur Alp (und Besonderes zum Senntum)
Hier werden Charakteristisches, Wichtiges, Sonderbares und persönliche Eindrücke der Leute auf der Alp, von Besuchern oder von Fachleuten festgehalten, welche in den andern Kapiteln nicht Platz finden.

## DIE SENNTEN

Die folgenden Seiten (Doppelseite je Senntum) beschreiben die Bewirtschaftungseinheiten resp. Betriebe, in welche die Alp aufgeteilt ist, und welche Käse herstellen. Diese Sennten sind benannt nach Angaben der Älpler und nummeriert nach dem Verzeichnis von LOBAG und MIBD (Tabellen im Anhang). Heute gibt die Zulassung zur Lebensmittelproduktion nach erfolgter Inspektion die offizielle Nummer; sie ist auf den Alpkäsen in Form einer Marke aufgebracht und dient der Rückverfolgbarkeit.

### Besatz
Hier wird das Nutzvieh aufgeführt, das im Sommer 2004 durch das Senntum gesömmert wurde; Federvieh, Kaninchen und Haustiere nur in merkwürdigen Fällen. Soweit möglich wird erwähnt, wie viel davon eigenes Vieh der Bewirtschafter ist. Ziegen bedeutet gemolkene Tiere; Stier bedeutet Zuchtstier, junge sind bei Kälbern oder Masttieren.

### Personen
Hauptverantwortliche und für den Käse Verantwortliche; durch Zusatzbemerkungen soll ein Eindruck entstehen, wie viele Personen normalerweise auf dem Senntum arbeiten. «Hüttenbesitzer» und «Pächter» bedeutet auch Be-

Das Kunsthandwerk, das von dieser Bruchmasse zu...

### Lage der Alp

Beschreibung der Alp, ungefähr wie im Alpkataster, mit Ergänzungen, Änderungen in und durch Bewirtschaftung, angepassten Zahlen. Die Himmelsrichtungen sind nach militärischer Usanz verwendet: N bedeutet Norden, Nord-, aber auch nördlich; E = Osten, Ost- oder östlich; S und W sowie Zusammensetzungen analog.

### Wege zur Alp

Zufahrtsmöglichkeiten, Beschränkungen, Bewilligungen sind beschrieben. Besucher werden ausdrücklich ersucht, sich im Interesse von Tourismus und Alpwirtschaft an Gebote und Verbote zu halten! Zugänge zu Fuss und mit Fahrzeug sind erprobt, erfragt oder Wanderbüchern und Wanderkarten der BWW entnommen (Literaturverzeichnis).

### Touristisches

Vermarktung der Alp und ihrer Umgebung in Absprache mit Tourismusorganisationen, denen für die Unterstützung gedankt sei: Exkursionen, Labung, Verpflegung, Beherbergung, Anlässe sowie Sehens- und Erlebenswertes. Naturschutzgebiete werden nur erwähnt; eine umfassende Beschreibung ist problematisch, weil sie sich ständig verändern, und das Netz sehr umfangreich ist.

### Infrastruktur

Organisation und Einrichtung der Alp: Aufteilung in Sennten (Produktionseinheiten) und Stafeln (Alpstufen vgl. unten). Im Untersuchungsgebiet finden wir kleine, meist private Alpen mit einem einstafligen Senntum, aber auch grosse Korporationsalpen mit mehreren Sennten und Stafeln. Erschliessung mit Strassen oder andern Transportmitteln, Energieversorgung und die sehr wichtige Wasserversorgung werden charakterisiert.

### Bestossung

Bestossung bedeutet die zeitliche Beschickung, Bewirtschaftung und Belebung der Alp und ihrer Stafeln (Alpteile, die nacheinander bestossen werden, meist von allen Sennten gleichzeitig, im Vorsommer von unten nach oben und im Herbst von oben nach unten). Wer die Alp aufsuchen will, soll nicht ins Leere stossen und kann sich hier informieren. Die Angabe der Stösse und die Umrechnung in Normalstösse sind mehr technische Angaben und sollen

Dreibeine über dem offenen Feuer – ein altes Kulturgut, hier immer noch benützt.

# BESCHREIBUNG

### DIE ALP

Die erste Doppelseite beschreibt eine Alp als Verwaltungseinheit, wie sie in den Gemeindebänden des «Schweizerischen Alpkatasters» (Literaturverzeichnis), erfasst wurde, und entspricht einer oft seit Jahrhunderten gebräuchlichen Einteilung einer Alp nach dieser Definition. Sie kann mehrere Bewirtschaftungseinheiten die Sennten, umfassen.

Die Schreibweise des ALPNAMENS macht gegenüber dem Alpkataster Konzessionen, da dieser oft nicht so gebraucht wird. Im Text werden Alp- und Senntennamen in den Varianten geschrieben, welche auf Karten, in Alpkataster, Kontrollverzeichnissen oder mündlicher Usanz vorkommen.

Das vorangestellte «Motto» – Inschrift, Ausspruch der Älpler, Eindruck der Besucher – soll dem Leser eine knappe, prägnante Charakterisierung der Alp geben.

### Rechtsform/Eigentümer

nennt die oft komplizierten Eigentumsverhältnisse und die Eigentümer mit Kontaktpersonen. Wenn Körperschaften die Alp selbst bewirtschaften, wird das erwähnt, bei den Sennten nur noch die verantwortliche Auskunftsperson.

### Landeskarten

Sämtliche Teilgebiete und Alpbetriebe sind auf der swisstopo Zusammensetzung 5025 T 1:50000 «Wanderkarte Saanenland-Simmental» enthalten. Zum Aufsuchen der Alpen werden die normalen Blätter aufgeführt. Alle Karten 1:50000 des Gebietes gibt es mit der Zusatzbezeichnung «T» bei den Berner Wanderwegen auch als Wanderkarten.

### Koordinaten Referenzpunkt

Zum Auffinden der Alp wird neben Koordinaten und Höhenkote der nächstgelegene Flurname angegeben, möglichst nach der Karte 1:25000. Bei voneinander getrennten Stafeln werden die Koordinaten des Nebenstafels bei «Lage der Alp» zusätzlich angegeben. Unter www.alporama.ch steht daneben «Plan (swissgeo)»: durch Anklicken wird die Alp direkt auf der Karte 1:25000 angezeigt!

Dieses Jungtier möchte vielleicht lieber in den Kannen, als neben ihnen saufen – aber sie sind gut gesichert.

Frühlings- resp. Herbstweiden, als (Vor)weiden, Voralpen oder Vorsassen, manchmal auch Allmenden bezeichnet und vor der eigentlichen Alpfahrt genutzt, sind (entsprechend dem Vorgehen im Alpkataster) nur dort in Betracht gezogen, wo sie in die Bewirtschaftung der Alp einbezogen sind und den Charakter eines Unterstafels haben. In einigen Fällen hat ein Nutzungswandel stattgefunden. Dies führt dazu, dass heutige Alpen auch ‹-Allmend›, ‹-Weide›, ‹-Vorsass› heissen.

### Gliederung des Buches

Das Buch ist so gegliedert, dass die Kapitel je in einem abgerundeten Gebiet Alpen auf einer Route, einem Circuit umfassen. Sie folgen sich beginnend im Nordosten (NE) der Gemeinde Boltigen im Uhrzeigersinn rund um das Simmental bis zurück in den NW dieser Gemeinde. Sechs Käsealpbetriebe auf drei Alpen der Gemeinde Zweisimmen sind, weil touristisch zum Diemtigtal zählend, bereits im Band 1 dargestellt, den sie abschliessen.

Der erste Abschnitt umfasst die E-Seite, also die rechte Seite der Gemeinden Boltigen und Zweisimmen. Das zweite beginnt auf dieser Talseite der Gemeinde St. Stephan und folgt ihr bis an den Bühlberg, Gemeinde Lenk, am Hahnenmoos, dem Übergang nach Adelboden. Im dritten Abschnitt reihen sich die Alpen des Talkessels der Lenk aneinander. Im vierten folgen diejenigen auf der linken Talseite der Gemeinden Lenk und St. Stephan und im fünften die im Tal der Kleinen Simme und an der linken Talseite von Zweisimmen sowie Neuenberg, Gemeinde Boltigen. Das sechste bringt die selbständigen Boltiger Alpen im Abländschental sowie um den Jaunpass und im nördlichsten Zipfel. Den Rundgang beschliessen im siebenten Abschnitt die Alpen und Sennten, welche Milch in die Alpkäserei Jaunpass liefern.

…frisst aber auch Kräuter und vermittelt dem Menschen die gesundheitsfördernden Stoffe.

# DATENBANK – KONZEPT

### Ziel und Aufbau des Alpinventars
Angaben zum alten Alpkataster, zum neuen Alpinventar und zur Datenbank findet man in den Bänden 1–3, in Montagna 3/2002 und im Internet unter www.alporama.ch. Dazu ist folgendes nachzutragen: In letzter Zeit haben Projekte aus dem angrenzenden Ausland ihr Interesse an der Datenbankmatrix angemeldet. Vorweg werden Käsealpen aufgenommen, denn für Vermarktungsunterstützung von Landwirtschaftsprodukten ist Geld vorhanden.

SAMI ist nicht so umfassend wie der Alpkataster, weil nicht alle Behörden an einer flächendeckenden Aufnahme der Daten in dieser Art und Weise interessiert sind. Deshalb haben sich SAB (Schweizerische Arbeitsgemeinschaft für die Berggebiete) und SAV (Schweizerischer Alpwirtschaftlicher Verband) sowie SMP (Schweizer Milchproduzenten) entschlossen, auf privater Basis zu aktualisieren, was für die Vermarktung von Alpprodukten wichtig ist.

Datenbank und Wanderbegleiter möchten auch die zahlreichen Reportagen und Alptagebücher unterstützen und ergänzen, indem sie Hintergrunddaten liefern und Recherchen erleichtern, aber auch dem Leser weitere Informationen liefern.

### Auswahl der Alpen
Die Auswahl der im Buch beschriebenen Alpen beschränkt sich auf solche, von denen mindestens ein Senntum nach dem Verzeichnis des Milchwirtschaftlichen Inspektions- und Beratungsdienstes (MIBD) mit einer Zulassungsnummer versehen ist. Alpkäse solcher Betriebe wird als verkehrstauglich bezeichnet (Tabellen im Anhang). Hat eine Alp mehrere Stafel, so hat das zur Folge, dass auf dem beschränkten Platz diese und ihre Gebäude oft nur im Telegrammstil beschrieben werden können. Aber all diese Alpen (nur eine einzige wurde durch den Alpeigentümer gesperrt) sind, oft ausführlicher, in der zwar zwecks Auswertung schematisierten, aber umfangmässig weniger eingeschränkten Datenbank www.alporama.ch beschrieben.

Rindvieh frisst das Gras und macht daraus Nahrungsmittel für den Menschen…

In dieser reichen Umgebung stellen die Menschen mit Geschick und Engagement Alpkäse her, der seit Jahrhunderten zusammen mit Saanenkäse und Simmentaler Vieh in alle Welt exponiert wird. Davon ist in Pfarrberichten und Reisebeschreibungen die Rede (Roth: Sbrinz; G. E. Lauterburg). Dieser Berner Alpkäse und der daraus herangereifte Berner Hobelkäse sind seit 30. März 2004 eine AOC. Gebiet sowie Art und Weise seiner Herstellung sind damit geregelt und umschrieben. Das Pflichtenheft wird auf der Internetseite der CASALP veröffentlicht, sobald es bereinigt ist (www.casalp.ch). Mit der Kultur im Simmental: ausgemalte Kirchen, weltberühmte bemalte Häuserfronten – selbst Alphütten sind verziert – gibt das die Möglichkeit, dieses Produkt zusammen mit der Landschaft erfolgreich und gewinnbringend zu vermarkten.

Gottlieb Jakob Kuhn (1775–1849), Pfarrer, Volksliederdichter und -komponist in Sigriswil (vgl. auch Bd.2).

Für das Simmental als Durchgangsland (Hobhouse, Kuhn, Roth/Sbrinz), für Reisebeschreibungen (Ebel, Ebersold), Schilderungen durch einheimische Schriftsteller (Eschler, Häsler, Juker, Sommer), bildliche Darstellungen, Sagen (Küffer), Dialekte und Ortsnamen (Bratschi, Zinsli) usw. sei auf die Literaturliste hinten und im Band 1 verwiesen.

Gedankt sei herzlich allen, die zum Werk beitragen:
– SAB, SAV, SMP für die Unterstützung der Infrastruktur.
– VWK BO als Herausgeberin und für Beitrag aus «Berner Oberland – Originalprodukt», zusammen mit CASALP.
– der Schweiz. Vereinigung zur Förderung der AOC + IGP für Zusammenarbeit im Rahmen ihres Käsebuches.
– Berner Wanderwegen für Wanderbücher und -karten.
– Weber AG Verlag, Gwatt, für Initiative und Gestaltung der Buchreihe in angenehmster Zusammenarbeit.
– Beat Straubhaar, der zum 4. Mal mit Fotoapparaten und Feingefühl den Textautor begleitete, die Fotos auslas und anordnete.

Johann Gottfried Ebel (1764–1830) verfasste 1809 die erste Anleitung, die Schweiz zu bereisen.

– meinem Vater für kulturellen Ansporn, meiner Mutter für ihr Interesse und meiner Ehefrau für moralische Unterstützung, Infrastruktur, Anregung und Mithilfe.
– Eigentümern, Bewirtschaftern, Pächtern und Personal von Alpen und Sennten für Offenheit, Gastfreundschaft und Anerkennung.
– Sowie allen Sponsoren, deren Unterstützung dieses Mal ein unüblich hohes Mass erreicht hat.

Ernst Roth                                            Mai 2005

# PERLE OBERSIMMENTAL

**«Von allen Grosstälern des Berner Oberlandes ist das Simmental das anmutigste, heiterste, voll beschwingter Hügeligkeit. Keine Schroff-Felsen, Eiszinnen, Schuttströme ... auch schüchtert keine Viertausender-Imposanz ein...»** Kurt Marti «Högerland»

Lord Byron (1788–1824) durchquerte 1816 das Berner Oberland von Montreux über Zweisimmen, Grindelwald und Meiringen nach Thun.

Das Simmental ist, ähnlich dem Frutigland, das Einzugsgebiet eines einzigen Flusses, der eigentlich Siebne heisst, weil er aus sieben Quellen entspringt (vgl. S. 166). Von dem langen Tal wird nur der obere Teil behandelt, der Amtsbezirk Obersimmental. Er besteht aus vier Gemeinden, die in N-S-Richtung aufgereiht liegen. Ein ausgeprägtes Seitental, Fermel, unterbricht den Rhythmus der kleineren Gräben, Runsen und Kessel. Charakterisiert ist das Obersimmental auch durch die Heumäder, welche man in andern Regionen nicht in dieser Dichte und Ausdehnung findet. Die wirtschaftliche Notwendigkeit dieser Einrichtung bekam Pfarrer Kuhn von seinem Reisebegleiter erklärt (vgl. G.J.Kuhn: Wanderungen im Berner Oberland vor 200 Jahren).

John Cam Hobhouse (1786–1869) führte als Begleiter von Lord Byron ein bemerkenswertes Tagebuch.

Für die überwältigende Landschaft, abgeschlossen durch Simmenfälle, Räzliberg, Sieben Brünnen und Iffigfall zitiert schon Kuhn seinen Pfarrerkollegen Philippe-Sirice Bridel (1757–1845), der es besser beschreiben könne als er selber. Wir haben sie als Bild von J. G. Volmar dem Buch vorangestellt. In ihr wird das erfolgswirksame Zusammengehen von Alpwirtschaft und Tourismus gelebt: Angesichts der Naturschönheiten wollen Besucher ruhen und sich erlaben können; an den weiten Hängen wurden durch die Bergbahnen Infrastrukturen erstellt, welche den Älplern Gäste und Besucher bringen, welche sie benutzen können, und für deren Rechte sie entschädigt werden; in diesem Tal möchte man auch logieren können, was den Alphüttenbesitzern erlaubt, ausserhalb der Alpzeit Hütten zu nutzen, und mit den Einnahmen Unterhalt und Erneuerungen zu tätigen; die Kulturlandschaft wird nachhaltig genutzt und, wo zweckmässig, ausgezäunt und geschont – das bringt sensible und interessierte Gäste ins Tal und zudem Entgelte von Naturschutzkreisen.